2021

上海商贸年鉴

SHANGHAI BUSINESS YEARBOOK

《上海商贸年鉴》编纂委员会 编

上海科学普及出版社

图书在版编目（CIP）数据

2021上海商贸年鉴 /《上海商贸年鉴》编纂委员会编. —— 上海：上海科学普及出版社, 2021
ISBN 978-7-5427-8037-9

Ⅰ. ①2… Ⅱ. ①上… Ⅲ. ①地区贸易经济－上海－2021－年鉴 Ⅳ. ①F727.51-54

中国版本图书馆CIP数据核字（2021）第179942号

2021上海商贸年鉴
上海商贸年鉴编纂委员会

责任编辑 吕 岷 李 明
美术编辑 姚 毅

出　版 上海科学普及出版社
地　址 上海市中山北路832号（邮编200070）
印　刷 上海展强印刷有限公司
规　格 889×1194 1/16
印　张 21.75
插　页 12
字　数 70千字
版　次 2021年10月第1版
印　次 2021年10月第1次印刷
书　号 ISBN 978-7-5427-8037-9
定　价 420.00元

如有印装质量问题请与印装单位联系021-66510725

第三届进博会技术装备展区

第三届进博会汽车展区

第三届进博会服务贸易展区

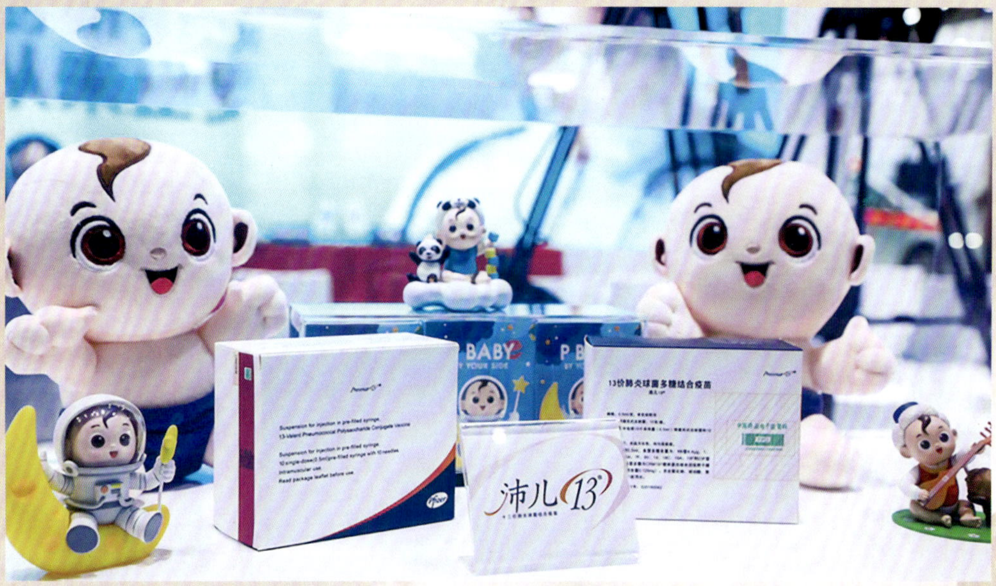

第三届进博会医疗器械及医药保健展区

第三届进博会食品及农产品展区

第三届进博会消费品展区

2020年8月18日，上海自贸试验区临港新片区中运量T1示范线滴水湖站正式开工

2020年8月19日，中国第一座12英寸车规级晶圆项目落户临港新片区，项目总投资120亿元

2020年8月19日，滴水湖中国名家主题雕塑园开园仪式在临港新片区滴水湖畔举行

2020年6月9日，第二十二届中国浙江投资贸易（网上）洽谈会在宁波开幕

2020年3月17日，“江苏优品 数贸全球”江苏跨境电子商务发展大会在南京举办，会上，商务部驻南京特派办、省商务厅等有关部门启动了“江苏公共海外仓服务联盟”

2020年9月14日，2020年世界制造业大会江淮线上经济论坛在安徽合肥落下帷幕，本次大会论坛共签约项目678个，投资总额达6178亿元

2020年6月8日，上海市商务委员会出席2020年上海重点产业国际竞争力报告专题研讨会

2020年6月17日，上海市商务委员会召开本市农贸市场和“夜间经济”场所疫情防控专题会议

2020年7月1日，上海市副市长许昆林召开上海国际贸易中心建设“十四五”规划专家座谈会

2020年7月28日，上海市商务委员会、虹口区人民政府共同主办的“上海•虹口—北外滩推介会暨外资商贸企业圆桌会议”在北外滩白玉兰广场成功举办

2020年8月7日，上海市商务委员会召开本市促进步行街和小店发展工作交流会

2020年9月11日，虹桥商务区管委会、上海市商务委员会共同主办的“虹桥商务区企业总部成功案例发布会暨总部经济集聚高地建设圆桌会议”在虹桥万科会议中心成功举办

2020年12月16日，中国（上海）自由贸易试验区启动“全球营运商计划”

上海化学工业区掠影

上海漕河泾新兴技术开发区松江新兴产业园

上海丝绸集团股份有限公司的展品

2020年11月25—27日，2020上海国际城市与建筑博览会在国家会展中心举行。上海建工集团携旗下12家子公司集体亮相，展示新型建筑工业化与数字化建造领域的最新科技成果和优秀工程项目，围绕“数字驱动、工业互联”主题，宣传和扩大上海建工的品牌形象和影响力

2020年8月28日，上海市国际展览有限公司总裁王蕾出席进博会参展商联盟汽车创新发展专业委员会成立仪式并发言。她表示将充分发挥自身专业优势，利用好进博会平台为汽车产业创新发展积极建言献策，为更好地提升汽车展区的专业度和影响力贡献力量

2020年3月17日，上海市副市长许昆林出席东方美谷与资生堂集团战略合作签约仪式

2020年6月5—6日，长三角国际贸易“单一窗口”合作共建协议在2020年度长三角地区主要领导座谈会上签约

2020年6月10日，上海市商务委员会主任华源会见中国欧盟商会副主席、上海分会会长代开乐（Carlo D’Andrea)

2020年9月14日，第一批俄罗斯进口帝王蟹安全顺利抵达长兴横沙渔港

2020年9月15日，在第三届中国国际进口博览会开幕倒计时50天之际，中国工商银行服务第三届进博会配套活动推介会暨志愿者誓师大会举办

2020年9月16日，中国最大电商平台淘宝全球购上海外高桥跨境保税仓开仓仪式暨淘分销招商会在外高桥举行

2020年5月8日，作为2020上海进口商品节重要活动之一的“进博好物，尽在大虹桥”合作签约仪式暨“云游意大利”国别商品周启动仪式在上海虹桥进口商品展示交易中心举行

2020年5月22日，上海市副市长许昆林出席徐汇区“五五购物节”外资总部促消费嘉年华启动仪式

2020年6月6日，首届上海夜生活节正式拉开帷幕，歌手在上海新天地的宝莱纳餐厅为顾客演唱

2020年9月12日，上海旅游节开幕仪式暨南京路步行街东拓开街活动在南京路步行街隆重举行

2020年9月26日，2020年第十六届上海酒节在1933老场坊盛大开幕

2020年12月18日，由上海市商务委员会主办的“跨年迎新购物季”主题营销活动启动仪式在上海市南京路步行街东拓段的新世界大丸百货举行

《上海商贸年鉴》理事会

《上海商贸年鉴》编辑部

《上海商贸年鉴》特约撰稿人

（按姓氏笔画排序）

编辑说明

一、《上海商贸年鉴》（简称《年鉴》）是一部大型的上海商贸专业工具书，由上海商贸年鉴编纂委员会负责组织编纂。其主要任务是全面收集上海每一年的商贸发展情况及资料信息，并编辑整理，汇集成册。

二、《年鉴》的前身为《上海对外经济贸易年鉴》，创刊于1995年，每年编纂出版1卷，已出版26卷，其中包含《上海商务年鉴》7卷。2016年起更名为《上海商贸年鉴》。2021版《年鉴》是其第二十七卷，主要记载2020年上海内贸、外贸、利用外资、对外经济合作、服务贸易、技术贸易、商贸体制改革等方面的发展情况，重点反映上海商贸企业改革及经营情况。

三、《年鉴》主要采用记叙文体及图表并茂形式，全面记述和真实反映上海商贸情况。其编纂体例在突出上海商贸地方特色的前提下，力求同国家行政部门主办的商贸类年鉴相衔接，与海内外编辑的经济类年鉴接轨。

四、《年鉴》设置的编目，随着上海每一年商贸的发展而有增有减。本卷年鉴设总述，特载，互联网（直播带货）+商贸，企业，自贸试验区、开发区，企业与品牌，专集，专记，商贸统计和商贸便览十大编。

五、《年鉴》特载编介绍第三届中国国际进口博览会、中国（上海）自由贸易试验区临港新片区和长三角商贸一体化情况。互联网（直播带货）+商贸编，着重反映传统商贸企业在疫情防控和经济发展的情况下，结合互联网技术，建立线上线下联动，实现商贸企业新的业态。企业编，着重反映企业在扩大改革开放和转型升级做出的新成就，适当增加部分中小企业发展情况和上海老字号企业的介绍。中国（上海）自由贸易试验区与开发区编，重点介绍中国（上海）自由贸易试验区和外高桥保税区、洋山保税港区、浦东机场综合保税区的运转情况。企业与品牌编，反映企业在创建品牌和企业发展过程中所创造的成绩。专集编，继续保留国内外有影响的展览会和上海创意产业园的内容增加了2020年上海市外籍人士获白玉兰荣誉奖情况和最新商贸法律法规。专记编，介绍“上海大都市圈”包括无锡、苏州、常州、南通、宁波、湖州、嘉兴、舟山8个城市。商贸统计、商贸便览编，主要收录上海内、外贸经济数据及上海参与“一带一路”沿线国家的进出口贸易情况和长三角26个城市经济情况，供读者需要时阅览。本卷年鉴充分反映上海商贸新的特色以及商贸系统在“创新驱动、转型发展”中出现的新成果和新经验。全书约70万字，收集图照200余幅。

（一）总述。总体介绍2020年上海商贸发展情况。

（二）特载。反映第三届中国国际进口博览会、中国（上海）自由贸易试验区临港新片区成立一周年和长三角商贸一体化情况。

（三） 互联网（直播带货）+ 商贸。介绍传统商贸企业，在 2020 年，面对新冠肺炎疫情巨大冲击的情况下，利用互联网技术，以直播带货的方式促转型求发展的新业态情况，共 1 篇。

（四） 企业。收录上海内外贸集团、公司发展情况，共 30 篇。

1. 内外贸企业：介绍上海一些代表性的内外贸企业和机制转换及贸易发展情况，共 8 篇。

2. 外资、外经企业：介绍上海市知名的外资、外经企业，共 8 篇。

3. 展览企业：介绍对上海展览行业有贡献的企业，共 2 篇。

4. 上海老字号企业：介绍上海著名老字号企业，共 12 篇。

（五）自贸试验区与开发区。其中介绍自贸试验区、上海地区的国家级和市级开发区经营发展情况情况，共 7 篇。

（六）企业与品牌：反映知名企业在创建品牌和企业发展过程中所做出新成就，共 5 篇。

（七）专集。国内外有影响的展览会，上海创意产业园等，共 4 个栏目。

1. 国内外有影响的展览会：介绍内外贸最具规模，且有较大影响的展览会和交易会，共 9 篇。

2. 上海创意产业园：介绍上海部分有代表性的创意产业园，共 10 篇。

3. 介绍 2020 年上海市外籍人士所获荣誉情况，共 3 篇。

4. 选登最新商贸法律、法规及其他规范性文件。

（八）专记。介绍无锡、常州、苏州、南通、宁波、湖州、嘉兴、舟山 8 个城市，共 9 篇。

（九） 商贸统计。

1. 对外贸易往来国家（地区）贸易情况分析，共 15 类。

2. 收录上海与 65 个"一带一路"沿线国家（地区）进出口贸易统计资料。

3. 长三角 26 个城市经济情况统计资料，共 20 类。

4. 上海商业、服务业。收录上海市 2020 年商贸领域主要经济指标，共 10 类。

5. 上海关区及市区进出口贸易。主要收录上海 2020 年对外贸易统计资料，共 9 类。

（十）商贸便览。收录上海与全国有关商贸及主要经济数据对比资料，共 22 类。

六、本卷年鉴有关编目中的数据，由于统计口径不同、方法不一，如有差异，均以统计编中的数据为准。另外有些资料、数据及图片来自网上及相关报纸和杂志，仅供读者参考。

七、本卷年鉴在编纂过程中，得到各撰稿单位及有关人员的大力支持，在此谨表谢意，并请海内外读者对不足之处提出批评。联系地址：上海市虹口区溧阳路 1155 号（溧阳公馆）1303 室，电话：18021056887，电子邮箱：shwjm@126.com

《上海商贸年鉴》编辑部

2021 年 5 月

上海商贸年鉴（2021）
总 目 录

分 编 目 录

第一编　总述

第二编　特载

第三编　互联网 + 商贸

第四编　企业

第七编　专集

第八编　专记

第九编　商贸统计

第一编　总　述

总 述

一、概况

2020年是极不平凡的一年。面对突如其来的新冠肺炎疫情和前所未有的严峻复杂形势，在中央的坚强领导下，上海市统筹推进疫情防控和经济社会发展，实现了经济持续健康发展和社会大局稳定。经济呈现向上向好态势。全年实现生产总值3.87万亿元，增长1.7%。城镇调查失业率稳定在4.4%以内。居民消费价格上涨1.7%。发展新动能持续释放。工业战略性新兴产业总产值占规模以上工业总产值比重提高至40%。数字经济蓬勃发展，软件和信息服务业营业收入增长12%以上，新一代信息技术产值增长6.2%。日均新设企业1665户，增长12.8%。在沪跨国公司地区总部、外资研发中心分别达到771家和481家，继续保持中国内地跨国公司地区总部最多的城市地位。人民生活进一步改善。居民人均可支配收入7.2万元，增长4%，继续快于全市生产总值增速。PM2.5年均浓度降至32微克/立方米。“五个中心”建设实现重大目标。国际经济、金融、贸易、航运中心基本建成，经济实力跻身全球城市前列，全球金融中心指数、新华•波罗的海国际航运中心发展指数排名均首次位居第三，口岸货物贸易总额继续保持全球城市首位，具有全球影响力的科技创新中心形成基本框架。

二、2020年工作回顾

一年来，在上海市委、市政府的领导下，全市商贸系统扎实做好“六稳”工作，全面落实“六保”任务，迎难而上、奋勇攻坚，推动商贸经济运行回稳向好、好于预期，为全市经济平稳健康发展作出了积极贡献。

——消费市场稳中提速。社会消费品零售总额1.59万亿元，增长0.5%，高于全国4.4个百分点，规模稳居全国城市首位。

——对外贸易稳中向好。进出口增长2.3%，高于全国0.4个百分点，其中进口增长3.8%、出口持平，占全国和全球市场份额进一步提高。

——利用外资稳中有进。实到外资在去年高基数基础上继续增长6.2%，达到202.3亿美元，规模创历史新高。

——对外投资稳中趋优。实际对外直接投资额135亿美元，增长49%，规模位列全国第二。

一年来，坚持“两手抓、两手硬”，奋力夺取了疫情防控和商贸经济发展双胜利。可以用六句话概括2020年商贸工作主要成绩——疫情防控有效；消费全面复苏；外贸好于预期；外资逆势增长；民生保障有力和进博会成功举办。

一是疫情防控有效。在全国31个省市中，只有上海是由商贸部门牵头负责医疗及民用物资保障。开始时候面临的困难是巨大的，当时上海每天需要1万套防护服和将近100万只医用口罩，但全市库存的医用口罩、医用防护服只够数天使用，而且像防护服等物资上海没有生产，口罩等生产企业也因春节放假停工，即使开工每天也只能生产几万只。商贸部门积极发动“走出去”企业和跨国公司率先开展全球采购，在全球范围内调拨资源，为全市物资供应提供了坚实保障。比如，在短短两天时间里，复星集团就从欧洲采购 2.5 万套医用防护服和一定数量的口罩，杜邦调运在越南和柬埔寨工厂的 70 万套医用防护服。整个 2 月，上海从国外调运将近 100 万套医用防护服和数百万只口罩。在主副食品保供方面也是如此。年初，市民外出旅游、走亲访友的少了，居家做菜囤菜的多了，导致一度出现供应紧张。商贸部门加紧推进产销对接、批零对接，畅通物流渠道，推动市外各类生猪和蔬菜基地产品源源不断地供应上海，在短短一两天内就恢复了正常市场供应，叮咚买菜、盒马鲜生等生鲜电商平台也在本次疫情中异军突起，发挥了重要作用。在推动复工复产复市方面，针对餐饮、家政、会展业等 13 个行业出台防疫指南和复工指引，防控要求从无到有、从松到严、再从严至更科学，有序推进企业恢复经营，最大限度地把疫情对市民生活的影响降到最低。上海当时防控形势依然严峻，也出现了散发病例，商贸领域密接性、聚集性活动较多，“外防输入、内防反弹”的压力仍然较大。全市商贸部门已经针对重大促消费、会展等聚集性活动制定了防控预案，严格落实防控措施，并加强对商超、批发市场、冷链仓储等重点领域督查检查，确保把可能出现的风险降低到最小和得到有效化解，确保全市人民度过健康安全、欢乐祥和的节日。

二是消费全面复苏。受疫情冲击，除了旅游业，首当其冲的就是消费了。商贸部门在最困难的 2 月，社会消费品零售总额同比下降 37.9%，住宿和餐饮业下降 67.4%。当时，市委、市政府要求尽快恢复消费市场，充分发挥消费对经济增长的压舱石和稳定器的作用。商贸部门顶住压力，制定出台促消费 12 条政策，首创“五五购物节”、四大主题购物季等重大促消费节庆活动，在没有向财政要一分钱情况下，充分依靠市场，创新消费模式，激发需求潜力，拉动全市社会零售连续 8 个单月实现正增长，最终实现全年社会零售增速转正。这个成绩的取得来之不易。一方面，外来消费一直存在较大缺口，上海实有人口在疫情前是日均 3000 万人，而 2020 年一直维持在 2500 万人左右，也就是说缺少了五六百万人的旅游、出差等消费主力群体；另一方面，上海社会零售基数较大，增速一般要比全国低 1~2 个百分点，而前 11 个月，增速已经比全国快 4.1 个百分点了。特别是“五五购物节”不仅有力促进了消费回补和潜力释放，也有效地促进了线上线下融合，加快了新型消费发展。比如，拼多多联合新世界百货发放购物券，线上发券、线下消费，带动了新世界的销售额快速增长；抖音、喜马拉雅 FM 等在线 App 联合南京路开展“云逛街”“有声南京路”等活动，推动重点商圈消费全面恢复。可以说，主要线上线下商贸企业在同一个舞台、同一个市场实现了共同合作，形成了良性竞争的“大合唱”。

三是外贸好于预期。2020 年上半年外贸遭遇了两波冲击，第一波冲击是受国内疫情影响停工停产，导致无货可卖、海外订单取消；第二波冲击又因为海外疫情暴发以及国际交流、物流受阻，导致订单难以获取、货物无法运抵。面对严峻形势，商贸部门一方面用足用好各类纾困资金和稳外贸政策，千方百计地帮助企业度过难关、缓过劲来；另一方面依托电商等线上平台，支持企业出口转内销，并拓展海外市场，比如，当年开展了“出海优品”系列活动，帮助逾千家外贸企业共实现国内销售额超 50 亿元。多措并举下，上海的外贸稳住了，全年实现进出口、出口、进口“三增长”，占全国以及全球的市场份额进一步提高。

四是外资逆势增长。利用外资情况是去年上海最大的亮点之一，有两组数据可以成为最好的注释：一组是外商直接投资额，联合国贸发会议曾预测 2020 年全球跨国直接投资规模要下降 40% 左右，但上海外商直接投资同比增长 6.2%；另一组是跨国公司地区总部数量，在商务考察受限的情况下，疫情并没有放慢投资者的步伐，当年新认定跨国公司地区总部 51 家和研发中心 20 家，累计分别达到 771 家和 481 家。外资依然看好中国、看好上海，特别是上海在疫情防控工作中体现出的社会治理能力让外资切实感受到了安全与放心。成绩的背后，商贸部门做了大量的工作，包括对 700 多家跨国公司地区总部进行全覆盖走访，联系了 5 万多家外资企业，开了 10 多场圆桌会议，帮助解决了口罩、物流、供应链、员工隔离、复工复产复市等大量实际问题。商贸部门还颁布了全国首部省级地方外商投资条例，进一步稳定外商投资预期和信心。

五是民生保障有力。当年商贸部门深入践行“人民城市人民建、人民城市为人民”重要理念，着力满足市民多样化、品质化、个性化需求，包括落实家政服务条例，推动家政服务业提质扩容等。其中，特别值得一提的是，创新升级了全市 16 个民心工程之一——早餐工程。市委、市政府高度重视新一轮早餐工程实施，市委书记李强专门批示，要求“优化布局、保证质量、扎实推进”。全市层面先后出台了推进早餐工程建设意见、网点规划和业态导则，以及三年行动计划，加快构建更加完善的早餐供应体系。目前已取得阶段性成果，全市具有早餐供应服务功能的零售网点达到 2.8 万余家，形成 200 家早餐示范点，新（改）建网订柜（店）取门店 359 家，新增早餐复合门店 330 家，早餐共享平台可共享单品已达 3000 余种，遍布全家、罗森等近万家门店。

六是进博成功举办。当年，商贸部门顶着疫情防控的巨大压力，如期成功举办第三届进博会，向世界彰显了我国疫情防控能力和经济发展韧性。国家主席习近平在当年对进博会明确提出，要坚持展会和外交、经济、人文融合，持续发挥主场外交引领作用，放大外溢效应，打造国际一流博览会和高层次论坛。客观地说，面对严峻的全球疫情和世界经济环境，进博会想要实现这样的要求、办出这样的效果，确实是难上加难。但正因为变数多、难度大，成功举办的意义和价值也就更大。面对艰巨任务，全市上下一盘棋，朝着更高目标努力，坚持更高标准不变，确保了第三届进博会安全、精彩、富有成效，第三届进博会意向成交额比上届增长 2.1%，开幕当天就有数十家企业签约未来三届进博会，充分展示了进博会的强大吸引力。进博会溢出带动效应也在逐步显现。比如，累计搭建的 56 个“6 天 +365 天”交易服务平台，共引入 1390 家进博会展商近 18 万种（件）展品，部分平台已建立起覆盖全国的进博商品集散网络，有力地推动了展品变商品。比如，举办 2020 上海城市推介大会、推出投资考察路线等配套投促活动，推动乐高乐园、雅诗兰黛全球研发中心等一批高能级项目落地，促进了展商变投资商。

三、2021 年工作打算

根据全市统一部署要求，上海国际贸易中心建设“十四五”规划的总体框架内容已基本形成，提出以“提升开放能级、增强枢纽功能”为发展主攻方向，明确“1+6”的发展目标：1 个总目标，即经过 5 年努力，上海国际贸易中心能级实现跃升；6 个具体目标，即基本建成全球贸易枢纽、亚太投资门户、国际消费中心城市、亚太供应链管理中心和贸易制度创新高地，全面建成国际会展之都，为上海建设国内大循环中心节点、国内国际双循环战略链接提供重要支撑。重点推进 6 方面工作。一是着力培育外贸综合竞争新优势。力争在离岸贸易、转口贸易、知识密集型服务贸易、数字贸易上取得突破，打造联动长三角、服务全国、辐射亚太的进出口商品集散地。二是着力构建开放型经济新体制。实施新一轮高水平对外开放，推进“总部增能行动”，集聚高能级的跨国公司总部机构、本土“走出去”企业总部、贸易型总部、民营企业总部。三是着力推动消费持续提质扩容。创新高端消费供给，打造世界级商圈，引领服务消费升级，推动在线新消费发展，提升节庆活动影响力，推动生活服务升级。四是着力提升进博会全球影响力和竞争力。高质量办好进口博览会，持续放大进博会溢出带动效应。持续提升会展业能级，培育具有国际影响力的会展项目。五是着力推进现代流通体系建设。创新流通领域业态、模式，完善制度、标准，吸引更多供应链核心环节集聚上海，打造具有亚太影响力的大宗商品市场。六是着力营造市场化、法治化、国际化的贸易环境。全力支持浦东高水平对外开放，推进临港新片区和虹桥商务区“一东一西”国际贸易核心承载区建设，优化跨境贸易营商环境和国际经贸人才发展环境。

2021 年是“十四五”开局之年，也是全面建设社会主义现代化国家新征程开启之年，做好商贸工作意义重大。总体看，国内外形势依然复杂多变，疫情防控、中美经贸摩擦、世界经济复苏等仍存在较大不确定性。与此同时，我国发展仍处于重要战略机遇期，新的三项重大任务、浦东高水平开放政策全面落地将进一步拓展新的发展空间，数字化变革将催生新的发展动能，RCEP、中欧投资协议等自贸协定签署将带来新的发展机遇。因此，新的一年商贸工作要以习近平新时代中国特色社会主义思想为指导，全面贯彻落实党的十九大和中共十九届二中、三中、四中、五中全会以及中央经济工作会议精神，深入学习贯彻总书记习近平考察上海重要讲话和在浦东开发开放 30 周年庆祝大会上的重要讲话精神，按照十一届市委十次全会和全国商务工作会议部署，坚持稳中求进工作总基调，立足新发展阶段，贯彻新发展理念，服务新发展格局，深入落实浦东高水平改革开放政策和三项新的重大任务，认真践行“人民城市人民建，人民城市为人民”重要理念，精心办好第四届进博会，着力强化“四大功能”，加快发展“五型经济”，主动服务“五个新城”建设，助推城市数字化转型，更好地统筹发展与安全，在常态化疫情防控前提下努力实现商贸经济高质量发展，为上海打造国内大循环中心节点、国内国际双循环战略链接提供重要支撑，为全市经济持续健康发展作出更大贡献。

重点抓好七项行动计划：

第一，实施“消费升级行动计划”。紧紧围绕建设“国际消费中心城市”目标任务，制定实施新一轮打响“上海购物”品牌三年行动计划。一是办好第二届“五五购物节”。推出一批特色主题活动。聚焦汽车、家电、化妆品、服装鞋帽等重点商品及本地制造产品，加大促销力度，形成一批消费新场景、新模式和新业态，提升标志性活动 IP 能级。研提一批政策。围绕首发经济、夜间经济、免税经济、外来消费、大宗消费等，推动出台支持发展措施。二是培育发展高端消费。增强高端市场竞争力。争取市内免税店新政落地，新增 50 个离境退税定点商店，培育壮大 20 个本土品牌，引进 30 个国际中高端品牌。建设全球新品首发地。打造一批首发经济示范区和新品发布地标性载体，力争新增首店 800 家。三是推进商业数字化转型。发布商业数字化转型实施方案。推动在线新经济企业与实体商业合作，建设南京路步行街、虹桥商圈等数字商圈商街示范项目。制定实施促进直播电商高质量发展三年行动计划。支持浦东、长宁、杨浦、嘉定、青浦、奉贤等区打造直播电商基地。加快新型消费基础设施建设。加大智能快件箱在社区、商务楼宇等区域布局力度，全年新增 5500 组智能快件箱，新建改建 100 个生鲜前置仓和 1 个城市分选中心。四是建设多层级商业地标。打造世界级消费“金腰带”。推进南京东路世纪广场、南京西路张园、ITC 徐家汇中心、北外滩华贸等一批重点商业项目建设。打造高品质夜间经济活力街区。支持新天地、思南公馆—复兴公园等 12 个地标性夜生活集聚区发展，形成1~2个体验丰富的深夜营业区。打造一批特色街区和特色小店。加快提升20条“一街一主题”特色商业街区品质，建设外滩源集、首尔夜市等分时步行特色街区。研究制定五个新城商业规划导则。促进产城融合，提升消费能级，形成面向长三角市场的商业布局。

第二，实施“流通创新行动计划”。围绕“育主体、强平台、疏堵点”，加快构建统一开放、内外联通、安全高效的现代商贸流通体系。一是培育壮大流通主体。修订完善支持政策。提升总部经济服务水平，集聚培育一批更高能级的贸易型总部和民营企业总部。促进企业创新发展。开展国家电子商务示范基地和示范企业创建活动，培育一批数字经济领军企业。持续深化老字号“一品一策一方案”，研究制定促进老字号高质量发展行动方案，支持黄浦、静安等区打造老字号主题街区。二是建设强辐射高能级平台。深化期现（指期货和现货两个市场）联动。加快宝山国家级平台经济示范区建设，推动大宗商品平台与上期所、上清所等国家级要素市场合作开展产能预售、仓单互认等业务试点，提升价格国际影响力。提升平台能级。做大做强上海钻石交易所和中国（上海）宝玉石交易中心，打造国内国际联动的钻石、宝玉石集散中心。三是持续推进供应链降本增效。优化流通网络布局。畅通长三角市场网络，复制推广物流标准化试点经验，加快形成跨区域带托运输循环模式。推进公铁联运，制定生活物流基础设施规划导则，优化物流配送体系。全面开展二手车交易转籍跨省通办试点。促进内外贸一体化。深化落实出口转内销支持政策，搭建出口转内销平台，支持企业设立“海外仓”，构建高效通畅的全球渠道物流网络。

第三，实施“外贸转型行动计划”。落实贸易高质量发展实施意见，围绕传统贸易、服务贸易、新型贸易，进一步“拓市场、优结构、提能级”。一是推动传统贸易拓展多元化市场。稳定出口规模。深化落实贸易高质量发展实施意见、外贸30条、外贸11条等政策，研究储备并适时出台一批新的支持政策。借助RCEP等签署效应，支持企业稳定欧美日等传统市场，拓展东盟等“一带一路”沿线新兴市场。增强进口集散功能。推动虹桥、外高桥两个国家级进口贸易促进创新示范区联动发展，进一步做精专业贸易平台，探索完善保税展示展销监管制度。优化跨境贸易营商环境。实施“跨境贸易营商环境专项行动”，开展进口货物“船边直提”和出口货物“抵港直装”试点，压缩单证时间和费用。加快智慧口岸建设，拓展国际贸易“单一窗口”特色功能，深化“单一窗口”长三角合作共建。完善贸易摩擦“四位一体”应对机制，制定贸易调整援助办法，提升涉外法律服务水平。二是推动服务贸易创新发展。落实全面深化服务贸易创新发展试点实施方案。在临港新片区开展数据跨境安全有序流动试点，大力发展生物医药研发外包，扩大集成电路、人工智能等关键领域技术进口，实施文化走出去“千帆计划”。打造数字贸易国际枢纽港。深入实施数字贸易发展三年行动方案，认定和发布一批数字贸易示范基地和示范性应用场景。在临港新片区、虹桥商务区推动建设国际互联网数据专用通道，加快“信息飞鱼”、跨境贸易数字化产业园建设。搭建一批服务贸易促进平台。办好第八届上交会，完善数字贸易交易促进平台功能，提升浦东、徐汇、外高桥等区域国家级出口基地能级。三是推动新型贸易提升能级。扩大离岸和转口贸易规模。提升经常账户项下离岸贸易业务便利度，拓宽“白名单”企业范围。深化国家级跨境电商综试区建设。新认定一批市级跨境电子商务示范区，完善跨境电商进口商品备案制度，加快建设上海国际邮件互换站监管点。支持高附加值业务发展。制定国际分拨业务发展政策，推动一批国际分拨中心加快落地。落实在综保区内开展维修业务实施办法，支持企业在海关特殊监管区外开展保税维修。

第四，实施“外资提质行动计划”。全面贯彻落实外商投资条例，抓好“开放、促进、服务”三个环节，进一步“稳存量、扩增量、优环境”。一是更高水平扩大开放。对接国际高标准经贸规则。研究对接对标 RCEP、CPTPP、中欧投资协定，深入落实浦东高水平改革开放政策、临港新片区总体方案等开放举措，争取在电信、互联网等领域进一步放宽市场准入。开展国家级服务业扩大开放综合试点。加快金融、科技、商贸等服务业领域对外开放，积极引进银行、证券、保险等行业优质项目。二是更大力度招商引资。加强精准招商。聚焦东西两翼、三大先导产业和六大重点产业，发挥国内外投促机构作用，办好各类投促活动，开展主题招商、渠道招商、产业链招商。实施“总部经济增能行动”。落实研发中心新政策，支持更多企业升级设立全球研发中心、开放式创新平台，新认定跨国公司地区总部 50 家，研发中心 20 家。三是更全方位服务企业。深入开展企业走访调研。办好政企合作圆桌会议，统筹解决企业具体问题。提供全生命周期便利服务。健全市区两级外商投资议事协调、投诉和兜底服务机制，发挥外商投资促进服务平台作用，完善“涉外服务专窗”服务内容。四是更优举措助力“走出去”。培育本土跨国公司。鼓励企业“走出去”优化产业链、供应链布局，完善政企银保四方协调会商机制，推动解决重点项目融资、保险等需求，新增规模以上本土跨国公司 20 家。强化对外经济合作公共服务功能。开展跨国经营人才培训计划，全年培训 4000 人次以上。依托印尼青山园区等国家级境外经贸合作区，探索试点人民币跨境结算。

第五，实施“进博增效行动计划”。围绕“越办越好”的总要求，全力确保第四届进博会圆满成功，持续放大溢出带动效应。一是提升城市服务保障水平。制定第四届进博会城市服务保障总体方案和总任务书，滚动梳理解决“问题清单”，组织开展实战演练，探索常态长效的服务保障模式。二是深化落实放大溢出带动效应实施方案。促进贸易升级。举办覆盖商业展区的供需对接会，推动第三届进口博览会意向订单尽快落地。支持进博会采购商入驻“6 天 +365 天”交易服务平台，认定一批新平台。促进投资升级。办好 2021 城市推介大会，精心设计投资路线等配套投促活动。促进消费升级。举办进口商品节、“拥抱进博 • 国别商品缤纷月”等活动，拓展进博会精品旅游线路。促进开放升级。努力提高第四届虹桥国际经济论坛议题设计和服务保障水平，推动论坛国际影响力提升。在通关、出入境等方面争取新一批贸易便利化政策，推动已有措施固化形成常态化制度安排。三是推进国际会展之都建设。贯彻落实会展业条例。推进会展业“一网通办”，整治展虫等违法违规行为。提升会展竞争力。加强与国际展览协会等知名行业组织合作，强化品牌展会推广，打造具有国际竞争力的会展集团和知名展会。创新办展模式。深化云上会展等新模式，研究制定绿色会展标准，打造绿色、智慧、平安展馆。

第六，实施“商务惠民行动计划”。始终把人民对美好生活的向往作为奋斗目标，着力满足多样化、品质化、个性化需求。一是深化实施早餐工程。加强数字化赋能。支持早餐企业线上经营，新（改）建网订柜（店）取网点 700 个。优化网点布局。着力填补大居、产业园区等薄弱区域盲点，新增早餐网点 1120 个。推动流动餐车可持续发展，强化运营保障。提升供给品质。新增早餐工程示范点 200 个，提升共享早餐覆盖率至 85%，推出更多健康早餐品类。二是优化超大城市主副食品保供体系。推进西郊国际、新上农批两个批发市场基础设施建设和功能完善，试点开展“智慧菜场”建设。新增蔬菜域外基地 20 个，持续推进 6 个紧密型生猪外延基地建设。建立主副食品运行调控系统，强化超大城市保供调控能力。三是推进家政服务业提质扩容。抓好家政服务条例宣贯，培训持证上门服务人员2万名，持续推进“领跑者”行动示范城（区）建设。

第七，实施“疫情防控行动计划”。严格落实“外防输入、内防反弹”各项工作要求，抓实抓细商贸领域常态化疫情防控。一是加强重点领域疫情防控。落实农贸市场、商超、餐饮、会展等重点行业防控技术指南要求，压实属地管理和市场主体责任。落实口岸“人物同防”管控措施，配合做好人员入境、冷链食品进口闭环管控。做好“走出去”企业疫情防控工作。二是保障物资稳定供应。综合运用多种渠道筹措防疫物资，确保供应平稳有序，切实把好防疫物资出口质量关。落实菜篮子“区长负责制”，加强产销对接、批零对接，稳定主副食品和生活必需品供应渠道。

第二编 特 载

特 载

第三届中国国际进口博览会

中国国际进口博览会（China International Import Expo，CIIE），由中华人民共和国商务部、上海市人民政府主办，旨在中国坚定支持贸易自由化和经济全球化、主动向世界开放市场的重大举措，有利于促进世界各国加强经贸交流合作，促进全球贸易和世界经济增长，推动开放型世界经济发展。中国愿与各国一道，将中国国际进口博览会打造成为世界一流的博览会，为各国开展贸易、加强合作开辟新渠道，促进世界经济和贸易共同繁荣。

第三届中国国际进口博览会（简称第三届进博会）于2020年11月5—10日在国家会展中心（上海）举办。开幕式上，国家主席习近平通过视频发表主旨演讲。中共中央政治局常委、国务院副总理韩正和副总理胡春华、上海市委书记李强在上海线下会场，有关国家领导人和国际组织负责人在线上会场，通过线上线下结合方式共同出席开幕式。国务院副总理韩正宣布第三届中国国际进口

第三届中国国际进口博览会国家会展中心外景

博览会开幕。巴基斯坦总统阿尔维、南非总统拉马福萨、智利总统皮涅拉、乌兹别克斯坦总统米尔济约耶夫、塞尔维亚总统武契奇、西班牙首相桑切斯、巴布亚新几内亚总理马拉佩、匈牙利总理欧尔班、联合国贸易和发展会议秘书长基图伊、世界卫生组织总干事谭德塞、世界知识产权组织总干事邓鸿森、世界贸易组织副总干事易小准先后发表视频致辞。

第三届进博会按照“越办越好”总要求，延续“新时代，共享未来”的主题，克服不利影响，统筹疫情防控和办展工作，取得丰硕成果。展会总展览面积近36万平方米，比上届扩大近3万平方米，多个国家和地区的参展企业携大批新产品、新技术、新服务首发首展，举办101场配套活动，近40万名专业观众注册报名，3000多名境内外记者报名采访，实现了安全、精彩、富有成效的预期目标。

第三届进博会是疫情防控常态化条件下我国举办的一场规模最大、参展国别最多、线上线下结合的国际经贸盛会，展示了我国疫情防控和经济社会发展的重大成就，通过推动展品变商品、展商变投资商，四大平台作用凸显，溢出效应不断放大，传递出坚定扩大开放、共享中国大市场的积极信号，为实施扩大内需战略、加快形成双循环新发展格局提供了有力支撑。

一、第三届进博会突出亮点

1. 展会规格高，国内外反响热烈

11月4日，国家主席习近平在第三届中国国际进口博览会暨虹桥国际经济论坛开幕式上通过视频发表主旨演讲，强调各国要携手致力于推进合作共赢、合作共担、合作共治的共同开放，宣示中国将秉持开放、合作、团结、共赢的信念，坚定不移全面扩大开放，让中国市场成为世界的市场、共享的市场、大家的市场，为推动世界经济复苏和发展注入强大正能量。

中共中央政治局常委、国务院副总理韩正和国务院副总理胡春华、上海市委书记李强在上海线下会场出席开幕式。巴基斯坦、南非、智利、乌兹别克斯坦、塞尔维亚、西班牙、巴布亚新几内亚、匈牙利8国国家元首、政府首脑及联合国贸发会议、世界卫生组织、世界知识产权组织、世界贸易组织4个国际组织负责人线上发表视频致辞。145个国家和国际组织的231名部级以上官员，以及110位世界500强企业及国际智库代表在线上出席开幕式，69个国家驻华使节和国际组织驻华代表线下参会。

2. 展览展示水平高，各国企业参展踊跃

第三届进博会展示新产品、新技术、新服务411项，世界500强及行业龙头企业连续参展比例近80%，布展水平进一步提升，特装比例达到94%。多个国家部委继续推出税收优惠、通关便利、市场准入等支持政策，为展客商带来更多实惠。第三届进博会六大展区亮点纷呈、各具特色：食品及农产品展区参展企业数量最多，有来自93个国家的1264家企业参展。汽车展区世界前七大整车集团悉数到场，展区内500强和行业龙头企业参展面积超过90%。技术装备展区突出展示自动化、智能制造、工业数字化、能源、整体解决方案等内容，引领行业创新趋势。消费品展区展览面积超过9万平方米，成为本届进博会面积最大的展区。服务贸易展区汇集金融、物流、咨询、检验检测、文化旅游五大板块全球顶尖企业，全力打造智慧服务赋能全产业链。医疗器械及医药保健展区新产品新技术首发数量最多，总数超过120件，制药行业排名前10和医疗器械行业排名前14的企业全部参展。首次设立的公共卫生防疫专区集约化展示国际先进公共卫生防疫产品、技术和服务，企业报名踊跃，面积多次扩容。

3. 各类活动精彩纷呈，经贸合作成果丰硕

联合国工发组织、世界知识产权组织等国际组织，工业和信息化部、财政部等国家

部委，以及各地方政府举办政策解读、对接签约、投资促进等类别101场配套活动，积极助力展会成交、双向投资和产业合作。新品发布专区有42家国际知名参展企业举办发布活动，分展区分行业集中展示全球顶尖新产品、新技术、新服务，进博会已成为全球新品的首发地、前沿技术的首选地、创新服务的首推地。大型贸易投资对接会通过线下线上结合方式，为674家参展商、1351家采购商提供专业服务，达成合作意向861项；举办10场投资推介会，意大利对外贸易委员会以及四川、贵州、浙江等地方政府和企业开展投资推介。人文交流活动丰富多彩，100项世界级、国家级非遗项目和81个“中华老字号”品牌参与展示，49场文化公益演出精彩亮相，集中展示各地人文特色。同时，俄罗斯、意大利、葡萄牙、巴基斯坦、斐济和匈牙利等国借助进博会官网，以图片、视频等形式展现本国风土人情和发展投资机遇，增进中外文化交流互鉴。

4. 服务保障周到细致，全方位提升参展参会体验

在常态化疫情防控条件下，进一步落实疫情防控工作总体方案和展馆疫情防控专项方案，全力确保进博会现场人员、物品、场地卫生防疫安全。

在往届基础上精益求精，以安全为中心，创新现场服务水平。展会服务更加优质。组建专业团队，专人跟进需求，全面做好展品运输、会务活动等各项服务保障工作。餐饮供应更加便利。供餐品类多元，新建进博会App餐饮预订接口，实现便利线上点餐，快捷到店自取。导览指引更加周到。扩大临时标识覆盖面，增加防疫标识5.5万个，累计发放《导览手册》等印刷品超过50万册。入馆安排更加顺畅。严格落实疫情防控要求，通过两次红外测温筛查，实现“无感知、不停留、可追溯”入场，累计进场65万人次。信息化服务更加先进。优化智能数字导览系统，提供一站式业务办理平台，借助信息化手段确保安全办展，提高参展观展满意度。

二、第三届进博展品精彩看点

1. 德国维特根集团W380CR冷再生机

第三届进博会首件进馆展品是德国维特根集团W380CR冷再生机。主机长16米，重35吨，配件长4.5米，重17吨，装配完成后总重量约52吨；可一次性就地再生3.8米宽、30厘米厚的沥青路面，施工效率极高。

德国维特根集团W380CR冷再生机

2. 沃尔沃概念版电动轮式液压挖掘机EX03

11月6日，在第三届进博会新品发布区举行的沃尔沃概念版电动轮式液压挖掘机EX03全球首发式上，这台“颜值”出众的挖掘机浮出水面：其颜值不在脸上，而在背上——通过具有创新设计的后屏幕安全功能概念，EX03在公共街道上行驶时，实时视频直播功能可以让在后方行驶的车辆清楚地看到前方情况。沃尔沃概念版电动轮式液压挖掘机EX03人站在它身旁，就能感到它的威力无穷。

沃尔沃概念版电动轮式液压挖掘机EX03

3. 88克拉超级黑钻

这颗88克拉、有57个切面的黑钻，原为中世纪欧洲卡洛芙家族所拥有，并以贵族姓氏命名，被列为全球五颗顶级黑钻之一，

后成为法国卡洛芙珠宝品牌的传世之宝，多年来极少公开展出。现估价 3700 万美元。

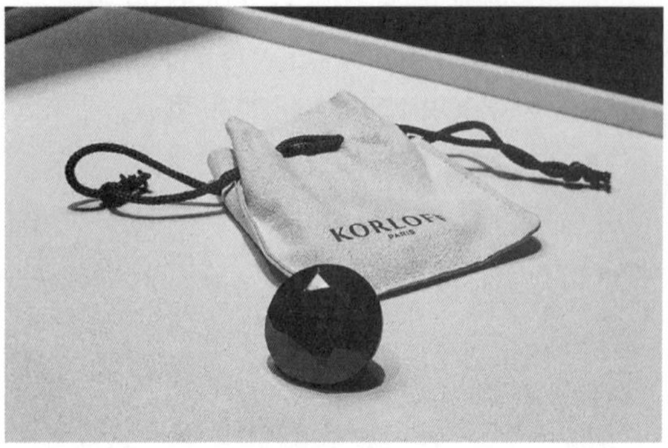

88 克拉超级黑钻

4. 竹片台灯、塑料瓶窗帘

全球知名家具和家居用品零售商英格卡集团（品牌名为宜家），今年瞄准的也是“绿色”二字，将借助 2020 年的进博会展出中国首发产品——让经过加工处理的 PET 成为极具价值的再生资源。

宜家在进博会平台展示多款可循环、可回收材料制成的家居产品，如用竹片编制的 KNIXHULT 克尼斯胡特台灯（上）、以回收塑料瓶为原材料制造而成的 GUNRID 古恩里德净化空气窗帘（下）以及 100% 由可回收纸板制成的 KVARNVIK 卡恩维克附盖储物盒。

宜家在进博会平台展示多款可循环、可回收材料制成的家居产品

5. 智能一体式 CT 检查室

“诺亚 1 号”不受场地限制，可快速置于感染楼下或发热门诊旁，包含 GE（通用电气医疗）实验室及 48 平方米独立扫描间和操作间，医患隔离双通道设计，配备 GE 天眼 CT 设备（安装在雷神山医院，人工智能自动定位，可缩短扫查时间，实现隔室操作，每日可进行 300 人次的 CT 扫查）。可在发生重大公共卫生事件时迅速隔离为检查专区，在疫情期间已经应用到武汉多个方舱医院以及新冠疫情定点救治医院。

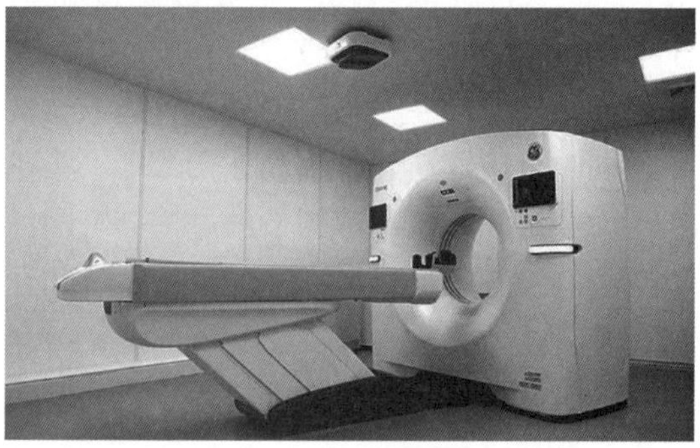

智能一体式 CT 检查室

6. 无死角的医用个人防护系统

德国自然空气能量公司 Air Estetic 医用个人防护系统，集成了动力过滤式呼吸器和防护服于一体，能够 360° 无死角保护医护人员，有效防止骨科手术时血液、碎末迸溅到颈面部，碎末弹回手术区域后而造成的污染，有效地防止艾滋病、梅毒、乙肝、丙肝等感染。

无死角的医用个人防护系统

7. 机器人导航平台

美敦力中国首发的 Mazor X Stealth Edition 机器人导航平台是目前全球领先的专业智能脊柱机器人系统，结合先进的软件、算法、机器人技术、导航和手术工具，可为骨科医生提供精确的手术入路引导，医生可以提前制订和模拟手术方案，手术中手动操作部分仅需要 20% 左右。相比传统开放式脊柱手术，接受手术机器人辅助的脊柱手术患者平均住院时间减少 27%，并发症发生率减少 48%，复诊量减少 46%，术后感染率更低，还能减少手术过程中对患者和医生的辐射。

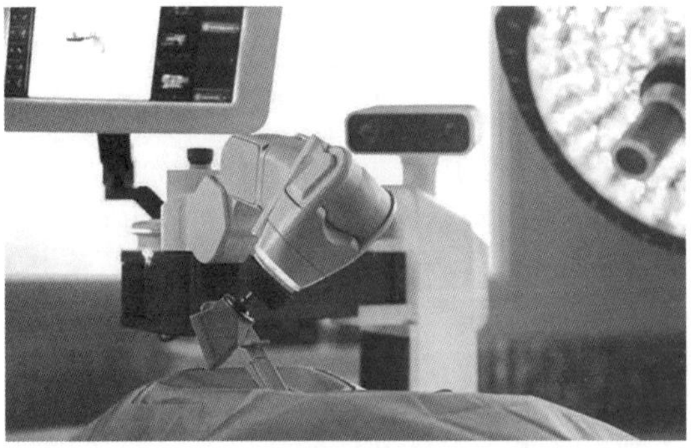

机器人导航平台

8. 小马智行第五代 L4 级别自动驾驶系统

小马智行作为一家仅成立四年的自动驾驶公司，已在北上广三大一线城市开展研发和落地自动驾驶车队，并于 2018 年 12 月在广州推出中国首支自动驾驶移动出行车队。本次参加进博会，小马智行将展示公司全球首发的最新一代（第五代）自研的 L4 级别自动驾驶软硬件系统。

小马智行第五代 L4 级别自动驾驶系统

三、第三届进博受到国内外广泛关注和积极评价

第三届中国国际进口博览会成功举办，受到外国媒体及国内外各界人士的广泛关注和积极评价。进博会进一步释放出中国全面扩大开放、同世界分享市场机遇的强有力信号，中国以实际行动促进国际经贸合作、助力全球产业链供应链稳定畅通，为推动世界经济复苏和发展作出重要贡献。

1. 多国领导人高度评价中国克服疫情挑战举办进博会

巴基斯坦总统阿尔维说，此次进博会有助于各国出口商更好了解中国的商品需求，扩大对华出口，促进全球贸易。中国在不断发展进步的同时，也将为世界各国提供更多商品。因此，要特别祝贺中国举办如此规模庞大的进口博览会，相信通过进博会的举办，中国与世界各国的贸易联系将会更加紧密。

南非总统拉马福萨感谢习近平主席和中国人民克服困难如期举办第三届进博会，表示促进贸易投资对当前推动经济复苏具有重要意义。非洲正加紧自贸区建设，中国是非洲长期的重要贸易伙伴，进博会为非洲国家和企业提供了重要平台。南非积极参加历届进博会，祝贺第三届进博会取得圆满成功。

智利总统皮涅拉感谢习近平主席邀请，并表示在习近平主席领导下，中国致力于促进世界各国相互理解、积极合作。我们要眼光长远，继续致力于消除贫困、减少社会不平等、改善医疗和教育、推动数字科技革命、应对气候变化等，实现可持续发展。

乌兹别克斯坦总统米尔济约耶夫表示，举办进博会这样大规模的活动，充分证明中国经济已成功复苏，也说明加强各领域国际经贸合作的必要性。乌方高度评价中国领导人制定的致力于稳定贸易、消除贸易壁垒以及通过加强各国经济融合度促进全球经济增长的新政策。乌方坚信第三届进博会将为世界贸易的复苏及国际经济合作的发展注入新动力。

塞尔维亚总统武契奇说，中国作为世界表现最好的经济体，为各国搭建了进博会这一全球顶级经贸推介平台，塞尔维亚有幸连续三年参展。中国投资者近年踊跃来塞投资兴业。中国企业在塞尔维亚参与交通基础设施项目建设，不管是匈塞铁路，还是塞国内和本地区多条高速公路都展现了出色施工能力。塞中两国在上述领域合作仍有广阔空间。

西班牙首相桑切斯表示，西班牙和中国对未来的发展方向有着共同的愿景，并都致力于建立稳定和可预测的多边框架，以应对在国际贸易、互联互通、气候变化等各方面现实及未来的需求。中国市场的进一步开放，将为西班牙企业提供更多机遇。同时，中国也能够更多享受西班牙的优质产品，以及西班牙企业在基础设施建设、可再生能源、生物技术或水处理和海水淡化等领域的国际优势。

巴布亚新几内亚总理马拉佩表示，作为世界第二大经济体，中国经济复苏对世界各国具有重要意义。作为国际贸易的重要平台，进博会无疑将为各国发展开拓新空间，分享中国经济复苏及增长带来的发展机遇，并为当前困难形势下全球贸易和经济发展提供动力。

匈牙利总理欧尔班说，本届进博会在特殊时期举办。疫情告诉我们，在国际关系中各国必须相互尊重，否则挑战会变得更加严峻。匈牙利致力于加强与中国及沿线国家合作，共建“一带一路”，这比以往任何时候都更加重要。疫情需要我们合作应对，共同应对当今世界最严峻的挑战之一。

2. 国外媒体热议第三届进博会

《俄罗斯报》发表评论指出，第三届进博会是在疫情防控期间如期举行的全球经贸盛会，这证明中国经济在迅速复苏，并为外国企业进入中国市场搭建平台。在全球市场萎缩的情况下，很多外国企业把对华出口看作拓展市场的重要机遇，都为参展做了精心准备。

比利时《晚报》的文章指出，当前全球疫情形势依然严峻，进博会如期举办意义重大，向全世界表明了中国全面扩大开放的坚定决心。在疫情防控常态化背景下，本届进博会更加重视数字化管理，参展和签订合同等程序可以线上同步，创新办会颇有成效。

美联社在报道中说，中国如期举办第三届进博会，“是中国经济稳步复苏的重要表现，也是为提振世界经济作出的最新努力”。

日本《朝日新闻》的报道特别关注到“进博会聚集了400多家日本企业”。文章指出，当前世界经济陷入衰退，不少国家和地区的企业将拓宽市场、恢复增长的希望寄托于中国巨大的市场。文章援引国际货币基金组织的研究称，中国将是2020年唯一保持正增长的主要经济体，这更让包括日企在内的各国企业看好中国机遇。

斯里兰卡《每日新闻》报道说：“进博会被誉为全球贸易史上的创新之举，展现了中国不断扩大对外开放的行动力，是中国支持经济全球化、推动建设开放型世界经济的重要举措。”

巴基斯坦联合通讯社报道说，本届进博会上，来自世界各地的新产品、新技术、新服务精彩亮相，令人惊叹。参展的国际企业越来越多，说明中国进一步扩大开放受到国际社会的欢迎。

德国“财经新闻”网站报道了德国福维克集团连续3年参加进博会的故事。拥有130多年历史的福维克集团是最早报名参加第三届进博会的外国企业之一。“得益于进博会平台，公司产品得到更多关注，营业额增长显著。”报道援引福维克中国区总经理查生的话表示，中国市场对福维克全球发展具有重要战略意义，希望通过进博会扩大在华市场，为中国消费者提供高品质产品。

古巴拉通社刊文指出，中国降低数千种商品的进口关税，通关手续更加灵活高效，商品进口更加便利。“进博会让上海这一金融中心成为展示优质商品的橱窗，为各国企业家提供了建立联系、开展合作的机会。”

《菲律宾星报》刊文称，几十家菲律宾企业赴华参加进博会，重点推介热带水果、蔬菜、坚果、海鲜产品等菲律宾特产。文章指出，在2019年成功参会以及菲中贸易不断发展的基础上，菲律宾企业继续保持拓展中国市场的势头。

日本《每日新闻》报道说，尽管国际交流受到限制，但日本企业仍积极参展，一些无法到现场的参展商提前把样品邮寄至中国，进行网上推介。中国超大规模市场对日本企业吸引力巨大。

《今日埃及人报》撰文指出，通过进博会，埃及向中国出口更多橙子、葡萄、大枣和甘蔗等水果，埃及应抓住机遇扩大与中国经贸合作。进博会是埃及向中国出口更多商品的绝佳机会和重要平台。

美国《洛杉矶周刊》报道说，旧金山湾区委员会连续3年参加进博会，加利福尼亚州有10多个企业、机构在馆内展示各类产品和服务，希望在全球最大的进口展会上寻求振兴经济的良机。

肯尼亚广播公司网站文章认为，进博会的举办充分展现中国对外开放的姿态，体现了携手构建人类命运共同体的理念，为各国企业提供了展示产品、洽谈业务、拓展中国市场的平台。特别是新产品、新技术、新服务的全球首发和中国首展，让参会的非洲企业接触到很多全球前沿科技。“不少非洲企业在进博会上找到合作伙伴并签署合作协议，无论对企业本身，还是对所在国家来说，都收获颇丰。”

赞比亚《卢萨卡时报》报道说，通过进博会，埃塞俄比亚的咖啡、肯尼亚的玫瑰、南非的红酒、乌干达的腰果……越来越多的非洲特产被中国消费者了解和接受。后疫情时代，促进全球贸易和投资十分重要，进博会为各国企业提供了与中国市场建立联系的机会，有利于促进国际经贸合作。

希腊航运新闻报道说，进博会是中国主动向世界开放市场的重大举措。“本届进博会为世界经济尽快回暖提供持续动能。”

加纳金街商业网报道指出，中国是加纳最大贸易伙伴，也是加纳大宗商品主要出口目的地。本届进博会上，来自加纳的可可豆受到中国进口商的喜爱，线下线上成交量令人惊喜。“加纳与中国还有很大合作空间。中国经济回暖、进口需求增长，将有利于加纳扩大出口，为加纳经济复苏创造机遇。”

巴基斯坦《观察家报》发表评论文章称，当前，疫情给各国带来严重冲击，单边主义、保护主义抬头，考验着世界经济复苏能力。“进博会如期举办，为各国带来共同发展的机遇，彰显中国坚定不移全面扩大对外开放、维护多边贸易、促进合作共赢的决心和信心，展现了负责任大国的担当。”

3. 国外各界人士评价第三届进博会

丹麦食品、渔业、平等事务与北欧合作大臣摩根斯•延森说，进博会是丹麦企业对华出口的重要展示平台之一，参加进博会的丹麦公司数量逐年增加，期待丹中两国在未来进一步加强合作。

赞比亚商贸工部长克里斯托弗•亚卢马表示，进博会是展现中国坚定不移全面扩大对外开放的重要窗口，有利于促进赞中、非中经贸合作，在搭建非中贸易平台方面发挥重要作用。

阿根廷投资贸易促进局局长胡安•乌桑迪瓦拉斯说，进博会展示中国坚持对外开放、自由贸易和多边国际合作的态度，从展会规模、展品质量和意向成交额等各个角度来看，进博会是全球供应商展示产品、增加交易以及提振市场信心的绝佳机会。

哈萨克斯坦中国贸易促进协会会长哈纳特•拜赛克表示，中国拥有全球最具发展潜力的消费市场，进博会为各国企业进入中国大市场开辟了一条快速通道。

法国经济学家达尼埃尔•阿贝说，第三

届进博会在全球新冠疫情背景下成功举办，释放出中国坚持开放共赢的积极信号，有助于世界各地外贸企业提振信心，推动全球经济复苏。进博会为广大企业，尤其是中小企业，进入和拓展中国市场提供了便捷高效的方式，进一步提升中国市场的吸引力。

巴西中国问题研究中心主任、经济学家罗尼·林斯认为，新冠疫情给国际旅行带来障碍，但仍有许多企业和客商克服困难前往参会，这表明国际社会十分看好中国经济发展前景。中国提出构建“双循环”新发展格局，将给世界经济发展带来新动力。

韩国 NH 投资与证券公司分析师朴仁金说，第三届进博会的成功举办，展现出中国进一步扩大开放、与各国加强经贸合作的决心。中国加快形成“双循环”新发展格局将有力促进世界经济复苏，为世界经济增长提供新的引擎。

新西兰商学院院长黄伟雄表示，进博会展示了中国坚持推进更高水平对外开放的决心，给后疫情时代全球经济复苏提供了新动力，有利于增强全球市场信心，改善经贸环境。

斯里兰卡战略研究与冲突预防专家萨米塔·黑蒂格表示，进博会是跨国贸易史上的一项创新，已成为促进全球贸易的重要平台之一。

日本明治学院大学教授宋立水说，进博会的成功举办展现了中国的疫情防控能力，彰显了中国坚定不移全面扩大对外开放的决心和中国推动国际经济合作、促进共同发展的努力，为提振全球经济增长注入新动能。

4. 国内各界人士评价第三届进博会

通用技术集团董事长于旭波表示，本届进博会能够如期举办，体现了中国同世界分享市场机遇、推动世界经济复苏的真诚愿望。进博会联通中国和世界，让中外企业在更高水平的开放合作中实现更好发展。

苏宁控股集团董事长张近东表示，苏宁通过深度参与进博会，获得了更多与世界各地的协会及企业交流合作的机会。现在优质的海外品牌在苏宁平台上的销售持续增长，更好地满足了国内消费者对于个性化、品质化商品的需求。苏宁将乘着进博会的东风，不断增强企业的国际竞争力。

伊利集团执行总裁张剑秋表示，中国正加快构建新发展格局，为各行业提供了非常好的发展机遇，为企业可持续发展奠定了基础。伊利现已走出国门，合作伙伴遍及五大洲 33 个国家。未来，伊利将继续深化全球合作。

中国航天科工集团有限公司董事长袁洁说，“习近平主席发表的主旨演讲，为航天领域实现高质量发展、助力推动国内国际双循环相互促进指明了方向。”开展更广范围、更深层次、更高水平的国际合作是世界航天领域的重要发展趋势，中国航天技术、产品及系统解决方案在高质量服务海外市场的同时，将积极成为“中国名片”，让世界更好地感知中国，努力为践行人类命运共同体理念、促进世界和平发展贡献力量。

上海海关关长高融昆表示，在特殊时期举办第三届进博会，体现了我国同世界分享市场机遇、推动世界经济复苏的真诚愿望。2020 年以来，上海海关坚持统筹疫情防控与促进外贸稳增长，用科技赋能营商环境，推动口岸通关提速。下一步，将依托进博会等开放平台，更加坚定地打造开放新高地，更加有效地促进外贸创新发展，更加有力地优化跨境贸易营商环境，积极培育外贸新动能。

戴姆勒股份公司董事会成员、负责大中华区业务的唐仕凯表示，已连续 3 年参展的戴姆勒，2020 年带来了前沿的乘用车及卡车技术，为客户提供创新的出行解决方案，进一步满足人们对美好生活的向往。

海南师范大学中国特色自贸港研究中心主任刘锋表示，“习近平主席的主旨演讲，对海南把自贸港建设成为改革开放新高地注入了强大的精神动力和信心。”海南自贸港建设要积极适应和融入新发展格局，发挥畅通国内国际双循环的特殊功能和链接作用，把满足国内需求作为海南发展的重要出发点和落脚点，让国人不出国门就能在海南享受到国际一流的消费产品和服务。

纵观人类社会发展史，世界经济开放则兴，封闭则衰。国家主席习近平在第三届中国国际进口博览会开幕式上的主旨演讲中，深刻把握各国走向开放、走向合作的大势，着眼世界经济发展面临严峻挑战，提出了“致力于推进合作共赢的共同开放”“致力于推进合作共担的共同开放”“致力于推进合作共治的共同开放”的倡议，为携手应对挑战、推动世界经济复苏指明了努力方向。第三届进博会是提供世界的共创共享平台，也是提供世界的宝贵市场机会。开放合作，携手创造更加美好的明天

临港新片区成立一周年，看新片区如何变成“新热土”

2020 年 8 月 20 日，上海自贸区临港新片区（简称新片区）成立一周年。一年来，新片区始终以国家主席习近平“五个重要”指示精神为根本遵循和行动指南，按照党中央、国务院的决策部署，在市委、市政府的领导下，对标国际最高标准、最好水平，以“开局就是决战、起步就是冲刺”的精神状态，大胆闯、大胆试、自主改，进一步发挥对外开放“试验田”“风向标”的作用。围绕制度政策、核心功能、营商环境，城市规划持续发力，有效推进了具有国际影响力和竞争力的特殊经济功能区建设，积极打造产城融合、开放创新、智慧生态、宜业宜居的现代化新城。

一年来，新片区总体方案明确的 78 项制度创新任务已完成过半，全年吸引投资超过 2700 亿元，尤其是 2020 年以来，新片区克服新冠肺炎疫情影响，主要经济指标实现

2020 年 8 月 20 日，滴水湖金融湾项目开工，图为金融之城项目效果图

两位数增长。另有22项已形成方案，国家、上海市、管委会累计制定发布各类政策107个，形成典型创新案例32个，差异化探索的广度、深度、力度不断加大，这是核心功能上的一大突破。在新片区，世界顶尖科学家论坛成功举办，全球知名企业纷纷入驻，洋山特殊综合保税区正式挂牌，新片区呈现出一片日新月异、热火朝天的发展景象。

一年来，新片区主要在四个方面，围绕政策制度创新、特殊功能打造、现代化新城建设等，全面发力，跑出了加速度、提升了活跃度、打出了显示度。

一、差异化发展，跑出企业服务新速度

新片区核心功能上的一大突破在于强调差异化发展，由便利化转向自由化。上海自贸区，从严格意义上说，是对标“自由贸易区”的试验区，将贸易协定中新的议题和标准放在上海自贸区里试行，看现有的制度是否能适应，这就是原自贸区一直强调的“压力测试”和“可复制”“可推广”。而新片区对标的是更符合国际主流观点的自由贸易园区，即在某一国家或地区境内设立的实行优惠税收和特殊监管政策的特定区域。

由于对标对象不同，因此新片区从定位、核心到政策，均在原有自贸区基础上有所跃升，从注重投资贸易的便利化切换到注重投资贸易的自由化，这是制度上的一大突破。

对于新片区而言，强调的是投资贸易的自由化，在事前不设置屏障，而是加强事后监管，注重差异化的政策创新，在新片区内开展投资贸易自由化改革条件目前在国内其他地区尚不具备条件的，“不可复制”“不可推广”的先行开放探索特征尤为突出。

2020年11月11日，临港新片区第001号代理记账许可证书审批通过

新片区核心功能上的另一个突破在于更深层次、更具革命性的政府自身改革。新片区开展投资贸易自由化改革破题，势必遭遇一系列旧有体制机制羁绊，对此一个基本理念就是要以开放倒逼改革，用新片区建设倒逼政府职能转变，通过触及更深层次、更具革命性的政府自身改革，实现从管制型政府向服务型政府转变。

新片区对此充分发挥自主发展、自主改革和自主创新管理权限，有针对性地进行体制机制创新。上海市委、市政府举全市之力支持临港新片区，出台了管理办法和50条特殊支持政策，明确新片区管委会实行“市属市管”。但同时也赋予新片区更大的自主发展权和自主改革权，并且以系统改革、集成创新为原则，深入推进“放管服”改革。全面扩大“特斯拉模式”综合效应，全面实行“容缺后补”“证照分离”改革，全面对标世行指标体系开展评估，最终得分接近世界第一梯队水平。在一网通办的助推下，跑出新片区为企业服务加速度，描绘投资贸易自由化新蓝图。

二、突出特殊性，初步形成开放型政策制度体系

作为我国自贸试验区的“升级版”，临港新片区制度创新始终对标国际上公认的竞争力最强的自由贸易园区，实施深层次、系统性、引领性、首创性的改革创新探索，旨在构建与国际通行规则相衔接的制度体系。与其他自贸试验区相比，弱化了政策的复制推广性，着重凸显特殊性。通过借鉴国际自由贸易区通行的做法，以前沿产业为支撑，推动更宽领域、更高层次、更大力度的改革开放，开放型政策制度体系框架初步形成。

在投资自由领域：接轨国际通行规则的投资自由化便利化制度加快形成，投资环境持续优化。率先实行企业名称告知承诺制，颁布商事主体登记确认制实施办法，加大外

2020年8月21日，新片区2020年重点基金项目集中签约，资金规模超过842亿元

资开放力度，强化司法服务保障功能。

在贸易自由领域：高标准贸易自由化便利化的制度体系加快形成，推进洋山特殊综合保税区创新发展。在制度体系设计上体现了“六特”的特点，即特殊的申报模式、特殊的贸易管制模式、特殊的区内管理模式、特殊的统计制度、特殊的信息化管理模式、特殊的协同管理模式。

在资金自由领域：促进资金自由的金融开放创新体系加快形成，对于实体经济的服务支撑功能明显增强。“金融30条”，赋予临港新片区金融先行先试权限，率先实行优质企业跨境人民币结算便利化、一次性外债登记、境内贸易融资资产跨境转让、高新技术企业跨境融资便利化额度、本外币合一跨境资金池等创新试点，外资、外贸企业开展跨境业务、离岸业务的便利化程度进一步提升。

在运输自由领域：高度开放的运输自由制度体系加快形成，航运资源集聚配置功能不断完善。设立国际转运集拼监管中心，下放行政事权，船舶变更登记和相关证书发放时间提速。组建上海港海铁联运有限公司，“南通至上海”海铁联运班列正式启运。

在人员从业自由领域：人员从业自由的制度体系加快形成，集聚海内外人才的开放格局加速形成。而且这些人员、人才的执业、考试更加自由，放宽外国人才在年龄、学历、工作经历方面的限制，国内人才引进政策的吸引力进一步增强。在信息便捷联通领域，国际通信基础设施布局加快形成，跨境数据连通能力将全面升级。全面启动国际数据港建设，打造辐射全球的跨境综合数据枢纽。加快启动建设国际互联网数据专用通道和新型互联网交换中心。

在税收制度领域：特殊的税收政策逐步实施，税负成本不断降低。15%企业所得税政策正式落地，率先实施“无税无票不申报”、本市生产型企业分支机构属地征管等税收征管创新举措。

在全面风险管理领域：全面风险管理制度框架体系加快形成，协同监管、联动监管、智慧监管机制逐步建立。按照“共建共享共用、一企一户一码、全过程全要素”原则，建设启用临港新片区一体化信息管理服务平台，为部门间信息互联共享、执法互助、结果互鉴互认提供支撑。综合运用人工智能、大数据、区块链等先进技术，形成“制度+技术”的风险监测和防范体系。

三、营造一流营商环境，助推城市竞争力

争创一流的营商环境是我国高水平开放的风向标，是提升上海城市竞争力的助推器，也是推动新片区经济发展的生命线。

新片区成立以来，秉持“营商环境不进则退，慢进也退”“营商环境只有更好，没有最好”理念，全面落实上海市“营商环境3.0版”的一揽子改革措施。

2020年3月，新片区公布了《全面深化国际一流营商环境建设实施方案》，改革的目标就是要营造一个更加国际化、市场化、法治化的营商环境，提高政府在经济领域的治理能力；改革的理念就是“负面清单+权力清单+责任清单”，处理好政府与市场的关系，也就是要使市场在资源配置中起决定性作用、更好发挥政府作用；改革的基本逻辑就是秉持新发展理念，要以优化营商环境的确定性对冲外部环境的不确定性；以创新链产业链的完整性对冲全球产业变局的不确定性；以制度供给的精准性对冲市场观望的不确定性。该《方案》既彰显了新片区进一步优化营商环境的决心，又顺应了市场主体期待，赢得广泛点赞。

2020 年 6 月，普华永道发布了《临港新片区营商环境发展报告》。报告显示，在世界银行营商环境指标评估体系下，临港新片区营商环境表现已接近世界前沿水平，总体得分为 83.2 分，相对其他经济体处于较领先的位置，领先澳大利亚、日本等发达国家。

新片区的营商环境正在吸引越来越多的国际目光，成为中国向全世界展现营商服务水平的一张重要名片，带来的高端资源要素加速集聚效应逐步显现。特别是 2020 年以来，管委会一手抓疫情防控，一手抓经济社会发展，呈现出“热度不减、势头不减、改革力度不减”的良好态势。接下来，新片区将继续打造贸易投资更便利、行政效率更高速、政务服务更规范的国际化一流营商环境。

四、产城融合，以人为本推动新片区未来发展

从经济园区到现代化城区的“升级”，产城融合是关键，高端产业发展和高水平城市建设是临港发展的“两条腿”。新片区成立以来，以现代化城区为抓手，对区内各行政区域板块和街道进行明确的功能定位的同时，针对不同区域、街道的功能定位做好前瞻性规划，该前瞻性规划当中不再仅仅是产业规划与经济发展目标，还包括城市产业区与生活区空间规划、生活性基础设施与生产性基础设施共融共生规划等，推动城市生产性与生活性配套基础设施合理升级更新，全面提升高新区产城融合水平。

现代化城区中，人处于核心的位置，在没有人或者人文气息的城区，即使有着独特的资源，也难以发展起来。新片区现代化城区功能定位以产城融合为指导，将以人为本融入进去。通过生态保护、文脉传承及合理空间布局，营造真正人性化空间，体现人文关怀，促进功能相互融合。

2020 年 9 月 30 日，上海临港新片区环湖一路智能网联公交及智慧道路测试示范线正式启动测试

比如，新片区着力解决人才普遍关心的安居、子女教育、交通、医疗等问题，积极满足人才生活、就业、创业中的个性化需求，创造幸福指数较高的人居环境。新片区以满足临港人住有所居、住有宜居为目标，不断构建多主体供给、多渠道保障、租购并举的住房制度，完善住房市场体系，健全“四位一体”住房保障体系，加大对人才的住房保障力度。

同时，在新片区现代化城区建设过程中，紧密结合临港人文历史条件，把文化基因植入产业发展、社区服务的全过程，形成了“人无我有，人有我优，人优我新，人新我创”的特色文化品牌，发展多元化的旅游服务功能，快速激活现代化城区的活力。以产为先，建立开放型产业体系。新片区正努力提升科技创新和产业融合能力，整体提升区域产业能级，打造以关键核心技术为突破口的世界级前沿产业集群，加快推进建成具有国际市场竞争力的开放型产业体系，形成区域性经济增长核心动力。

市委书记李强在新片区调研并召开座谈会上指出，要坚持危中寻机，持续打造推动高质量发展的战略增长极。充分用好特殊经济功能区和洋山特殊综保区优势，加快培育新型贸易、总部经济、航运服务等核心功能，打造上海强化“四大功能”的重要承载区。

聚焦集成电路、人工智能、生物医药、航空航天等重点产业，抓紧强链、固链、补链，加快引进一批高能级项目、龙头型企业，加快形成若干千亿级产业集群，打造具有国际竞争力的前沿产业集群。进一步优化营商环境，向全球最好看齐，争做全国标杆，打响临港品牌，加快形成难以替代的发展优势。

新片区是一片“新热土”，也是一片“新沃土”！新片区按照在更深层次、更宽领域、更大力度推进全方位高水平开放的总体要求和发展目标，到2025年，建立比较成熟的投资贸易自由化便利化制度体系，打造一批更高开放度的功能型平台，集聚一批世界一流企业，区域创造力和竞争力显著增强，经济实力和经济总量大幅跃升；至2035年，建成具有较强国际市场影响力和竞争力的特殊经济功能区，形成更加成熟定型的制度成果，打造全球高端资源要素配置的核心功能，成为我国深度融入经济全球化的重要载体。

长三角商贸一体化

长江三角洲地区（简称长三角）包括上海市、江苏省、浙江省、安徽省，区域面积21.07万平方公里。该地区区位条件优越，自然禀赋优良，经济基础雄厚，体制比较完善，城镇体系完整，科教文化发达，已成为全国发展基础最好、体制环境最优、整体竞争力最强的地区之一，在中国社会主义现代化建设全局中具有十分重要的战略地位。

长三角区域一体化发展是习近平总书记亲自谋划、亲自部署、亲自推动的重大战略，是着眼于实现“两个一百年”奋斗目标、推进新时代改革开放形成新格局而做出的重大决策。

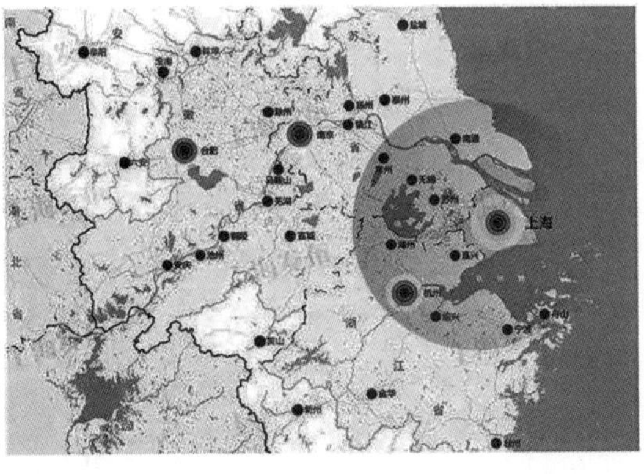

长三角规划范围示意图

2018年11月5日，国家主席习近平在首届中国国际进口博览会上宣布，支持长三角区域一体化发展并上升为国家战略。这是引领全国高质量发展、完善我国改革开放空间布局、打造我国发展强劲活跃增长的重大战略举措。

在以习近平同志为核心的党中央作出这项重大决策部署一周年之际，《长江三角洲区域一体化发展规划纲要》正式公布，标志着这一国家战略进入了全面实施阶段。该规划纲要是指导长三角当前和今后一个时期一体化发展的纲领性文件，是制定相关规划和政策的依据。规划期至2025年，展望到2035年。

由于新冠疫情的影响，全球经济低迷的形势使得长三角经济面临重大挑战。2020年的长三角，在一体化发展国家战略引领下，面对疫情冲击和影响，展现出强大的经济韧性，长三角的商贸一体化通过高新技术，把智能化与商贸结合，大力引进人才，出台了一系列政策措施，使得长三角在世界经济动荡期间仍取得了相当可观的成绩。

一、高新技术助内贸，拉动内需战疫情

长三角的内贸一体化少不了高新技术的支持。在这个技术爆炸的时代，只有大力发展科技，将智能化与贸易相结合，才能在疫情期间不落下长三角内贸市场一体化的发展。

随着现代信息技术的不断发展，作为5G通信核心内容的光电通信产业价值巨大。目前，长三角光电通信领域项目呈点状分布，尚未形成完整的产业链。如苏州发展光纤通信，南京、合肥有显示器生产基地，杭州则以发展数据市场见长。南浔正好处在这些城市的中心，加上已经开建的沪苏湖铁路，使其真正成了接沪连苏融杭的“桥头堡”。

2019 年以来，南浔“三管齐下”，拓平台，开启 1.42 万亩“光电湾”平台开发建设，为承接大项目扩展空间，截至目前已投入 45 亿元；精准招商，面向深圳、武汉、江苏等光电产业集聚度较高的地区派出招商组招引核心项目；加强资金保障，成立总额100 亿元的平台产业基金，对光电通信产业设备采购、技术转让、人才招引等进行支持。2020 年以来，南浔已签约引进总投资 55 亿元的弗兰德科技 5G 基站天线总部基地、总投资 65 亿元的黄河旋风华东总部基地等 6 个产业链核心节点项目，在谈项目 30 余个。在引育人才的同时，南浔还积极搭建平台，为光电企业引才用才创造条件。眼下，位于上海松江的南浔（上海）科创中心成了高端人才集聚的大本营。未来，南浔还将利用长三角地区优质高校资源，定向培养光电产业技术人才，引入专家团队，联合设立产学研基地，以人才、科技赋能光电产业发展。

中国电科集团作为覆盖电子信息全领域的大型央企，近两年一直致力于转型为以数

临港新片区规划图

据为核心战略的新型企业，而长三角更是集团布局的战略重地：46 家国家级研究所中有 17 家落户长三角；19 万员工里 45% 的人员在长三角；11 名院士里有 7 名院士在长三角；集团 35% 的资产、50% 的收入、65% 的利润等都聚焦在长三角。尤其值得一提的是，在 2020 年疫情期间，中国电科集团的抗疫团队以数据为基础，在疫情预测、助力企业复工复产等方面，推出了很多创新举措，有力地支持了长三角区域经济的稳健发展。

临港新片区在“十四五”将形成 3~5 个千亿级前沿产业集群加快培育世界级“硬科技”业。2020 年 12 月 18 日，临港新片区发布前沿产业发展“十四五”规划。“十四五”期间，新片区前沿产业总规模力争达到6000 亿元左右，其中工业总产值 5000 亿元，形成 3~5 个千亿级产业群。新片区强化长三角区域一体化产业协同效应，支持中国商飞、中国航发商发（中国航发商用发动机有限责任公司）、特斯拉等龙头企业加强长三角产业链一体化布局，共建长三角产业链协同创新示范基地，推动长三角重大产业合作平台建设。

上海国资国企将全面实施服务长三角一体化发展行动计划，三年内推进落实 70 个重大项目，新增投资 2000 亿元，新增信贷资金投放 1 万亿元。接下来，上海将新增 10 家以集成电路、生物医药、智能场景为重点的高端研发机构，推进 30 项战略性新兴产业区域合作研发项目。此次投资的重大项目中，一是向长三角现有的产业园输出企业业务、提升产业园活力。二是加强长三角基础设施建设。三是建设长三角金融投资协调机制，提高市场资金调度能力，以达到长三角金融一体化的目标。

第三届长三角文博会于 2020 年 11 月 19—22 日在国家会展中心（上海）如期举办。针对大批文化产业企业期盼市场复苏的迫切需求，本届长三角文博会把“交易优先、供

需对接”作为首要目标，利用专题发布会、经贸对接区、直播带货及定向传播，促进供需双方精准对接。

本届文博会专设三个经贸对接区，组织开展电竞企业与赞助商、中华老字号IP跨界运营等20余场对接会，促进供需对接、跨界联动和产业链协作。同时，展会与抖音、美团、小红书等电商平台开展合作，搭建现场直播间，以“明星专场+日常轮播”等形式，为参展企业直播带货。

主办方收集参展企业的销售需求，针对参展企业，现场设置6条直播逛展路线，老字号国潮、博物馆文创等均有专题直播活动。受疫情影响，英国、瑞士、韩国等20多个国家的文创企业和艺术家无法跨境参展。为此，本届文博会特设“海外云互动空间”，采用“远程连线+云端发布+代理交易”等新模式，在展览、论坛、发布、交易等多个环节，开发线上和线下相结合的多种创新业态。

在后疫情时代中，随着全面的复工复产，拉动大众消费也成了商贸一体化的主要目标之一。一方面疫情改变了消费行为模式。一是收入越高的人消费倾向越低，他们更多地将收入投入储蓄中；二是受疫情影响，普通居民的可支配收入减少，消费信心下降，转而投向报复性储蓄和投资，消费反而尤显疲软。另一方面，疫情也使消费出现了新的生机。因为防疫需要，人们不可避免地减少线下接触，这就使得企业和个人对数字化信息化的需求大幅增加，一些云端产品的使用量大增。基于互联网的平台经济、共享经济、体验经济等消费新业态不断壮大，能为消费市场带来新的增长点。浙江推出“浙里来消费”，上海的“五五购物节”，江苏的“苏新消费”，安徽的“皖美购物”都是在后疫情时代中发展出的全面拉动内需的策略，进一步促进了长三角商贸一体化的进程。

二、战疫发展两不误，开放政策助外资

2020年的海外商贸市场受到了严重打击，疫情使得国与国的通商变得十分困难。长三角采用开放对外市场、吸引外资人才、打造云贸易等方式尽力发展外贸市场。三省一市各显神通，协同发展，在利用外资一体化的道路上一路凯歌。

2020年上海统筹推进疫情防控和稳外资工作，全年实际吸收外资首次突破200亿美元，创历史新高。“十四五”期间，上海将实施“总部增能行动”，持续提升总部经济的能级。具体举措包括大力吸收、吸引跨国公司亚太总部和功能性全球总部落户，鼓励外资设立和发展全球研发中心和开放式创新平台。进一步完善上海总部经济政策体系，打造多维度总部型经济。以浦东进一步扩大高水平制度型开放，以及上海自贸区、临港新片区和虹桥国际开放枢纽先行先试为引领，进一步增强跨国公司地区总部全球资源配置和开放枢纽功能。推动跨境资金流动便利化，吸引全球资金管理总部集聚；推动离岸贸易结算便利化，吸引全球销售总部集聚；推动跨境支付便利化，吸引全球采购总部集聚；落实通关便利化，吸引全球供应链总部集聚。落实鼓励外资研发中心发展新举措，推动外资研发中心升级，更好地发挥外资研发溢出效应。对接RCEP，扩大在沪地区总部的辐射范围，努力打造配置全球资源的亚太门户等。

文博会交流现场

2020年1—11月，上海吸收外资规模逆势上扬：合同外资471.65亿美元，增长2.7%；实际吸收外资190.35亿美元，在2019年同比增长10.1%基础上，同比继续增长6.8%。上海自贸试验区和临港新片区实际吸收外资76.04亿美元，同比增长19.2%，占全市的39.9%，对全市吸收外资起到了引领和支撑作用。

上海还出台《上海市鼓励设立和发展外资研发中心的规定》。人才可以享受到在申办转办户口时的便利；找工作时可以适当放宽年龄、学历、工作经验的限制；享受人才公寓、人才补贴的福利等一系列政策对外资研发中心人才的需求打了一针“强心剂”。

除上海外，2020年1—5月，江苏省战略性新兴产业实际使用外资80.8亿美元，同比增长7.7%，占江苏实际使用外资的65.5%，占比较上年同期提高6.1个百分点。2020年3月，星巴克中国“咖啡创新产业园”项目落户昆山，首期投资1.3亿美元的咖啡烘焙工厂年内开工建设，计划于2022年建成投产，这将成为星巴克在美国以外产能最大的烘焙工厂。2020年1—4月，安徽省新设外资企业103家，同比增长14.4%；实际利用外资60亿美元，同比增长2.6%。浙江省引进外资工作也如火如荼。2020年6月上旬，总部位于美国的空气产品公司在嘉兴海盐投资的氢能源基地项目正式开工，投资总额达数亿美元。空气产品公司中国区副总裁冯燕表示，公司将项目落户海盐，不仅是投资浙江，更是投资长三角一体化发展的未来。

长三角纷纷出台稳外资政策，支持长三角区域一体化发展，国家支持政策不断，在前期推出16项税收支持措施的基础上，近期再推10项税收征管服务措施，具体包括提升税收大数据服务能力、深化增值税电子发票应用、推行“五税合一”综合申报、推进服务贸易对外付汇便利化等。浙江工商大学金融学院教授郭宏宝表示，此次10项措施的推行，将加速长三角一体化进程，并对国内大循环体系的形成产生积极影响。由此不少外商企业看好中国市场前景，纷纷选择以长三角为基地，加码对中国市场的投资。

三、传统外贸难再续，跨境电商显神通

受疫情影响，全球线上消费大增长。在长三角，有一批传统外贸制造企业，正各显神通发展跨境电商，以弥补疫情带来的线下渠道的不畅。

2020年外贸展会大大减少，与海外客户面对面交流也难。杭州谷优进出口有限公司负责人徐伟峰借助欧美常用的视频会议软件，线上“云直播”，自己“带货”，为海外客户提供直观体验。每场直播结束，成交订单少则两三万美元，多则10万多美元。8场“直播”，拿下超过50万美元新订单。

一套样品从制作到最后送达海外，基本需要半年的时间，但现在通过视频会议直播，让客户快速了解到产品结构和功能，缩小了时间差，提高了效率，省下了一大笔运费和税费。

公司将货以集装箱整柜方式运到美国，一旦亚马逊平台有订单，通过美国当地物流公司送达，疫情暴发以来，每月有30万~40万美元的跨境电商销售额，补货都来不及。此外，公司还在亚马逊平台注册了GOODYO品牌，2020年相继开发出了带防雾板和蓝牙音箱的浴室柜，前不久成了热销款，一度卖断货。2020年1—5月，公司在亚马逊平台做到了150多万美元的销售额，同比2019年增长了四成，跨境云直播等新方式接单弥补了传统外贸下滑的势头。

与谷优类似，传统代工企业出身的巨星科技公司，主要做各类手工具和电动工具产品，长年来一直谋求打造自己的品牌。

在巨星科技副总裁李锋看来，输出自有品牌最好、最快的方式就是做跨境电商。2020年，巨星科技的线上销售100%是自有品牌，自有品牌销售额占集团销售额的1/3。根据多年的生产经验，巨星不仅了解整个制造业市场品牌环境，而且知道市场上

进博会交流现场

欧美产品的价格，了解欧美消费者居家办公之后的消费习惯。疫情之下，外国人选择居家办公，有大把时间花在家中、车库、庭院DIY上，通过电商渠道购买手工具越来越多。因为跨出了这关键一步，使得在2020年不少企业面临订单取消或延期、新订单签约困难的情况下，该公司的海外销售却迎来新的增长。2020年1—5月，巨星在亚马逊平台上的跨境电商销售额同比增长71%。

2020年7月1日起，海关总署在北京、天津、南京、杭州、深圳等10个海关开展试点，行业迎来规模化“卖全球”的跨境电商B2B新模式。7月1日，钱江海关驻下沙办事处、机场海关成功验放跨境电商企业对企业（B2B）直接出口的报关单等，标志着杭州跨境电子商务综合试验区在全国范围内率先实现跨境电商B2B出口4种模式全覆盖。对于行业而言，标志着跨境电商发展从个人海淘（C2C）、商业零售（B2C），正式迈入企业对企业（B2B）阶段，真正实现规模化“卖全球”。

除跨境电商外，上海在2020年的外贸市场也大有作为，第三届进博会的顺利举行更是为长三角外贸一体化的发展锦上添花。

2020年上海市以一般贸易方式进出口1.87万亿元，增长4.6%，在同期上海市进出口总值中的占比从2019年的52.5%提升至53.7%。上海对欧盟、东盟、美国、日本等主要贸易伙伴的进出口在2020年全部保持增长。2020年上海出口大头仍然是机电产品，出口9477.6亿元，增长0.1%，占同期上海市出口总值近七成。其中集成电路和汽车的出口呈现两位数高速增长，增幅分别为15.4%和39.9%。

2020年11月10日，为期7天的第三届进博会在上海青浦的国家会展中心落下帷幕。

据中国国际进口博览局发布的统计，本届进博会上共达成合作意向861项，累计意向成交额726.2亿美元。上海青浦区是长三角示范区的核心成员，作为进博会的“东道主”，长三角示范区也借着这一东风，提升了产业结构，驶向高速发展的快车道。

进博会首日，青浦企业晋声（上海）贸易有限公司，便与参展企业冠捷投资有限公司达成5亿美元采购意向订单。2020年11月9日，作为进博会上的配套活动，2020国际康复辅助器具产业论坛在国家会展中心举办，“长三角康复辅助器具产业千亿俱乐部平台”也在论坛上正式启动。论坛中透露，“十四五”期间，一市三省将共建“长三角康复辅具产业园”。上海生物医药产业的快速发展，也给长三角示范区带来了更多的机遇。2020年3月落地浙江嘉善的生物制药公司云顶新耀，已经在港交所成功上市。长三角生物医药的产业聚集，也让更多的参展商开始着手布局长三角。生物制药企业阿斯利康在第三届进博会上明确表示，将进一步投资中国市场，其中长三角是重点区域。嘉善的目标，正是将这些有意向在长三角投资的生物医药企业，引进到自家。进博会不仅让长三角示范区的产业发展迎来新机遇，也让示范区的合力协作迈上一个新台阶。

四、建平台、订方案、谋合作，实现服务贸易1+3>4发展

在浙江省召开的一季度商务运行情况新闻发布会上，公布了浙江服务贸易运行情况。2020年一季度，浙江省服务贸易进出口额855.49亿元，较2019年同比下降2.92%，呈现出持续收窄的趋势。浙江省一季度虽然受疫情的影响相当严重，但服务贸易依旧有不少闪光点，金融业以及以游戏为代表的新兴文化产业增长迅猛。近年来，长三角服务贸易发展总体规模不断壮大，在全国地位不断提升。以服务外包为例，据商务部数据，2019 年长三角区域承接离岸服务外包执行额 3246.6 亿元，约占全国一半，已成为我国服务外包产业的主要集聚区。

长三角服务贸易在一体化的进程上虽然具特色，但联动发展尚不充分。“抱团”发展的意识还不够，服贸数据、统计数据处于割裂状态，尚未建立数据共享系统，导致对行业领域发展把握不足，各省市优势特点发挥不够。

为了深化强调一体化发展，发挥出服务贸易 1+3>4 的功效，长三角服务贸易着重发展以下三点：

1. 建立数字服务出口统一平台。国家商务部与中央网信办、工业和信息化部共同推动建设一批以数字服务出口为导向，具有较强带动作用的基地。目前，长三角一市三省各有 1 个地区列入首批国家数字服务出口基地名单。浙江省商务厅认为，可以以此为契机，联合长三角的 4 个数字服务出口基地，打造数字服务出口统一平台。

2. 制定长三角服务贸易联动发展行动方案。共同研究确定长三角服务贸易联动发展的战略目标、行动内容、保障机制等，建立完善指标体系、工作体系、政策体系和评价体系。

3. 签订服务贸易联动发展战略合作协议。加强多方联动机制、区域资源共享、行业发展联盟、服务外包合作、海外市场开拓、开展交流学习等方面的合作，全面加强长三角各省市政府、平台、企业在服务贸易领域的沟通联络，协调配合。

以上三点的发展策略有利于将长三角服务贸易紧密结合起来，打破各自发展的壁垒，发挥出一体化后更强大的爆发力。

2020 年对于商贸来说是一个危机与机遇并存的年份。全球疫情蔓延之下，长三角激流勇进，逆行而上，在战胜疫情的同时在商贸一体化这份答卷上交出了一份令人满意的答案。

2021 上海商贸年鉴

第三编　互联网+商贸

互联网 + 商贸

商贸企业开启营销新模式——直播带货

2020 年 5 月 17 日，作为上海打造在线新经济发展高地的重要举措，上海信息消费云峰汇拉开帷幕。

信息消费云峰汇是上海“五五购物节”九大重点板块之一，以“数字赋能消费新时代”为主题，主推 5G+ 产品、智能网联汽车、智能家电产品三大产品，在线云服务、智慧康养服务、在线文娱三大服务，在线教育、在线文旅、数字商业三大场景，举行一系列丰富多彩的活动。

助力商贸，区领导直播带货

1. 直播带货智能积木，让家长立马“种草”

区长直播带货，带的是不是都是很“高大上”的商品？答案是否定的！此次直播带货，他们大多推荐的产品都是非常亲民的，而这些看似常见的商品，背后都有着不俗的科技含量。

对于很多家长来说，积木是孩子玩具箱中不可或缺的品种，大颗粒、拼起来能打招呼、还能作为编程练习……闵行区副区长吴斌在直播中推荐的布鲁可积木就让很多家长立马“种草”。

虽然是积木，但布鲁可积木却很智能，它是针对 1—6 岁儿童敏感期能力发展阶段设计研发，符合儿童成长需求，通过配套 App 提供亲子积木课程，鼓励家长根据 App 指引孩子不断尝试和探索。其编程系列还通过传感器和图形化编程，以闯关的形式帮助儿童掌握编程知识，从而培养儿童科技思维、逻辑推理、解决问题的能力。

闵行区副区长吴斌（中）直播带货积木

2. 时尚、耐用和科技含量的旅行箱在直播中受年轻人追捧

松江区副区长陈晓军上台时，“向大家打个招呼！”身后跟着一个行李箱，他话音刚落，行李箱就很乖巧地“点头”向观众问好。陈晓军“安利”的是国货精品 90 分旅行箱，作为上海年轻的本地明星品牌，90 分旅行箱连续 4 年是天猫箱包销售冠军，凭借时尚、耐用和科技含量，受到很多年轻人的追捧。

松江区副区长陈晓军（右）直播带货旅行箱

而直播中，90 分旅行箱也推出了一系列优惠。

3. 现场跳绳，区长带货都“很拼”

杨浦区是上海近代工业的发祥地，现在去杨浦滨江走一走，就能看到 100 多年前建立的杨树浦水厂、电厂以及船厂等百年工业遗存。同时，杨浦也是新中国重要的工业基地，国人耳熟能详的上海牌手表、永久牌自行车、回力牌运动鞋都是出自杨浦。

在杨浦专场直播带货开场时，杨浦区区长薛侃穿着回力运动鞋登场，并现场推介起了跃动智能跳绳。这款智能跳绳连接 App 后，可自动上传数据，智能记录跳绳次数、消耗卡路里以及排行榜等数据。

伴随着动感的音乐，薛区长还在现场用智能跳绳跳起了绳。当他跳绳动作一结束，智能跳绳立即显示出了他的成绩：16 秒内跳了 28 次，得分 83 分！“登上回力、跃动有力！”很有主播范儿的薛区长立即喊出了一句为两个品牌“代言”的广告语。

杨浦区区长薛侃（中）现场跳绳带货智能跳绳

4. 现场泡茶，像家里请来茶艺师

青浦区是上海水资源最丰富的区，副区长倪向军带的货也与水有关——福维克智能茶艺机。现场，倪向军与福维克相关负责人现场展示了茶艺机的泡茶技艺。有了这款茶艺机，家里就像有了茶艺师一样，能够以好法配好茶、化繁为简，作为消费者只需拿着茶包轻轻一扫，就能自动识别这一款茶叶最佳的冲泡参数，制订最佳的冲泡方案。

青浦区副区长倪向军（中）直播带货茶艺机

5. 无人机上天、农业机器人下地

此次信息消费云峰汇，展示的是代表上海产业高度和水准的产品，当然少不了“大家伙”，金山区副区长张权权带来的就是大白鲨无人机和农业机器人。

在 2020 年疫情防控期间，这款大白鲨无人机，发挥了很大的作用，它在金山区区域内和交通连接要道巡航，省时省力。2018

金山区副区长张权权（中）直播带货
大白鲨无人机

年位于金山工业区的华东无人机基地启动，而金山也将“打造行业特区，建天空之城”。

这款大白鲨无人机是垂直起降固定翼飞机，重量轻，强度大，刚性好，经实地试飞，该机型的纯电动续航可达 5 小时，可广泛适用于对航时与图传距离均有高要求的海洋监控和管道巡线等行业。

除了上天的无人机，作为农业大区，金山区的各款“入地”的农业机器人也让人颠覆了对农业劳动的认识。通过人工智能的应用，采摘机器人摘果实时，不但非常准，而且会像农民伯伯一样把果实捧在手里。直播中，看了现场展示的 AI 植保机器人、AI 旋耕做畦播种一体机，金山的观众不禁感叹：好想买一套设备回金山搞农业！

6. 雾化机、激光雷达点亮科技生活

嘉定区是上海的制造业大区，医疗产业和汽车产业是两大支柱。在直播中，嘉定区副区长沈华棣就展示了两款来自这两个产业的硬核产品。

2020 年疫情防控期间，嘉定区一家企业生产的氢氧气雾化机发挥了大效用，被运往武汉金银潭、汉阳、雷神山等医院使用。而除了医院，这款体积小、产气量高的氢氧气雾化机还堪称是家庭的刚需品。

嘉定区副区长沈华棣（中）直播带货
无人车激光雷达

这两年，无人驾驶很热，无人驾驶走进家庭的步伐也越来越快。沈华棣推荐的另一款产品就是无人驾驶车辆的眼睛——激光雷达！

这款由落户嘉定的禾赛科技生产的激光雷达，安装在无人驾驶车辆车顶后，就可以让车辆“看到”外面的世界。“把它安装在车顶，通过发出去并返回来的光，车辆就可以判断前方的各种障碍物，是无人驾驶车辆必不可少的眼睛。”

别看这款激光雷达很小巧，也很轻，但科技含量却不小。“大家猜猜它值多少钱？20 万元！”直播中，沈华棣介绍说，虽然禾赛科技落户嘉定时间并不长，但发展势头却很猛，在全球无人车激光雷达市场占有率中已排名第一。

除了产品，沈华棣还在直播中“吆喝”起了嘉定的投资环境。近些年，嘉定在高科技领域发展非常快，他表示，这是因为嘉定的产业基础非常不错，是制造业大区，而且嘉定的科技资源比较丰富，有多所科研院所，此外，嘉定还有丰富的产业化发展空间。“我们认为，一个地方的营商环境好坏，主要体现在人才环境和政府服务环境方面，嘉定有一系列的人才优惠政策，欢迎各类人才来嘉定。”

传统企业直播，绽放线上活力

2020 年的三八妇女节，上海新世界城推出“38 小时直播 + 离店销售云购物”活动，在 3 月 6—8 日抖音直播期间，联动商城中 60 个品牌、300+ 品类持续带货，并带领观众云游文娱体验项目、打卡美食门店。数据统计，38 小时的直播，吸引了 13 万 +

上海新世界城夜景

观看直播人次，助力官方账号涨粉近 1 万人，更一举创下同时期本地百货商城直播观看记录。

其间，消费者逛逛蜡像馆，学学化妆技巧，跟着大厨“品”美食，听听蔡同德堂的中医师讲授春季保健等。上海新世界城在直播期间，每天进行 12~14 小时，共计 38 小时的抖音直播，带着消费者在上海新世界城“云逛街”。12 位专业主播和近百位来自品牌专柜的“十八线主播”，更在线上带货，做大疫情下的“离店销售”。

疫情期间，南京路上的新世界城客流稀少，但正在做直播彩排的柜台却很热闹。专业主播介绍完四面钟的历史故事，就走向了旁边的资生堂柜台，按照计划，她将在这里停留一小时，和专柜工作人员一起推介四五款秒杀套装。而在 5 楼的陶陶居，厨师长施江种也已经做好准备，他要在 20 分钟内介绍虾饺、凤爪等招牌产品的做法，还要直播从半成品到成品的最后一步。

此次 38 小时直播的“三八女王节”，七成是商品类直播，三成是体验式直播，从策划到执行，仅用了 10 天时间就搭建起了完整的线上销售平台，将一个 10 万平方米的线下新世界城的全部业态搬到线上。进入直播间的消费者不仅可以买到线上线下折扣同步的商品，同时全场购物免费包邮，并享受“无理由退货”。

从本地生活圈到线上直播圈，开启营销新场景：无论营销场景如何变，建立与消费者关联的营销落点不变。新世界城曾针对金融危机，以三八妇女节连续 38 小时线下营业的创举，刷新同时期全国单体销售和客流记录；如今，新世界城再次重整策略，以线上直播进行营销破局，将商场辐射范围从本地生活圈层扩大至全国各地。

本次直播中，结合三八妇女节的特点，十余位主播达人实力种草黄金饰品、女性服饰、家居用品、小家电等众多女性用户偏爱的消费品类，为用户开启“屏前”逛店扫货体验。其中，晚高峰时段开启的热门美妆品类专场中，套装一经上线即被抢空。新世界城直击女性用户热点，在三八妇女节带来一场“昼夜相伴”的线上购物狂欢。

除了节日热门品类的高效带货，直播更将新世界城“商业主题乐园”的全新面貌推到线上，带观众走进杜莎夫人蜡像馆、在古筝奏乐中体验养生课、游历动漫 IP 主题乐园、云参观海洋鱼缸，以颠覆式体验打破了用户对于百货商场的固有认知，让这家老牌企业与广大年轻用户玩到一起。

为了更迅捷高效地布局线上，新世界商城还选择搭载抖音推出的“云逛街”项目，本项目整合 10 亿流量扶持计划、零门槛开通购物车 / 开通购物车权限、技术服务费低至 1% 优惠、专项教育培训、小店入驻绿色通道等多项资源，助力更多线下商家玩转线上直播。

上海新世界城示范了一次短时间内从线下向线上的场景迁移，摆脱了“一城一地”的营销束缚，成功触达屏幕另一端的海量用

来自品牌专柜的“十八线主播”在线上带货

来自品牌专柜的“十八线主播”在线上带货

户。

力践用户体验升级，加速线上线下融合：从38小时直播到离店云购物，上海新世界城以用户为核心，在疫情中逆势升级消费体验。

在过往线下场景中，商城员工是与消费者建立最直接关联的一环，本次新世界城通过线上直播的方式，重构了员工与用户的深度互动场。商场导购与店长持续为用户进行产品服务，每天离店销售流水达50万余元；在直播间，则有近百位员工同步参与直播，与用户在评论区花式互动，升级用户体验的同时，全面提振入驻商城的品牌及员工的信心。

值得一提的是，对于直播期间一笔来自武汉的订单，新世界城与消费者取得一对一联系，暖心加赠口罩和礼物，以人性化用户体验，为本次直播活动带来了情感升温，也示范出疫情中的企业担当，无形间提升品牌用户对品牌的好感度。

线上的全方位优质体验也在反哺线下，直播首日过后的新世界城，已明显看到人流逐渐增多，许多专柜迎来消费者有序排队的场景，商城线上线下销售总和同比上周五六日，增长近10倍，以小见大，这透视出行业复工的积极态势，也预示着后疫情时间充满生机的市场盛况。

此次三八妇女节营销，上海新世界城在抖音平台打造的“线上高效带货＋线下商城‘种草’＋用户深度互动”营销通路，充分展现出极富体验和品牌文化的主题商业乐园新貌，并为传统企业提供了线上反哺线下的营销新思路。下一站，线上线下融合也将成为新世界城的营销方向，期待着老牌企业以更具竞争力的姿态稳居广大用户视野。

抖音达人、上海老字号强强联合

2020年5月20日，抖音达人“上海小阿姨”完成了一年前的心愿，在上海地标性建筑东方明珠上做了一场直播带货活动。

除了直播地点具有上海特色，直播产品同样来自15家上海老字号品牌。据介绍，“上海小阿姨”东方明珠直播间520单场直播时长3小时，累计观看人次超过20万。

“上海小阿姨”从2018年中开始做抖音，目前短视频内容以美妆测评为主。带有上海话口音的解说是她的内容特色之一。她被选为这场老字号直播带货活动主播的原因：“作为土生土长的上海人，她有浓厚的上海情怀，足够了解上海老字号。”

直播开始前5小时，为了晚上的老字号直播带货活动，“上海小阿姨”特意换上了一身红色西装，一来红色衬她的肤色，二来也代表着中国红。“感觉像结婚一样。早上起来化妆，一会儿有车来接，还有人准备、安排场地。超紧张，从来没有看到这么大的阵仗过。”“上海小阿姨”说。为这场上海老字号直播带货活动，“上海小阿姨”提前一周去东方明珠踩了两次点，进行彩排预演。晚上7时，天色渐暗，东方明珠华灯初亮，直播准时开播。

东方明珠广场直播带货活动展示大屏

直播第一站是东方明珠底下的老上海风情街。老上海风情街复原了上海上世纪三四十年代的街景，给人一种时光穿越的感觉。“上海小阿姨”边带着直播间的粉丝逛“老上海”，边介绍具有老上海特色的场景装饰。随后便是正片——在东方明珠230空中酒店为上海老字号品牌直播带货。230空中酒店位于东方明珠塔上球体和下球体中间的230米独立小球内，一个房间一晚价格为68000元。

这场老字号专场直播共有来自 15 家上海老字号的 19 款产品。产品涵盖食品饮料、日用品、玩具等类型，价格从 19~500 元不等。

很多老字号都拿出了自家具有代表性的产品。比如，美加净选择了大师轻香氛护手霜礼盒。哈尔滨食品厂副总经理邵萍告诉我们，他们提供的是主打产品杏桃排和适合年轻人口味的蝴蝶酥礼盒装。龙虎牌清凉油等充满童年回忆的产品同样出现在“上海小阿姨”的直播间。

直播第一站是东方明珠老上海风情街

“上海小阿姨”说：“我们希望能通过这场公益直播，让更多人了解上海老字号，也让更多人回想起来，还有这么好的国产产品存在。它们可能暂时没有跟随时代潮流，做互联网营销，导致关注的人变少。但不管是产品口碑，还是质量，上海老字号做得都相当不错。”

抖音还联动多家上海老字号品牌，推出了一款抖音福袋礼盒，集合美加净、六神、哈氏、梅林、龙虎、三阳盛等老字号的拳头产品。在直播现场，“上海小阿姨”也为幸运粉丝送出了福袋。

越来越多传统老字号开始尝试品牌年轻化的转型。美加净负责人告诉我们，近几年，美加净不断在产品和传播阵地上摸索、创新。此前曾与大白兔跨界合作，推出美加净大白兔奶糖味润唇膏。为了和年轻消费者多沟通，美加净 2019 年就入驻了抖音，曾参与抖音挑战赛、TopView 等活动。不过，对于更多参与活动的老字号品牌来说，这样的直播带货此次是第一次。

上海老字号直播带货的部分产品

哈尔滨食品厂已有 80 多年历史，糕点以传统的手工制作为主。负责人邵萍说，如果要做跑量的直播带货，可能要囤很久的货。哈尔滨食品厂以线下销售为主，中老年消费者至少占 60%，而抖音用户大多是年轻人。哈尔滨食品厂希望通过这场活动，宣传一个更加年轻的品牌形象，培育新的消费群体。对于我们来说，这比带货本身更加重要。

抱着同样目的的还有永久牌自行车，其电商部总监张颜鹤表示，希望能够通过这场活动，让消费者看到更年轻化的永久，这是一次老字号与互联网的触达，同时也是向世界展现永久和中国制造的魅力。

这场直播带货活动其实是上海“五五购物节”抖音线上分会场活动之一。近 50 家上海老字号集体入驻抖音，形成上海老字号抖音 IP 矩阵。“匠心守沪时光”抖音话题累积播放量超 2 亿人次。

传统老字号与风口正盛的直播带货擦出火花的背后，离不开抖音上海的赋能和协助。对于老字号品牌，抖音给它们做了 2~3 场集体培训，包括功能使用方法和内容运营技巧。同时还有实时解答群，专人为其答疑解惑。

上海老字号品牌方阵

520 上海老字号专场直播带货已落下帷幕，但对于老字号品牌来说，这只是它们征战直播带货战场的开始。

未来，线上直播带货将成为上海老字号品牌的常态化、重点化的销售渠道，为品牌持续带来商业价值。520 活动后，10 多家老字号品牌将开始自己做直播带货活动。抖音上海会引领他们持续进行一系列的周期性直播，并为其导流。让老字号能赶上直播带货的风口。

第四编 企　业

一、内外贸企业

上海丝绸集团股份有限公司

（一）概述

董事长 徐伟民

2020年，新冠肺炎疫情在全球扩散蔓延，对社会秩序和经济活动造成巨大冲击。国际贸易和投资大幅萎缩，产业链供应链循环受阻，国内实体零售遭受重创。公司经营也受到前所未有的冲击，内外贸业务均遭受重创。

面对严峻挑战和重重困难，公司坚持疫情防控和业务发展两手抓，积极应对、及时调整，努力稳住外贸出口和品牌运营两大核心业务的基本面，带领全体员工迎难而上，共克时艰，确保公司相对平稳地度过了这特殊的一年。2020年公司实现主营业务收入335155万元，减幅19.02%，归属于母公司净利润835万元，基本完成年初调整的财务预算指标。

（二）2020年对外贸易

1. 出口贸易

出口25027万美元，同比减少7758万美元，减幅23.66%。出口的产品主要有棉、麻、丝、毛、化纤等各类梭织、针织服装，以及丝绸、人棉、家纺等各类纺织品。主要销往北美、欧盟和非洲等80多个国家和地区。

2. 进口贸易

2020年，公司进口规模为4062万元，同比减少23.40%。

2020年，公司进口商品主要有服装面料、辅料等产品。公司进口商品主要来自中国台湾、韩国、日本和意大利等近十个国家和地区，比上年有所减少。

3. 货源基地

2020年，公司向供应商采购金额达到21.68亿元，同比上年减少了22.18%。合格供应商近1179家，构建了稳定庞大的供应商网络。

2020年，公司生产基地江镇厂和宣城厂在疫情影响下，前期均遭遇复工复产难的

2020 年 11 月 4 日，财政部经建司副司长李海南一行在国家商务部、市财政局、市商务委、中信保上海分公司相关人员的陪同下，就公司业务开展、享受的财税金融政策支持等情况进行调研

问题，后期又遭遇到订单不足等问题。江镇厂在疫情防控全面落实到位的情况下，迅速组织复工复产，利用生产线生产防疫物资积极自救，顺利地解决了用工问题，使得原本面临停产的工厂获得了转机。宣城厂作为 LILY 生产基地，继续满足品牌快反生产的

2020 年公司出口贸易方式情况表

贸易方式	出口额（万美元）		占比（%）		比上年（±%）
	2020 年	2019 年	2020 年	2019 年	
合计	25027	32785	100%	100%	-23.66%
一般贸易	23696	31013	94.68%	94.60%	-23.59%
来料加工	205	194	0.82%	0.59%	5.67%
进料加工	1126	1578	4.50%	4.81%	-28.64%

2020 年公司主要出口商品情况表

商品名称	出口额（万美元）		占比（%）		比上年（±%）
	2020 年	2019 年	2020 年	2019 年	
合计	25027	32785	100%	100%	-23.66%
服装服饰	17272	24256	69.01%	73.99%	-28.79%
纺织品	7019	7839	28.05%	23.91%	-10.46%
其他	736	690	2.94%	2.10%	6.67%

2020 年公司主要出口商品情况表

出口地区	出口额（万美元）	占比（%）	比上年（±%）
合计	25027	100%	-23.66%
欧盟	5649	22.57%	-14.84%
北美	4964	19.84%	-47.39%
非洲	4907	19.61%	95.82%
大洋洲	2787	11.14%	-15.22%
中南美	2586	10.33%	-40.78%
日本	1459	5.83%	-23.29%
中东	1374	5.49%	-50.29%
港澳台	604	2.41%	29.02%
其他地区	343	1.37%	-36.36%
东盟	284	1.13%	-54.61%
韩国	64	0.26%	-71.08%
俄罗斯	6	0.02%	-82.59%

需求外，同时出租闲置厂房，盘活资产。

（三）品牌运营

1.LILY 品牌

LILY 经历了史上最严峻的挑战，对全年业绩造成重大影响。面对疫情带来的危机挑战，LILY 重点推进以下几方面的工作：

（1）渠道：关闭 70 多家线下低效门店，降低成本，提升效率；推出新的电商品牌——JOY，调整产品线以促进线上销售；开启直播模式，增加与客户的互动，增强顾客体验，提升销售的转化率。

（2）商品：进一步加强了三条线的定位和产品打造。力推高阶的 SHARP 系列，讲究丰富性的 FRESH 系列，活力驱动的 BASIC 系列，以及加强合作的配饰系列。针对不同的消费人群，为多元角色的职场女性提供更多的着装选择。进一步深化和提升总仓项目，及时进行追补单，提速供应链，在销售受挫的情况下，有效控制了库存。

（3）市场推广：IP 赋能，商务时装多元跨界跨圈。LILY 从单品牌多产品线的全新视角进行了营销先行的跨界联动，推出中国国家地理特别合作系列、花木兰特别合作系列、POP MART 泡泡玛特一盲盒破圈系列以及齐白石山水合作系列。LILY 还再次领军上海时装周开幕大秀，命名并发布新女性职场必备的商务时装核心十大单品，同步开启商务时装的 2.0 时代。

（4）品牌升级：大力推广并持续优化新店铺 6.0 形象，期冀带给顾客全新和有亲和力的感受，以应对消费升级。

2. 火炻品牌

疫情爆发前期受影响较大，经过评估及关闭一些亏损店铺后，目前只保留 5 家质量不错的店铺。火炻亏损正持续减小，并在摸索一条盈利之路。

3. 海上丝韵品牌

目前已形成品牌零售和品牌定制两种业务模式。疫情也对海上丝韵的门店零售造成了重大影响，但在政府采购方面仍然取得了良好的表现。在第三届进口博览会上，包揽了所有丝绸类外事礼品的设计、开发和制作，并连续三年获得中国国际进口博览局的感谢信。另外，文化公司还接棒上海市级非遗项目——海派旗袍技艺，得到行业和政府方面的双重支持。

（四）2021 年发展趋向

2021 年是“十四五”开局之年，对公司来说也是充满变化、挑战和机遇的一年。世界经济形势仍然复杂严峻，复苏不稳定不平衡，疫情冲击导致的各类衍生风险不容忽视。但当前中国经济已经进入新的发展阶段，中共十九届五中全会提出：“加快构建以国内大循环为主体、国内国际双循环相互促进的新发展格局。”面对深刻变化的国内外环境，公司将充分利用内外贸并举的业务结构优势积极融入新发展格局，拓宽发展新空间，重塑发展新优势。公司要增强忧患意识、风险意识，积极应对复杂严峻的外部环境变化，但更要运用创新思维，以编制公司“十四五”发展规划为契机，探索公司转型升级的方向和路径，培育竞争新优势，努力在危机中育先机、于变局中开新局。

新的一年，公司将坚持稳中求进工作总基调，主动适应新发展阶段，深入贯彻新发展理念，积极融入新发展格局。着力强化专业化能力，加快推进转型升级，重塑竞争新优势，确保公司整体平稳健康发展，为“十四五”开好局。

飞翱集团

飞翱集团创立于1997年，专门为世界一流企业提供多元化的外包呼叫中心和电子商务解决方案，客户包括众多世界500强企业及国内知名企业。集团总部位于上海，员工超过5000人。

飞翱集团在亚太地区拥有12个运营中心，主要分布在上海（上海华泛信息服务有限公司）、昆山、广州、重庆、西安、中国香港、中国台北以及东京，运营中心提供多语种服务，包括普通话、粤语、闽南语、上海话、英语、日语、韩语、法语、意大利语以及西班牙语等。运营中心每月处理个案及订单共超过300万件，全球服务受众超过8亿人。运营中心超过4000家门店使用飞翱自主研发的管理服务软件，与全球超过40个跨国企业缔结了长期合作伙伴关系。

飞翱集团专门为世界顶尖企业提供最优秀和多元化的业务流程外包服务（BPO）及特定行业智能运维解决方案管理。结合最前端科技，专注为客户提供与时并进的企业服务，致力于提升用户体验为首要目标，从而为客户创造竞争优势。我们的客户包括众多世界500强企业及国内外领军企业。

飞翱集团以大中华区域为基地，拥有强大的区域运营能力和系统配套服务，为客户量身设计和执行各种涵盖技术和商业领域的业务流程外包解决方案，不断提升消费者的满意度、忠诚度和企业自身的经营效率，为客户带来最大的回报。

（一）飞翱集团六大业务

1. 全媒体联络中心外包服务

这是目前800飞翱体量最大的业务，已经有20多年的经验。800飞翱的呼叫中心支持传统的电话客服、提供在线聊天、微

Hello！你好！飞翱呼叫中心

博营销、邮件处理、微信等服务，还自主研发了在线智能客服及数据分析系统（Chat Master & Analytic System）。

2. 电商客服外包服务

电商客服外包服务主要通过电话及在线，解决客户的疑问，其中包括商品、快递、售前、售后等，处理交易中的纠纷，以及订单出现的异常或者无货情况，及时与客服进行协调。着力为客户塑造良好企业形象，提高产品成交率，提升客户回头率，提供更好的用户体验。

3. 物业管理信息服务方案

移动物业管理平台 EMIS 是 800 飞翱为商业及住宅物业管理量身开发的专有软件。是结合呼叫中心、大数据的移动物业管理平台。EMIS 能够集中管理和监控与住户或租户的互动流程及物业中的不同运营数据，例如能耗、温湿度、空气质量等。配合 24 小时客户热线或者通过微信接收住户或租户的要求或投诉，无论是派遣员工工单流程、监察到场时间，甚至包括维修结果和满意度调查，EMIS 都能一站式为客户完成。短短三年时间，多家全球知名的物业管理公司已经使用 EMIS 平台。

4. 连锁行业维修管理方案

EMIS 连锁行业维修管理及门店管理方案秉承“数字化、透明化、流程标准化及移动化”的核心理念，采取客户定制化，提供全面的项目实施与顾问服务。根据不同业态，对每个门店进行项目实施及资产管理，为日常运营及后台支持提供保障，并根据实际情况，提供相关报告及数据分析。除大大减低误报出勤及资产流失等运营成本，门店的对外统一形象及新品上新等质量控制得到提升。

5. 数据分析服务

集团通过不同的外包服务，在各种渠道为客户收集、处理和分析海量数据。同时，报告更可以在研发新产品或扩展服务方面带来深入见解，并提升消费者对品牌的参与度。

飞翱集团荣获“2018 年度 TOPs 中国最具影响力服务外包企业五十强”

集团从所有与消费者的接触点为顾客收集数据。其中包括电话、电邮、微信、网上聊天平台、短信以及其他众多的应用软件。

收集数据后，立即运用飞翱集团的技术、专业和经验提炼出隐藏的资料，将数据变为具有价值和真知灼见的报告，展示不同因素或参数所反映的某一种行为或模式，以此去预估消费者的行为，并能针对性地作出更快的反应和反馈，获取更佳业绩。在这领域，飞翱集团投入了大量的资源，开发具有人工智能的分析工具，并能高效完成任务。

6. 人工智能整合服务

飞翱集团累积多年客服经验，独立开发出的“Smartbot”人工智能机器人，具有智能答复、智能训练、对话转接人工服务、智能测试、业务维护及数据分析、人工核准等功能，减低用人数量和成本。

（二）飞翱集团社会责任

飞翱集团一直将回馈社会作为公司的使

命和愿景的一部分，我们长期积极参与各种公益活动，并希望通过不同活动，鼓励公司员工每年都参与社会献血活动。组织志愿者参与每季度全天的残疾人及老年人的社区服务活动，致力于发展 BPO 职业培训课程。

飞翱集团对中国贫困地区的教育给予经济上的捐赠，积极支持和参与由行业协会组织的社会福利活动。为街道社区教育提供赞助；运营慈善组织网店；捐助不同慈善机构。

（三）集团文化

集团的愿景：矢志成为世界上最受信赖的外包伙伴，持续为客户创造短期及长期价值。我们承诺以 800 飞翱在行业内的丰富经验、专注创新的思维，为客户带来紧贴市场的优秀外包服务。

集团的企业理念：一直带领着我们往前推进，为客户提供与时俱进的外包服务，并致力在质量和成本之间求取最佳平衡，以最优秀的员工为客户提供服务，加强竞争优势，最终建立双赢的长久合作伙伴关系。

飞翱集团以客户和员工的满意为第一。诚信、尊重、授权、专业和实现出色业绩的坚定信念是集团的核心价值观，这种价值观正是集团的服务能超出客户期望的动力。

上海六和勤强食品有限公司

上海六和勤强食品有限公司前身为上海勤强工贸发展有限公司，成立于1999年1月，经营主体集商流、物流、信息流、资金流于一体的大型肉食品供应商。2010年4月上海勤强工贸发展有限公司与山东新希望六和股份有限公司合资，更名为上海六和勤强食品有限公司。2017年7月企业通过资源整合，引进厚生外资资本，企业类型变更为中外合资企业。公司现有员工800余人。

公司以“通过先进技术，一流组织引领食品行业进步”为企业使命，以“奋斗者精神”为企业核心价值观，努力打造肉品贸易、仓储冷链物流、供应链金融、电子商务、大数据服务为肉品产业互联共同体，致力服务于华东、华南、华中、华北、西南等地区的各大城市。

（一）公司主要业务

1. 商超业务

主要以上海为根基，业务遍及整个华东、华南区大润发、乐购、家乐福、世纪联华、易买得、易初莲花、永辉、盒马、苏果、欧尚等大型卖场、超市，公司自营冻品销售门店800余家，冷鲜禽、猪、牛羊专柜300余家，新零售小包装商品200余家，整体商超业务年销售各类肉品达6万吨。多年以来，公司始终以积极进取、诚信服务的优良品质保持双方友好的合作关系。

2. 一级分销业务

在全国各大城市知名肉类批发点设上海、苏州、无锡、昆山、盐城、南京、徐州、淮安、合肥、蚌埠、衢州、杭州、宁波、台州、广州、重庆、西安等20多个肉类批发档口，实现年销售各类肉食产品达7万吨。利用资金流、信息流、物流资源整合，提供上游工厂和下游客户高效对接，创立从食材源头直接到消费者餐桌规模化的一站式服务，带动当地的食品行业进步。

3. 电商业务

通过SaaS建立产业互联网数据接口，以冷链物流为支撑，信息化数据分析为驱动，打造以肉品为核心的肉联网产业电商平台。2016年7月，肉联网商城通过手机App微信平台正式上线运营，实现当月销售额76万元。2018年8月电商合伙人项目上线启动，至2019年9月肉联网合伙人数量增至70家，商品交易总额（GMV）突破1亿元。公司多次被政府相关部门评定为“金篮子”电商平台。

（二）供应链保障体系

1. 商品采购保障

20万吨肉制品的年采购量，决定了采购的价格优势和产品分配优势。为保证食品安全有保障，公司对所有供货方生产厂家委派专业人员进行实地考察、评估，经层层筛选，最终选定具有资质、有规模、有信誉品牌的新希望六和集团、山西大象、福建神农、江苏益客、河南众品、山东天源、江西国鸿、安徽宝迪、北京五肉联等厂家作为公司的肉品供应合作伙伴。合作品牌170个，产品种类及规格达千种类。产品SKU5300个。2008年经上海市商务委考评，公司获得了首批上海市生猪、牛羊肉、禽肉追溯系统安装资格，形成了完整的产品质量可追溯体系。

2. 仓储、物流保障

为保证食品安全管理上等级，公司于2008年通过了HACCP体系认证，实现了行业首家HACCP体系认证企业。公司仓储、物流配送基地座落在上海宝山区丰翔路1500号上海高校冷链物流园区内，占地面积12463平方米。

目前公司拥有日储存量12000吨的高、低温冷库，3000平方米物料分检配送场地，城市商超配送冷藏车100余辆，每天同时可配送门店达1500余家。为保障公司配送业务畅通及一站式服务的效率，公司在2018年组建了干线物流团队与5家运输公司合作，以山东、东北、华南及江浙沪等地区的长途运输及第三方物流为主体，拥有大型冷藏车20余辆。

公司一流的冷库基地设施、高效的冷链物流配送，成就了有效的食品供应链服务平台正常运营。

企业愿景：

3年愿景——长三角规模最大、最高效的食材供应链。

8年愿景——中国规模最大、最领先的食品供应体系。

企业使命：

通过先进技术，一流组织引领食品行业进步。

企业价值观：

奋斗者精神。

公司产品在中国上海世博会、历届上海进博会，被上海市商务委推荐为全品项产品供应配送企业。还多次被政府相关部门评定为优秀冷链配送企业、重合同守信用AAA级企业、上海市市场保障供应企业、国家储备肉企业、长宁区五星级党支部等荣誉称号。公司通过先进技术、一流组织引领食品行业进步。

浙江民泰商业银行上海分行

浙江民泰商业银行上海分行成立于2010年12月30日，坐落于上海市闵行区吴中路515—529号。目前，上海分行网点服务已覆盖上海市闵行、嘉定、杨浦、浦东、奉贤、闸北、松江、青浦、普陀、金山、宝山等行政区域，并已形成一支400余人的年

浙江民泰商业银行上海分行外景

浙江民泰商业银行上海分行
小面额现金领取、兑换预约流程

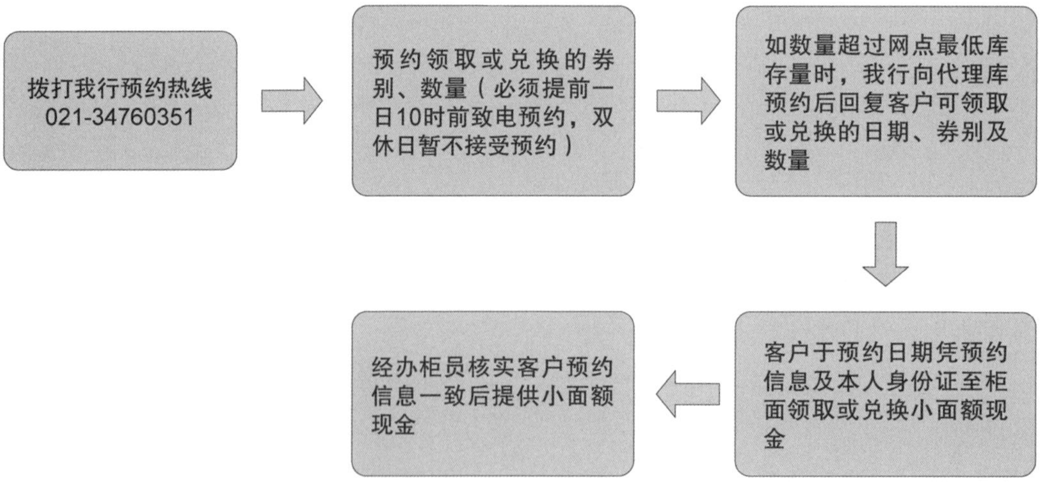

轻化、专业化、特色化的小微金融服务队伍。

一直以来，小面额现金的供应及兑换困扰着众多小微企业和个体工商户等商家，尤其在零售行业或农贸市场，这个问题更是司空见惯。于是，很多商家都要去银行办理日常小面额现金的存放或兑换工作。但是，由于小面额现金的耗时性和所谓的“低效益”性，不少银行对此项业务采取回避态度，当下不少银行的做法让许许多多中小商家头疼不已。

如今，浙江民泰商业银行上海分行急客户之所急，想客户之所想，优化办理日常小面额现金的供应及兑换工作，以便进一步满足社会公众对小面额现金的需求。为此，他们还主动向上海市民公示此项服务，明确小面额现金业务办理网点——上海分行营业部，并发布地址和业务流程，欢迎社会各界的咨询和监督。

自开业以来，浙江民泰银行上海分行始终秉持着“用温暖的金融助推中国的小微企业繁荣”的企业使命，充分利用上海国际金融中心建设的有利机遇，切实按照“金融服务实体经济”的要求，不断探索和总结有效开展小微企业金融服务的精细化模式和商业可持续模式，致力于打造成为长三角地区小微企业金融服务的领军银行。

上海日月光中心广场

上海日月光中心广场外景

上海日月光中心广场是上海鼎荣房地产开发有限公司旗下房产项目，位于上海市黄浦区徐家汇路618号，2010年竣工，标准层面积（建筑面积）为2万平方米。上海日月光中心广场东邻南北高架路，西邻瑞金医院，南邻徐家汇路，北邻上海风情弄堂田子坊。上海日月光中心广场业态以餐饮食品、零售百货、早教类为主。作为国内首个地铁上盖商业，日月光中心广场投入使用至今，成功地将该项目做成了消费者心中的“美食天堂”。

上海日月光中心广场由商场、5A级写字楼、伯爵居组成。其中商场商业面积达14万平方米，地下二层到地上五层共7个楼层，是集餐饮、时尚、娱乐、家居、亲子为一体的一站式吃喝玩乐约会地。提起日月光，人们首先想到的一定是美食。鲁、川、粤、苏、闽、浙、湘、徽，各种菜系应有尽有，网红美食店层出不穷，哥老官、谭鸭血、

上海日月光中心广场举办“浪漫飘雪年味市集”活动场景

平成屋等各大轰动上海滩的餐饮品牌，都能在日月光找到。上海日月光中心广场早已成为了消费者心中的“美食天堂”。

2020年元旦，在上海日月光中心广场举办“浪漫飘雪年味市集”活动。从12月31日的下午16时开始，上海日月光中心广场的一楼中庭花园下起一场又一场梦幻大雪！为市民献上一个浪漫跨年夜，而且一直持续到新年第一天。尽管是人工降雪，但游客身临其境地体验过后，依旧感受到了极具仪式感的浪漫氛围，20台雪花机同步运行还原真实雪景；看着漫天飘舞的雪花在身边缓缓落下，仿佛置身北国的雪夜之中，温馨而浪漫。

1700平方米的中庭花园，雪花飞舞，落在草地上、屋顶上，幻化出流光溢彩的雪国胜景，带你开启一段独特的“跨年奇遇”。花园中央，伫立着大型LED几何造型树，像是蒙德立安格子画走出二维桎梏来到3D世界，几何屏幕上，朱红色、湖蓝色、水绿色、柠檬黄色，缤纷斑斓，像是开启了颜色世界中的大冒险。除了超有仪式感的飘雪外，还有各项主题活动奏响岁末狂响曲，不断冲击着我们的视觉和思维。让人眼花缭乱、目不暇接的同时，仿佛瞬间穿越兔子洞，来到爱丽丝的梦幻仙境。水晶芭蕾、魔幻互动表演、乐队演出等精彩表演在中庭花园的主舞台上轮番上演，年味市集里的珠宝首饰和美食更是让游客看花了眼，难以选择。

不仅如此，日月光还是人们休闲娱乐的不二之选，是不少二次元爱好者心目中的圣地。日月光多元化的的业态满足了不同消费者的需求，是周围居民、白领群体、年轻人群的聚会的最佳选择。

上海百联世纪购物中心

上海百联世纪购物中心外景

上海百联世纪购物中心位于世纪大道张杨路口，由百联集团投资，隶属百联股份旗下。上海百联世纪购物中心占地1万平方米，建筑面积近8万平方米，商业面积为6.4万平方米，地上5层，地下4层。地下二至地上六层分别为“潮食天地”“世纪集市”“缤纷名品”“都市丽人”“运动时尚”“品味生活”“潮流美食”“屋顶花园”。地下三层、四层为停车场。

上海百联世纪购物中心融“文化创意”营造商业空间；玩“业态跨界”吸引目标客群；创“营运特色”实现无限可能；强“服务意识”提升消费体验，是消费者工作、生活之外的“第三空间”，也是温暖每个人的“城市会客厅”。

随着上海购物中心越来越多，逐渐侵吞了大量街铺的市场份额，老字号品牌渐趋重视购物中心渠道，很多原本只开街铺店的优质老字号店，随着品牌实力的壮大、足够多的客流，很多购物中心为此也愿意给予这些老字号品牌优惠并留出铺面。

2020年9月28日，中华老字号南翔馒头店在上海百联世纪购物中心首开新店。老字号店也适应购物中心的要求尝试推出老字号品牌，同时开始重视购物中心渠道价值，与时俱进，不断变革，给顾客提供优质的购物、休闲、就餐体验，更在年轻化的道路上不断前进，而与购物中心合作则为这一进程大幅提速。

未来，百联世纪将继续依托新颖的业态、舒适的环境、时尚的品牌、齐全的功能以及一流的服务，为广大消费者提供一个更加时尚潮流、充满活力的购物地和社交场。

上海百联世纪购物中心的中华老字号南翔馒头店

虹桥南丰城

虹桥南丰城隶属于中国香港南丰集团，其坐落于长宁区以遵义路为主轴的新虹桥国际商圈，连接天山、虹桥两大商区，“新虹桥—天山商业中心”成为与南京西路、南京东路、徐家汇、淮海中路和中山公园齐名的13个市级商业中心之一。其中，“新虹桥—天山商业中心”由遵义路、娄山关路、天山路和古北四大商业板块构成。项目总建筑面积达27.7万平米，是一个集大型购物中心、商务办公楼于一体的国际化城市综合体。虹桥南丰城购物中心部分建筑面积约11万平方米，覆盖地下一层及地上七层区域；写字楼部分共有3栋，建筑面积超11万平方米，项目亦同时配备有1000余个停车位。

虹桥南丰城购物中心内商业业态品牌涵盖了国际快时尚、美食餐吧、精品超市、电影院、儿童乐园及娱乐、美容健身和水疗等在内的200余家国内外知名品牌。为营造美好都市生活空间，购物中心室外同时配备有含各国美食品牌的丰尚街、屋顶采摘丰尚小农庄及户外休闲丰尚园，三大主题休闲生活功能区。

虹桥南丰城现已成为上海浦西亲子时尚地标。在亲子互动方面，虹桥南丰城打造了包括200米长的国际风情美食街“丰尚街”；点亮都市绿色生活的屋顶花园“丰尚小农庄”；让小朋友在动物森林里肆意奔驰的“丰尚跑跑车”；供爱乐者手舞足蹈的“丰尚音悦城”及妙趣横生的“丰尚动物城”等多元、丰富的休闲娱乐场景。

在软件和硬件配置方面，虹桥南丰城除配有诸多如独立母婴室、婴儿车租借等温馨、用心的便民服务外，还在线推出了操作便捷、功能齐全的微信会员小程序，并对儿童家庭

虹桥南丰城外景

首个“熊出没”主题展亮相虹桥南丰城

和白领人群进行精准细分。

2020 年 11 月 14 日。全国 200 余家电视台和新媒体持续热播的《熊出没》登陆虹桥南丰城，在上海举办首次线下展览。《熊出没》播放 8 年以来，经过多次改版和内容衍生，不断刷新收视纪录，是中国动漫网络点击排名榜首(点击量超3000亿次)的动画。本次联合沪上知名亲子地标虹桥南丰城，历时一年精心打磨，为魔都亲子家庭量身打造了中国大陆首场冰川探险主题展览——“极地熊熊号　熊出没冰川探险营”，在即将来临的冬季吹响集结的号角，发起一场考验勇气与力量的环保总动员，将“保护冰川”概念嵌入紧张刺激的游乐项目，让每个小朋友在探险过程中树立起“从细微处践行环保”的意识和习惯。

虹桥南丰城自 2015 年开业以来，已成为深受白领和家庭喜爱的体验式购物中心及浦西亲子地标。虹桥南丰城致力于将真心注入每一处细节，以均衡的业态组合、愉悦的购物环境和丰富的主题活动，吸引各年龄层的客群，深耕家庭和时尚的定位，打造一座多元意义上的成长之城。

上海电气风电集团股份有限公司

上海电气风电集团业务涉及风电机组智能设计制造、风场智能运维、风资源评估、数字化风场投资开发、风电场资产智能管理、智慧能源等，目前风机产品实现 1.25~8 兆瓦 + 风电机组海陆市场全覆盖。公司以“创造有未来的能源”为使命，推动风电成为重要的未来能源，以“成为全球领先的风电全生命周期服务商”为目标，为用户创造更大的价值。

上海电气风电集团依托上海、北京、丹麦等六大研发中心构建起全球技术研发体系，推进风电行业创新发展；依托福建莆田、广东汕头等 12 个制造生产基地和八大区域服务中心，为客户打造极致的交付体验与服务保障；基于物联网、云计算、人工智能、大数据等先进理念打造的 IWind 数据中心可以为风资源评估、风电场智能诊断运维、风场资产智能管理等提供强有力的平台支撑，借力数字化、智能化为客户实现降本增益。

上海电气风电集团长期致力于推动可再生能源的创新和发展，为提升可再生能源比例降低碳排放，为实现绿色、低碳的地球环境而努力。

新时期，新机遇，随着习近平总书记提出的“3060”碳中和总目标，风电集团积极响应国家“四个革命一个合作”的能源新战略，积极推动“风光水火储”“源网荷储”两个一体化的创新和落地，积极探索创新综

陆上风力发电机组 W4.XMW 系列

海上风力发电机组 D8 风电机组

合能源业务，提升能源的综合利用和智能管理水平，提升绿电比例的同时，提升能源利用效率，降低能耗和碳排放，是实现碳中和的重要途径和有力支撑。

上海电气风电集团以“致力于创造有未来的能源”为使命，以“至臻至诚　行远不殆”为企业核心价值观，努力实现“全球领先的风电全生命周期服务商”的宏伟愿景。

2020 年 5 月 19 日，上海电气风电集团股份有限公司成功登陆上交所科创板

二、外资、外经企业

上海建工集团股份有限公司

党委书记、董事长
徐 征

上海建工集团股份有限公司2020年营业总收入2313亿元，全年新签合同额3867亿元，首次登上世界财富500强榜单，排名第423位，在全球250家最大承包商中名列第九位。

（一）对外工程承包

2020年，上海建工在境外共有54个在建项目，分布在亚（31）、非洲（7）、美洲（12）、大洋洲（3）、欧洲（1）五大洲共23个国家和地区，全年对外工程承包完成营业额69249万美元，新签合同额34236万美元。

新冠疫情在全球爆发蔓延，导致国际交通、物流、人流不畅，在建项目遭遇停工，业主支付延误，冲击海外生产经营各项工作。另一方面，项目所在国医疗卫生条件有限，疫情防控能力不足，加剧了在外人员的风险。面对这一系列挑战，各项目部、驻外机构妥善做好境外疫情防控，牵头、搭乘包机，推动复工复产及人员轮换各项工作。

1. 抗疫生产两手抓，项目生产艰难推进

受疫情影响，马来西亚斗湖医院和哈萨克斯坦国家道路等项目停工；援莱索托医院项目延期开工；厄立特里亚公路项目由于区域冲突和疫情双重原因，厄特政府提前终止合同；援津巴布韦议会大厦和马尔代夫外交部大楼项目由于人员往返及材料运输受阻，生产节奏一度被迫放缓。

在建项目迎难而上，破冰前行。援缅甸国家体育馆维修改造项目顺利通过中期验收并获评“优良”，并获得“2020年中国海外工程优秀营地”称号；援津巴布韦议会大厦项目在开工至今，津总统姆南加古瓦先后四次视察现场，对工程实施进度和质量均给予高度评价；柬埔寨71C格罗奇马湄公河大桥项目顺利完成中跨合拢，为2021年大桥按期竣工通车奠定了坚实基础。

一批完工项目顺利对外移交。援马尔代夫外交部办公楼改造项目通过竣工验收获评“优良”，顺利移交；尼泊尔总统班达里亲自出席援尼加德满都杜巴中学项目移交仪式；援柬埔寨58号公路项目实现全线贯通，柬总理洪森出席通车仪式并盛赞58号公路，是中柬友谊的又一见证；金边二环项目提前一个半月完成交工验收；老挝万象技术学校项目以优良的技术质量提前竣工移交；特立尼达和多巴哥铝工业园区项目和88床医院项目在年内实现竣工并移交；香港莲塘香园围口岸项目整体交付并启用。厄立特里亚电站运营技术服务合同顺利完成。

市场拓展方面，根据地持续发展，“一带一路”沿线市场有新突破，全年沿线新签合同占比达到67%。柬埔寨市场共计新签71C号国家公路、金边港集装箱码头堆场等4个项目，同时充分发挥区域化经营优势，实现老挝市场“零的突破”，中标老挝万象技术学校、老挝湄公河综合水资源管理大楼等项目；加拿大和香港公司分别中标加拿大99大道污水分流管施工、埃德蒙顿104街LRT配套排水管道搬迁工程、香港公屋前期土木工程等项目；澳门公司中标澳门大学住宿式书院等4个工程。

2020年对外工程承包主要市场情况表

国家或地区		新签合同额		完成营业额	
		金额（万美元）	占比（%）	金额（万美元）	占比（%）
合 计					
亚洲	柬埔寨	2216	6.47	9379	13.54
	中国香港			2457	3.55
	缅甸			991	1.43
	中国澳门	4051	11.83	29082	42.00
	马尔代夫			456	0.66
	东帝汶			2214	3.20
	蒙古	849	2.48		
	马来西亚			10	0.01
	哈萨克斯坦			1615	2.33
	乌兹别克斯坦			5106	7.37
	老挝	185	0.54	116	0.17
非洲	科摩罗			202	0.29
	津巴布韦			1603	2.32
	塞内加尔			38	0.05
	几内亚			29	0.04
	厄立特里亚			1881.9	2.72
	赞比亚			338	0.49
北美洲	美国	17500	51.12	4636	6.70
	加拿大	9135	26.68	5662	8.18
	特立尼达和多巴哥			2284	3.30
大洋洲	瓦努阿图			230	0.33
	东萨摩亚			619	0.89
欧洲	比利时	300	0.88	300	0.43

2. 落实企业主体责任，支持项目现场抗疫

乌兹别克斯坦疫情发生后，集团连夜启动应急机制，次日市政府召开紧急会议，市级防疫专家与项目施工现场连线，提供专业治疗建议和预防指导。在市国资委、外办、商务委、疾控中心、海关等多部门的大力支持下，国内紧急采购的防疫物资在10天后送至施工现场，上海建工医院医疗队亦驰援一线，指导抗疫防疫工作，稳定人心。为保障项目生产有序开展，集团组织包机进行了人员轮换。

厄立特里亚公路项目被取消后，市国资委、外办和商委联合迪拜、德黑兰使领馆，组织89名项目人员从阿斯马拉出发，途径迪拜、德黑兰，于11月30日从广州入境，安全回国。

3. 国内海外联动防疫，履行企业社会责任

集团修订《国（境）外突发事件应急处置管理办法》，作为应对境外各项突发事件的指导性文件；对所有境外项目的员工情况、防疫措施、医疗和防护物资、潜在风险进行排查，建立海外疫情防控周报制度，及时掌握人员进出境、思想稳定和项目日常防疫等情况； 多次组织境内外员工参加线上线下应对新冠肺炎疫情的专题讲座、心理健康疏导和危机干预培训等；组织召开境内外疫情防控和复工复产视频专题会议，及时掌握并协调解决各类困难和问题。

在做好以上工作的同时，积极发挥境外项目优势，在国内疫情较为严峻期间，从柬埔寨、印尼、特立尼达和多巴哥、喀麦隆等国紧急采购各类防疫物资，支援国内抗疫。疫情在全球范围蔓延之时，集团又从国内向特立尼达和多巴哥、东帝汶、缅甸、马尔代夫等国家政府捐赠各类防疫物资，尽己所能履行海外社会责任。

（二）对外投资

厄立特里亚金矿运营平稳，年处理矿石67万吨，冶炼黄金141块，产出合质金2.6吨，产量同比增长23.4%。得益于黄金价位走高，黄金销售收入1.41亿美元，均价每盎司1763美元。发现储量增加33.89万盎司。选厂扩建工程于2020年末开工建设，为下一步地下开采项目启动做足准备。

（三）对外劳务合作

外经商务公司发挥“贸易采购、国际物流、现代人力资源服务”等特色服务优势，为城建国际、建工加勒比、建工美国以及厄立特里亚矿业提供综合工程配套贸易服务及现代人力资源服务，多措并举提高服务质量，为海外项目实现降本增效。

集荟商业管理（上海）有限公司
——上海悦荟广场

上海悦荟广场夜景

上海悦荟广场地处上海最繁华的南京东路步行街中央地段，紧邻三个地铁出入口，轨道交通2号和10号线穿行而过。该项目建筑面积约40270平方米，整个营业区域分为7层，涵盖购物、餐饮、时尚和娱乐等多元业态，是南京路上最新潮、最娱乐化的购物中心之一。

上海悦荟广场以年轻、潮流群体为主要目标客户，紧扣“潮玩”主题，是上海最吸引当地年轻人与游客的理想地标之一。与国际旅游景点运营巨头默林娱乐集团合作，带来亚洲首家惊魂密境；联手百年运动时尚品牌FILA，打造大中华区旗舰店；国际著名牛仔裤“鼻祖”品牌Levi's的亚太区旗舰店于2020年夏盛大开业。在餐饮方面，上海悦荟广场聚集了众多潮流餐饮品牌：星巴克、喜茶、牛New寿喜烧、溪雨观、煲宫、角屋、小肥羊和东盛等提供丰富的用餐体验。H&M、FILA、鬼塚虎、Levi's等时尚零售品牌的入驻，满足了年轻消费者的潮流购物需求。

上海悦荟广场是妙趣横生的购物娱乐集结地。

1. 娱乐

亚洲首个上海惊魂密境的主题娱乐景点，多元化沉浸式剧情体验、充满奇趣惊魂的乐趣体验老上海的传说

2. 共享办公

南京东路第一家购物中心联合办公

3. 时尚及配饰

为千禧一代年轻人解锁最前沿的时尚，拥有 H&M，FILA，Levi's，Onitsuka Tiger 等众多旗舰店

4. 餐饮

饕餮美食，尝遍国际美食及地道小吃，拥有知名品牌凑凑、喜茶、东盛、星巴克、麦当劳、广御点等

5. 生活方式及服务

多元化选择便利生活服务各项需求，拥有名创优品黑金 IP 店、木槿生活等店铺品牌

上海悦荟广场是 Pradera Retail Asia 在中国管理的四家零售地产项目之一，其他三个项目分别位于重庆、青岛和西安。Pradera Retail Asia 成立于 2016 年 9 月，由两家全球顶尖的行业巨头合资成立，凭借其全球零售资产管理经验，致力于在亚洲范围内提供整合、优质的资产管理服务。

三菱电机自动化（中国）有限公司

作为全球自动化领域的领导厂商，三菱电机自动化（中国）有限公司，负责三菱电机工业自动化（FA）事业在中国的业务，致力于为中国客户降低成本、节能增效。自20世纪60年代进入中国以来，三菱电机的自动化产品已广泛应用于汽车、纺织、包装印刷、食品饮料、电子半导体、机床、新能源等领域，同时也为楼宇、电力、水处理、轨道交通等社会基础设施建设提供有力支持。

三菱电机自动化拥有贯通制造全层级和覆盖制造全链条的 FA 产品群，包括：可编程控制器、人机界面、变频器、AV 伺服系统、工业机器人等实现工厂自动化的控制和驱动设备，放电加工机、激光加工机、打孔机等超高速和高精度加工的机电一体化产品和 CNC 数控系统，助力能效管理的电磁开关、能源监测等配电控制产品。在工业和制造业领域，三菱电机基于近百年的制造经验积累和完整的自动化产品体系，形成涵盖制造全周期的 e-F@ctory 智能制造解决方案，融合 FA-IT 技术将生产现场与信息系统无缝连接，真正实现“人、机器与 IT 协同”的智能制造，不断导入 IoT 工业物联网技术、边缘计算技术、AI 人工智能技术、TSN 时间同步技术等先进科技，通过感知理解、分析预测、决策优化等应用，构建可视化、可分析、可改善的制造系统，削减工程链、供应链的综合成本，帮助客户实现制造经营的最优化，进一步提升核心竞争力，实现面向未来的先进制造。

三菱电机自动化践行 TVOE（Total Value of Ownership Engineering）理念，不断深化本地化进程，为客户提供整合价值方案。2020 年，上海“三菱电机智能制造科创中心”和常熟“三菱电机智能装备应用中

三菱电机自动化（中国）有限公司外景

上海“三菱电机智能制造科创中心”和常熟“三菱电机智能装备应用中心”同时落成启用

心”同时落成启用，打造集学习、交流、体验和验证功能于一体的智能制造服务平台，进一步提升客户价值体验。目前，三菱电机自动化已建立19个分公司与办事处，并不断建设和完善售后服务中心和授权维修站（Service Shop）、培训中心和授权技术培训站（Technical Training Shop），形成了包括售后服务、网络支持、系统开发工程、在线学习、培训中心、代理商网络、现场展示的综合服务体系。

未来，三菱电机自动化将不断强化面向智能制造的关联技术、产品、应用和解决方案，为提升客户企业价值，实现产业链协同创新，解决社会课题，推动智能制造目标实现作出积极贡献。

巴斯夫催化剂（上海）有限公司

巴斯夫催化剂全球业务部，是全球环境技术和工艺催化剂业务的领导者，旗下机动车排放催化剂全球业务部作为业内全球领导者，拥有卓越的专业知识、开发创新的机动车排放控制技术，广泛地应用于汽油车、柴油车以及摩托车，以保护我们呼吸的空气，实现更健康、更可持续发展的未来。

巴斯夫机动车排放催化剂全球业务部于1976年推出重要创新——现代的三元转化催化剂，应用于现代汽车，可消除汽油发动机产生的90%以上的碳氢化合物（HC）、一氧化碳（CO）和氮氧化物（NO*x*）。凭借这一研发创新，巴斯夫获得了美国国家科技奖章以及联合国十年贡献奖，这款催化转化产品已经成为全世界大多数汽车至关重要的组件之一。

城市的空气污染防治在中国已受到高度重视。据中华人民共和国环境保护部最近的一项污染源分析报告显示，机动车尾气排放是北京、杭州、广州和深圳等城市的主要污

汽油发动机

- 欧IV标准无颗粒物限值规定
- 欧V标准和欧VI标准颗粒物重量限值规定仅限于直喷型发动机
- 欧VI标准颗粒物数量限值：

  2014：6×10^{12}颗/km

  2014：6×10^{11}颗/km

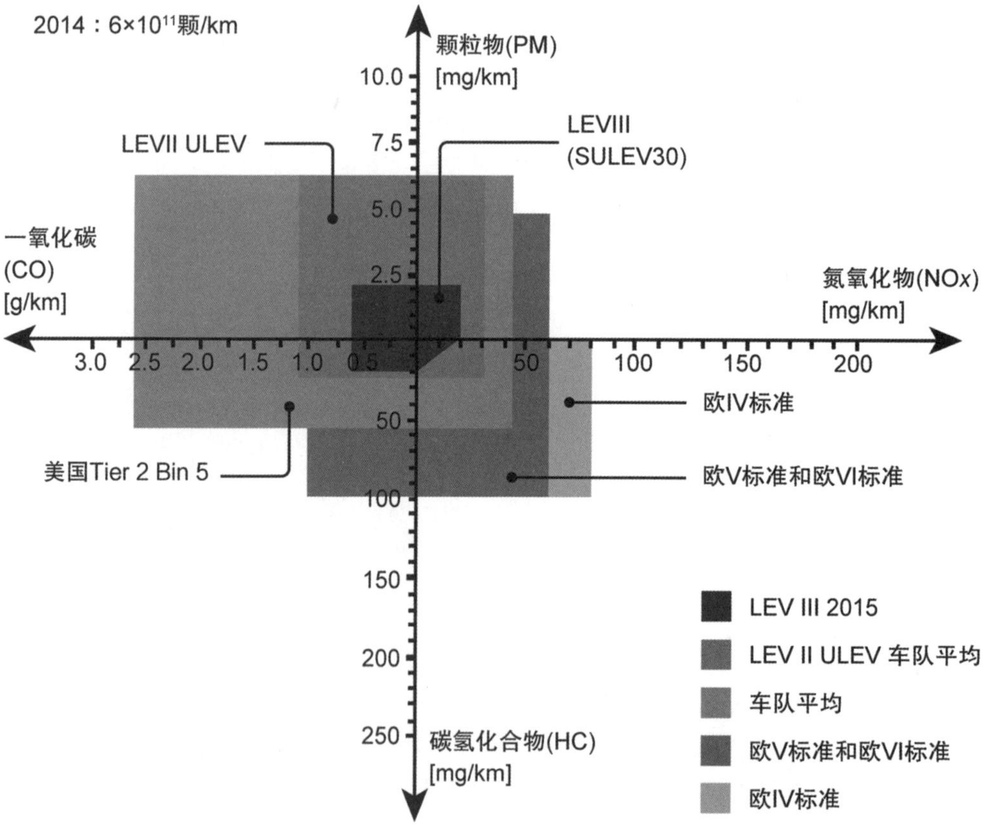

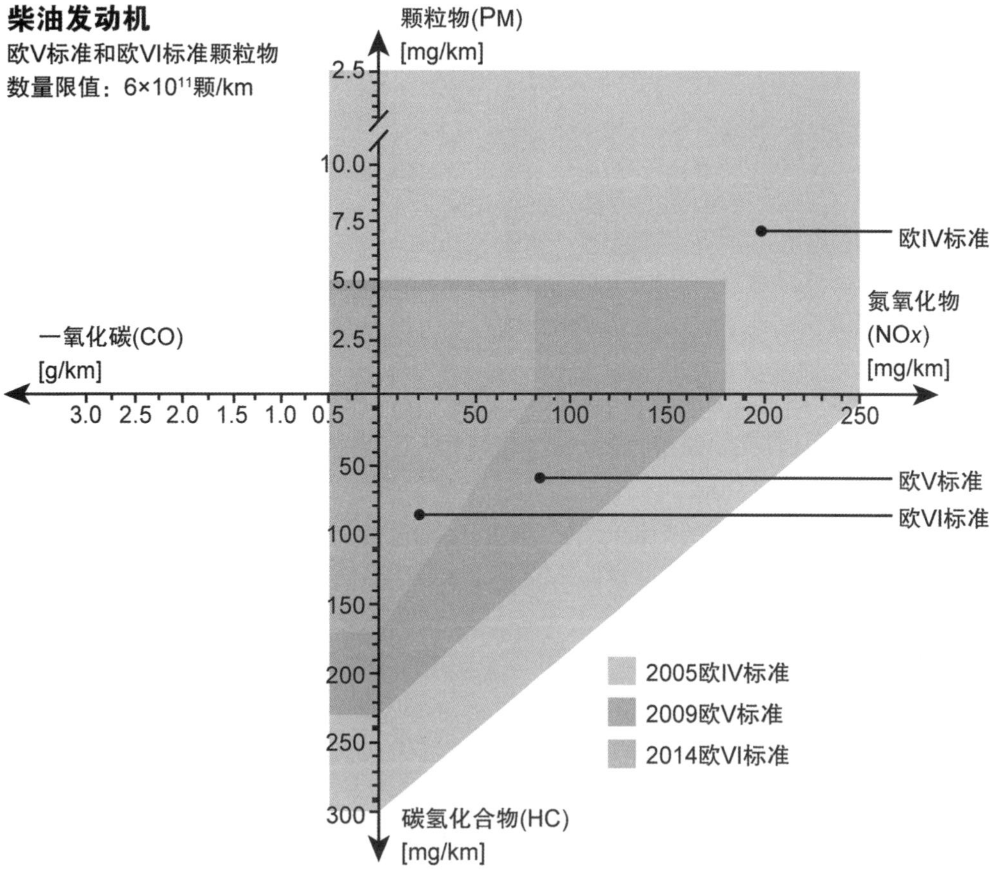

日益严格的汽油车以及柴油车排放法规对HC、CO、NOx以及PM都提出了更严格的要求

染源。因此，汽车排放受到全世界排放法规制定者越来越多的关注。随着排放法规越来越严格，除了对碳氢化合物（HC）、一氧化碳（CO）、和氮氧化物（NOx）有限值要求外，对颗粒物（PM）控制也提出了更严格的要求。巴斯夫创新的EMPRO™系列技术解决方案能够满足更严格的排放法规，同时去除汽油车或柴油车排放中的四种污染物。为汽车制造商、公共交通服务商和私家车主提供了一系列解决方案，以降低排放并提高燃油经济性。

巴斯夫研发创新的EMPRO™（FWCTM四元转化催化技术）结合了传统的三元催化剂以及颗粒物捕集器的功能，只需一个催化单元就能够去除汽油车排放的四种污染物，其优点包括：

——灵巧的解决方案以降低背压

——可减少封装体积

——确保颗粒物排放低于严格的法规限值

——降低系统复杂性以及整体系统成本

在柴油车排放领域，巴斯夫也提供多种柴油机排放控制技术，通过添加不同的组件组合成系统，同时降低CO、HC、NOx以及PM等污染物，满足日益严格的排放控制法规。柴油发动机排放控制解决方案包括：

——DOC（柴油氧化催化剂）

——CSF（催化颗粒捕集器）

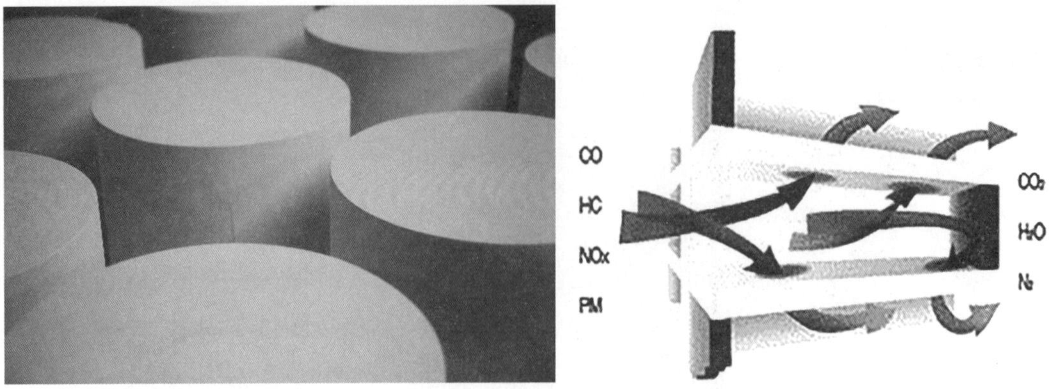

四元转化催化剂工作原理，同时去除汽油车排放中的四种污染物

——SCR（选择性催化还原催化剂）

——AMX（氨氧化催化剂）

——LNT（稀燃氮氧化物捕集器）

——SCR.2F（带 SCR 的颗粒捕集器）

巴斯夫催化剂（上海）有限公司是一个集研发、生产、物流、销售于一身的公司。同时，也是巴斯夫汽车尾气催化剂亚太总部所在地。巴斯夫催化剂建有一个先进的自动化仓储系统。自动化仓储系统采用最先进的 ERP 管理，与传统意义上的仓储系统相比，所有物料进出由机器根据最大分布的原则，自动进行分配，确保 100% 的准确度。仓库内无须铲车操作，最大程度地提高了仓库效率，充分利用了空间。

巴斯夫催化剂进入中国十余年来，是中国汽车事业迅速发展，以及汽车尾气排放法规的推进和落实的主要见证者。我们在中国不断地追加生产以及研发投资，服务于国内外著名的汽车厂商。我们始终如一，致力为汽车行业提供洁净排放的解决方案，推动国家可持续发展的方针，是催化剂行业的领导者。

机动车排放催化剂生产基地内的自动化仓库

上海外联发商务咨询有限公司

上海外联发商务咨询有限公司（UDC）坐落于中国（上海）自由贸易试验区核心区域——外高桥保税区内，为中国（上海）自由贸易试验区管委会指定服务外包供应商，是上海自贸试验区的招商主力团队。公司拥有丰富的外商直接投资、土地开发、房地产经营管理、境外投资服务经验，为区内企业提供海关、税务、外汇、工商、境外投资等全程指导商务咨询服务，同时为国内外项目提供融资顾问服务。

公司拥有80多人的强大专业咨询团队，精通英、日、德等多国语言，拥有丰富咨询经验和实务能力。公司商务咨询涉及跨国投资设立、企业营运顾问、财税策划、境外投资、关务支持、代理记账等10多个专业领域，20多项专业服务，100多类细分咨询服务产品。同时，在日本设有代表处，合作伙伴遍及美、日、德、意等18个国家，招商业绩显著。

1990年，当中国第一家保税区——外高桥保税区成立之际，上海外联发商务咨询有限公司的前身——上海外高桥保税区联合发展有限公司咨询团队也随之为第一批注册落户的跨国公司提供投资咨询和营运咨询服务。团队成功引进中国保税区第一家外资控股公司、中国保税区第一家商贸型企业。

2003年，在外高桥保税区投资企业即将突破1万家之际，上海外联发商务咨询公司正式成立，从事招商引资、投资咨询、企业营运咨询及相关商务支持服务。公司成功

2020年5月9日，浦东新区国资委有关人员赴公司调研

申请了中国保税区第一家营运中心、中国保税区第一家分拨中心。

2009 年，在上海市政府成立上海综合保税区，整合三港三区（上海外高桥保税区、洋山保税港区和浦东机场综合保税区）之际，公司积极扩展业务区域，设立日本东京办事处、江苏启东办事处等。公司参与上海市政府多项课题研究，并成功申请中国保税区第一家国际贸易结算中心。

2013 年，在中国（上海）自由贸易试验区揭开面纱之际，公司再次走入政策研究和投资咨询的前沿，对自由贸易中多领域投资开放进行了价值分析，形成了咨询报告。咨询团队全力迎接物流运输、银行金融、商业零售、文化娱乐等多个开放领域的第一批落户项目，也助力众多国内企业进行海外投资，帮助中国资本通过自贸区走向国外。

如今，随着中国（上海）自由贸易试验区境外投资服务平台（www.shftz.cn）、上海自贸区境外投资服务联盟、全球并购网（www.globalma.com.cn）等相继成立，结合自贸区丰富的合作伙伴资源，UDC 将为国内投资者提供境外投资全生命流程服务，并为全球范围内的注册会员提供集信息、交易、服务、社交为一体的 O2O 项目资本对接平台。

三菱电机上海机电电梯有限公司

三菱电机上海机电电梯有限公司(MESE)成立于2002年8月，是中日合资日方控股的企业。成立初期主要生产永磁同步无齿轮曳引机，2007年开始生产日本三菱商标的MAXIEZ系列电梯。公司充分利用三菱电机在高端电梯方面的技术优势和品牌优势，做大做强三菱电梯的市场占有率，同时公司与上海三菱电梯有限公司（SMEC）强强联手，依托SMEC及其全国各地80多家分公司的销售维保网络，让中国的广大客户使用到行业先进技术产品、感受到三菱的优秀品质、享受到更人性化的服务。

（一）整梯业务

为了提供引领时代的产品，公司与持有各种先进技术的综合电机厂商——三菱电机株式会社密切合作，从事着电梯整梯的开发、生产、销售业务。为了满足客户的需求，公司还有各种模拟仿真设备，以此还原实际现场环境，进行试验、评价，向市场提供可靠的产品。另外，还对安装、保养现场的操作人员进行严格的培训，向客户提供满意的优质售后服务。

（二）曳引机业务

MESE自成立以来，永磁同步曳引机的生产制造销售就是公司主要业务之一。本公司的永磁同步曳引机是由日本三菱电机株式会社开发，采用卓越的技术及先进的工艺，通过高精度的位置、速度、加速度控制和各项节能措施，实现电梯乘坐的舒适性和电梯运行的经济性。本公司生产的曳引机已经突破25万台以上，出口到全世界的70多个国家和地区，被广泛用于三菱品牌的电梯，受到用户的一致认可。

三菱电机上海机电电梯有限公司外景

（三）主要电梯产品介绍

MAXIEZ 及 NEXIEZ 系列电梯，采用三菱电机（MITSUBISHI ELECTRIC）的国际性商标，由日本本土研发，中国生产。

MAXIEZ 电梯为了秉承三菱品质第一的一贯作风，产品在设计、制造、材料采购等方面，均严格遵循日方的品质管理要求，即使国产的 MAXIEZ 产品，在关键部件上也大量采用日本本土生产的零部件，以保证其拥有与日本生产的电梯相同的产品品质。同时，MAXIEZ 系列电梯与日本生产的电梯梯型有高度的可互换性，可随意按菜单模式选择曳引机（主机）、控制柜、门机、限速器、安全钳等部件从日本整体进口，极大地满足了各类用户对产品进口件的要求。

MAXIEZ 系列电梯，搭载日本三菱电机自行研发的高性能永磁同步无齿轮曳引机，该曳引机广泛运用各项尖端技术，大幅提高了马达的运行效率与稳定性，在节省建筑空间的同时，更达到了节能环保、降噪减震的效果，极大地提高了乘梯舒适感。此外，MAXIEZ 系列电梯还配置了三菱独特的变频门机系统，通过采用永磁同步马达门机，既节省了空间，又能实现安静平稳的开关门动作。各类门安全保护功能更进一步提升了门机系统的安全性。

MAXIEZ 系列电梯品种多样，包括小机房、无机房、医用乘客电梯、中高速电梯，主要面向中国市场的中高端客户，不仅具备三菱先进、高端的技术，还将诸多提升安全性及舒适性方面的功能标准化，更将中国传统与当代元素完美结合，为客户提供更加时尚、高档的装潢设计方案，全方位地满足各界用户的不同需求。

（四）产品理念

三菱电机上海机电电梯有限公司的三菱电梯承上启下，让用户充分感受“上上下下的享受”，创造舒适的楼宇环境。

宝理工程塑料贸易（上海）有限公司

宝理塑料贸易（上海）有限公司，位于上海市静安区南京西路1717号会德丰大厦。公司是宝理集团旗下的贸易公司，专注于塑料行业。主营产品：POM、PBT、PPS、LCP等，业务涉及全国。公司的诚信和完善的服务赢得广大客户的信赖，在同行中树立了良好的口碑。

宝理塑料株式会社是由日本的大赛璐化学工业株式会社和美国的Ticona公司于1964年创立的日美合资公司，总部设在日本东京。其核心业务为生产和销售以“夺钢”为代表的高品质工程塑料。

宝理塑料于1993年进入中国。迄今为止，在中国的上海、香港、广州、重庆建立了海外分公司。此外，宝理塑料与Ticona公司、三菱瓦斯联手，以满足中国市场对工程塑料的不断上升的需求。

（一）宝理塑料主要产品

1. 共聚甲醛树脂（POM）

POM的自润滑性、耐油性机械性能平衡良好，从取代以往为金属材质的齿轮、螺钉、轴承等机械零部件开始拓展市场。如今，被广泛应用于拉链、牙刷柄等身边的生活用品到汽车的门锁、锁闩、安全带锁扣等安全零部件、燃料系统零部件等。全球市占率位列第一，占比20%。

2. 聚对苯二甲酸丁二醇酯（PBT）

PBT的特点是兼具耐热性与优异的电性能。与各种增强材料、添加剂的融合性佳，能够根据客户的需求赋予各种性能，因此拓展出了多种品级的产品阵容，例如汽车的线束连接器、各种电子零部件、手边的化妆刷、薄膜层压纸制食品容器等，在广泛的领域发

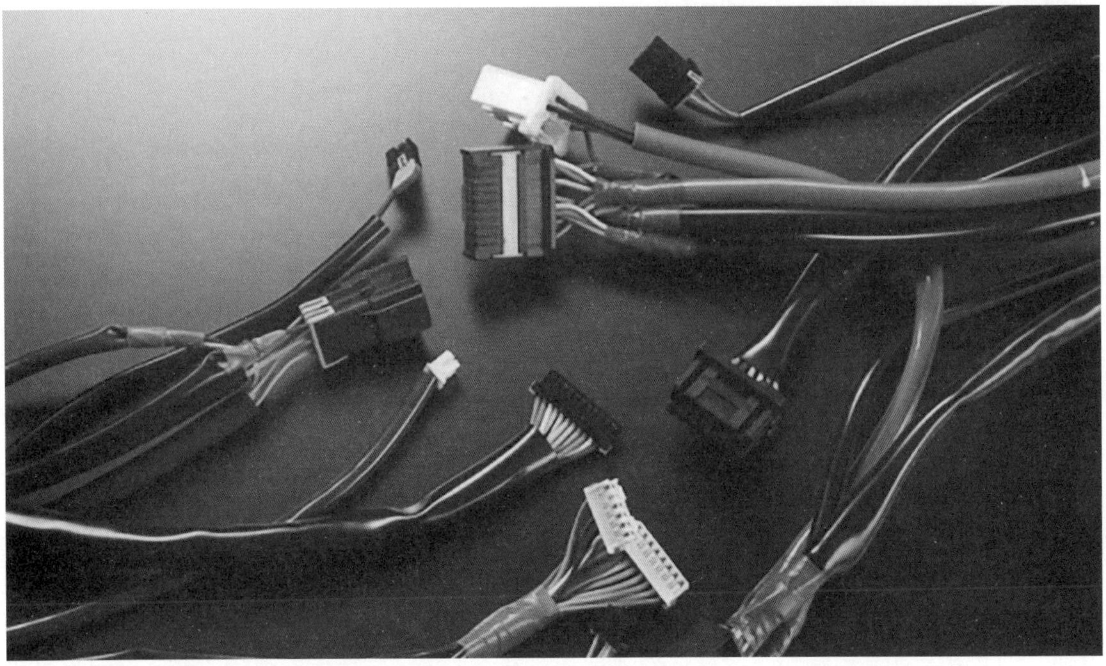

2020年9月15日，宝理塑料株式会社在其官网上公开发表了DURANEX® PBT长期特性适用于汽车的通讯设备和感应器部件的PBT新等级

挥着作用。

3. 聚苯硫醚（PPS）

PPS 是本公司从株式会社吴羽采购其制造的线性 PPS 聚合物，在日本首次进行混料生产与销售。与传统的 PPS 相比，在保持优异的机械强度、耐热性、耐药品性、阻燃性等特点的同时，提高了延展性及抵抗冲击的强度，韧性优异。被广泛应用于汽车发动机周边零部件、混合动力汽车与电动汽车的电气装置零部件、智能手机、浴室与盥洗室的冷热水龙头等用品上。

4. 液晶高分子聚合物（LCP）

LCP 具有超越传统工程塑料的薄壁与高流动性，是“超级”工程塑料的代表。耐热性优异、具有与传统塑料不同等级的机械强度、越薄强度越大的特殊性质、与金属相近的低线性热膨胀系数，都是 LAPEROS® 的特点。被广泛用于平板电脑、智能手机等不断小型化的最新 IT 设备中的超小型精密连接器。宝理塑料在全球市占率位列第一，占比 37%。

5. 环状烯烃共聚物（COC）

COC（环状烯烃共聚物）是一种宛如玻璃的透明而极为纯净的非晶性树脂，它在医疗领域、包装领域以及电子产品领域被广泛应用，大显身手。例如，从胰岛素投药等医疗器械开始，乃至食品包装薄膜、平板电脑和智能手机。作为高功能材料，采用 TOPAS COC。TOPAS COC 依据广泛的全球标准，使客户的下一个产品开发更为简便、更为可靠。

6. 玻璃纤维增强聚对苯二甲酸乙二醇酯（PET）

PET 的原料为与饮料容器 PET 塑料瓶所用相同的玻璃纤维增强聚对苯二甲酸乙二醇酯（Polyethylene terephthalate，PET）。

RENATUS 通过在 PET 中添加玻璃纤维，从而大大地提高了材料的机械强度及耐热性，可作为工程塑料使用，该材料除了具有非常高的电性能及耐热特性外，还是成型性能优异的玻璃增强材料。

（二）集团经营理念

企业理念：追求工程塑料的无限可能性，培养才华横溢、富有魅力的人才，并通过不断创新来为社会的未来作出贡献。

企业愿景：成为在技术、质量、服务、供应等全方位不断为客户提供工程塑料领域优秀解决方案的企业。

三、企业基本价值观

1. “宝理模式（Polyplastics Way）”——与客户共同创造价值，

——力争做到贴近客户

——站在客户的立场，了解客户的需求

——以最新技术和最佳服务不断创造超越客户期待的价值

——从而与客户建立牢固的信赖关系，谋求共同成长和发展

公司将这一系列价值创造活动称之为“宝理模式”，作为公司所珍而重之的基本价值观。

2. “宝理大家庭（Polyplastics Family）”——最佳的合作团队

——认同每位成员皆不可或缺（尊重各人的个性和多样性）

——重视以全体员工的相互信任和协调精神为基础的团队精神

——不断追求进步，充满挑战精神

公司将这样的集团称为“宝理大家庭”，作为公司所珍而重之的基本价值观。

公司始终站在客户的立场思考、付诸行动，是宝理塑料创业以来恒久不变的态度。公司致力于制造出高附加值的工程塑料，为此公司不断地研究开发、制造及销售性能稳定、高品质的产品，为广大客户提供令人满意的最佳服务。

为成为最受客户信赖、提供远超越客户、社会期望的解决方案的供应商，公司将坚持不懈，勤勉努力。

格朗吉斯铝业（上海）有限公司

格朗吉斯铝业（上海）有限公司于1996年9月成立，是瑞典格朗吉斯集团的独资企业，是一家全球领先的专门生产钎焊铝热交换器轧制铝材的供应商。公司开发、生产并销售高端的铝材，这些铝材既可以提高客户制造过程的生产经济性，同时也能够提高最终产品钎焊热交换器的性能。世界上有很多轧制铝材生产厂商，但能够轧制钎焊热交换器专用铝材的却很有限。只有一家全球化的公司在该领域做到了全面的专业化——格朗吉斯。

正是因为专注，才使得格朗吉斯在这一领域成为全世界的领头企业。这一地位的形成，基于公司对价值链中所有环节的深入理解。公司同热交换器制造商密切合作，而他们正是公司的直接客户。公司正在携手共进，以解决汽车行业的终端客户正面临的挑战。

全球汽车的数量正在不断增加，技术也正变得越来越先进。如今在一辆汽车里，可以发现多达10种不同的热交换器应用。同时，可持续性的要求也正变得日益严格。为了降低油耗并减少排放，必须采用更加轻量化和更高效的设计。

这些要求正是格朗吉斯的核心竞争力所在，也正是公司提供的创新型产品的基础。公司的愿景有着清晰的表述：帮助客户创造更小、更轻和更具定制性的热交换器，以提高经济效率并减少对环境的影响。

格朗吉斯铝业（上海）有限公司

三、展览企业

上海市国际展览有限公司

总裁 王 蕾

2020 年，面对突如其来的新冠肺炎疫情，上海市国际展览有限公司（简称国展公司）在上海市贸促会的带领下，坚定信心，及早谋划，积极应对，化危为机，力求将疫情对展览业务的影响降到最低。

（一）2020 年整体完成情况

业务指标：共举办展览项目 7 个。展览面积 25 万平方米，观众约 30 万人次。

（二）“高标准、高效率、高质量”出色完成第三届进博会相关工作

在前两届进博会的基础上，国展公司继续配合市贸促会，作为上海市城市保障领导小组成员单位，在商务部和上海市委、市政府的领导下，积极做好服务进口博览会的各项工作。

1. 以“标杆”精神出色完成汽车展区的招展招商工作

在克服疫情的重重困难后，公司完成第三届进博会 1 号、2 号馆 3 万平方米汽车展区招展工作。大众、宝马、奔驰、通用等世界 500 强和行业龙头企业踊跃参展，并向进博局递交汽车展区展品专家评审报告。

2.“智慧出行”专区成为进博会亮点

第三届进博会汽车展区增设智慧出行专区，展出面积 7000 平方米，汇集了米其林、博世、爱信、意柯那等智慧出行细分领域领先企业，聚焦自动驾驶、智能网联、智慧座舱、车路协同等智慧出行细分板块，展示企业最前沿产品和最新发展构想。

3. 汽车展区圆满完成贵宾接待任务

汽车展区共完成了 30 多个团组的接待任务，包括中央各部委和各省市领导、以及上海市委书记李强和市长龚正带领上海市委市府及各委办局领导的莅临视察。

4. 其他招展工作

除汽车展区外，公司还积极开拓装备、食品、消费品等展区的招展工作。

2020 年 7 月国家会展中心婚纱、儿童、摄影器材展现场

（三）大力开发网上展览，成立云上会展公司

按照市委书记李强关于加快推进网上展览的批示意见，在副市长许昆林的高度重视和带领下，于 2020 年 4 月推进落实了与阿里巴巴集团在上海注册成立“云上会展有限公司”的相关事宜。5 月 7 日，在上海展览中心启动云上会展公司成立暨云展平台首展 2020 新车“云发布”，率先探索线上线下融合的云上会展新业态，积极助力“五五购物节”。市委书记李强、副市长许昆林出席活动，市贸促会周敏浩会长致辞。云上会展公司成立至今，已完成包括婚纱展、染料展在内的 16 个项目。

（四）迎难而上、共克时艰，全力举办各项展会

1. 婚纱、儿童、摄影器材展

婚纱、儿童、摄影器材展作为全市第一批复工试点项目于 7 月 8—11 日在国家会展中心拉开帷幕，展出总面积 12 万平方米，展商数近 600 家。本届展会首推 OAO 联展模式，是全市首个线上、线下同时举办的展会，打造展览生态体系的新模式。同期共举办配套活动近 30 场，展会现场特别开设“现场直播采访间”，直播总计观看量超预期。

2. 染料展

染料展项目团队积极走访重点企业，开源节流两手抓，完成招展面积 4 万平方米，来自 12 个国家和地区近 500 家企业参展，吸引了 1 万余名专业观众到场参观。展会现场汇集了 15 场国内乃至国际染化料行业重要发布会、论坛、年度会议以及高质量的行业研讨会。本届染料展也同时推出云上染料展，150 家中、外方展商进行线上展示，1.5 万名专业观众参观了线上展会，取得了良好的效果。

3. 模具展

2020 年模具展升级为由上海市国际贸易促进委员会主办；并继续秉承打造高端精

密金属加工制造平台的品牌战略，召开“中国模具高质量发展大会”。本届展会展出面积近 5 万平方米，14 个国家和地区的近 600 家企业参展。展会期间，模具展组织了多场线上活动，在线采访了如 GF、三菱电机、沙迪克等重点展商。

4.“一带一路”名品展

“一带一路”名品展重庆展共吸引 34 个国家和地区的 150 多家企业参展。展会同期举办了近 30 场推介会及文艺表演，进行了 80 场贸易配对。展商纷纷表示“一带一路”名品展已经成为西南地区与“一带一路”沿线国家经贸往来的重要平台。

2020 年，国展公司先后荣获了“上海市青年五四奖章集体”“最具影响力展览主办机构”等称号，全力以赴打好了疫情下的业务发展攻击战。

东浩兰生集团

上海外经贸商务展览有限公司

党总支书记、执行董事
周 巍

（一）概述

上海外经贸商务展览有限公司成立于1993年7月，现隶属于上海东浩兰生会展（集团）有限公司，注册资本为2000万元。公司现为上海市会展行业协会副会长单位、上海市国际服务贸易行业协会理事单位、上海进出口商会副会长单位、上海市机器人行业协会服务机器人专业委员会常务副秘书长单位。

公司以展会为主业，经过20多年的发展，形成了以承办大型政府项目和各类境内外展会为核心主业的业务架构。公司每年承办多个具有国内外知名度的品牌展会，包括：中国华东进出口商品交易会、中国（上海）国际技术进出口交易会、中国自主品牌博览会、中国（上海）国际跨国采购大会、印尼中国技术设备和商品展、广交会上海展团、中国—东盟博览会上海展团、中国国际消费品博览会上海展团等20余个展会。2018年

2020年5月22日至6月18日在豫园商城成功举行国潮老字号游园会

取得了由国际燃气联盟（IGU）、美国燃气技术研究院（GTI）和国际制冷学会（IIR）授权，三年一度的行业盛会——第十九届国际液化天然气会议的承办权。

公司拥有展览主承办一级资质、展览展示工程一级资质，成功通过ISO9001：2015质量体系认证，荣获“上海市文明单位”“上海市重合同守信用企业”“上海市五一劳动奖状”“上海市侨务工作先进集体”“上海市中小企业品牌服务企业”“上海市和谐劳动关系达标企业”“2020年上海市会展行业参与进博会服务创新企业”等多项荣誉称号。

（二）主要展会情况

1. 高效服务第三届中国国际进口博览会

第三届中国国际进口博览会于2020年11月5—10日在国家会展中心（上海）成功举办，公司积极响应集团要求，班子统一思想、周密部署、群策群力、果敢担当，克服特殊年份的种种困难，为第三届进博会的成功举办做好全力保障。

公司下属上海鸿达展览服务有限公司连续第三届成为进博会的主场搭建服务商，提供主场服务面积约9万平方米。公司旗下上海依佩克国际运输有限公司连续第三届成为进博会主场运输服务商，主要承揽了技术装备展区（3H、4.1H、北厅）的主场运输工作，服务展会面积7万平方米，较第二届增加27%。作为主场运输商，今年所有技术装备展区展品的清关、运输、仓储、展品装卸、展品就位、展品吊装等工作均由依佩克团队完成，疫情影响下，团队对每件运输进馆的展品进行严格的防疫消杀工作，工作量较往年大幅度提升。

在上海市商务委的主办和指导下，商展公司承担了第三届进博会上海综合形象展区的策展、设计、搭建、组织和宣传推广等各项工作。上海综合形象展区位于进博会中央广场，展示面积243平方米，以“城市，让生活更美好”为主题，彰显“人民的城市，上海的样板”，通过聚焦人在城市中生活、工作最关心的话题，打造“美丽家园”“购物天堂”“文化驿站”和“梦想空间”四大板块，充分展示上海的颜值、摩登、内涵和气度，成为进博会上的“网红”打卡地。

2. 云上2020年中国品牌日活动

今年公司在国家发改委和上海市委、市政府的直接部署下，危中求机，积极探索云上办展新模式，全面对接全国各省市踊跃云上参展参会，注重放大云上办展的溢出效应，高标准承办云上2020年中国品牌日活动，得到了国务院及市委市政府的高度肯定。

作为疫情爆发后我国第一个国家级展会，也是第一个高规格的云上展会，同时也是第一个云上中国品牌日活动，云上2020年中国品牌日活动于5月10日盛大启幕，活动以“中国品牌，世界共享；全面小康，品质生活；全球战‘疫’，品牌力量”为主题，包括举办云上中国自主品牌博览会和云上中国品牌发展国际论坛，共遴选1300余家企业参加，并邀请著名专家学者和知名企业家代表进行演讲，共话中国品牌发展未来。据不完全统计，活动前三天，超亿万人次踊跃云上观摩展览展示、互动交流、洽谈合作，仅上海云上展馆前三天曝光量超过5000万次，引起社会和广大网民的积极反响。

3. 第30届中国华东进出口商品交易会（线上）

受疫情影响，第30届华交会今年首次转战线上，于7月13—17日在网上举办。本届线上华交会以“发‘线’精‘采’”为主题，提供全天候24小时线上外贸平台服务，设五大专业子展：服装服饰展、纺织面料展、家庭用品展、装饰礼品展和现代生活方式主题展。同时还顺应当前国际贸易形势，专门设置了三大专区：“出口转内销专区”“防疫物资专区”和“跨境电商专区”，为外贸企业开拓国内外市场打开新通道。

本届线上华交会主要特点：①新产品新技术集中亮相“云端”。参展企业共计3520家，共上传展品71759件，新产品、自有品牌产品持续增多。②展会成效超过预期。在疫情全球蔓延、全球贸易受到严重冲击的背景下，展会成功吸引了来自52个国家和地区21017家采购商注册，其间，网站浏览量172910次。③活动精彩纷呈。开幕首日举行启动仪式，同日举办日韩专场、欧美专场、“一带一路”专场、纺织服装专场4场买卖专场对接会，吸引专场买家112人，对接供应商392家，洽谈561场。

4. 第127届广交会（线上）

受疫情影响，第127届广交会创新办展模式，63年来首次上“云”，于6月15—24日在网上举办。商展公司作为上海交易团的主要服务供应商，积极响应网上办展新模式，公司领导高度重视，多次专题研究、严密部署、统一思想。工作团队创新服务模式，积极提供线上指导培训、线上展品审核、知识产权保护、小程序开发、网络信息安全等多方面的服务，助力上海746家参展企业共计上传云展厅展品87993件、展品图片267955张、产品视频14699个。展会期间，工作团队实行24小时值班制度，连续十天提供无休服务，团队凭借专业、高效、细致的服务为上海交易团“云”上展示和交易保驾护航，团队工作获得了商务委领导的充分肯定和认可。

5.2020年中国国际服务贸易交易会

2020年服贸会于9月4—9日在北京国家会议中心召开。服贸会（包括原京交会）已成功举办六届，旨在打造全球服务贸易领域规模最大的综合性展会和我国服务贸易领域的龙头展会，同广交会、进博会一起成为中国对外开放的三大展会平台。经市政府同意，2020年上海作为唯一的主宾市应邀参展。在市商务委支持和指导下，商展公司全力投入这次服贸会上海展区的筹备工作，历经两个多月的日夜奋战，最终呈现一个生动、有温度、亮点纷呈的上海服贸展区。

本届上海展区以“卓越服务、链接全球”为主题，集中展示上海服务贸易30年来的创新发展成就，以巨幅城市剪影作为背景，展现国际化大都市的动感形象；运用5G、云计算等技术手段，打造高科技、有声化场馆。主要亮点：①鲜活主题形象。通过文化将上海元素融入，用城市黑白影像巨幅摄影作品、李守白的巨幅外滩剪纸作品等作为底衬，同时利用三个屏幕联动展示时装周、上海马拉松、进博会、“五五购物节”等活动，体现一个既传统又现代，既科技又时尚的缤纷上海。②立体化展呈。与喜马拉雅、哔哩哔哩（B站）、小红书等在线新经济企业合作，将声音邮局、洛天依、直播带货等新时尚融入展会，虚拟和现实相结合。③互动式体验。现场配置“5G+8K+云”技术高清电视屏幕、B站互动App装置、洋山港四期全息投影、F1电竞赛车模拟设备，增强互动体验，吸引现场观众纷纷打卡。

6.“国潮老字号”游园会

作为上海“五五购物节”老字号促消费系列活动的重头戏，“国潮老字号”游园会5月22日至6月18日在豫园商城成功举行。本次活动由上海市商务委员会、上海市国有资产监督管理委员会、黄浦区人民政府指导，豫园股份主办，商展公司独家承办。在市商务委的重点支持下，公司成立联合工作团队，积极对接豫园、沪上各大老字号品牌及相关企业和园区，开展合作模式商定、场地勘探、新品收集、推介宣传、创意策划、设计搭建、服务保障等一系列工作，助力“老字号”变身“新国潮”、绽放“新活力”，获得了政府部门、主办方和参展企业的肯定及好评。

7. 第十三届上海金融服务实体经济洽谈会暨论坛（金洽会）

由上海金融业联合会主办，我司负责承办的第十四届金洽会于10月22—24日在世博展览馆2号馆举行，展览规模8500平方米，参展企业近130家。主要亮点：①主题特色鲜明。遵循主题化办展理念，设置临港新片区、长三角一体化、金融科技、金融文化/人才、资产管理以及普惠金融六大特色板块。②助力长三角一体化发展。开幕式上，上海金融业联合会、江苏省金融业联合会、浙江省金融业发展促进会、安徽创新金融与发展研究院签约成立“长三角金融业发展联盟”。③活动精彩多元。同期举办1场闭门会议、7场主题论坛、8场公益活动、10余场项目签约与路演，汇集80余位重量级嘉宾，聚焦金融开放、金融科技、六稳六保、资产管理等行业核心与热议话题。

此外，2020年公司还顺利完成世界人工智能大会专家委员会会议、第128届广交会（线上）、第17届东盟博览会、线上跨国采购大会等项目，出色完成第22届工博会主场运营、展品运输、商务接待、观众组织、安全保卫等相关配套保障工作。

（三）发展趋势

2021年是建党100周年，也是“十四五”规划开局之年。新的一年，商展公司将主动服务和融入新发展格局，紧密结合“一带一路”倡议和“长三角区域一体化”“长江经济带发展”“粤港澳大湾区建设”等国家战略，积极投入上海建设“五个中心”，强化“四大功能”，实施“三大任务”以及建设国际会展之都的进程中，全力服务第四届中国国际进口博览会。结合集团要求和公司发展实际，在做好常态化疫情防控的前提下，坚持主业创新发展，推动公司市场化转型，加大资源优化整合，在公司新一轮发展征程中，激发新动能，实现新跨越！

四、上海老字号企业

冠生园（集团）有限公司

冠生园创建于1915年，是一家有着近百年历史的中华民族名牌老字号企业，也是中国食品工业二十大杰出企业之一。冠生园（集团）有限公司是由光明食品集团与国际跨国公司中信资本共同投资的中外合资企业，分别占股55%和45%。公司总部位于上海市中心新闸路，生产基地主要集中于上海星火开发区和青浦工业园区内。冠生园（集团）有限公司拥有“冠生园”和“大白兔”两个中国驰名商标，主要生产和经营大白兔糖果、冠生园蜂制品、保健品、面制品、华佗十全酒、佛手调味品等近20个系列上千个品种。集团主打产品——大白兔奶糖为中国名牌产品、国家免检产品和国家原产地标记注册产品，畅销40多个国家和地区，国内销售市场占有率第一位。冠生园蜂蜜为上海市名牌产品，上海市场占有率达到70%，瓶装蜂蜜是全球销量最大的品牌，全国市场占有率第一位；华佗十全酒有着50多年历史，家喻户晓，享誉东南亚；佛手牌味精有着83年历史，深受消费者的喜爱，连续数年被评为全国食品行业质量效益型先进企业、全国轻工行业优秀企业和上海市优秀企业等荣誉称号。

冠生园大白兔奶糖

大白兔奶糖源自1943年上海。该公司的商人尝试过当时英国的牛奶糖之后认为味道不错，经过半年后便仿制出国产奶糖。包装则使用红色米老鼠的图案，并名为“ABC米老鼠糖”。由于售价比舶来品便宜，所以广受民众喜爱。直至20世纪50年代，糖果公司公私合营，包装图案改成白兔，并于1959年作为中华人民共和国国庆十周年的献礼产品。

起始时，制作大白兔奶糖的工厂，也依赖手工制作。大白兔奶糖凭着“七粒大白兔奶糖等于一杯牛奶”的宣传广告，被视为营养食品，伴随着一代代人的成长。2004年，大白兔奶糖销售额达6亿元，每年以双位百分比递增，并向美国、欧洲、新加坡等40多个国家和地区出口。

大白兔奶糖的口味和包装也不是一成不变的。资料指刚发售时，白兔图案是卧着的；其后修改成今日的跳跃状。另外除了传统的牛奶口味外，也添加了咖啡、花生、鲜果、红豆、薄荷等口味，更加入富中国特色的“奶油话梅味”等。今日的奶糖经过多次改良后，主要成分包括砂糖、明胶、炼乳、奶油、奶粉等。大白兔奶糖的商标于 1997 年 11 月起转让至冠生园。目前“大白兔”奶糖累计国内销售达 146 亿元，远销 50 个国家和地区。

冠生园集团的科研机构为市级技术中心，并通过国家实验室认可，同时拥有多项技术发明专利。冠生园在全国各大省市建立了20多个销售中心。形成1万余个销售网点。与逾 100 家国外经销商建立长期业务往来关系，并在 50 多个国家和地区注册了商标。

上海乔家栅饮食食品发展有限公司

“乔家栅”创建于清宣统元年（1909），其前身是上海永茂昌汤店。1939 年更名为“乔家栅永茂昌”，1940 年定名为“乔家栅食府”。1993 年“乔家栅食府”被国内贸易部命名为中华老字号。2001 年 7 月，成立上海乔家栅饮食食品发展有限公司，改制后乔家栅品牌由中国大商业集团上海百联和新路达企业集团控股，2005 年被中国烹饪协会命名为中华餐饮名店，2006 年 12 月，“乔家栅食府”被商务部首批评定为“中华老字号”。

历史成就品牌，乔家栅享誉百年，名点美食“味传南国”，当年梅兰芳、周信芳等社会知名人士均是店里的常客。在打造中国民族工业名牌的同时，乔家栅涌现出一批又一批技艺精湛的糕点大师，特级技师陈小根师傅擅长江南点心和月饼，1959 年曾赴京参加国庆十周年庆典，为中央领导做过点心。

改革开放以来，上海乔家栅弘扬传统技术精华，融传统、创新、引进于一炉，开创了“以点带菜，菜点结合”的供应特色。“八宝饭”“甜咸粽子”“细沙麻球”等十几个传统品种和创新品种曾多次荣获国家商业部金鼎奖、上海市优质产品，1994 年又被评为上海市名特小吃。其江南传统风味菜肴也卓有声誉。特色菜肴“红烧河鳗”获全国第三届烹饪大赛的金牌；“上海熏鱼”“特色鸭膀”“乳腐肉”等获中国名菜金牌奖；“乔家栅汤包”“鲜肉汤团”“鲜肉锅贴”“绉纱馄饨”获“中国名点”称号。

品牌铸就辉煌，乔家栅堪称“月饼世家，饼食至尊”。历年多次荣获部优产品奖、上海市月饼金奖，连续多年蝉联“中国优质放心月饼奖”“中国优质传统月饼奖”和“中国优质创新月饼奖”。中国食品工业协会、江西省食品工业协会授予“中国名饼”“江西名优产品”“中国最具美誉度品牌”“中国食品工业优秀龙头企业”“中华国饼”等荣誉称号。在中国食品工业协会和国家质量监督检测中心组织的中国著名品牌月饼品评活动中，乔家栅月饼多次荣登行业标杆产品光荣榜，多次获得“最佳月饼”“最佳传统月饼”殊荣。

乔家栅商店外景

上海凤凰毯业有限公司

上海凤凰毛毯是国产毛毯的老字号，从1922年创立至今，已有90多年的历史，现在的上海凤凰毯业是上海龙头股份（集团）有限公司的全资子公司。

1945年9月明丰纱厂由经济部接管（即中国纺织建设公司）改厂名为上海第十八棉纺织厂，扩展棉纺设备，生产棉纱、棉线为主，兼营棉毯，直至上海解放。1955年底又转为专营棉毯、羊毛毯。

1972年，美国总统尼克松首次访华，当时根据市革委会的指示，作为政治任务，上海第十八棉纺织厂对其所使用的商标“凤凰”重新设计并注册，新的“凤凰毛毯”作为国礼赠送给美国总统尼克松，从此上海凤凰毛毯享誉海内外，风靡市场。这段时期是凤凰毛毯比较风光的日子，获得无数荣誉：国家银奖、“中华畅销商品”、国产纯羊毛毛毯第一名、“上海名牌”等。

1978年9月起，将棉毯业务下放给南汇公社厂生产。第十八棉纺织厂与上海金山石油化工一期工程配套，专门生产腈纶毯、毛毯，更改厂名为上海毛毯厂。然而，到了20世纪90年代末期，上海凤凰毛毯好日子却走到了头，每年亏损数千万元，“凤凰破产”的谣传不胫而走，也印证了一句老话：“脱毛的凤凰不如鸡”。同时陷入困境的还有哈尔滨的“卧虎毛毯”、北京的“双羊毛毯”等，它们曾与“凤凰毛毯”并列中国毛毯行业前三强。

2002年上海毛毯厂转制为上海凤凰毯业有限公司。改制后的凤凰企业以强烈的求生欲望，向市场寻空间，向改革求活力，企业获得了新的生机。凤凰公司总结出的朴素经验认为，如今又沉又窄的厚实羊毛毯早已不再吃香，惟有以变制变搞“轻、薄、软、大”“苗头不轧，饭碗就捧不牢！”现任总经理陈建国和他的部下几次三番地淘汰老设备、老工艺、老用料、老图案。通过和羊毛产地澳大利亚、英格兰以及美、德等国厂商的技术合作，运用自主开发的专利印花技术，先后研制推出了羊绒、牦牛绒、绢丝、驼绒、蚕丝等十多种新用料的轻薄型可机洗艺术印花毛毯，变传统“四季搏一冬”为春夏秋冬都有产品上市。

上海凤凰毛毯

为了实施品牌战略，公司与澳大利亚NEWTTON ENTERPRISE PTY LTD合作，引进了Minko著名家纺品牌，双方通过交流与沟通，共同开发产品，开拓新市场。公司现有产品：印花（机织羊毛、针织羊毛、腈纶）毛毯系列、特种纤维（羊绒、驼绒、牦牛绒、绢丝）毛毯系列、装饰（格型、凹凸、蜂巢）毛毯系列、宾馆配套系列、棉毯系列、童毯系列、纯新羊毛被系列、床上套件床品系列（印花、提花、绣花、色织格纹）。

上海湖心亭茶楼

湖心亭始建于清乾隆四十八年（1784），地处原明代四川布政使潘云端私家园林豫园中。至咸丰五年（1855）改为茶楼，曾名“也是轩”“宛在轩”，系沪上留存至今最古老的茶楼。湖心亭能容纳200余人品茶，古朴典雅的设备布置，极富民族传统特色；供应的各式名茶（有配套茶食），水质净化矿化处理，清澈甘甜，不同一般。茶楼设有专业茶艺表演队。

湖心亭茶楼

被誉为“海上第一茶楼”的湖心亭茶楼，是上海历史最为悠久、最具盛名的茶楼，也是上海现存古建筑景观之一和上海最早的商会所在地。由于茶楼设在保护性明清结构的亭园建筑中，如今已成为上海人文历史的标志之一，具有深厚的文化内涵和传承文化特征。

湖心亭茶楼整幢建筑为全木结构，且不用一根铁钉，木材连接处全用竹楔铆住。茶楼大门上方高悬着书法家蒋凤仪先生题写的“湖心亭”三字匾额，飞檐上挂着“海上第一茶楼”大王旗迎风招展。踏入茶楼，书法家高式熊先生题写的“海上第一茶楼”，古朴典雅。还有清朝时留下的石碑，上面刻着文渊阁直阁事、大理寺卿、上海人陆锡熊撰写的《湖心亭碑记》，碑文中记有“八窗洞辟，循栊俯临然后鱼鸟之出没，烟云竹树之暗霭，而茜丽无不尽于四瞩，因名之曰湖心亭。而砻古请识岁月。夫以数亩之园，一泓之池，视钱塘之西湖曾不足比拟百一”，可见当年荷花池胜景了。

为了适应对外旅游业发展的需要，1982年湖心亭茶楼大整修，历时一年多。竣工后的湖心亭茶楼面貌焕然一新，保留了古朴典雅而玲珑秀美的外观，内部装修也更具书香气，实行上下堂分栏经营，增强了茶文化的内蕴，供应铁观音、碧螺春、西湖龙井等传统名茶。当年的民乐演奏也再度恢复，那曲韵悠扬的江南丝竹为古老的茶楼增添了动人的雅致。

为了迎接2010年上海世博会，提升湖心亭的窗口形象，百年茶楼经历了为期两个多月的维护保养工程。工程从恢复历史原貌的角度，加固整修、修旧如“旧”，力争呈现给广大游客一个原汁原味、古色古香的湖心亭：茶楼一楼、二楼顶部恢复、显露原本顶、梁、檐口等木结构外露的形式，体现明清建筑的本色；二楼北侧落地长窗按照1885年的原始照片进行恢复；茶楼的功能和布局进行了调整和提升；茶楼外立面灯光采用绿色、环保、节能的LED新光源，更好地凸显古朴典雅的建筑结构美。

上海华安美容美发有限公司

上海华安美容美发有限公司，是中华老字号企业，百年老店，上海美发美容行业协会会长单位。上海华安美发厅创办于1926年，原名丽美理发所，隶属华侨饭店配套服务设施，1932年由波兰商人乔夫仁德克租赁，以做发式为主。1939年沈杏苑医生买

上海华安美容美发有限公司表彰员工

下后更名华安云记美丽馆，设备和用具全部从法国引进，店堂布置按巴黎最新 30° 斜镜式，美容美发师皆聘请当时有一定知名度的名师，号称“最高尚理发馆”“最优等技术师”。在当时就已经是社会政界、商界以及上层人士常常光顾的场所。

1956 年实行公私合营，改名华安美发厅，是当时上海四家超特级美发厅之一，仍以环境优雅、设备先进、发式新颖飘逸和紧跟潮流而闻名遐迩。1991 年，投巨资对店堂作全面装修，装修后的店堂以意大利大理石为基调，并缀有黑红两色与鲜花等，给人一种豪华优雅之感。同时全部引进日本宝贝蒙公司的世界一流设备，德国、意大利等世界最先进的工具用具。将全区美容、美发师中技术最好的选派到华安。是当时全国同行中设备最高档、环境最优雅、技术最高级、服务最好的超特级美容美发厅。

1998 年 1 月改制为上海华安美发厅合作公司， 2005 年 1 月进一步深化改革，国有资产全部退出，职工全部从国有企业分离出来，成立了上海华安美容美发有限公司。改制后华安人注重与国际接轨，顺应市场潮流，与时俱进，秉持“诚信、还是诚信”的经营理念，以“创造美丽、创造时尚”的使命感，努力创造优雅的环境、采用先进的设备、坚持严谨的管理、树立良好的信誉、运用专业的技术，为宾客提供高品质的优良的服务。

在决策与管理上：华安注重服务质量和“老字号”品牌的创立和维护，在广大消费者面前树立了良好的形象，企业内部上下一心、同舟共济，以企业的兴衰为己任，把顾客的利益、企业的品牌和信誉摆在第一位，将企业的效益推向一个又一个的高峰，使华安的品牌得到社会的认可。自 1985 年起，连续十四届被评为“黄浦区文明单位”。1990 年，被黄浦区人民政府命名为“名特商店”，2000 年，被国家国内贸易局评为“全国十佳美容院”。同年 12 月，被国家国内贸易局评为“全国首批放心美容院”。多次被市区评为“优质服务单位”等光荣称号。2004 年成为全国首批五星级美发美容企业。

上海家化联合股份有限公司

上海家化以自行开发、生产、销售化妆品、个人保护用品、家庭保护用品以及洗涤类清洁用品为主营业务，一直是中国日化行业的支柱企业。改革开放以来，随着日化行业对外资全面开放，上海家化坚持差异化的经营战略，在充分竞争的日化市场上创造了六神、美加净、清妃、佰草集、家安、舒欣等诸多中国驰名品牌，占据了众多关键细分市场的领导地位，成为民族企业、民族品牌在日化行业持续发展、与时俱进的排头兵。

多年来，上海家化坚持发展自主品牌，坚持科学的民族品牌发展观，不断学习全球最佳管理实践，积极展开国际合作，使家化的品牌得以不断创新、生生不息，一直走在时代消费的前沿。同时，家化认为品牌差异化的基础依靠的是研发的支持，家化建立了国家级的科研中心、博士后工作站，并与国内诸多顶尖科研机构建立了研发战略合作关系，家化的研发成果和专利申请数量居于国内企业的领先水平，在中草药个人护理领域

上海家化联合股份有限公司

居于全球领先地位。

上海家化拥有国内同行业中最大的生产能力；多种业态相结合的广阔销售渠道；最广泛的国际合作。上海家化不断完善供应链与质量管理，是行业中通过国际质量认证最早的企业。上海家化一直努力帮助人们实现清洁、美丽、优雅的生活，是中国化妆品行业国家标准的参与制定企业。

1950—1978 年：从明星家用化学品制造厂到家用化学品厂在新中国公私合营改革的浪潮下，由香港广生行上海分公司，历史悠久的中华协记化妆品厂，内地最早的花露水生产商上海明星香水厂以及东方化学工业社强强联手合并为“上海明星家用化学品制造厂”，这是“家化”最早的由来。此间推出的“友谊”“雅霜”两大品牌，成为新中国人最早的护肤品。

1978—1990 年：中共十一届三中全会后，家化踏入了发展的快车道，于 1990 年，登上了发展史上第一座高峰——固定资产超过 6000 万元，销售额达 4.5 亿元，利税 1.05 亿元，位居全国化妆业之首。其间，推出的美加净系列产品成为国内销售量最大、品种规格最全、获奖次数最多、知名度最高的中国民族化妆品第一品牌，创下多项全国第一。

1991 年：合资风云。1991 年上海家化厂把“露美”“美加净”两个品牌与美国庄臣公司合资，建立上海庄臣公司。合资后“露美”“美加净”即被打入“冷宫”，当年销售额锐减 2.5 亿元，陷入谷底。失败的合资让上海家化反省民族品牌的战略发展之路。

1992—1995 年：脱离庄臣回归。上海家化为打造民族品牌，上海家化向庄臣公司回购了“美加净”和“露美”。同时上海家用化学品厂改制为上海家化联合公司。上海家化进行了意义深远的第二次创业，开始按当时全球领先的市场管理模式推行品牌经理制度，这为家化从一个计划经济下的工厂转变为市场经济条件具备竞争力的现代化企业奠定了重要基础。

1996—2000 年：家化集团诞生。

1999 年 1 月，作为上海工业实施大集团战略的重大举措，上海家化联合公司吸收兼并上海日用化学（集团）公司，上海家化（集团）有限公司正式成立。

2001 年：上海家化在上海证券交易所成功上市。资本平台的搭建，为家化走向世界舞台奠定了坚实基础。六神、美加净、佰草集等多个知名品牌组成了家化品牌部落，分别占据了各自细分市场的领导地位，其强大研发和品牌实力体现出综合竞争力，使得家化成为唯一能与国际同行展开全方位竞争的本土日化企业。

上海万有全（集团）有限公司

“万有全”是一个百年老店，始创于 1851 年，以经销金华火腿和腌腊制品而享誉海内外。一百多年来夯实的基础，使“万有全”成为上海闻名遐迩的著名品牌。 在改革开放历史潮流推动下，“万有全”品牌经历了由一家商铺的字号，延伸到商品的商标，再扩大到企业集团名称这样一个演变发展过程。 公司从 1994 年起积极实施品牌战略，以“万有全”商标引导生产，开发新产品和拓展市场，已有腌腊、中西式熟食制品、

上海万有全集团有限公司外景图

豆制品、冷冻食品、调味品和方便快洁盆套菜六大系列500多种产品。生鲜食品配送和菜市场经营管理是集团近几年新开拓的经营业务，生鲜食品配送以全市医院、学校、机关和企事业单位为重点，以安全、质优、价平、方便为经营宗旨，积极发展以副食品为主的综合配送业务，配送单位已超过1500家，年销售额达1.5亿元；集团以市、区建设标准化菜市场实事工程为契机，组建了多个菜市场经营管理有限公司，通过多元投资、引进外来资金和输出菜市场品牌管理，共同开发菜市场连锁经营业态，履行“食品安全每一天，丰富市民菜篮子”的服务承诺。

以“万有全”冠名的上海万有全集团，是一家以食品生产和销售为主，集零售、批发、加工于一体的综合性商业企业集团。集团下属有全资企业、控股企业和相关企业30余家及各类连锁经销网点2000多个，年产销额超10亿元。上海万有全（集团）有限公司是上海万有全集团的核心企业，注册资金人民币1亿元。多年来万有全集团坚持“万有全”，已建成“食品加工生产”“生鲜食品配送”“餐饮管理服务”“菜市场经营管理”“便利店连锁专柜”及“轻工加工、宾馆餐饮、建筑装潢”等几个相互联系、相对独立的经营板块，有较强的生产和销售能力，满足市场不同的需求。食品加工生产是上海万有全集团的主导产业。万有全集团借助“万有全”百年品牌老字号的社会影响力和凝聚作用，抓住国内贸易部和市、区商委大力推进商业品牌建设的机遇，扎扎实实推进品牌战略：以“万有全”商标引导生产，以“万有全”品牌拓展市场，做强食品加工产业。为使“万有全”品牌发展走出新的一步，集团积极推进“万有全星火食品工业园区”的建设，组建了一批新的食品加工企业和生产基地，已有500多种产品进入上海和外省市近2000家商场、超市、大卖场销售，成为深受市民欢迎的绿色食品。

上海卧室用品有限公司

上海卧室用品有限公司，原名上海帐子公司。始创于1942年的上海帐子公司，是一家享誉海内外的卧室用品公司，也是久负盛名的中华老字号企业。

“上卧”牌产品，经过几代人不懈努力，精心培育成了品种齐全、款式新颖、品质精良、价格实在，深受消费者欢迎的上海名牌。“上卧”牌产品拥有自己强大的生产基地和供货渠道，可以生产和供应包括床罩配件套、被套、各种天然及化纤被芯、枕芯、床单、

上海卧室用品有限公司的产品

毛毯、蚊帐、台布、凉席、床垫、窗帘等，产品几乎涵盖了所有的床上用品大类。

上海卧室用品有限公司多维融汇国际国内品牌如罗莱、佳丽斯、太平洋、兴洋、花花公子、澳西奴、鳄鱼、杜邦等著名品牌的床罩、枕套、被单、毛毯、羽绒被、蚕丝被、窗帘、台布、睡衣等卧室用品一应俱全。“上卧”牌产品，更是以用料考究，做工精细，款式新颖，质量上乘，品种齐全，深得中外消费者青睐。

上海卧室用品有限公司的生产基地和供货渠道堪称一流，可以生产和供应的产品近乎涵盖床上用品的所有大类及宾馆配套系列；与此相媲美，蒸蒸日上的特许经营模式，使公司已拥有多家特许专卖店（柜），足迹所至浙江、江苏、山东、福建、广东、青海等诸多省市。

转制后的上海卧室用品有限公司有了一个全新的体制，但公司始终坚信不管怎样变，企业主要的财富是人，人在一定的环境中是可塑的。因此在执行《劳动法》维护员工的合法权益的前提下实现现代企业的管理制度。公司据实完善修订了 30 余项经营管理制度。实行一级对一级负责制度和从总经理到员工的各级工作连带责任制，形成了一个人人有事做、事事有人管的良好工作局面。坚持全员每年培训制度，送派推荐和鼓励员工进行专业经营理论、业务技能和文化知识学习。实施干部业绩考核档案管理，各级干部能者上，平者下，全国能进能出的岗职用工制度。提升了企业经营管理水准和全员工作能力，树立企业的窗口形象，为公司的生产开展奠定了良好的基础。

公司一贯秉承诚信务实、互惠互利的宗旨，以公司的理念、品牌、形象、服务、经验等综合资源与广大供销商合作，正在全国范围内建立起广泛的销售联盟。

上海卧室用品有限公司荣获“第八届上海市和谐商业企业”荣誉称号。

上海亚明灯泡厂有限公司

上海亚明灯泡厂有限公司创建于 1923 年，是中国第一家民族照明企业，也是中国第一只灯泡的制造者。“亚”字品牌，更是近一个世纪家喻户晓的著名民族品牌。历经几十年的发展和壮大，公司业已成为集研发、制造、营销和工程服务为一体的专业照明企业，形成了光源、电器、灯具、零部件产品系列，并以技术雄厚、规格齐全、质量上乘、服务优质而享誉海内外市场。

公司经营范围包括：照明电器产品的技术开发，节能照明灯、灯用附件和灯具的制造，照明电器的销售，照明成套工程的设计、安装、调试，智能化集成领域的软件、系统开发及技术开发、技术转让、技术咨询、技术服务，并提供自有房屋设备租赁（金融租赁除外）、照明设备出售，仓储服务业务和从事货物及技术的进出口业务。其中高压钠灯为国家金质奖产品，高压汞灯为部优产品，金属卤化物灯为国家级新品。面对照明市场的应用需求，公司在进入新世纪就大踏步，进军陶瓷金卤灯和 LED 灯研发和应用，成为国内照明光源的龙头企业。

进入21世纪后，公司以发展绿色照明产业为已任，传承历史、重铸辉煌，借鉴国际先进的管理理念，结合传统的文化思想，形成了完整的现代企业管理模式；在ISO9000和ISO14000体系的基础上，公司把达到国家质量奖要求的“卓越绩效评价准则”作为质量管理的战略目标；国际一流的SAP系统的运用，实现了企业资源管理（ERP）的升级换代；持续的科技投入，不断扩充了公司知识产权宝库，使公司综合竞争能力达到了一个新的历史水平。为适应国际化发展的需要，公司以技术领先为依托，于2004年隆重推出了“1923”品牌。高效节能的“1923”牌HID光源系列产品，以其优越的性价比，已经获得了用户的广泛赞誉。更多“1923”牌的各类照明产品，将满足国内外用户对优质照明产品的需求。

作为中国照明协会副理事长单位、上海照明协会会长单位，公司积极推动中国照明事业的发展。公司还联合高校和科研院所，通过多种形式支持人才的培养、开展科研合作项目。公司将一如既往地为绿色照明事业作贡献。

此外，凭借自身的技术优势和综合实力，亚明公司承担了诸如：北京奥运鸟巢中轴大道、天安门城楼、人民大会堂、上海展览中心、八达岭长城等重大照明工程业务，获得了一致的好评。目前，公司的照明工程业务已涵盖：建筑物泛光照明、道路照明、园林景观照明、工厂室内照明、体育场馆照明、商业照明、民品照明等各个照明领域。

作为外贸自营进出口企业，公司在拓宽国内市场的同时，又致力于出口贸易和境外投资，出口创汇稳步增长，产品远销亚洲、美洲、欧洲、澳洲等40多个国家和地区。

上海亚明灯泡厂有限公司在改革开放的春风沐浴下，正以“奉献光明”为企业精神，以发展绿色照明产品为重点，加大步伐向建成跨地区、跨所有制和跨国经营的行业集团的目标前进。“要光明，找亚明”，“亚明”将始终是中国电光源工业的一个耀眼亮点。

传承百年诚信，保持科技领先，公司以“倡导绿色照明，写意精彩生活”为使命，秉承“质量•诚信”的核心价值观，正努力实现“成为中国一流的照明企业”的愿景，公司愿与广大业界同行共创新世纪的辉煌。

沈大成食品有限公司

沈大成创建于光绪元年（1875）至今已有140余年历史，沈大成起家时创始人沈阿金为集点心与风味小吃之大成，故取店名为沈大成，由于沈大成注重选料，讲究制作精细，发扬传统，立意创新，因而一举成名，因此沈大成的寿桃、寿糕、桂花条头糕、双酿团、青团等品种享有盛名，还有蟹粉小笼、馄饨、各式两面黄及宴席点心，均各俱特色，口碑甚佳，因而早在20世纪30年代就享誉海内外。近年来沈大成为集小吃风味之大成，研究推出带有浓郁上海风味的醉虾、醉蟹和香糟系列，这些风味菜深得广大消费者欢迎，已成为沈大成的特色菜之一。

沈大成积极参加市场间的品牌竞争，

沈大成商店外景

1992—1995年沈大成的太白拉糕、双色糖年糕、细沙条头糕、蟹粉小笼、虾仁馄饨被中商部命名为“部优产品”，获得金鼎奖。被上海市命名为“优质产品”的有两面黄系列、粽子、青团等。

除此之外，沈大成还拥有中商部授予的“中华老字号”和上海市各级政府部门命名的“上海名特优商店”“精神文明单位”“放心店”“物价计量信得过单位”“中国烹饪协会团体会员”等称号。1995 年，沈大成创建了沈大成食品有限公司，生产各类速冻食品和即食糕团和时令品种，已建立了近千家销售网点适应发展需要，为了开拓发展品牌，2003 年，沈大成在松江九亭高科技园区投资新建了 8000 平方米的现代化的新厂，用更先进的生产工艺生产出确保符合国家食品卫生标准的更多更好的食品，使传统产品走进更多家庭，同时通过创新来发展自己的品牌。

第五编

自贸试验区、开发区

一、自贸试验区

中国（上海）自由贸易试验区保税区域

（一）概况

建设中国（上海）自由贸易试验区（简称自贸试验区）是党中央、国务院在新形势下全面深化改革和扩大开放的一项战略举措，也是上海当好新时代全国改革开放排头兵、创新发展先行者的重点抓手。在市委市政府的正确领导下，在国家有关部委以及市、新区各有关部门、驻区各职能部门和各大开发公司的大力支持下，自贸试验区自 2013 年 9 月 29 日正式挂牌运作以来，积极落实

保税区域

国家战略，以“大胆闯、大胆试、自主改”“探索不停步、深耕试验区”精神推进深化改革，围绕“三区一堡”建设和“三个联动”，加快构建开放型经济新体制，在新一轮改革开放中发挥着引领示范作用。2015 年 4 月，中国（上海）自由贸易试验区正式从 28.78 平方公里扩展到 120.72 平方公里，中国（上海）自由贸易试验区保税区域（简称保税区域）发展进入新征程。

2020 年是浦东开发开放 30 周年，也是外高桥保税区成立 30 周年。今年以来，面对新冠肺炎疫情带来的严峻考验和复杂多变的国内外经济环境，保税区域认真贯彻落实新发展理念，牢牢把握稳中求进工作总基调，全力统筹推进疫情防控和经济社会发展，精准施策、危中寻机、扬长补短、稳中求进，有力帮扶企业顺利恢复正常生产，区域综合竞争力进一步增强，经济运行呈现“复苏回稳、结构优化、质效提升、趋势向好”的良好态势，为全市、新区“六稳”“六保”工作作出了重要贡献。据统计，2020 年保税区域投资企业完成经营总收入 23261.38 亿元，比上年增长 3.5%。其中以国际贸易、航运物流、金融服务、专业服务等为主体的第三产业完成经营收入 22542.69 亿元，增长 3.4%，占比 96.9%；以高端制造业为主体的第二产业完成经营收入 718.69 亿元，增长 5.0%，占比 3.1%。这些投资企业完成进出口总额 11072.48 亿元，增长 4.2%；实现利润总额 1138.23 亿元，增长 14.6%；完成税务部门税收 762.11 亿元，投资企业年末从业人员 33.03 万人。

（二）开发建设

保税区域所含外高桥、洋山、机场等园区虽然启动建设时间有先后、开发进度有差异，但均已完成大规模的土地开发和园区建设，园区开发建设已度过了高峰时期，固定资产投资主体逐步转为进区企业。2020 年保税区域克服新冠肺炎疫情对施工建设带来的各种困难，坚持把固定资产投资作为推动经济可持续发展的重要抓手，积极完善投资协调促进机制，加快推进重点项目建设，着力扩大新兴项目投资，促使固定资产投资额快速增长。全年保税区域完成固定资产投资额 57.64 亿元，比上年增长 26.7%，为 2009 年以来的新高峰。其中进区企业完成固定资产投资额 49.49 亿元，增长 32.0%，占比 85.9%。

截至 2020 年底，保税区域已累计完成固定资产投资额 1066 亿元（包括洋山深水港建设 1 ～ 3 期），其中外高桥 698 亿元，洋山 274 亿元，机场 94 亿元，持续不断的固定资产投入为区域经济可持续健康发展提供了有力支撑。

1. 外高桥投资规模最大，洋山机场投资快速增长

分区域情况来看：外高桥保税区重点推进制造企业技术升级和数据中心等新兴项目建设，完成固定资产投资额 35.04 亿元，比上年增长 16.8%，占保税区域 60.8%；洋山保税港区加大洋山贸易便利化营运基地建设步伐，完成投资额 12.45 亿元，比上年增长 46.1%；机场综保区在国际品牌现代仓储基地项目（日上）加快建设的推动下，完成投资额 10.15 亿元，比上年增长 45.4%。

2. 投资结构不断优化

保税区域固定资产投资侧重于补短板、强弱项、增动能，投资逐步向新兴产业倾斜，一批数据中心、生物医药研发和集成电路等“三新”项目纷纷落地开工。2020 年保税区域施工项目中“三新”优质项目有 24 个，合计完成投资额 24.32 亿元，占保税区域固定资产投资额 42.2%。主要体现在：安靠封装测试（上海）有限公司投资的“集成电路高端封测技改”等 3 个项目合计完成投资额 8.16 亿元、北京世纪互联宽带数据中心有限公司投资的“外高桥钛基云计算数据中心项目”完成 2.88 亿元、上海外高桥万国数据科技发展有限公司投资的“万国港源数据中心”等3个数据中心项目合计完成2.54亿元。

（三）国际贸易

保税区域作为上海国际贸易中心建设的重要载体，国际贸易是保税区域经济发展的核心功能，也是制度创新、功能拓展的重要平台。新冠肺炎疫情使得世界经济增长和全球贸易遭受严重冲击，我国外贸发展外部环境复杂严峻，在这样困难的情况下，保税区域外贸进出口总体向好，展现了强大的韧性和活力，增速领先全市、全国，更为全市、新区外贸的止跌回升发挥了重要作用。据统计，2020年保税区域投资企业合计完成进出口总额11072.48亿元，比上年增长4.2%占全市比重从上年的31.2%提升至31.8%，占浦东新区比重从上年的51.8%提升至52.9%。其中，进口额8055.39亿元，增长4.5%，占全市38.2%，占浦东新区58.4%；出口额3017.09亿元，增长3.5%，占全市22.0%，占浦东新区42.3%。进出口逆差额保持较大规模，2020年保税区域所形成的进出口贸易逆差达到5038.30亿元，是上海市进出口贸易保持逆差的主要方面。

2020年保税区域外贸进出口结构进一步优化调整。在贸易便利化水平提升以及亚太分拨中心供应链优势凸显下，保税物流货物进出口保持稳定增长，完成7324.80亿元，增长4.3%，占保税区域进出口额66.2%。一般贸易进出口额完成3007.87亿元，增长3.6%，占比27.2%。加工贸易进出口额完成655.11亿元，增长7.5%，占比5.9%。此外，2020年保税区域物流货物进出口额占全市保税物流业务95.0%；占全国保税物流业务28.4%。

2020年保税区域的投资企业与221个国家和地区发生了进出口业务往来，在与传统贸易伙伴巩固经贸关系的同时，也进一步加强了与新兴市场国家的经贸往来。特别是与“一带一路”沿线64个国家的进出口额达到2210.78亿元，增长8.4%，占保税区域进出口额20.0%。与RCEP国家进出口额达到3995.56亿元，增长6.6%，占比35.7%。

从洲际区域来看，亚洲、欧洲和北美洲占据主体地位。与亚洲国家和地区完成进出口额6084.80亿元，增长7.3%，占保税区域进出口额55.0%，所占比重提高1.6个百分点；与欧洲进出口额2616.43亿元，增长1.2%，占比23.6%；与北美洲进出口额1220.93亿元，增长2.8%，占比11.0%。与拉丁美洲、大洋洲、非洲国家和地区合计进出口额1150.33亿元，占比10.4%。

从国家和地区来看，与30个国家和地区进出口额均超过50亿元，合计进出口额10082.18亿元，增长5.0%，占保税区域进出口额91.1%。其中，与14个国家和地区进出口额均超过200亿元，合计进出口额占比75.4%。与日本、中国台湾和美国进出口额均超过1000亿元，分别完成1266.66亿元、1183.56亿元和1133.15亿元，分别增长5.4%、20.0%和4.3%。此外，与韩国和意大利进出口额增长较快，分别完成630.77亿元和200.09亿元，增长14.2%和12.0%。对“一带一路”沿线国家进出口额2210.78亿元，增长8.4%，其中对越南、俄罗斯、阿联酋进出口额增长较快，分别为505.75亿元、108.89亿元和51.03亿元，增长55.5%、35.3%和20.2%。

根据海关重点商品分类标准，在保税区域的进出口商品结构中，机电产品和高新技术产品涉及企业较多，价值总额较高，占据保税区域进出口额主要比重。2020年保税区域机电产品进出口额完成6670.31亿元，比上年增长5.6%，占保税区域进出口额60.2%；高新技术产品进出口额5278.60亿元，增长6.4%，占比47.7%。

（四）产业发展

1. 贸易业

贸易业是保税区域经济发展的支柱产业，对经济总量和税收产出的贡献突出。2020年保税区域贸易企业克服新冠肺炎疫情和中美经贸摩擦的叠加影响，依托国内超大规模市场优势，充分发挥连接国内外两个市场两种资源的桥梁作用，不断优化商品结构、增强贸易功能、创新营销模式，促使商品销售额平稳增长。全年保税区域完成商品销售额20699.16亿元，比上年增长3.2%。其中，外高桥保税区贸易能级持续攀升，完成商品销售额18132.35亿元，比上年增长3.6%，占比87.6%；原洋山保税港区受大宗商品企业波动影响较大，完成商品销售额2392.66亿元，下降2.8%，占比11.6%；机场综保区重点企业业务快速发展，促进贸易规模成倍扩张，完成商品销售额166.59亿元，增长1.1倍；外高桥港综合保税区完成商品销售额7.56亿元，下降32.1%。

重点贸易企业积极服务新发展格局构建，充分发挥自贸试验区贸易便利化的先发优势，持续强化资源配置能力、拓展销售市场、探索营销新模式，促进商品销售额稳步增长，是推动保税区域贸易业发展的主要方面。2020年保税区域销售额超过100亿元的贸易企业合计完成9556.89亿元，占保税区域商品销售总额46.2%。

2. 航运物流产业

保税区域是上海建设国际航运中心的重要载体，不仅具有国际贸易、保税物流、保税加工的功能优势，而且坐拥临近海港、空港的区位优势，口岸物流服务功能优势突出。2020年保税区域积极应对新冠肺炎疫情影响下全球供应链的新变化，不断拓展更高附加值的国际空运服务、海运代理服务等新业务，加快发展国际采购与分拨配送等功能，物流运作效率进一步提高，促进航运物流服务收入稳步增长。据统计，2020年保税区域完成航运物流服务收入1117.35亿元，比上年增长5.8%（由于“中远集运”于6月迁出洋山，航运物流服务收入指标数据和同比基数均作出调整）。其中：港口运输业完成收入382.69亿元，比上年下降6.2%，占保税区域航运物流服务收入34.2%，航运服务产业完成收入725.46亿元，比上年增长13.6%，占保税区域航运物流服务收入64.9%。航运基地产业完成收入9.2亿元，比上年下降1.5%。保税功能是海关特殊监管区域的基本功能，保税物流业也是保税区域的主要优势业务。

（1）港口运输业

2020年保税区域港口运输业完成收入382.69亿元，比上年下降6.2%，占保税区域航运物流服务收入34.2%。

（2）航运服务业

2020年保税区域航运服务产业完成收入725.46亿元，比上年增长13.6%，占保税区域航运物流服务收入64.9%。

（3）航运基础业

2020年保税区域航运基础产业完成收入9.20亿元，比上年下降1.5%。

（4）保税物流业务

保税功能是海关特殊监管区域的基本功能，保税物流业务也是保税区域的主要优势业务。2020年保税区域完成保税物流货物进出口额7324.80亿元，比上年增长4.3%，占保税区域进出口总额68.9%。其中保税物流货物进口额完成5219.49亿元，增长4.3%，占保税区域进口额64.8%；保税物流货物出口额2015.30亿元，增长4.5%，占保税区域出口额69.8%。

此外，2020年保税区域物流货物进出口额占全市保税物流业务95.0%，占全国保税物流业务28.4%。

3. 加工制造业

保税区域加工制造企业积极化解疫情带来的不利影响，在做好防疫措施的同时，加快追赶因疫情耽误的订单生产，产能迅速恢复至正常水平，生产情况持续转好，工业产值实现正增长。2020年保税区域规模以上工业企业完成工业产值465.63亿元，比上年增长2.4%，为三年来首次取得正增长。

在国家鼓励优先发展的十大高技术产业化重点领域中，保税区域涉及信息技术和高端设备制造等产业。2020年保税区域高技术产业完成工业产值236.39亿元，比上年增长3.7%，占工业总产值比重从上年的48.4%提升至50.8%。

2020年保税区域工业涉及19个行业大类。在主要行业中，计算机、通信和其他电子设备制造业完成产值211.08亿元，比上年增长6.0%，占保税区域工业产值45.3%；汽车制造业完成产值89.32亿元，增长8.8%；化学制品制造业完成产值48.80亿元，增长8.7%。此外，通用设备制造业、专用设备制造业、仪器仪表制造业、橡胶和塑料制品业分别完成产值30.60亿元、24.79亿元、14.93亿元、13.76亿元。这七大行业合计工业产值占保税区域工业产值93.1%。

（五）功能培育

1. 总部经济

打造总部经济新高地是保税区域经济建设的重要战略抓手。为了顺应跨国公司业务功能整合和国际服务业梯度转移的趋势，保税区域努力营造符合国际最高标准、最好水平的法治化、国际化和便利化的营商环境，着力推出并有效落实强有力的扶持政策，积极推动跨国公司整合业务功能，培育发展形成了多种形态的总部经济体系。2020年更高能级的“全球营运商计划（GOP）”已经启动实施，首批41家企业与保税区管理局签署战略合作备忘录。截至2020年底，保税区域培育涵盖跨国公司地区总部、营运总部、大企业总部、区域性总部、贸易型总部等类型在内的总部企业达到307家。这些总部企业依托保税区域改革创新试点措施和政府服务综合优势，订单销售、贸易结算、供应链集成、人力资源、资金统筹等经营管理职能，不断提升自身在跨国公司集团内部的地位和作用，努力发展成为集团在中国区、亚太地区乃至全球的营运平台，促进了保税区域在国内国际双循环中发挥出更大作用，也为区域经济发展带来了可观的经济贡献效应、产业聚集效应和产业关联效应。据统计，2020年保税区域总部经济企业完成经营收入13177.62亿元，比上年增长5.3%，占保税区域企业经营总收入56.7%，比上年占比提高4.8个百分点；完成进出口额2461.17亿元，下降3.1%，占保税区域进出口额22.2%；完成税务部门税收367.14亿元，增长4.0%，占保税区域税务部门税收48.2%，比上年占比提高5.5百分点；实现利润总额704.27亿元，增长15.3%，占保税区域利润总额61.9%。

2. 平台经济

平台经济对保税区域服务国内生产生活市场，链接国内国外两个市场发挥着重要作用。经过多年的培育和探索，保税区域打造的以贸易专业服务平台和国别（地区）商品中心为核心的平台经济服务体系日趋完善。其中，贸易专业服务平台依托进出口代理、物流供应链、保税展示、高端咨询等服务功能，在提升进出口贸易便利化、提高招商稳商安商服务水平、拓展贸易功能创新、增强全球资源配置能力等方面发挥了重要作用，已经形成医疗器械、医药、酒类、化妆品、文化服务、汽车、钟表、工业机械等重点专业平台。国别（地区）商品中心以保税区域保税展示、完税交易为主要依托，通过对接各使领馆及国际（地区）商会等方面资源，对外积极宣传自贸试验区各项便利政策，对内则通过搭建各个国家（地区）的商品贸易展示平台，对中国与各国（地区）在经济、文化、教育项目及产品等领域的交流合作发挥着重要的推动作用。

（六）发展效益

保税区域不断完善人才公共服务体系，努力提升人才服务能级和水平，帮助企业引入大批高学历、专业型人才前来就业，为区域经济健康发展奠定了扎实的人力资源基础。据统计，2020 年末保税区域投资企业从业人员 33.03 万人，其中中方人员 32.20 万人，占保税区域从业人员 97.5%；外籍人员 0.83 万人，占比 2.5%。

2020 年保税区域投资企业依托减税降费举措和外贸扶持政策，积极响应市场消费新需求，持续提升更高附加值商品销售规模，促进企业利润总额较快增长，合计完成利润总额 1138.23 亿元，比上年增长 14.6%。其中外资企业利润总额 972.55 亿元，增长 15.6%，占比 85.4%；内资企业利润总额 165.68 亿元，增长 9.0%，占比 14.6%。

虽然受到新冠肺炎疫情影响和减税降费力度继续加大、原洋山保税港区税收于 6 月划转至临港新片区等不利于保税区域税收增长的因素影响，但是保税区域努力统筹推进疫情防控和经济社会发展，认真贯彻新发展理念，全年区域税务部门税收保持基本稳定，特别是重点税源企业税收贡献较快增长。据统计，2020 年保税区域完成税务部门税收 762.11 亿元，占浦东新区税收 21.9%，占上海市税收 5.8%。

外高桥保税区

（一）概述

2020年外高桥保税区深入贯彻落实自贸试验区改革创新举措，努力打造高效便捷的营商环境，加快转型升级和新功能培育，大力推进总部经济向更高能级提升，着力推进空运服务快速发展，不断巩固和提升区域产业链供应链的稳定性和竞争力，促进经济保持稳步增长，对保税区域经济发展继续发挥着重要支撑作用。据统计，2020年外高桥保税区投资企业完成经营总收入19752.30亿元，比上年增长4.0%；实现利润总额931.51亿元，增长21.3%；实现税务部门税收649.76亿元，与上年持平；投资企业年末从业人员27.80万人。

（二）开发建设

外高桥保税区经过30年的开发建设，前期的土地开发已经基本结束，园区建设较为成熟，市政配套设施建设完善，产业布局相对合理，固定资产投资的主体逐渐由开发公司转为进区企业。2020年，保税区进一步优化综合投资环境，加大重点工程项目建设力度，加快“三新”项目建设进程，促进固定资产投资额较快增长。全年外高桥保税区完成固定资产投资额35.04亿元，比上年

外高桥保税区——“三十而立再出发”

增长 16.8%。

截至 2020 年底，外高桥保税区已累计完成固定资产投资额 698 亿元，持续的建设投入为外高桥保税区经济可持续发展奠定了坚实基础。

（三）国际贸易

国际贸易是外高桥保税区经济发展的核心功能，也是外高桥保税区政策优势和产业融合联动发展的突出表现。一年来，面对严峻复杂的国内外形势和新冠肺炎疫情的严重冲击，外高桥保税区加快推进区域转型升级，积极发挥总部企业集聚和贸易便利化改革成效，巩固强化了外高桥保税区对外窗口和对内辐射的作用，进出口额逆势增长。据统计，2020 年外高桥保税区投资企业完成进出口总额 9202.93 亿元，比上年增长 4.4%，占上海市 26.4%，占浦东新区 44.0%。其中进口额 6948.71 亿元，增长 4.0%，占上海市 32.9%，占浦东新区 50.4%；出口额 2254.22 亿元，增长 5.4%，占上海市 16.4%，占浦东新区 31.6%。

随着贸易便利化改革和功能拓展的深化，外高桥保税区进一步发挥贸易功能和物流功能的优势，加快业务模式创新，促进了进出口贸易方式的结构优化。外高桥保税区物流货物进出口额保持主体地位，完成 5768.06 亿元，比上年增长 5.0%，占外高桥保税区进出口额 62.7%；一般贸易进出口额完成 2799.31 亿元，增长 4.6%，占比 30.4%；加工贸易进出口额完成 575.32 亿元，下降 3.2%，占比 6.3%。

据统计，2020 年外高桥保税区与 217 个国家和地区发生进出口业务往来。

从洲际区域来看，亚洲、欧洲和北美洲占据主体地位。与亚洲国家和地区进出口额完成 5376.65 亿元，比上年增长 8.8%，占外高桥保税区进出口额 58.4% 比上年提高 2.5 个百分点；与欧洲进出口额完成 2072.03 亿元，下降 1.8%，占比 22.5%；与北美洲进出口额完成 996.80 亿元，增长 5.8%，占比 10.8%。与拉丁美洲、大洋洲、非洲国家和地区合计完成进出口额 757.31 亿元，下降 7.9%，占比 8.2%。

从国家和地区来看，全年与外高桥保税区进出口业务往来超过 100 亿元的国家和地区达到 19 个，这些国家和地区合计完成进出口额 7923.71 亿元，比上年增长 6.7%，占外高桥保税区进出口总额 86.1%。共有 8 个国家和地区进出口额超过 300 亿元，居前五位的分别是日本 1149.81 亿元、中国台湾 1112.21 亿元、美国 916.29 亿元、韩国 654.97 亿元和德国 640.94 亿元。此外，外高桥保税区与越南、泰国等国家和地区进出口额均超过 100 亿元，而且增幅均超过 10%。与“一带一路”沿线 64 个国家和地区进出口额 1802.14 元，增长 9.4%，占比 19.6%。

（四）产业发展

1. 贸易业

贸易业是外高桥保税区经济的核心产业，是外高桥保税区经济总量和税收贡献的主要来源。2020 年外高桥保税区贸易企业克服新冠肺炎疫情和中美经贸摩擦带来的叠加影响，依托国内超大市场优势，不断增强贸易功能和品牌优势，不断扩大规模效应和辐射范围，不断引入优质商品和特色服务，促使贸易业商品销售额取得增长，完成 18132.35 亿元，比上年增长 3.6% 占外高桥保税区域商品销售总额 87.6%。

外高桥保税区重点贸易企业牢牢把握国内生产生活需求扩大带来的商机，不断提升中高端商品销售份额，继续做大做强市场规模，促进商品销售额稳步增长。据统计，2020 年外高桥保税区销售额超过 100 亿元的贸易企业有 29 家，比上年增加 3 家，合计销售额 8524.11 亿元，比上年增长 8.5%，占外高桥保税区商品销售额 47.0%；销售额超过 10 亿元的贸易企业有 306 家，比上年增加 25 家，合计销售额 16043.13 亿元，增长 7.8%，占外高桥保税区商品销售额 88.5%。

2. 航运物流业

航运物流产业是外高桥保税区基础产业之一。2020 年外高桥保税区积极调增空运业务比重，着力提升供应链现代化水平，不断提高航运物流运作效率，促使航运物流服务收入快速增长。据统计，全年外高桥保税区完成航运物流服务收入 352.87 亿元，比上年增长 29.8%。

主要是航运服务产业完成收入 324.15 亿元，比上年增长 28.9%，占外高桥保税区航运物流服务收入 91.9%。其中，包括专业货物运输代理等业务在内的航运专业服务业高速增长，完成收入 245.53 亿元，增长 44.5%；包括仓储业务在内的港口经营与管理业快速增长，完成收入 68.42 亿元，增长 16.2%；包括培训、航运机械设备检测服务等业务在内的航运教育与科技业收入保持一定规模，完成 5.97 亿元。

3. 加工制造业

外高桥保税区加工制造企业积极化解疫情带来的不利影响，在做好防疫措施的同时，紧抓国内外订单回升带来的新机遇，迅速复工复产、顺应市场需求，扩大生产能力，促进工业产值实现增长。2020 年外高桥保税区规模以上工业企业完成工业产值 465.63 亿元，比上年增长 2.4%，为三年来首次取得正增长。

在国家鼓励优先发展的十大高技术产业化重点领域中，外高桥保税区涉及信息技术和高端设备制造等产业。2020 年外高桥保税区高技术产业完成工业产值236.39亿元，比上年增长 3.7%，占工业总产值比重从上年的 48.4% 提升至 50.8%，是推动外高桥保税区工业产值恢复增长的主力军。

（五）功能培育

1. 总部经济

打造总部经济新高地是推动外高桥保税区高质量发展的重要战略抓手。截至 2020 年，外高桥保税区培育涵盖跨国公司地区总部、营运总部、大企业总部、区域性总部、高成长性总部、贸易型总部等在内的各类总部企业达到 290 家。这些总部企业依托外高桥保税区改革创新试点措施和政府服务综合优势，积极整合订单销售、贸易结算、供应链集成、人力资源、资金统筹等经营管理职能，不断提升自身在跨国公司集团内部的地位和作用，努力发展成为集团在中国区、亚太地区乃至全球的管理平台，促进了外高桥保税区与世界经济接轨的广度和深度，也为区域经济发展带来了可观的经济贡献效应、产业聚集效应和产业关联效应。据统计，2020 年外高桥保税区总部经济企业完成经营收入 12361.19 亿元，比上年增长 6.5%，占外高桥保税区企业经营收入 62.6%；完成税务部门税收 349.51 亿元，增长 8.0%，占外高桥保税区税务部门税收 53.8%；实现利润总额 589.83 亿元，增长 23.3%，占外高桥保税区利润总额 63.3%。

2. 创新创业平台

创新创业平台是外高桥保税区创新驱动发展的重要切入点，是区域提升科技创新能力、优化营商投资环境、推进更高质量发展的重要抓手。2020 年，外高桥保税区加快推进“外高桥复旦科技园创新中心”“上海自贸区国际生物医药科创中心”“自贸壹号生命科技产业园”建设，不断优化区域创新孵化环境，吸引了一批有实力、有前景、有特色的创新创业类企业入驻运营，创新创业平台建设成效彰显。

3. 港口功能

2020 年外高桥港区依托港口区位和口岸功能创新的叠加优势，继续巩固和优化航线资源，不断增强对长江、内河流域的辐射作用，努力提升现代化航运服务能级，持续提高智能化管理水平，促进外高桥港区吞吐量保持基本稳定。目前，外高桥港区 1—6 期共拥有泊位 24 个，已配备桥吊 80 台，码头总长度达到 5959 米，陆域面积达到 581 万平方米。2020 年外高桥港区停靠各类船舶 46065 艘次，比上年增长 0.6%，其中外籍货轮达到 9458 艘次，占外港停靠船舶数量 20.5%；完成货物吞吐量 1.80 亿吨，增长 5.2%，占上海港 25.1%；集装箱吞吐量 1886.3 万标箱，占上海港 43.4%。

（六）发展效益

随着外高桥保税区产业体系的不断完善和产业能级的持续攀升，吸引了大批高学历、专业型人才前来就业，促进区域从业人员综合素质不断提升，投资企业从业人员保持稳定。据统计，2020 年末外高桥保税区投资企业从业人员为 27.80 万人，比上年增长 0.1%。从业人员中，中方人员 27.06 万人，增长 0.1%，占外高桥保税区从业人员 97.3%；外籍人员 0.74 万人，占比 2.7%。

外高桥保税区投资企业依托产业扶持政策和减费降税带来的红利，积极顺应市场需求变化，不断优化商品销售结构，充分发挥品牌优势和规模效应，促进利润总额取得快速增长。据统计，2020 年外高桥保税区投资企业共实现利润总额 931.51 亿元，比上年增长 21.4%。

面对复杂严峻的国内外形势和新冠肺炎疫情的严重冲击，外高桥保税区在国内减税降费的背景下，全年税务部门税收与上年基本持平，完成 649.86 亿元。

外高桥港综合保税区

（一）概述

原上海外高桥保税物流园区是我国首个实施“区港联动”试点的区域。2020年8月30日，国务院批准上海外高桥保税物流园区整合优化为上海外高桥港综合保税区。面对突如其来的新冠肺炎疫情，园区坚定发展信心，加快整合优化，研究创新业态，优化业务流程，提升转危为机能力，降低疫情对经济的影响，推动航运物流和跨境电商业务取得稳步发展。据统计，2020年外高桥港综合保税区投资企业完成经营总收入16.88亿元，进出口额216.27亿元，税务部门税收5144万元，年末企业从业人员742人。

（二）国际贸易

2020年，受新冠肺炎疫情影响，外高桥港综合保税区进出口额比上年略有下降。据统计，全年园区投资企业完成进出口额216.27亿元，比上年下降3.5%，占全国保税物流园区进出口额31.3%。其中，进口额102.89亿元，增长20.4%，占全国保税物流园区进口额35.2%；出口额113.37亿元，下降18.2%，占全国保税物流园区出口额28.5%。

从贸易方式看，外高桥港综合保税区物流货物进出口额215.96亿元，占进出口额的99.9%；一般贸易进出口额3027万元，占比0.1%。

从进出口企业性质看，2020年外高桥港综合保税区开展进出口业务的内资企业9家，合计进出口额94.91亿元，比上年下降19.0%，占园区进出口额43.9%；开展进出口业务的外资企业10家，合计进出口额121.35亿元，比上年增长13.5%，占园区进出口额56.1%。

2020年，外高桥港综合保税区投资企业与全球137个国家和地区发生进出口业务

外高桥港综合保区全景图

往来。

从洲际区域看，与亚洲和欧洲进出口额较大。其中，与亚洲进出口额 95.47 亿元，比上年下降 16.5%，占园区进出口额 44.1%；与欧洲进出口额 45.50 亿元，增长 28.6%，占园区进出口额 21.0%；与拉丁美洲进出口额 26.20 亿元，增长 45.7%，占园区进出口额 12.1%；与大洋洲进出口额 25.25 亿元，下降 19.1%，占园区进出口额 11.7%；与北美洲进出口额 21.16 亿元，下降 2.2%，占园区进出口额 9.8%；与非洲进出口额 2.70 亿元，下降 21.7%，占园区进出口额 1.2%。

从国家和地区看，与全球 30 个国家和地区进出口额均超过 1 亿元，合计进出口额 205.11 亿元，占园区进出口额 94.8%。其中与 7 个国家和地区进出口额均超过 10 亿元，合计进出口额 136.06 亿元，占园区进出口额 62.9%，分别是：与日本进出口额规模最大，达 31.32 亿元，比上年增长 9.4%，占园区进出口额 14.5%；与澳大利亚进出口额 24.3 亿元，下降 17.2%，占 11.2%；与智利进出口额 20.71 亿元，增长 76.9%，占比 9.6%；与美国进出口额 20.54 亿元，增长 0.5%，占比 9.5%；与韩国、德国、俄罗斯进出口额分别为 13.67 亿元、13.18 亿元、12.38 亿元。与“一带一路”沿线 45 个国家和地区发生进出口业务往来，合计 53.83 亿元，增长 10.7%，占园区进出口额 24.5%，其中与 13 个国家和地区进出口额均超过 1 亿元，与俄罗斯进出口额 12.38 亿元，与“一带一路”沿线 45 个国家和地区发生进口业务往来，合计 53.83 亿元，增长 10.7%，园区进出口额 24.5%。

（三）产业经济

全年外高桥港综合保税区投资企业依托自贸试验区各项功能创新举措，努力提升营运效能，特别是跨境电商业务实现倍增，但受新冠肺炎疫情影响园区整体经济总量有所下降。据统计，2020 年园区投资企业完成经营总收入 16.88 亿元，比上年下降 15.3%。

2020 年，外高桥港综合保税区贸易业商品销售额有所下滑，商品销售额完成 7.57 亿元，比上年下降 32.1%。

2020 年，外高桥港综合保税区航运物流服务收入实现转降为升，全年完成 9.07 亿元，比上年增长 4.8%。

（四）发展效益

2020 年，外高桥港综合保税区期末从业人员 742 人，外高桥港综合保税区企业利润总额 4598 万元。在全球新冠肺炎疫情影响和国内加大减税降费力度的背景下，外高桥港综合保税区完成税务部门税收 5144 万元。

洋山保税港区

（一）概述

2020年原洋山保税港区转型为洋山特殊综合保税区，划归上海自贸试验区临港新片区管理。依托临港新片区政策优势，原洋山保税港区招商引资迎来新高峰，国际贸易规模持续扩大，但受大宗商品企业波动和航运龙头企业外迁影响，区域经济出现小幅回落。据统计，2020年原洋山保税港区投资企业完成经营总收入3107.06亿元，比上年下降3.0%；税务部门税收78.45亿元，下降18.4%；进出口总额916.60亿元，增长5.8%；年末企业从业人员4.70万人，下降6.2%。

（二）国际贸易

根据我国海关的进出口贸易统计体系的规定，原洋山保税港区的进出口总额是指注册在洋山保税港区的投资企业在全国各地的海关口岸所直接完成的进、出国境的货物总额。2020年原洋山保税港区转型特殊综合保税区，依托“保税区、保税物流园区、出口加工区三区功能合一”的政策叠加优势，形成大宗商品贸易、汽车零部件、医药产业、跨境电商产业集群。据统计，2020年原洋山保税港区投资企业完成进出口总额916.6亿元，比上年增长5.8%，占保税区域进出口额8.3%。

从贸易方式上看：物流货物进出口额规模较大，完成702.88亿元，增长17.5%，占进出口额比重76.7%，比上年增加7.6个百分点。一般贸易进出口额完成179.64亿元，下降18.2%，占19.6%。

2020年原洋山保税港区投资企业共与世界各地的195个国家和地区发生进出口业务往来，比上年净增17个国家和地区。

从洲际区域来看，与欧洲进出口额完成279.67亿元，比上年增长24.9%，占洋山进出口额30.5%；与亚洲进出口额完成210.67亿元，下降20.5%，占23.0%；与拉丁美洲进出口额完成167.03亿元，下降12.5%，占18.2%；与北美洲进出口额完成110.37亿元，增长25.15，占12.0%。

从国家和地区来看，与21个国家和地区进出口额均超过10亿元，合计进出口额724.18亿元，比上年增长14.0%，占洋山进出口额79.0%。进出口额位居前五位的国家和地区分别为：俄罗斯109.31亿元，增长44.5%；美国105.64亿元，增长28.7%；智利90.73亿元，下降2.4%；澳大利亚64.37亿元，增长8.0%；日本33.39亿元，增长4.5%。这五个国家合计进出口额404.44亿元，增长17.9%，占44.1%。

（三）产业经济

原洋山保税港区依托优越的地理位置和功能创新先行优势，不断优化区域营商环境，持续强化国际采购及物流分拨配送中心功能，着力提升现代航运物流服务效率，但受新冠肺炎疫情影响，大宗商品销售业务出现萎缩，区域经济小幅回落。据统计，2020年原洋山保税港区投资企业完成经营总收入3107.06亿元，比上年下降3.0%。

原洋山保税港区凭借独有的口岸和航线资源优势，不断巩固和强化大宗商品集散功能，通过“期货保税交割”“洋山铜溢价”“大宗商品现货市场”等功能培育，吸引了众多大宗商品交易商纷纷入驻经营，成为我国重要的大宗商品进出口物流中转集散地和贸易中心之一。2020 年原洋山保税港区贸易企业完成商品销售额 2392.66 亿元，比上年下降 2.8%，占洋山经营总收入 77.0%。

航运物流业是原洋山保税港区的传统优势产业，但受航运龙头企业外迁影响，全年航运物流服务收入出现波动。2020 年原洋山保税港区完成航运物流服务收入 674.43 亿元，与上年同口径比较下降 3.5%，占洋山经营总收入 21.7%。

（四）口岸功能

洋山深水港依托特有的区位、功能创新以及区港一体化等叠加优势，着力提升口岸服务能级和服务环境，不断强化水水中转、国际中转的口岸枢纽作用，促进集装箱吞吐量稳步增长。据统计，2020 年洋山保税港区完成集装箱吞吐量 2022.2 万标箱，比上年增长 2.1%，占上海港集装箱量 46.5%。其中，体现对国内经济腹地辐射服务作用的“水水中转”集装箱量 1114.4 万标箱，增长 9.4%，占洋山港箱量 55.1%；体现对国际市场中转功能的“国际中转”集装箱量 346.6 万标箱，增长 17.9%，占洋山港箱量比重从上年的 14.8% 提升到 17.1%。完成货物吞吐量 18301.8 万吨，增长 4.7%，占上海港货物吞吐量 25.5%。此外，全年洋山港国际干线集装箱进出港 7658 艘次，下降 2.4%；国内航行船舶 67901 艘次，下降 0.9%，其中内支线集装箱船 12794 艘次，增长 5.0%。

洋山港积极贯彻落实上海国际贸易“单一窗口”“一次申报、一次查验、一次放行”等口岸监管创新试点举措，不断健全智慧高效便捷口岸建设体系，推动货物通行效率持续提升，促进口岸外贸进出口货值平稳增长。据统计，2020 年全国各地的投资企业通过洋山外贸口岸完成进出口货值 22271.1 亿元，比上年增长 1.2%，占上海口岸外贸进出口货物总值 25.5%。其中口岸外贸出口货值 15374.7 亿元，下降 0.2%，占上海口岸外贸出口货物总值 30.9%；口岸外贸进口货值 6896.5 亿元，增长 4.4%，占上海口岸外贸进口货物总值 18.3%。

（五）发展效益

据统计，2020 年末原洋山保税港区投资企业吸引从业人员 4.70 万人，比上年下降 6.2%。从业人员超过 500 人的企业有 15 家，这些企业从业人员合计 3.35 万人，占洋山投资企业从业人员 71.3%。其中“中远海运船员管理”“上港集团”“德邦物流”庆刚物流”“盛东集装箱码头”“中谷物流”等 6 家企业从业人员均超 1000 人。

原洋山保税港区企业在外部环境的影响下，关税成本、汇兑损益等经营成本明显提高，削弱了部分企业盈利能力，导致投资企业利润总额出现波动。据统计，2020 年原洋山保税港区投资企业实现利润总额 140.72 亿元，比上年下降 23.1%。有 16 家企业利润总额均超过 1 亿元，合计利润总额 135.64 亿元。分行业看：交通运输企业完成利润总额 91.67 亿元，下降 35.2%，主要是“上港集团”及旗下码头公司利润总额合计超 70 亿元，占 73.9%。

2020 年保税区域税收总额中仅包含原洋山保税港区前 5 个月税收金额，自 2020 年 6 月起，原洋山税收划转至上海自贸试验区临港新片区。在全球新冠肺炎疫情影响和国内减税降费力度加大的背景下，原洋山保税港区税收（前 5 个月）明显下滑。据统计，2020 年前 5 个月原洋山保税港区完成税务部门税收 78.45 亿元，与 2019 年前 5 个月相比下降 18.4%；与 2019 年 12 个月全年税收（120.72 亿元）相比下降 34.8%。

从税种来看：前5个月，增值税完成48.32亿元，占原洋山保税港区税务部门税收61.6%；企业所得税完成25.15亿元，占32.1%；个人所得税完成3.23亿元，占4.1%；印花税完成0.94亿元，占1.2%。

浦东机场综合保税区

（一）概述

2020 年，浦东机场综保区坚持统筹推进新冠肺炎疫情防控和经济发展工作，积极推动融资租赁、集成电路、进口汽车、医疗健康等重点产业项目，区域经济实现逆势快速增长。据统计，2020 年浦东机场综合保税区新设企业 83 家，比上年增长 1.3 倍；投资企业完成经营总收入 385.16 亿元，比上年增长 43.1%；进出口总额 736.69 亿元，增长 2.7%；税务部门税收 33.35 亿元，增长 29.0%。

（二）国际贸易

根据我国海关的进出口贸易统计体系的规定，浦东机场综保区的进出口总额是指注册在浦东机场综保区的投资企业在全国各地的海关口岸所直接完成进、出国境的货物总额。2020 年浦东机场综保区积极从危机中捕捉并创造机遇，不断优化区域制度环境和营商环境，进一步推动进出口业务发展。据统计，2020 年浦东机场综保区投资企业完成进出口总额 736.69 亿元，比上年增长 2.7%。

从贸易方式上看：浦东机场综保区物流货物进出口额完成 637.89 亿元，比上年下降 9.1%，占浦东机场综保区进出口额 86.6%；加工贸易和一般贸易分别完成进出口额 69.15 亿元和 28.62 亿元，分别增长 7.1 倍和 3.5 倍，合计占 13.3%，比上年提高 11.2 个百分点。

从洲际区域看，与亚洲进出口额 402.09 亿元，增长 15.2%，占浦东机场综保区进出口额 54.6%；与欧洲进出口额 219.24 亿元，增长 1.5%，占 29.8%；与北美洲进出口额 92.59 亿元，下降 31.5%，占 12.6%。与这三大洲进出口额合计达到 713.92 亿元，增长 2.0%，占浦东机场综保区进出口额 96.9%。

从国家和地区看，与 14 个国家和地

浦东机场综合保税区——机动车公共服务中心

区进出口额均超过10亿元，比上年增加1个国家和地区，合计645.57亿元，增长1.6%，占浦东机场综保区进出口额87.6%。位居前三位的分别是中国香港166.69亿元、美国90.68亿元和法国70.06亿元，分别下降2.1%、32.2%和26.5%。此外，与中国台湾、意大利、德国和韩国进出口额也均超过20亿元，分别增长2.3倍、23.5%、36.5%和1.9倍。

（三）产业经济

浦东机场综保区持续优化营商环境，着力提升服务效能，全面落实创新举措，吸引更多的企业入驻发展，推动了租赁服务、航运物流、现代商贸等经济的加快发展，区内企业经营规模快速扩大。据统计，2020年浦东机场综保区投资企业完成经营总收入385.16亿元，比上年增长43.1%。

浦东机场综保区持续推进经营性租赁收取外币租金常态化运作，完成全国首架综保区内租赁退租飞机异地委托监管创新试点，加大重点融资租赁企业支持力度，促进租赁服务收入较快增长。全年租赁类企业完成服务收入157.36亿元，比上年增长11.7%，占浦东机场综保区经营总收入40.9%。

浦东机场综保区强化亚太分拨等功能拓展，探索开展跨境电商“小包出区”操作模式，支持国际贸易“单一窗口”空港服务板块建设，不断提升航运物流监管效能，促进航运物流业务稳步发展。全年航运物流企业完成服务收入78.62元，比上年增长7.7%，占浦东机场综保区经营总收入20.4%。

浦东机场综保区贸易企业销售规模成倍增长，全年完成商品销售额254.51亿元，比上年增长2.3倍。

（四）发展效益

2020年末浦东机场综保区期末企业从业人员4543人，比上年增长14.1%。

浦东机场综保区投资企业业务规模逐年扩大，推动企业经营效益不断提升，企业利润总额快速增长。据统计，2020年浦东机场综保区投资企业实现利润总额65.55亿元，比上年增长54.8%。

在国内加大减税降费力度的背景下，浦东机场综保区租赁产业集聚及多元业态的发展，拉动税收产出效益取得快速增长。据统计，2020年浦东机场综保区完成税务部门税收33.35亿元，比上年增长29.0%，其中租赁产业贡献税收占83%。

二、开发区、工业区

上海化学工业区

管委会党组书记、
管委会主任　马　静

（一）概述

2020 年是全面建成小康社会和“十三五”规划的收官之年，也是上海形成具有全球影响力的科技创新中心基本框架，基本建成国际经济、金融、贸易、航运中心的关键之年。上海化工区要在市委、市政府的坚强领导下，以习近平新时代中国特色社会主义思想为指导，全面贯彻落实党的十九大和十九届二中、三中、四中全会以及中央经济工作会议精神，深入学习贯彻习近平总书记考察上海重要讲话精神，坚决贯彻党的基本理论、基本路线、基本方略，增强“四个意识”、坚定“四个自信”、坚决做到“两个维护”，认真落实十一届市委八次全会部署，坚持稳中求进工作总基调，坚持新发展理念，对标“最高标准、最严要求、最好水平”，全力做强化工产业、做实安全环保、做优营商环境、做精管理服务、做深融合发展，不断提高园区现代化治理能力和治理水平，以当好全国化工园区排头兵、先行者的姿态，完成了年初确定的主要目标任务，实现了“十三五”规划圆满收官。

（二）区域开发与建设

2020 年，化工区努力克服新冠肺炎疫情影响、国际形势变化与经济下行压力以及园区企业大修等重重困难，有效防控疫情输入，扎实开展“两防三保”专项行动，加快推进企业复工复产，保持经济平稳运行，实现了疫情防控和经济发展双胜利。园区全年实现销售收入 1229.84 亿元，完成年度目标的 95%；工业总产值为 1122.28 亿元，完成年度目标的 90.1%；备案项目总投资 57.57 亿元，完成年度目标的 107%；固定资产投资 48.13 亿元，同比增长 55%；注册企业利润总额 158 亿元，规模以上工业企业销售利润率 12.7%；上缴国家税金 87.79 亿元，其中金山、奉贤两区分别分享 7.68 亿元、9.99 亿元。

1. 服务大局，疫情防控反应迅速

疫情发生以来，积极落实市委、市政府

2020 年，上海电子化学品专区揭牌仪式

工作部署，管委会第一时间成立园区疫情防控领导小组及其办公室，迅速部署，迎难而上，筑牢织密联防联控、群防群控网络。

（1）率先实现复工复产。面对防疫物资需求量急剧攀升，积极协调赛科、科思创、3M、汉高、赢创等园区内医用物资原料上游生产企业调整计划、优先安排生产紧缺的医用原材料；面对企业复工复产困境，领导小组带队联系区内重点企业，建立专项工作服务群，第一时间协调解决企业遇到的困难，紧急为赛科、科思创、华谊新材料、罗姆等企业开具了正常生产证明。成立 10 个“两防三保”指导服务小组，动态了解、协调解决企业发展难题。为企业开辟提前复工“绿色通道”，满足区内企业的物料需求，确保下游企业尽快复工，加快重点防疫物资生产进度。在全市率先实现了生产企业 100% 复产、在建工地 100% 复工，经济发展保持良好态势。

（2）高效落实防控措施。坚持疫情防控工作与各项重点工作同部署、同落实、同推进。组织召开疫情防控专题会议。出台做好疫情防控工作的有关通知、落实疫情常态化防控工作措施、“企业复工复产八条严管措施”“园区口岸管控十条措施”“企业安全生产十二条措施”等 55 个文件，指导做好疫情防控和安全生产工作，及时破解企业生产运行瓶颈问题。对入园人员和车辆实行特殊管控，加强人员、车辆核查，摸排重点区域来访人员，切实保障园区防控网络。建立“口岸疫情防控”工作群，全面开展口岸、船舶和船员的疫情防控工作，落实境外船员护送，严守口岸安全。在“外防输入、内防扩散”的有力举措下，园区取得“0”确诊、“0”疑似、“0”输入的阶段性成果。

（3）取得防控阶段性胜利。园区以智慧园区建设成果为抓手，运用智能化管理手段，助力园区疫情防控。建设化工区应急物资智能化管理系统，发挥应急物资储备、保障、支援功能，凸显“化工范”。针对疫情常态化，靠前服务，强化措施，督促指导企业做好疫情输入扩散防范、安全生产风险防范工作；落实惠企扶持政策，跟进重点项目建设，优化工作机制和流程，推动疫情防控与招商投资齐头并进；结合秋冬季园区运行特点，调整疫情防控措施，深化开展企业安全生产和应急工作指导；强化舆论引导和宣传发动，解放日报、文汇报、新民晚报、中国化工报等 10 多家主流媒体对园区进行集中宣传报道；举行疫情防控阶段性表彰暨部署动员会，表彰了 57 名先进个人、18 名优秀共产党员、30 个先进集体和 10 个先进基层党组织，展现新时代化工区人团结奋进、共克时艰的精神风貌；开辟专栏进行系列报道，宣传园区抗疫先进事迹，弘扬伟大抗疫精神。

2. 聚焦重点，创新发展加速推进

坚持“做大增量”与“做强存量”相结合，“引进项目”与“提升能级”相结合，“招商引资”与“招才引智”相结合，强化招商引资，推进科创中心建设。

（1）园区经济平稳运行。加强经济形势跟踪研判，密切跟进园区重点企业以及关联企业的生产负荷变化情况，研究稳产对策，及时反映协调解决问题，确保产业链生产稳定。开展园区企业关联下游行业调研，加强下游行业对园区经济运行影响的联动分析。召开银企座谈会，为园区企业和银行搭建沟通交流平台，帮助企业解决运营发展中遇到的融资难等问题。制定出台针对性政策措施，支持企业抗疫复产扩能、稳定增长预期，固定资产投资总额同比增长 55%。召开“稳增长”企业座谈会，最大限度降低停车检修对工业产值的影响，超额完成市里下发的 931 亿元目标任务。召开与金山区、奉贤区政府的对接交流，推进相关产业合作与扶持政策等落地。

（2）重大项目顺利落地。先行实施控详规，强化局部调整，做好土地全生命周期管理保障项目规划空间相符和土地供应。对已审批及备案企业投资项目按照“当年新开工一批、新投产竣工一批”的目标积极推进：英威达年产 47 万吨己二腈项目，进入全面施工阶段，其重点配套工业气体项目完成土地供应；协调推进 IGCC 项目经济和技术可行性分析，促进其与下游用户的沟通；氯碱化工 20 万吨氯乙烯等 14 个项目开工建设；科思创 60 万吨聚碳酸酯、英威达 5 万吨尼龙 66 装置 P4 生产线、华谊新材料 2000 吨 / 年正极材料、巴斯夫化工树脂二期扩产、赢创有机硅表面活性剂二期等 17 个项目竣工投产。

（3）电子化学品专区揭牌。主动承载国家战略，研究制定《上海电子化学品专区建设方案》并经市政府常务会议审议通过。成功举办上海电子化学品专区推进会暨电子化学品创新发展国际论坛；举行专区揭牌仪式并与 12 家电子化学品生产、研发、仓储等企业进行了项目签约，与 8 家集成电路制造企业、创新中心、金融机构、行业协会等进行了合作签约。

（4）科创中心形态初显。基本完成科创中心综合楼、朗盛亚太区应用开发中心大楼、中试厂房以及综合能源站等共用配套载体建设。科创项目加速入驻：启动首届科创大赛 2 家获奖团队和华明集团 4 个项目的环评、设计等相关工作；惠和化德实验室项目正式运营，全年服务客户 20 家，完成 30 个微反应项目开发、成功率 75%；推进埃克森美孚、罗姆等研发中心再选址。科创影响力不断扩大：成功举办第二届 SCIP+ 绿色化学化工创新创业大赛，吸引 387 支队伍参赛、190 万人次关注。

（5）“十四五”规划研究启动。立足“从大到强、从强到优、从优到精”迭代升级发展目标，启动园区“十四五”1 个总体规划、10 个重点规划、7 个专项规划、4 个支撑规划的编制工作。组织召开了近 40 场专题研究、调研会议，集思广益，开门编制规划。召开 2020 年国际专家咨询会，邀请国内外著名化工行业专家，分析经济形势和行业发展趋势，探讨制约园区发展的瓶颈问题，集专家智慧，为园区可持续、高质量发展提出解决方案，指出有效路径。

3. 守牢底线红线，发展基础不断夯实

坚持统筹发展和安全，增强机遇意识和风险意识，树立底线思维，以防控系统性安全风险和打赢污染防治攻坚战为抓手，提升园区安全发展水平和生态环境质量。

（1）风险防范措施有力。贯彻落实党的十九届五中全会关于统筹发展和安全的重要论述，按照《关于全面加强危险化学品安全生产工作的意见》等文件精神，细化工作措施和落实分工。制定实施《化工区安全生产专项整治三年行动方案》细化危化品安全和消防安全整治任务措施。深化公共管廊和化工管线“四防三禁”安全治理，完成大气环境、水环境、土壤地下水环境及生态环境防控现状梳理。有序推进重大危险源监测预警系统建设，按期完成园区 24 家企业 73 个三、四级重大危险源监测信息接入工作。制定实施进博会安全应急管控工作方案，落实六方面安全管控措施。创新开展“空中安全课堂”和“云—安全论坛”等活动，提高安全宣传教育动态公众号等多平台推送率，有力提升园区安全文化。

（2）隐患排查力度加大。深入企业开展安全督查和联合大检查，督促指导企业做好年度安全生产、环境保护工作及重大危险源安全管理，日常安全检查、配合执法检查企业312家次，联合开展重大危险源、硝酸铵等危化品储存与硝化工艺、检维修安全、LPG等易燃品装卸作业和防爆粉尘等5项专项检查，指导督促第三方安全巡检1024家次，共排查隐患问题4097项，整改3927项，整改率95.85%，剩余项均已列入企业整改计划。吸取“6·13”浙江温岭槽罐车爆炸事故教训，开展典型隐患问题“回头看”复查工作。制定《生产装置及设备检维修作业安全管理措施二十条》，做好指导服务和提前对接。加强危险货物运输过程安全监管，年内共组织开展危化品运输车辆联合检查10次，排查并督促企业整改各类隐患问题42处。提升交通组织管理能力，排查园区标志标线、标牌、交通设施隐患并落实整改。

（3）应急能力不断增强。做好园区联防联控防疫和安全环保的应急处置指挥调度工作。实施重要节日和重大活动期间领导带班值守、每日“零报告”制度。做好防台防汛相关工作，强化应急值守机制建设。制订园区网络和信息安全应急预案，实施《应急管理视频调度日常点名暂行办法（试行）》。加大应急救援能力建设，建成三批19支社会化应急专业队伍，规范44个企业微型消防站和104个工艺处置小组，充实园区一线应急救援力量。制定实施《应急救援专业队伍建设管理办法》，加强应急演练，组织开展年度综合演练、季度演练和月度演练21次，指导园区企业开展应急演练661次。

（4）污染防治成效显著。提前完成2020年度金山地区环境综合整治任务。结合园区污染排放特点和实际生产情况，通过污染排放立体观测，初步建立园区特征污染物指纹库。强化雨水排放管理，完成园区雨水排口及雨水收集区域排查工作，梳理园区雨水管控技术规范要求，开展雨水管控方案研究。结合国家最新要求，编制上海化工区环境风险防范和区域生态安全保障体系规划方案。梳理汇总挥发性有机物排放的12个源项内容，完成科思创、巴斯夫等11家重点企业挥发性有机物（VOCs）减排效果评估。完成37家企业“一厂一方案2.0”污染治理评估。

（5）环境质量不断提升。加强生态环境质量监测，对园区公共区域先后开展25次走航监测，其中13次错时走航监测。完成40家企业1005个储罐的摸底排查和现场勘查，采用红外成像监测技术抽测50个储罐无组织排放情况，督促企业及时修复泄漏连接件。推进生态湿地建设。完成湿地扩建工程方案编制。2020年园区区域环境空气中挥发性有机物浓度为55.2微克/立方米，达到园区历史最优值，低于世界一流石化基地水平。

4. 多措并举，营商环境持续优化

主动靠前服务，积极落实“放管服”改革举措，深化精细化管理，加大政策供给，发挥功能性公司作用，提升基础设施配套，持续优化园区营商环境。

（1）“放管服”改革稳步推进。简化合并规划资源审批，以“多规合一”推进“多审合一、多证合一”，落实《选址意见书》、核提规划条件和核定规划设计要求等合并为《规划土地意见书》。梳理和完善土地收储到出让过程中的近30个环节，制定土地收储出让流程图和规范，土地供应时间缩短近一半。划拨土地项目实现《建设用地规划许可证》《国有土地划拨决定书》《建设用地批准书》等三证合一为《建设用地规划许可证》。统一开展竣工规划验收、土地核验、档案验收，将三个合格证合并为《项目竣工规划资源综合验收合格证》。对非审批要素和要件，允许容缺后补、零材料申请等；对接建筑许可营商环境3.0版本改革政策，将区内项目审批管理纳入上海市建设工程联审共享平台，实现全流程网上无纸化、零窗口办理，13个审批和服务事项办理时间比法定时限缩短一半，施工许可证办理缩短至1个工作日，全年共办结建筑工程审批服务事项316件。1人获得“上海市金牌店小二”

荣誉称号。

（2）惠企政策落地见效。聚焦企业关切，搭建银行和企业融资合作平台。协调孚宝、中法水务等公用工程企业延续其优惠政策，疫情期间为区内企业实行阶段性让利，共降低区内企业成本超过 1 亿元。加大财政资金扶持保障，对产业绿色发展、智慧园区、科技创新与成果转化核定专项扶持资金 9523.4 万元，带动企业投资超过 4 亿元。加强与金山、奉贤两区的工作对接，促进园区企业享受区域政策。积极落实电价和增值税下调政策，园区纳入直供电交易的企业扩大至 35 家，企业获得超过 2000 万元的优惠；天然气直供用户销售基准价格 10 月 1 日起下降至 2.5 元 / 立方米，确保减税降费红利落到实处。

（3）基础设施加快完善。补足区容区貌建设短板，管理中心区域形象提升工程分步实施；大堤一期内坡改造、西区防护林提升改造、漫华路绿化提升改造、E6-7 环境综合整治、道路大修四期、北河路车行道拓宽等 6 个市政基础设施项目已全面竣工；全封闭管理（一期）等项目已完成设备调试并投入使用；生态湿地扩建、园区体育中心提升改造、北河路海思路贯通工程、生态展示馆等 4 个项目的方案不断优化。推动和落实储备地块内违规养殖种植、历史遗留违建拆除清理等问题解决，共清理违规种植养殖面积约 3 平方公里，清理违规种植养殖户 14 家，清拆违法建筑物 38 处。

（4）公共服务体现温度。结合园区发展和企业职工需求，优化公共服务，结合实际调整绿色共享通勤班车线路，完善智慧用车 App，增加共享单车投放，解决通勤最后一公里痛点。开展爱国卫生月运动，倡导节约粮食“光盘行动”，全面铺开垃圾分类管理，推行无烟党政机关示范典型创建，举办云上美食节，开通“云商城”服务，完成园区会议中心功能改造，做好驻区管理单位办公用房保障，职工群众获得感持续增强。

（5）区域融合不断深化。以“四个统一”为目标，推行“三区四方”（化工区、金山区、奉贤区、上海石化）应急合作，指导分区执行化工区危化品和危险化工工艺“禁限

2020 年 7 月 13 日，朗盛亚太区应用开发中心项目奠基及落户签约仪式在上海化工区举行

控”目录标准，开展区域环境走航监测，推动完善一体化区域的环境综合监控网络和区域应急联动机制建设。与金山区达成《关于加强与上海化工区联动、促进产业发展的若干意见》，与奉贤区签订《联动发展合作协议》，翻开区区合作新篇章。邀请艺术家来园区慰问演出，开展四年一度的职工运动会。积极履行社会责任，深入开展结对共建、扶贫帮困、爱心助医、送温暖送防疫物资等工作，帮扶金额1200多万元。举办长三角石化产业一体化发展联盟第二次会议，有效提升联盟在石化行业的影响力。

5. 精准发力，智慧建设成效显现

优化完善园区大数据云储平台，成功搭建大数据决策平台，以“一网通办”“一网通管”两网建设为抓手，全面推进园区新基建和智慧项目建设；积极谋划“十四五”智慧园区建设和网络安全发展规划，努力提升园区智慧化发展水平。

（1）大数据决策平台搭建成功。完成智慧决策平台一期建设，大数据决策平台正式上线。全面实现业务数据汇聚，接入“智慧政务”“智慧业务”“智慧服务”三大业务领域相关12个业务系统的数据，涵盖安监、应急、环保、统计分析、规土建、公安、海关、海事以及企业等专业领域。初步实现业务数据展示，基本建成业务管理场景展示系统、数据管理应用系统和数据开放应用系统，细化开发生产运行、安全监督、环境控制、一网通办、一网统管、企业服务、网络态势和数据治理8个综合业务场景，形成“园区—综合业务场景—业务元素”的三级信息展示架构。

（2）“两网”建设进展顺利。深化“一网通办”平台建设，推进行政审批事项全流程统一受理、统一发证（电子证照），实现审批结果和管理数据公开共享，全年共办理行政审批事项288项，梳理政务服务事项27项并形成“服务事项清单”；完善政务服务大厅“好差评”工作机制和工作人员绩效考核机制，努力提升政务服务质量和效率。调研市城运中心和网格化管理综合指挥中心、市大数据中心等单位，学习借鉴其“一网统管”工作经验，制定园区推进“一网统管”工作方案，整合网格化管理平台、地理位置GIS系统、无线数据采集App（城管通）等信息系统，搭建园区“一网统管”运管平台，全年共受理报案683起，初步实现公共区域108类事项的高效处置。

（3）智慧项目加速推进。智慧业务、政务、服务三大领域103个项目齐头并进，加速建设。新基建项目全面启动，大数据云储平台实现“三级等保”，云机房二期扩容完成前期准备工作；智慧管线项目全面建成，智慧铁塔、智慧电杆项目加速推进，实现了管理中心区域5G信号的全覆盖。赛科、科思创、赢创、巴斯夫化工等企业智能工厂建设项目结合企业实际，因地制宜不断深化。智慧水务、智慧管廊、智慧热电、智慧码头等公用工程管理数据正对接园区大数据决策平台。完成应急视频调度会议系统建设，区内58家企业分中心调度会议实现信息化联网；28家重大危险源企业信息全部接入园区应急响应中心并与市级监测预警平台实现联网；35家危化取证企业数据系统与电子标签系统对接联调完成试点。

（4）智慧联盟规模扩大。健全联盟组织运营体系，完善规章制度。联盟成员单位由18家扩充至34家。聚焦5G+智慧应用、信息化解决方案、智慧供应链、宣传与智慧政务、智能制造等领域，成立6个工作组，发挥平台能力输出效能。共享成员单位行业优势资源，搭建多元对外交流平台，促进平台发展壮大。交流孵化成果初显，制定《上海化工区基础通信设施十四五规划》，推进《上海化工区工业互联网指导标准》等多项标准类文件制定，汇编10个实践案例、3个应用场景解决方案。

6. 党建引领，建设坚强的战斗堡垒

坚持以党的政治建设为统领，全面落实

新时代党的建设总要求，增强“四个意识”，坚定“四个自信”，做到“两个维护”，以充分发挥各级党组织的政治功能为重点，围绕中心、服务大局、建强队伍，抓实抓细党建工作。

（1）“四史”教育落实落细。认真落实《中国共产党党委（党组）理论学习中心组学习规则》，注重党组中心组理论学习与业务学习有机结合，及时做好贯彻落实。研究制定化工区“四史”学习教育实施方案，抓好党的十九届四中全会、五中全会精神以及市委全会和本市党政负责同志干部大会等精神的学习贯彻，把学“四史”与统筹推进疫情防控和经济社会发展、谋划“十四五”规划、提高城市治理能力和治理现代化水平、提升企业功能作用发挥、推动园区高质量发展、加强党的建设等重点工作紧密结合。制定印发管委会党组 2020 年意识形态工作重点任务清单和责任清单，有效落实意识形态工作责任。

（2）党建责任逐级压实。压紧压实党建工作责任，机关直属党委、发展公司党委围绕年初确定的重点内容、具体工作逐一落实。抓好党的十九届四中、五中全会精神及市委全会和本市党政负责同志干部大会等精神的学习贯彻，通过云视频联组学习、专题辅导报告会、发放读本、干部在线学习、运用“学习强国”平台等推动党员干部自学研学。完成 2019 年度党（总）支部书记抓基层党建述职评议考核工作，综合办、物业公司荣获市经信系统“党支部建设示范点”。深入开展“岗位建新功、党员见行动”“班长工程”等活动，召开知联会二届一次理事会议，汇聚智慧力量。加强园区党建体系和平台建设，推动“新时代党建引领产业园区高质量发展课题研究”成果转化。

（3）干部素质有效提升。加强系统干部工作研判，全面梳理系统干部队伍。加强对干部的考核监督，做好 2019 年度市管单位干部选拔任用工作“一报告两评议”。完成内设机构和直属单位职务职级晋升，进一步优化干部结构。严格执行领导干部个人有关事项报告制度。支持金山区筹办上海化工职业技术学院，共同探索区块联手、校企联合选育培养现代创新型、复合型、应用型人才新模式新路径。召开化工区人才工作座谈会，开展企业人事人才工作需求调研，推动市、区两级人才政策落地。发挥企业主体作用，做好人才延揽、招录等工作。

（4）政治生态不断改善。健全完善全面从严治党“四责协同”责任落实体系，认真贯彻落实《党委（党组）落实全面从严治党主体责任规定》，制订印发党组构建全面从严治当“四责协同”机制重点任务清单，落实单位抓保密工作、法治建设等相关工作责任。紧盯权力集中、资金密集、资源富集的重点领域和关键环节，梳理形成六大类 35 条廉政风险防控清单。建立健全巡察、审计制度，深化日常监督，加强跟踪监督，做实长期监督。制订并启动实施《2020 年上海化工区管委会所属事业单位巡察和专项审计工作实施方案》《上海化工区管委会 2020 年内部审计监督工作计划》，明确监督目标和任务。

（三）重大项目

项目一：6 月 16 日上午，英威达 40 万吨 / 年己二腈项目奠基，化工区发展再添新动力。市委常委、副市长吴清到达仪式现场，祝贺己二腈项目取得阶段性成果，表示上海市政府将一如既往地支持项目推进，期待该基地于 2022 年正式投产。市政府副秘书长陈鸣波，市经信委主任吴金城、副主任吕鸣，管委会主任马静、副主任侯金花，发展公司总经理张淳，市商务委副主任杨朝，生态环境局副局长苏国栋，应急管理局副局长杨晓东，金山区副区长张权权，管委会二级巡视员李庆红等领导莅临活动现场。马静表示，在各方共同努力下，己二腈项目仅用 10 个月时间就实现了顺利开工，体现了化工项目的速度；该项目建设将改变国内己二腈依靠进口的现状，有利于提高英威达的市场竞争力、丰富化工区的产品链、提升上海化工产业的高端化水平；化工区将继续发扬‘店小二’精神，提供‘保姆式’服务，确保项目早竣工、早投产、早见效；化工区作为全市化工产业的核心承载区，正按照全市总体发展要求，加快布局化工新材料、电子化学品等高端化工产业，支持战略性新兴产业发展，推进化工产业向杭州湾北岸集聚，加快打造世界级绿色化工产业集群。

项目二：6 月 21 日，2020“SCIP+”绿色化学化工创新创业大赛举行启动仪式。管委会主任马静、市商务会副主任杨朝、上石化董事长吴海君、华谊集团董事长刘训峰等为喻示萌发创新的“树苗”浇灌，启动大赛。马静同志表示，化工区始终坚持以绿色为重要导向、以创新为根本动力，正在加快建设的上海国际化工新材料创新中心将为各类创新团队提供专业的配套服务和出色的创业环境；本届大赛将通过专设指定命题有针对性地广泛征集创新解决方案或创业实践成果，为促进化学化工领域的技术创新和可持续发展增添新动力，大赛还设有法国、荷兰两个海外赛区。启动仪式上，化工区向给予资金和技术支持的协办单位颁发捐赠证书；大赛组委会向来自国内外知名企业和专业机构的评委代表颁发聘书；法国商务投资署代表协办单位致辞。会议还以视频形式回顾了 2019 首届大赛的总体情况和精彩集锦，并为部分获奖团队举行了落户仪式。

项目三：7 月 13 日，朗盛亚太区应用开发中心项目奠基及落户签约仪式在上海化工区举行。这是首个入驻上海国际化工新材料创新中心的项目，标志着朗盛在中国持续发展历程中的又个一里程碑。化工区管委会主任马静，管委会副主任、一级巡视员余亮茹，管委会副主任侯金花、朱斌，发展公司总经理张淳，二级巡视员李庆红出席签约仪式。马静致辞“栽好梧桐树，引得凤凰来”，感谢朗盛化学对上海化工区科创中心建设的支持。朗盛亚太区应用开发中心在各方的共同努力下，只用了不到 4 个月的时间就实现了朗盛楼的开工建设，体现了化工区科创中心建设的速度。希望朗盛亚太区应用开发中心依托于专业优势成为化工行业创新中心的标杆，为上海化工区的产业链延伸拓展、高端化发展和上海化工产业的转型升级、可持续发展贡献力量，实现战略发展新跨越。

漕河泾新兴技术开发区

董事长　张黎明

2020年是“十三五”规划的收官年、“十四五”规划的谋划年。面对突如其来的疫情，漕河泾开发区以“再创业、再出发”为总纲，内强管理，外塑品牌，继续保持良好发展势头。

（一）园区经济平稳向好增动能

疫情影响下，园区经济率先筑底、率先企稳、率先上行，走出逆周期表现。2020年，漕河泾开发区预计实现营业收入4450亿元（含浦江），同比上升6.2%，三产收入3530亿元，同比上升8.3%；利润总额363亿元，同比上升8.1%；税收总额151亿元，同比下降2.6%；从业人员数27.5万人。

园区科创动能不断增强，在2020年上海开发区综合评价中，综合发展指数名列中型园区第一名。在4项分项指数中，营商环境指数排名第一，产业发展指数和创新发展指数排名第二；在9项专业评价指数中，持续发展指数和产业发展指数排名第一，创新成果指数和管理服务水平指数排名第二；在25项单项评价指标中，“世界500强企业地区总部数和入区投资企业数及上市公司、挂牌公司数加权合计数”“园区内公共服务

2020年漕河泾迈向全球科创产城商业助力城市印象

平台数”和“认定的国家级或市级功能性园区加权合计数”排名第一。

（二）产业集聚化危为机谱新篇

开发区利用现有总部与研发中心的集聚优势，以商养商、以商招商，加快“一部三中心”引进力度，发挥“总部经济”强磁场效应，引入新项目近90个，包括世界500强企业2家（全球领先的汽车技术公司采埃孚亚太集团、中荷合资汽车电子IC生产商大唐恩智浦半导体公司），美国500强1家（雅诗兰黛全球创新研发中心），央企3家（国家电投集团风电产业创新中心、东华工程科技华东总部、上海电气集团数字科技有限公司），科创板企业1家（中国领先物流输送分拣系统提供商德马物流），以及思特威中国总部、米哈游、泽怡信息等一大批线上经济、生物医药和芯片设计的知名企业项目，年内5家区内企业上市或挂牌，开发区累计上市企业143家，逆势提振了园区产业实力。

（三）工程建设降本增效铸精品

拿地、新建项目均按计划推进，全年建设面积218万平方米，包括本部100万平方米，赵巷88万平方米，北杨30万平方米；规划面积129万平方米，其中北杨80万平方米，颛桥31万平方米，河南队18万平方米。

努力克服疫情影响，17万平方米的科技绿洲四期项目为虹桥镇首个、闵行区第二个复工工地，在11月底竣工，比原计划提前40天；45万平方米的科技绿洲五期、六期完成地下室结构。32.5万平方米的漕河泾中心6月竣工备案，一举解决了困扰多时的规划验收和土地核验等多个难点问题。

30万平方米的北杨项目A、B地块年内开工，其中B地块仅用13天即拿到施工许可证。31万平方米的颛桥项目完成公司组建、项目组框架搭建，明确相关职能部门权责，确定拿地方案。

各工程项目在多点推进同时，竣工项目也获多个行业内荣誉：漕河泾中心荣获LEED金奖、上海市优质工程“白玉兰奖”、中国绿色建筑协会“绿色建筑二星”；科技绿洲四期获得“2020年度中国十大绿色项目”、上海市优质工程“白玉兰奖”、“上海市文明工地”等荣誉。

（四）创新创业服务线上线下齐发力

双创服务方面，年内揭牌成立上海证券交易所资本市场服务徐汇漕河泾开发区基地。举办11场股权融资对接活动，24个项目获风投26.3亿元。帮助16家企业获得1.74亿元科技信贷。投贷联动新增4家服务入股企业。融资平台制订无还本续贷、延长贷款期限、降低放贷利率、开辟信息化申贷快速通道、贴息补助等一系列纾困措施，受理企业贷款61家次，通过授信58家次，授信额度达3.475亿元，成立运营至今累计向526家次企业发放贷款24.16亿元。

知识产权服务方面，沪上首单企业商标保险在开发区落地，牵头成立徐汇人工智能产业知识产权联盟、上海市商标品牌创新创业（漕河泾）基地和中国（上海）知识产权维权援助中心漕河泾工作站。国家知识产权服务业集聚发展示范区通过评估验收。年内对接区内“三中心＋二协会＋重点服务机构”，促成路傲、东升、鸿研等区内企业利用知识产权融资政策获批专利质押贷款1.2亿元。开发区企业全年申请专利6837件，累计申请专利50172件，每万人拥有发明专利数419.6件，比肩国外科技创新发达地区。

2021
上海商贸年鉴

第六编
知名企业、品牌与企业家

知名企业、品牌与企业家

康成投资（中国）有限公司

董事长　黄明端

公司概况

康成投资（中国）有限公司（简称“康成投资”）是上海市外商投资企业协会副会长级会员单位。“康成投资”是 2005 年 3 月 4 日经国家商务部批准成立的外商投资性公司，2009 年 12 月 21 日经上海市商务委员会认定为“跨国公司地区总部”，是“大润发”系列注册商标的所有权人，目前公司注册资本为 24831.3183 万美元。

“大润发”是源自中国台湾的会员制大型连锁综合超市，主要经营生鲜食品、各类副食品、日用杂品、家用纺织、文化体育用品和五金家电等，商品达 3 万多种。依靠开发自有商品、源头采购等降低商品售价的方法，成功在大陆拓展超市业务。“大润发”网罗优秀的经营管理人才，运用现代化营运系统，快速在国内展店，以最直接、最生活化的方式为消费者服务。

顾客在大润发超市购物

2017 年 11 月 20 日，阿里巴巴与大润发母公司高鑫零售达成战略合作

2017 年 11 月 20 日，阿里巴巴与大润发母公司高鑫零售达成战略合作，阿里巴巴投入约 224 亿港元持有高鑫零售 36.16% 的股份。高鑫零售旗下有大润发和欧尚两大零售企业，截至 2016 年现代通路中的主要零售商占有率大润发（6.5%）和欧尚（1.3%）共有 7.8% 的市场份额，排名中国第一。作为全国最大的大卖场运营商与全国最大的电商平台，两者强强联手将从商业模式和资本结构双通道加快推动新零售进程。

“康成投资”作为“大润发”大型综合连锁超市的投资母体，旨在依法在国家允许外商投资的领域进行投资，并对在中国境内所投资企业进行统一管理和协调，对资金、人才、物流、设备、技术和信息等资源做到物尽其用，实现企业各环节的统筹管理，提高整体经济效益。

企业文化及经营方针

企业定位：

专业、时尚、高性价比的新零售大卖场。

企业文化内涵：

企业架构在兄弟姐妹一家人的关系基础上，照顾同仁、服务顾客、精益求精；营造一个诚实、热忱、创新、健康、快乐的团队。大润发实行名叫“ETBS”的人人分红计划，公司赠予员工年薪 10% 的份额作为分红。

经营理念：

诚信务实、服务支援、顾客满意、参与管理、共同成长、利润分享。

商业策略：

把愈来愈多的优质商品，以愈来愈低的价格，销售给愈来愈多的顾客。

价格策略：

EDLP+ 满意保证（EDLP 即天天低价；EveryDay Low Price，商品价格天天是市场最低价格）。

经营方针

新鲜、便宜、舒适、便利。

经营状况

截至 2019 年 1 月 17 日，国内已开设 407 家“大润发”大卖场。门店遍布除新疆、西藏以外的全部省份、自治区、直辖市，员工总数超过 15 万人，每天为 300 多万顾客

顾客在大润发超市购物

提供服务。2018 年营业收入含税超过 852 亿元，已连续多年在中国外资商业连锁企业排名第一。

业内殊荣

2015—2017 年度上海外资纳税总额百强企业。

2015—2017 年度上海外资营业收入百强企业。

2014 年上海连锁经营协会的连锁经营 20 年“杰出创新奖”。

2013 年度闸北区区级税收“十强”企业。

2012 中国商业地产年度大奖，中国商业地产推荐品牌。

2011 年上海市外商投资先进企业“双优”“双百强”企业之“创利税前 20 名非生产型企业”。

2010—2016 年外资零售业销售额均位居全国第一；平均单店销售额全国第一。（数据来源联商网）

2009 年至今，供应商满意度调查报告，大润发均排名第一；（数据来源联商网）连续多年被评为上海市非生产型优秀企业。

2021 年 5 月 25 日，中国连锁经营协会与德勤中国联合发布《零售创新驱动企业决胜新消费暨 2021 中国网络零售 TOP100 榜单》，“康成投资”（大润发部分）进入十强。

企业愿景

展望未来，大润发愿与越来越多的合作伙伴携手前行，共创多赢佳绩！

上海振华重工（集团）股份有限公司

上海振华重工（集团）股份有限公司（原名上海振华港口机械（集团）股份有限公司，简称振华重工）是重型装备制造行业的知名企业，为国有控股 A、B 股上市公司，控股方为世界 500 强之一的中国交通建设公司。公司总部设在上海，于上海本地和南通、江阴等地设有 8 个生产基地，占地总面积 1 万亩，总岸线 10 公里，特别是长江口的长兴基地有深水岸线 5 公里，承重码头 3.7 公里，是全国也是世界上最大的重型装备制造厂。公司拥有 26 艘 6 万 ~10 万吨级整机运输船，可将大型产品跨海越洋运往全世界。

据英国权威杂志 *World Cargo News*（《世界货运新闻》）统计，从 2015 年 6 月至 2016 年 6 月间，全球共有 271 台岸桥订单，其中 222 台订单来自中交集团所属振华重工，占比 82%。这是振华重工在港口机械市场连续 18 年位居世界第一，也是自其 1992 年成立以来的最高峰值，标志着振华重工的港机（岸桥）产品全球市场份额由 70% 以上正式跨入 80% 以上的时代。该杂志同时表示：全球岸桥市场整体发展平稳，振华重工却在不断提升市场份额。

2019 年 9 月 1 日，2019 中国制造业企业 500 强榜单发布，振华重工名列第 323 位。2019 年 11 月 14 日“一带一路”中国企业 100 强榜单，振华重工名列第 91 名。

企业介绍

上海振华重工公司 1992 年成立，主要生产大型集装箱机械，也生产散货装卸机械和其他产品如大型钢桥等。由于集装箱运输是国际贸易不可缺少的手段，加之航运供大于求，船东纷纷用加大船舶装载量来降低成本，出现所谓超巴拿马热，船愈来愈大。码头设备必须随之更新换代，在世界机械制造业普遍不景气情况中，这个市场却非常火热，世界 20 多个著名机械制造商逐鹿其中，竞争激烈。由于“天时”“地利”“人和”，上海振华重工公司在这场竞争中异军突起，后来居上，依靠自己的实力在市场竞争中力挫群雄，茁壮成长，现在已成为这个行业的排头兵。

公司成立时只有十几个人，现在已发展到近 4 万人，是世界上目前最强大的一支大型起重机制造队伍。最初投资 100 万美元，15 年来通过盈利再投入，资产重组，特别是 A、B 股上市，现有资金 8 亿美元，增长了 800 倍。

如今，公司的产品不仅覆盖了国内主要集装箱港口，也进入了国外著名的各大港口，如加拿大温哥华，美国东西海岸的迈阿密、长滩、奥克兰、塔克玛、西雅图、惠灵顿、威基尼亚、纽约，南美的巴西、委内瑞拉、哥伦比亚，亚洲的新加坡、泰国、马来西亚、印尼、缅甸，中东的苏丹、阿曼、阿联酋和中国香港、中国台湾地区，约全球 78 个国家和地区的 150 余个港口。

2011 年，在北京举行的 2010 年度国家科学技术奖励大会上，振华重工“海上重型起重装备全回转浮吊关键技术及应用”荣获国家科技进步奖二等奖。至此，该公司已先后获得国家科技进步奖一等奖 1 项、二等奖 2 项，上海科技进步奖一等奖 4 项等殊荣。

此次公司获奖项目集 17 年研发之功，建立了具有国际领先水平的完整设计理论和关键技术，包括创新设计无平衡梁四排全滚轮的全回转支承装置、智能型恒张力大型锚绞车，攻克高强钢的焊接工艺和技术、自重超过 50 吨超大型负荷 4000 吨级吊钩的制造工艺技术。振华重工通过自主创新和集成创新为主，攻克并掌握了海洋重型工程装备大吨位全回转浮吊设计、制造、安装和测试的关键技术，并自主完成了包括电控、安全保护和主要机电配套等核心部件的全部设计与制造，实现了技术和产品的跨越式升级。

振华重工迄今已拥有 20 多项世界领先的重大核心技术，28 项国家重点新产品，16 项上海市重点新产品；申请国内专利 223 项，其中发明专利 103 项、实用新型专利 113 项、外观设计专利 7 项；有效国际专利申请 24 项，国际授权有效专利 10 项。

公司虽由上海振华港口机械（集团）股份有限公司更名为上海振华重工（集团）股份有限公司，但由于公司 ZPMC 商标在全球的广泛影响力，公司商标不发生改变，但字母的含义已发生改变。ZPMC 的 Z 取英文“zero”的首字母，意为“起点”，由上海振华港口机械（集团）股份有限公司更名为上海振华重工（集团）股份有限公司不仅仅是名称上的改变，更是公司产业结构上的调整，公司正面临“二次创业”，所以一切都是起点。P 取英文“particular”的首字母，意为“细节”，公司的发展要注重细节，经济增长方式由粗放型向集约型转变，要推广精细化管理方式，向管理要效益；M 取英文“mission”首字母，意为“使命”，要打造声誉振华、效益振华、品牌振华、科技振华、责任振华，这是所有振华人的使命，

公司商标

公司产品

振华产品要继续享誉世界、引领未来。C 取英文“cooperation”的首字母，意为“合作”，振华的宏伟蓝图的实现，需要所有振华员工团结协作、艰苦奋斗的精神，需要国家、中交集团及上海社会各界的大力支持，需要与科研院校的密切协作。

先进的企司始终致力于将优秀文化融入公司管理体系之中。公司以“发展企业、振兴中华、造福员工、成就个人”为己任，秉承“中华力量、畅通世界”的企业宗旨，坚持“自主创新、精细管理、科学发展”的管理理念，立志成为“港口机械、大型钢构、海上重工领域的世界领先企业”。

公司特色

1. 肯德基大叔式创业起家，不拘一格的用人之道

如同肯德基大叔哈兰·山德士的晚年创业起家经历，59 岁的管彤贤，凭着一腔“国

家兴亡，匹夫有责”的信念，力陈产业的大好春光，响应 1992 年邓小平同志的号召，振臂一挥，硬是带领十几个人开始振华重工忙碌的码头自己的创业之旅。经过 10 多年的风雨兼程，振华在国际大型起重设备上的影响力是举足轻重的。如今拥有上万人的振华团队，从 20 出头充满激情的青年一代到 70 多经验丰富的耄耋老人，他们上下一心，极具团队凝聚力，力求齐心将振华打造成世界一流起重机行业。

振华重工信奉“贤者在位，能者在职”的用人之道，将“尊重知识，尊重人才”的核心理念运用到用人环境中。振华用劳动管理公司承包制代替老板施工队承包制，力求劳资关系的和谐，达到劳资的“双赢”状态。他创造了将农民工变成产业工人的传奇，通过对农民工的培训，建立夫妻房等激励政策使农民工自觉地报效振华。除此，其重学历不唯学历，退休不按年龄划线，为科研功臣刻雕像的系列举措，为其培养和挽留了大量的生产、设计和管理方面的人才。

2. 国家至上，多功能缩管机，快速推进国外市场

2002 年，时任国家主席胡锦涛访美期间途径旧金山，恰逢船载着四台“钢铁巨人”通过金门大桥。起重机顶端距桥下只有 30 厘米，为慎重，旧金山市临时关闭了金门大桥 25 分钟，造成旧金山市交通堵塞，万人空巷都到两岸一睹“肇事者”中国起重机的风采。胡锦涛主席的车队也停下来。美国电视台也向全美进行报道。

公司产品

其实，这仅仅是振华重工为国争光的其中一个例子。振华重工的企业文化蕴含着要求员工富有爱国主义情感和为民族复兴的伟大使命感，支持人们去克服困难，发扬爱国精神。在振华重工产品进入德国市场时，德国政界经历了由责难到接受的过程。当装载 4 台为德国汉堡生产的起重机的整机运输船行驶在易北河上，游人如潮争睹这一壮观场面，有家游乐场竟奏起了中华人民共和国国歌，船长来电报告：“我今年体会到了做中国人的尊严”，一扫 150 年来中华民族在列强坚船利炮欺侮留下的民族自卑创伤。

3. 自主创新是振华重工成功的杀手锏

振华重工企业一角正如管彤贤总裁所言：“我们处在竞争的旋涡中，对技术创新从来不敢怠慢。”促使员工进行创新的机制，是管总最核心的秘密武器。在他的领导下，振华重工拥有了自己的研发平台。为了鼓励科技创新，振华港机每年用 5% 的产值投入科研，2005 年就投入近 2 亿元；企业每年还拿出 1000 万元奖励有突出贡献的工程技术人员，最高奖额 100 万元；企业有一支强大的科研队伍，全公司 1500 名管理人员中有 600 多名是研发人员，拥有 105 名硕士和 153 名高级工程师；企业重视利用“外脑”，广泛与上海交通大学、同济大学、上海海事大学、武汉理工大学、中国船舶科学研究中心、美国力夫坦克公司等 200 多个国内外高等院校和专业研究机构合作，调动他们帮助分析解决技术难题。

1998 年，管总组织专业人员在数月内研发出能够让场桥和 GPS 协调运作的控制软件，使原来需要司机在七八层高的驾驶室里目测操作的场桥，能够在仅 1 米的空隙中灵活穿梭，误差不到 15 毫米。

2002 年 4 月，振华重工研发的“双小车岸桥”顺利地打入对技术要求苛刻著称的港机之乡——德国汉堡港，并先后赢得了逾

公司产品

3 亿美元的收入。

振华的重视创新人才培养和新型产品开发的企业战略使他们用十四年的时间，跨越了世界同行三四十年走过的道路。他们用业绩显示了中国人的聪明智慧和勤奋，令世界重机行业颇有名气的对手在国际竞争招标中只有招架之功。

4. 重信誉、守承诺是公司的信条

由于年轻、经验不足，振华港机的产品也出现过不少瑕疵。但公司从不文过饰非，如出口阿曼的场桥行走减速箱设计不当，公司下决心一次将 40 台减速箱全部换掉，赢得了用户好评。再如，他们曾推荐德国多依茨柴油机，初用尚好，但后来出现不少毛病，虽过了保用期，其仍承担责任，出资将损坏件换新。在产品的配套上，振华鼓励用中国过了关的配套件，而且承担质量责任。由于振华重工说话算数，用户信得过，在美国市场已出现完全用中国机电配套件的集装箱岸桥。在交货期方面，由于这种大型机械涉及方方面面，工序多，特别是海上整机运输难度很大。振华自己有 6 艘 6 万吨级整机运输船，能保证准时交货。加拿大温哥华港和美国奥克兰港为了能准时得到产品，认准了振华重工，先后 5 次授予新的合同。

5. 捕捉机遇，发展优势，独具慧眼的战略眼光

不仅在创业之初，振华重工独到地选择了这个正确的战略市场，那么在当今以及今后的几年中，公司能否培育出新的增长点，开拓出更具吸引力的市场？答案是肯定的。

在国际货物运输总量中，80% 的货物是通过海上运输完成的。煤炭、矿石等散货运输具有和集装箱运输同样巨大的市场，早在 2004 年振华重工就开始涉足散货装卸市场，并凭借其在集装箱机械领域的霸主地位和人脉，迅速成为国内目前最主要的散货机械供应商，而且初步打开了国际市场。2005 年，散货机械的销售额已经达到总销售额的十分之一。

伴随着能源紧缺，海上油田开采的步伐加紧，海上大型浮吊的需求上升，公司正在研发的世界首台 7000 吨浮吊，引起世界关注，中海油订购的海上采油铺管船亦在生产中。据公司高级经济师董恒瑞介绍，世界市场每年对海上重型机械的采购量估计有 500 多亿美元，比集装箱机械的市场还要庞大。

2006 年 10 月，美国加州州长阿诺德施瓦辛格率团对中国进行商业访问时，振华重工抓住机会，成为预期投资 47 亿美元的加州大桥钢结构的主要分包商，打开了世界大型钢构桥梁市场的大门，之后不久，又拿到韩国釜山和仁川钢结构大桥的万吨级订单。

“我的强项是钢结构，我不会涉足自己没有优势的产业”，管彤贤总裁说，他最近考虑最多的是如何在保持集装箱机械霸主地位之外，发展散货机械、海上重型机械、大型钢结构桥梁和港机配件生产等相关产业，形成完整的产业链。

公司产品

（1）港口用大型集装箱机械和矿石煤炭等散货装卸机械，遍布全世界 73 个国家主要集装箱码头的岸桥、场桥，产量已占世界市场 75% 以上份额。散货装卸设备如装卸船机、斗轮堆取料机、环保型链斗卸船机等也居本行业前列。

（2）大型钢构钢桥梁。有年生产 40 万吨的能力，重建了被世界桥梁界视为高难项目的美国旧金山新海湾大桥最重要的部分。

（3）海工产品。如巨型浮吊、铺管船和各种工程船、各种平台以及动力定位装置和齿条提升装置等。

（4）公司主要生产经营各类矿山破碎、粉磨、给料、输送、筛分、洗选、水泥机械和铸造件等，并承接产量为30~350吨/时的石料破碎筛分成套设备的设计、制造与安装服务。

公司厉行“自主创新”，曾获国家科技进步奖一等奖。建有国家级企业技术中心和博士后工作站。现有2000名从事机、电、液设计研发的工程技术人员，获得国家和市级科技成果奖50余项。

伽蓝集团

集团沿革

2001年伽蓝集团于中国上海发展起步，是一家集研发、生产、销售、服务于一体，聚焦于化妆品、个人护理品、美容功能食品产业，规模和实力领先的中国化妆品集团企业。旗下品牌有：美素、自然堂、植物智慧、春夏、珀芙研、COMO等。

自2001年在中国上海发展以来，伽蓝集团先后创立了美素、自然堂、植物智慧、春夏等多个品牌，全国建立各类零售网络近4万个，拥有直属员工7500余人，是中国市场份额、消费者口碑与社会影响力俱佳的行业领跑者。伽蓝集团坚持东方美学艺术与世界先进科技完美结合，从东方人的文化、饮食和肌肤特点出发，为消费者提供五感六觉完美超卓的世界一流品质的产品与服务，向世界传递东方美学价值。

伽蓝集团拥有三项世界尖端科技——“3D皮肤模型”“外太空护肤科研”和“表观遗传学应用”，是全球率先利用3D打印技术打印出亚洲人皮肤的企业；亚洲率先通过世界先进航天技术开展空间生物科学研究的化妆品品牌；在表观遗传学应用领域位于国际前列的中国企业。

2010年，伽蓝集团成为“2010上海世博会”唯一参展的中国化妆品企业，成功迈入中国企业第一阵营。

2011年起，伽蓝集团连续五年参加“博鳌亚洲论坛”，成为白金级会员单位。董事长郑春影作为商界领袖代表连续三年接受习

近平、李克强等国家领导人接见。

2011 年 11 月，伽蓝集团被认定为“高新技术企业”。

2012 年 3 月，伽蓝集团自然堂品牌与中国跳水队达成合作伙伴关系，成为中国跳水队官方合作伙伴，这是中国体坛的梦之队与中国化妆品领军品牌的强强合作，一起征战伦敦奥运。

2013 年 6 月 11 日，“神舟十号”成功发射，伽蓝集团首次通过搭载“神舟十号”开展太空生物科学研究。6 月 26 日，“神舟十号”安全返回地面，宣告伽蓝集团航天搭载项目取得成功，伽蓝集团护肤科技进入空间技术时代。

2013 年 8 月，伽蓝集团正式成为“中国南北极科学考察队合作伙伴”，自然堂品牌“雪域精粹系列”和“男士系列”为“中国南北极科学考察队专用产品”。未来，伽蓝集团将全力支持中国极地科考事业，并利用南北极的极地环境，尝试开辟在研发领域的新型科研视角，推动中国化妆品企业在科技领域的前沿思考。

2014 年，中国化妆品高端品牌美素，孕育五年，华美再生，全面满足 25—40 岁东方女性对美的需求。

2015 年，美素与米兰世博会中国馆达成战略合作，成为中国国家馆官方唯一指定化妆品。

2016 年 8 月，自然堂再度携手中国跳水队征战里约奥运，为征战里约的中国梦之队加油助威。

2016 年 9 月，伽蓝集团成为率先利用 3D 生物打印技术打印出亚洲人皮肤的化妆品企业。

2017 年 3 月，自然堂喜马拉雅美丽研究院于伽蓝研发中心正式挂牌成立。

2017 年 7 月，“自然堂喜马拉雅环保公益基金”开展“种草喜马拉雅”的活动，在喜马拉雅山脉中段日喀则地区种下了 66 万平方米的绿麦草。

2018 年 2 月，伽蓝集团与西藏自治区林芝市政府战略合作签约仪式于上海隆重举行，标志着“喜马拉雅自然堂 CHANDO 品牌源头基地”项目正式落地鲁朗国际小镇。

2018 年 6 月，伽蓝集团入选首批“上海品牌”认证企业，自然堂纯粹滋润冰肌水成功跻身“上海品牌”中的制造类别。

2018 年 7 月，自然堂“种草喜马拉雅”第二季公益行动开展，在喜马拉雅地区林芝市鲁朗国际小镇种下龙胆草，保护当地植物多样性。

2019 年 7 月，自然堂“种草喜马拉雅”公益行动第三季在日喀则市南木林县艾玛乡种下 100 万平方米的绿麦草。自然堂取之自然，回馈自然，结合专家团队合理开发荒滩、荒地、沙地、严重退化裸露地，通过种植绿麦草，改善喜马拉雅雪域生态环境。

2020 年 1 月，自然堂成为中国国家女子排球队官方护肤品，携手中国女排征战 2020 东京奥运会。

2020 年 1 月 28 日，向武汉红十字会捐款 500 万元现金。

伽蓝本着将东方生活艺术和价值观的精髓传遍世界为使命，为消费者提供爱不释手的、富有艺术感染力的世界一流品质的产品和服务，帮助消费者实现更加美好快乐的生活。为达成这一使命和愿景，伽蓝及其伙伴在秉持诚实、正直、信任、进取心、主人翁精神这五个基本价值观的同时，共同坚守“合作共赢、诚信负责、客户至上、创新突破”的企业核心价值观，以此作为公司发展的内在动力。

伽蓝集团从创建伊始，便坚持自主研发与全球合作相结合的发展路线，在全球范围寻找安全有效的天然成分，运用世界先进科技，确保其生产配方及工艺既适合东方人肤质，又时刻同步于国际一流水平。伽蓝集团的每款产品从原料选择开始，都经过至少 60 种科学验证，满足消费者对质量、功能、环境的要求；

截至当前，伽蓝集团共进行商标注册申请5062件，拥有有效注册商标3717件，通过马德里协议注册国际商标且授权117件，单独国家注册国际商标62件，累计有效注册商标持有量位居上海市前列。

集团社会责任

伽蓝集团的企业社会责任，是为员工提供发展，关注每一个员工的贡献与成长，与员工共同进步；与客户合作共赢、共同成长；为消费者提供能激发和反映其价值主张的世界一流品质的产品和服务。在发展业务的同时，伽蓝集团始终坚持作为合格企业公民的责任，致力中国传统文化的保护、传承与发展，推动教育事业，消除赤贫，保护环境，以实际行动回报社会。

集团产品

1. 美素

伽蓝集团作为中国原创高端美妆品牌，美素以东方花园为创造美的灵感来源，破译原产于中国的十种传奇花与籽的再生奥秘，将东方养颜精髓与世界尖端科技完美融合，伽蓝集团从东方人的文化、饮食和肌肤特点出发，专为东方女性量身定制具有五感六觉、功效卓越的美妆品，全面满足她们对美的渴望。2001年从专业美容开始，美素在护肤、彩妆、香氛、口服、美体领域全面聆听东方女性的心声，致力于将极致东方美学融入品牌精神、视觉表现、产品开发的每一个细节中。激发和赞美中国现代女性之美，引领每一位中国女性骄傲地展现自身独特的时尚魅力，是美素的梦想，也是美素不变的承诺。

2. 自然堂

运用自然成分和先进科技，为乐享自然的消费者带来美丽生活。

以天人合一的中国哲学思想为基础，倡导乐享自然、美丽生活的理念，针对中国人的文化、饮食和肌肤特点研制，甄选珍稀天然成分融合先进科技，致力于为中国消费者提供世界一流品质的产品和服务。

喜马拉雅山脉南北两麓垂直分布着热带、亚热带、温带、高山带气候，自然资源异常丰富。这里有地球上最纯净的冰川水、最强抗氧化能力的植物、孕育于亿万年前具有超强能量的海洋矿物质，伽蓝集团有万千色彩和美妙气息，有古老的文化传承，这一切都是自然堂创造美的灵感之源。

致力于喜马拉雅山脉冰川、珍稀植物、矿物、动物和独特文化的研究，利用先进科技保护性开发喜马拉雅的自然资源，以最合理的价格为全球消费者提供来自喜马拉雅山脉的大自然最好的馈赠，只为满足消费者乐享自然的美丽生活，并通过各种形式，将喜马拉雅丰富多彩的美好生命力展现于世界。

3. 植物智慧

植物智慧，建立于1997年，是专为敏感肌肤研发的植物护肤品牌。以伽蓝集团与德国巴斯夫合作开发的拥有专利技术的水蓼提取液为核心成分，解决消费者敏感肌肤困扰，产品经过国内四大皮肤科医院测试，是具有领先性的敏感肌肤护理品牌。

4. 春夏

春夏，以“春天嫩芽、夏日浆果”为核心成分，在最美好的季节，踏遍世界最富有生命力的独特地区，精选最富功效的春芽夏果，萃取其独特的成分，并将其运用在了不同的产品系列之中，为消费者提供高品质的护肤产品和生活乐趣。春夏品牌以带给消费者好看、好用、好玩为核心价值，以伽蓝集团强大的研发实力为依托，致力于打造

更适合中国人肤质、陪伴 Z 世代（1995—2009）共同成长的年轻护肤品牌。

5. 珀芙研

珀芙研研发团队汇聚皮肤医学、植物学和生物学专家，通过对亚健康皮肤进行深入的病理研究，探索每种皮肤问题的发生机制，寻找具备特定功效的活性物，研制出可应用于皮肤科临床的处方级产品。

6.COMO

COMO，灵感来自 Color Mode， 是国内化妆品伽蓝集团旗下的个性化专业彩妆潮牌。

匠心如初　拼搏创新

——柯渡医学争创“上海服务”品牌

公司概况

上海柯渡医学科技股份有限公司（简称柯渡医学）是一家诞生在普陀区，壮大在普陀区的医学装备管理服务国家级高新技术企业，是一家专业的医疗设备服务企业，业已成为行业毋庸置疑的领军企业。公司服务内容覆盖医学装备管理、智能化运维、物联网技术开发和供应链管理，产品线覆盖医院全科室、服务网络覆盖全中国。

自 2006 年成立以来，经过十多年建设，柯渡医学已经培养了一支超过 1600 人的工程师、市场销售及运营团队，探索出行业领先的三大体系：工程师培养管理考核体系、运营体系以及客户服务体系。柯渡医学目前管理医院资产近 600 亿元，客户医院近 3000 家，整体打包医院设备近 300 家，部分打包医院设备近 3000 家，2020 年销售收入超过 19 亿元，预计今后三年的复合年增长率达 45%。

柯渡服务——高技术医疗服务的先进代表

柯渡医学是医学装备服务行业的弄潮儿，早在 2017 年，就获得上海市颁发的“上海名牌”认证。

柯渡医学正式成为上海新华医院设备资产管理服务商

过去几十年，柯渡医学所在的医学装备整体服务行业，服务能力、经营规模，都远远跟不上医疗设备市场的增长。2015 年，柯渡医学率先在市场上推出“医院医疗设备资产整体管理服务”，改变了这一行业“散、乱、小”格局，医疗设备资产管理走上整体化、数字化、智能化的发展道路。

也正因为如此，柯渡医学率先推出整体服务模式，也在业内称为“柯渡模式”。2018 年，中国社会科学院出版的《中国医疗设备蓝皮书》上，也正式被冠以“柯渡模式”的称号。

“柯渡模式”创新的核心在于，改变了过去粗放式的临床医疗设备管理，真正实践了医疗设备全生命周期管理，且借鉴了互联网、物联网的技术成就，真正实现了医疗设备信息化管理，并为医疗设备的智能化管理提供了有力的数据支撑。

柯渡模式一经推出，就得到了市场的热烈响应。柯渡医学在 2016 年开始商业实践，到 2020 年初，已经实现整体托管近 300 家医院、部分托管 3000 家医院，业务规模逐年递增。截至 2021 年初，作为一家服务类企业，年营收规模达到了 20 亿元左右，每年集团及其下属公司实现税收上缴上亿元，员工人数也达到 1600 人左右。

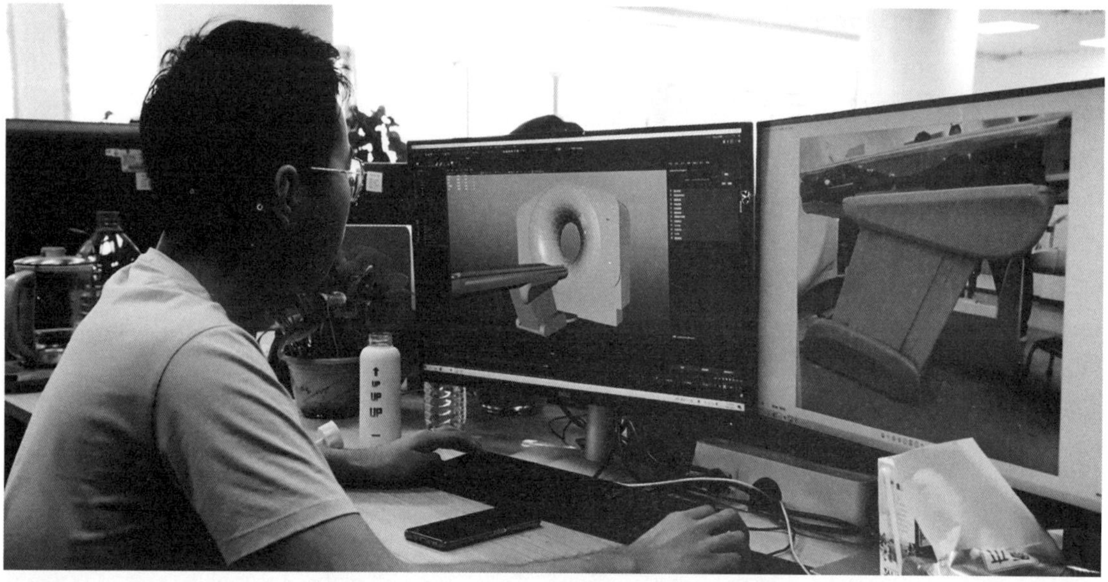

上海柯渡医学科技股份有限公司创新团队

创新突破——用物联网技术为医学装备管理智能化插上翅膀

柯渡医学在苏州、上海、济南三处分设 IT 团队，研发阿基米德医学装备管理系统，并辅以定位、实时监控、大数据采集分析等技术，建成一整套用于医院内医学装备管理的智能信息化工具。

该系统已运用于多家超大型三甲医院，为管理者提供数据支持的决策依据和设备实时状态监控为核心的共享调配能力，并能为高值设备预防性维护提供预警和提示。

同时，该系统也可以为等级评审和质控提供监督和管理，为降低不良事件，确保患者安全创造有利条件。

反馈良好——争创“上海服务”品牌

普陀区、街道等各级政府领导十分关注柯渡医学发展，帮助柯渡医学获得更多、更广泛的资源支持，多位区领导到访参观柯渡

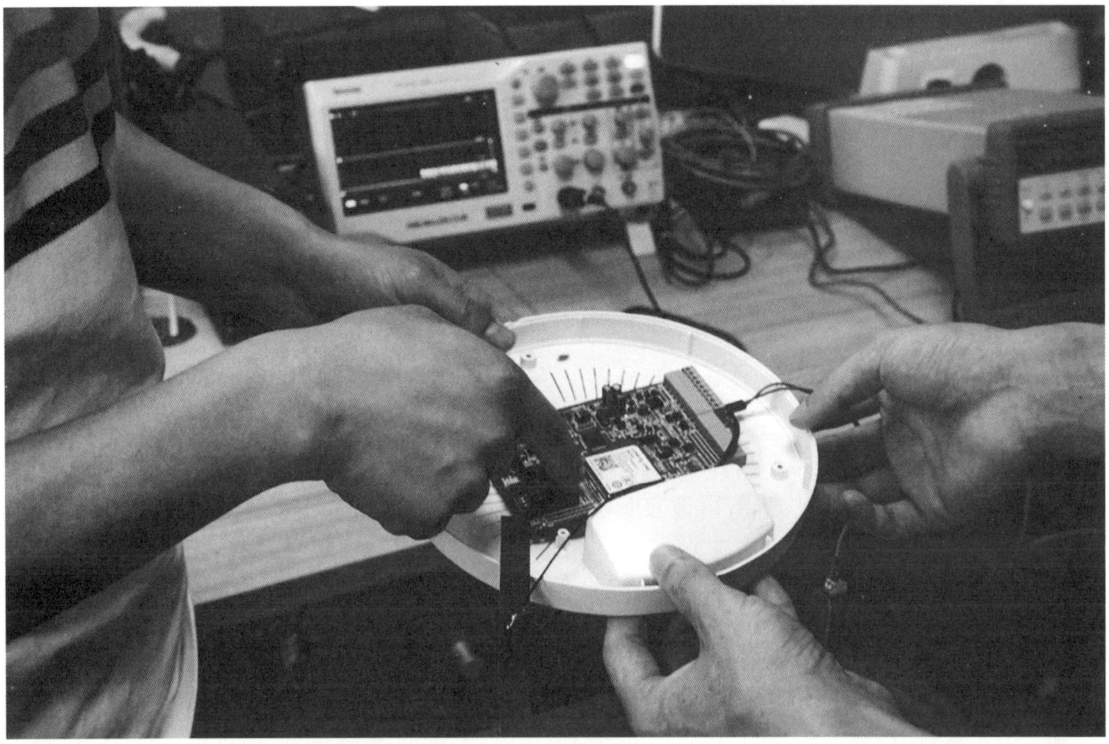

工程师在测试物联网装置

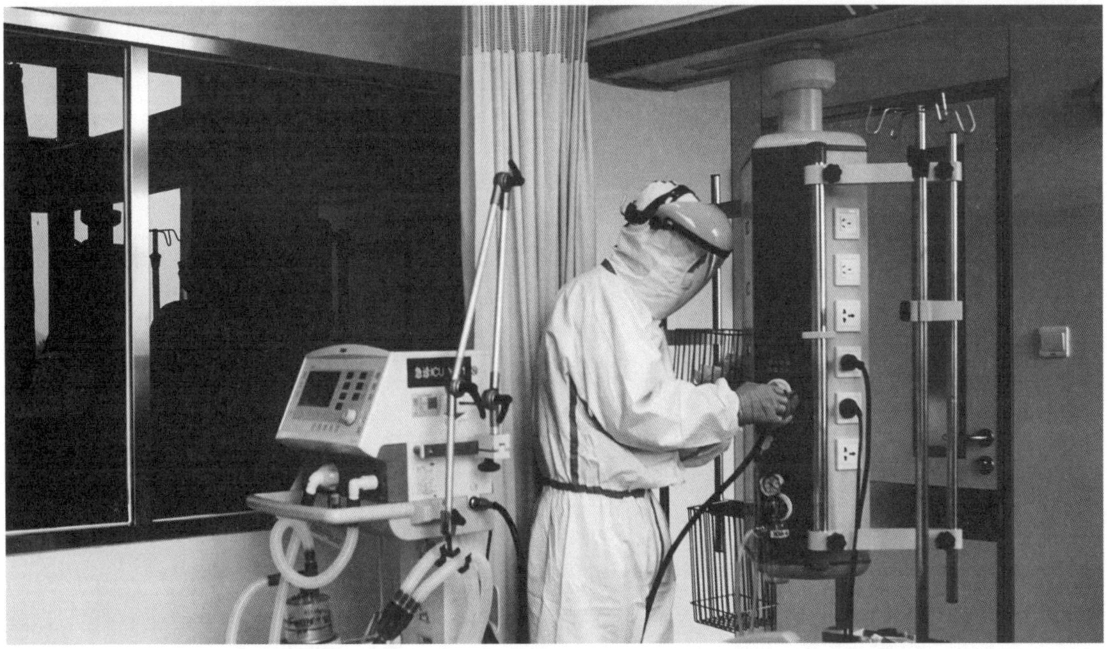

维护设备场景

医学上海总部5G数字化展厅，公司上下备受鼓舞。

来自上级领导机构及原厂在内的同业支持和鼓励，格外让柯渡人觉得温暖。同时，柯渡人也认识到新形势、新规范下，医学装备管理服务升级的重要性。当然每一个柯渡人也正如爱惜自己生命一样，爱惜柯渡医学在过去的10多年的实践中积累起来的“服务品质”，并争创“上海服务”的品牌与口碑。

“林清轩”——高端护肤品牌

“林清轩”是上海清轩生物科技有限公司（简称清轩科技）旗下原创品牌，自2003年创立至今，致力于以中国传统草本为原材料，制作出安全的天然化妆品。林清轩企业开创山茶花润肤油。自2003年创立至今，一直致力于以中国传统的植物为原材料，制作出天然、安全有效的护肤品 。

从上海第一家30平方米的直营店，发展到全国300多家直营店，“林清轩”坚信自然力量，一直秉承着“相信、仁爱、专注、拼搏”的价值观。“林清轩”坚持全产业链发展模式，从农场的选址，到土地的改良，再到育苗、养护、采摘、提取等过程，林清轩企业坚信自然力量，坚持实行公开透明、质量可监控的生产流程，实现从农场种植到产品销售的全产业链模式。“林清轩”历经两年多潜心研发，开创山茶花润肤油，2017年热销35万瓶，2018年销量达38万瓶，2019年“双十一”当天销量超9万瓶。

“焕肤修复　用林清轩”。经过多年探索，“林清轩”已逐步打开“山茶花焕肤修复”这一极具市场前景的护肤领域。

2018年，“林清轩”正式开启“中国高端护肤品牌”战略，加速品牌升级步伐。在营销领域上，“林清轩”积极探索品牌数字化，先后和分众传媒和微盟携手合作，进行数字化布局，助力“双十一”档的GMV强势破亿，实现200%的增长 。在运营管理上，“林清轩”通过小样派发扫码来提高门店进店率，带动门店成交率、客单价以及回购率的提升。在门店服务上，在2019年9月上海长宁来福士新开的全新一代“网红”概念店，并设立深度用户体验区，提高用户体验度。在企业组织文化上，“林

林清轩山茶润肤油

清轩”将以往的四大企业法宝升级为“开放创新、分享、用户体验第一、相信、仁爱、专注、拼搏”的七大法宝，进一步促进企业发展和员工成长；在门店经营上，“林清轩”采取门店合伙人制度，拉动门店业绩增长。

林清轩企业发展历程

2003 年 9 月，“林清轩”品牌创立。

2006 年 6 月，成立上海林清轩环保护理品研发小组。

2008 年 12 月，“林清轩”第一家门店——上海中山公园龙之梦店开业。

2009 年 9 月，林清轩第一家工厂在上海松江开业。

2011 年 4 月，“林清轩”上海太平洋百货专柜开业。

2011 年 12 月，“林清轩”第二家工厂开业。

2013 年 12 月，浙江安吉林清轩农场建立。

2014 年 2 月，“林清轩”山茶花润肤油正式上市。

2018 年 3 月 8 日至 11 月 10 日，“林清轩”新零售粉丝已累计突破 150 万人。

2018 年“双十一”期间，截至 11 月 11 日晚 10 时，“林清轩”线下门店成交额破 1000 万元。

2019 年 9 月 1 日，签署曾舜晞为“林清轩”山茶花润肤油代言人。

2019 年“双十一”期间，“林清轩”全渠道销售破亿元。

林清轩企业获奖

2018 年，获 *GINGER* 美容大赏亚洲新晋人气护肤品大奖。

2018 年，获《商业评论》杂志“新零售行动力 • 创新奖”。

2019 年 3 月，“林清轩”获天猫金妆奖榜单“年度新零售引领品牌”。

2019 年 10 月，“林清轩”山茶花润肤油荣获 2019 嘉人百大赏护肤类奖项 。

2019 年 10 月，“林清轩”山茶花润肤油荣获2019时尚 COSMOPOLITANBEAUTY AWARDS 年度达人推荐奖 。

2019 年 12 月，由《商业评论》举办的“2019 商业评论管理行动力峰会”在上海举办，同期现场揭晓了第十三届《商业评论》管理行动力奖，“林清轩”荣获 2019 管理行动力奖。

2020 年初，“林清轩”踩对“网红直播经济”的风口，依靠“林清轩”硬核的研发创新能力和研发、生产、销售的全产业链布局，以及不断更新迭代，受到消费者认可的产品，通过数字化全链路转型，全员直播，推动线下门店、线上销售。

2020 年 11 月 2 日 ，以“拥抱进博，引领潮流”为主题的上海市经济引领性本土品牌新品集中发布周启动仪式在上海兴业太古汇拉开序幕，高端护肤品牌“林清轩”则入选此次品牌推荐榜单，成为具有代表性的本土护肤品牌之一。

2021
上海商贸年鉴

第七编 专集

一、国内外有影响力的展览会

第三十届中国华东进出口商品交易会

2020年新冠疫情全球蔓延，世界经济受到重创，国际贸易虽形势严峻，中国华东进出口商品交易会（简称华交会）三十华诞依然如约而至。面对疫情，今年华交会史无前例地转战“线上”，以“发‘线’精‘采’”为主题，会期安排在7月13—17日，它的举办无疑为我国外贸企业注入强心剂。

7月13日上午9时，第三十届华东交会（2020线上）（简称线上华交会）启动仪式在上海世博展览馆准时举行，上海市副市长许昆林出席仪式并致辞，上海市政府副秘书长尚玉英、商务部驻沪特派办副特派员徐兴锋等领导出席仪式，上海市商务委副主任申卫华主持本次仪式。参加启动仪式的还有华交会主办省市和组团城市交易团负责人（部分交易团负责人用视频连线在当地分会

2020年中国华东进出口商品交易会（2020线上）启动仪式

场观看仪式），参展商、采购商代表，以及日本贸易振兴机构、跨境电商协会等商协会代表，eBay、谷歌、日本必极耐斯株式会社等合作伙伴代表，拼多多、i 百联、爱库存等出口转内销平台代表。

许昆林在致辞中指出，2020 年是华交会首次在线上办展，必将面临一系列前所未有的挑战，也是对办展思路、办展能力的一次集中检阅。在这个特别的时刻，要深入学习贯彻习近平总书记在今年“两会”上所作的“形成以国内大循环为主体、国内国际双循环相互促进的新发展格局”的重要指示，保持战略定力，拓展创新思维，善于面对当前国际贸易的新挑战，努力稳住外贸外资基本盘，力争举办一届“特别精彩”的网上华交会，共同谱写华交会发展史上的新篇章。

安徽轻工国际贸易股份有限公司外贸副总经理许国介绍，公司 5 年前就开始上‘线’了，这使公司 2020 年上半年进出口交易额超过了 2019 年全年。公司已在阿里巴巴、亚马逊、eBay 等多个电商平台上开设面向海外市场的线上店。虽然 2020 年上半年正增长，未来还是危机重重。转战线上贸易，更需要研究市场和产品，琢磨目标对象的需求，业务员思维方式要转变，产品直播推介对美工有更高要求。本届线上华交会是企业线上发展的一次练兵，是对传统贸易的挑战，要利用好新的平台，快速提升自身素质。

上海万盛保温容器有限公司总经理赵伟介绍说：“我们是华交会的老客户，这次线上华交会，通过网络联系了很多客户，在线上介绍了最新产品。作为一个传统外贸企业，我们要学习网上贸易的知识，‘云展会’给了我们这样的机会，我们要全力抓住机遇，和华交会这个多年的‘老朋友’一起成长、共同进步。”

线上华交会提供全天候 24 小时线上外贸平台服务，设五大专业子展：服装服饰展、纺织面料展、家庭用品展、装饰礼品展和现代生活方式主题展。同时，线上华交会还顺应当前国际贸易形势，专门设置了“出口转内销专区”“防疫物资专区（医用物资及口罩除外）”和“跨境电商专区”，在众多外贸企业面临生存危机的当下，华交会搭建这 3 个专区新平台，为外贸企业打造开拓国内外市场的新通道。线上华交会通过审核的参展企业共计 3520 家，共上传产品 71759 件，已注册采购商 21017 家。

历经三十载，2020 年华交会因疫情改在线上举办，运用现代信息技术手段，帮助中外参展商对接采购商。通过此次线上办展的新探索，将实现现代信息技术与传统展会的融合，定能产生新效果，为“着力服务国民经济新发展”作出新贡献。

第二十二届中国工业博览会

第二十二届届中国工业博览会于 2020 年 9 月 15—19 日在国家会展中心（上海）举办。本届中国工业博览会以“智能、互联——使能产业新发展”为主题，总展览面积 255121 平方米，吸引了来自世界 22 个国家和地区的 2350 家参展商，其中海外和外商投资企业参展商 257 家，同时举办了 53 场论坛和特别活动。来自 29 个海外国家和地区以及中国 31 个省、自治区、直辖市的 191792 名专业观众参观了第二十二届中国工业博览会。与前一届相比，本届中国工业博览会的专业参观者人数增加 4.67%。

第二十二届中国国际工业博览会设九大专业展，展会面积大于 28 万平方米，超过 2700 家展商参展，包括了以下展区：

1. 数控机床与金属加工展

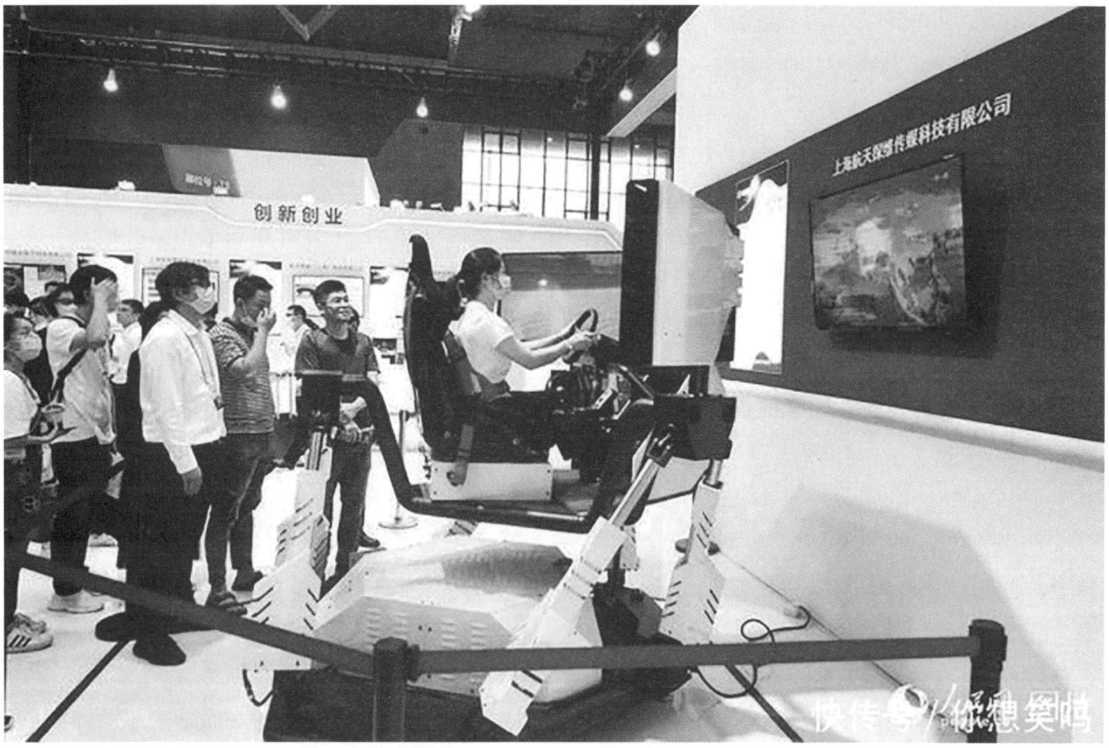

第22届中国国际工业博览会上观众在体验模拟驾驶

中国顶尖的国际性机床专业展览会之一，专注于机床、金属板材及管材加工、模具制造及其相关的新技术。机床与金属加工展，为众多展商提供一个结识客户、技术交流、采购的平台。展品大类：金属切削机床，金属成形机床，特种加工机床，数控系统、数显装置和机床电器，机床零部件及辅助设备，磨料磨具、刀具、工夹具及相关产品，检验和测量设备。历届知名展商有：山崎马扎克、哈斯数控、沈阳机床、秦川机床、昆明机床、济南二机床、上海机床、汉川机床、北京二机床、大连光洋、大正、伟立、治丞、桂北、通快、天田、萨瓦尼尼、埃威迪、团结普瑞马、三菱、百超、罗芬、麦格菲、村田、相干、偲丹、台励福、梁发记、扬力、亚威、金方圆、华工、楚天、大族、福禄水刀、大地水刀、奥拓福、OMAX、哈格、阿库、超技、普威特、悦瑞、形创、雷诺、株钻、博特、威库斯、Kasto、气立等。

2. 工业自动化展

全面展示工艺、生产自动化的新技术和全面解决方案，其展示规模、展品水平和国际影响力在亚洲地区首屈一指。展品大类：生产自动化，过程自动化，电气系统，工业自动化信息技术及软件，微系统技术。历届知名展商：西门子、ABB、施耐德电气、富士电机、三菱电机自动化、博世、欧姆龙、菲尼克斯、费斯托、惠朋、东芝中国、罗克韦尔、霍尼韦尔、LS产电、普洛菲斯、台达电子、博世力士乐、东方马达、山洋电气、SMC、图尔克、威图、泰科、宜科、巴鲁夫、劳易测、伦茨、倍福、倍加福、贝加莱、西克、堪泰、海德汉、堡盟电子、施迈赛、美卡诺、魏德米勒、伊玛电子、穆尔电子、皮尔磁、易福门、路斯特、奥托尼克斯、研华、固高科技、威强电、英威腾、汇川、欧瑞传动、蒂业技凯、上银、米思米等。

3. 节能环保技术与设备展

节能环保技术与设备展是“中国国际工业博览会”旗下的一个关于节能环保设备在工业领域运用的专业展会，是关于推进绿色发展、循环发展、低碳发展，大力推进生态文明建设的国际盛会，为业内同行相识、相聚、相交提供了理想的商务平台。展品大类：节能技术与解决方案、空气治理及烟气净化技术与设备、工业清洁技术与设备、绿色制造、循环经济及资源再生综合利用。历届知名展商：BlueAir、双良节能、博世科、环东光电、国邦、Gadlee、汇乐、艾热 AR、普罗米、飞马帝客、德国杜尔一申克、爱阔特、启能新能源、美国 RMC、锋历盛、霍尼韦尔、美国联合空气公司、中国节能、三菱重工、三井物产、凯天环境、洁普惠通、东芝、欧姆龙、岩谷产业、河村电器、德国凯驰、诺比节能、格威莱德、意大利 INTERPUMP、力奇先进、瑞典普利麦克斯、宝钢集团、华谊集团、上海化工区、海立集团等。

4. 信息与通信技术应用展

信息与通信技术应用展以继续“协同创新、智领未来”的展示为主题，紧贴信息业市场需求及产业发展趋势，集中展示：工业互联网 / 工业 4.0、智慧城市、云计算、移动互联网、新型显示、智能硬件等热点领域的实际应用。展品大类：智慧城市解决方案、工业互联网解决方案、企业信息化解决方案、云计算与大数据、软件及信息服务、网络设备、通信设备、传感设备、智能终端、存储设备、新型显示、信息安全、测试测量。历届知名展商：华为、SAP、达索系统、Intel、Hitachi、微软、思科、中兴、中国电信、中国移动、中国联通、万达信息、软通动力、大用软件、宝信软件、鼎捷软件、明匠智能、仪电集团、新大陆集团、牡丹电子集团、清华同方、上海微电子装备、北方微电子、复旦微电子、意法半导体、阿里巴巴、百度、小米、兆民云计算、启明、三零卫士、众人网络、北大千方、科锐、中关村展团等。

5. 新能源与电力电工展

面向新能源电力、智能电网、工业电器以及电力与电工技术和设备的专业展会，旨在为电力领域，从电力发电、变电、输配电到电力的终用户提供一个采购、销售、技术交流平台。展品大类：太阳能技术及设备，风能技术及设备，核能技术及设备，电力、电工测控仪器，电气自动化技术及设备，智能电网技术及设备，输电、配电设备及附件，电力电子器件。历届知名展商：华能集团、中国华电、东芝、施耐德、上海电气、中国电建、特变电工、西开电气、正泰集团、飞利浦、金米勒、长城电工、诺雅克、置信电气、金风科技、天威集团、伊顿电气、士林电机集团、法泰集团、华通机电、杭申控股集团、环宇集团、南京曼奈柯斯、常熟开关厂、上海人民电器、良信电器、江苏森源、广电电气等。

6. 节能与新能源汽车展

中国顶尖的国际性新能源汽车展览会之一，受到国内外知名整车及零部件生产厂商的追捧。节能与新能源汽车展力求大限度地发挥展会的影响力和吸引力，搭建政府、企业和市场的互动平台。展品大类：节能汽车（乘用车 / 商用车）、新能源汽车（乘用车 / 商用车）、新能源客车、电动汽车关键零部件（电池、电机、电控等）、基础设施及相关配套产品（充电机、充电桩、换电装置等）与电动汽车有关的智能电网技术装备等。历届知名展商：上汽、一汽、北汽、东风、广汽、长安、宝马、沃尔沃、特斯拉、东风日产、腾势、比亚迪、奇瑞、吉利、江淮、长城、陆地方舟、保时捷、宇通客车、厦门金龙、中通客车、安凯客车、北汽福田、申龙、万象、桂林客车、华奥、雷博、陕汽、玉柴、国家电网、大陆汽车、米其林、菲尼克斯、三键化工、国电南瑞、海立、普天、交大神舟等。

7. 机器人展

中国工业博览会 2012 年曾设立机器人展区，2013 年首次独立设主题展为工业机器人展，2015 年更名为机器人展。机器人展每年一届，已经成为行业发展风向标，被认为是世界机器人领域具魅力的专业展会之一。展品大类：工业机器人整机、系统集成应用、核心部件、服务机器人、特种机器人。历届知名展商：ABB、FANUC、KUKA、安川电机、川崎、史陶比尔、那智不二越、Rethink Robotics，现代重工、松下、欧地希、柯马、优傲机器人、新松、广州数控、埃斯顿、埃夫特、新时达、博众、赛腾、华昌达、大疆、中信重工、配天、亚威徕斯、李群自动化、固顶、沃迪、高威科、雄克、速德、三菱电机、雅马哈、爱普生、电装、东芝机械、车乐美、东部机器人、艾卫艾、罗普伺达、纳博特斯克、拉法特、哈默纳科、电产新宝、昂华、华太、福赛特、钱江机器人、达意隆、东佑达、众为兴、上海机器人产业园、众拓等。

8. 科技创新展

中国工业博览会自1999年创办以来，科技创新展始终是中国工博会的主题展之一，每年吸引了一大批科技系统、教育系统、中科院系统及境内外企业的创新成果展示。展会鼓励拥有自主知识产权的独特技术，通过原始创新、集成创新和引进技术再创新等手段促进向生产力转化。展品大类：科技部、教育系统和中科院三大国家科研机构成果展示，设企业与科、教等系统两个板块，主要展出企业、科研机构和大专院校的科技创新成果，设创新科技展区、中国科学院展区、高校展区、工业设计创新展、空间信息产业暨北斗导航技术应用展、新材料产业展、智能制造试点示范项目专项展、船舶与海洋工程装备展等展区。

9. 新材料产业展

在第十九届中国国际工业博览会中设立新材料展，旨在落实《中国制造2025》，瞄准国际新材料新技术，应用新材料技术提升工业制造技术创新与应用水平，共同推动我国新材料产业持续健康发展。同时，为新材料领域企业提供技术交流、品牌推广、产品/解决方案对接平台。展品大类：重点展示高端、创新性材料即高阻隔、高透明度、耐蒸煮、抗紫外线、抗菌、超高强度、免喷涂、生物降解等材料。

中国工业博览会自1999年创办以来，通过专业化、市场化、国际化、品牌化运作，已发展成为通过国际展览业协会（UFI）认证，中国装备制造业具影响力的国际工业品牌展，是我国工业领域面向世界的一个重要窗口和经贸交流合作平台。自2015年起，中国工博会已正式移师国家会展中心（上海）。国家会展中心（上海）位于上海虹桥CBD核心区、毗邻虹桥交通枢纽，是目前世界上面积最大的会展综合体。

第十九届中国（上海）国际跨国采购大会

第十九届中国（上海）国际跨国采购大会（简称采购大会）“线上展”于2020年12月11日开幕。采购大会通过推动传统展览业转型升级，创新模式，提升上海会展的影响力和竞争力的同时，也充分发挥采购大会在贸易促进、精准撮合上的优势，进一步稳外资、稳外贸，助力中国产品进入全球采购网络。

上海市商务委副主任申卫华在开幕致辞中指出，当前全球经济已经是高度紧密合作的综合体，新发展格局是开放的国内国际双循环。跨国采购大会在全球疫情仍旧肆虐的情况下能够坚持在线上召开，是推动国际经济联通和交往的重要举措。在全球供应链受到疫情严重冲击的背景下，线上平台对于供求双方也更加具有积极和现实意义。上海外贸工作及时出台贸易高质量发展36条等一系列政策举措并狠抓落实，全市外贸呈现稳定转好态势。

采购大会与爱姆意云商合作打造的

上海市商务委副主任申卫华、东浩兰生集团总裁曹炜、爱姆意云商董事长戴佩华共同启动采购大会平台

“3+365 天线上跨采大会”，搭建了采购商需求展示区、认证供应商展示区、活动中心、新闻资讯等功能模块。通过微信小程序，为采购商和供应商提供了采购清单展示、企业产品展示、供需双方交互等功能，构造出零距离的贸易对接环境。

根据采购需求，大会采购展示区分为三大板块：以央企、国企为代表的国内采购专区，以世界 500 强跨国公司为代表的国际采购专区，以及以联合国采购为代表的公共采购专区。作为实体展会的延伸，“线上采购大会”突破了原先地域、时间等诸多限制条件，为采购大会的创新和二次竞争提供了技术基础。通过进一步丰富多媒体定制、智能检索、自动浏览、多层次交互、智能商业配对等功能，真正实现了“3+365 天”的全年采购对接服务保障。

东浩兰生集团总裁曹炜在致辞中指出，世界经济形势在疫情影响下发生颠覆性地改变，国际贸易面临更大挑战的同时也面临更多机遇，跨采大会将继续做大做强，同时发挥跨采平台的辐射效应，加强境外采购商及国际组织的深入合作，在全国乃至全球举办以采购为主题的活动，打造全球知名的跨国采购品牌。

本届采购大会的采购项目涉及 130 家采购商，共计 2000 多条采购清单，产品范围涵盖了工程机械、生产设备、商用车辆、电子器件、医疗器械、五金工具、劳动防护和防疫物资等，采购总金额约 160 亿美元。

开幕式上还发布了“跨国采购青年人才计划”，并为“上海跨国采购青年人才培训基地”授牌，上海跨国采购中心、上海市青年创业就业促进会获牌。“跨国采购青年人才计划”旨在为采购大会增强与采购商的黏性，提升大会的影响力，同时为大会未来发展储备青年人才资源，推动中国采购专业化发展。

中国（上海）国际技术进出口交易会

由市商务委、市贸促会共同主办的中国（上海）国际技术进出口交易会“2020年上交会云上海外展”于2020年9月23—25日举办，是在疫情防控常态化之下首次举办的“云展”，以“打造数字新基建，拥抱线上新经济”为主题，参展技术先进型企业70多家，展示技术逾百项。展会通过网上虚拟展厅等互联网新技术进行展示洽谈，为展商提供云发布、云直播、云洽谈、云采配、云签约五大核心功能，全新打造上交会云上海外展在线平台。

为支持企业“走出去”拓展国际市场，上交会海外展自2016年创办以来，先后成功举办了2016捷克展、2017南欧展、2018拉脱维亚展、2019土耳其展，助力中国技术扬帆出海。2020年上交会云上海外展主要有展览展示、开幕论坛、交易促进、宣传推广四大板块组成，辐射30个国家和地区，覆盖全球10万买家，力争百万级的线上传播量。

1. 展览展示

本次参展企业70多家，将带来近百项先进技术进行展示交易和全球发布。展商在平台上可实现一键布展、快速营销、定向触达、智能聚客等新功能，凭借平台拥有的便捷登录、按需浏览、实时询盘、在线洽谈等在线功能，面向全球宣传、招募国际买家及专业观众，极大提升了云上观展体验。展览展示共设置序展、科技创新、智能防疫、上交会发布和交易服务5个展区，对人工智能、大数据、区块链、智能制造等领域的创新性技术进行了重点展示。

2. 开幕论坛

开幕论坛于9月23日举行，采用线上线下相结合的方式。线下会场设在世博会博物馆WE剧场；线上全球连线希腊、意大利、匈牙利、波兰及中国（北京、上海）等多地进行同屏交流；线上、线下参会规模各150人左右。主旨演讲将邀请阿里巴巴集团技术委员会主席、达摩院院长张建锋和首届中英人工智能峰会创始人、中英商业融合有限公司CEO罗赛儒（Syrus Lohrasb）共同分享后疫情时代产业技术新格局、数字经济发展新未来。启动仪式创新采用了具有科技感和

中国（上海）国际技术进出口交易会“2020上交会云上海外展”示意图

“云”特色的方式呈现。线上巡馆设置在开幕论坛前，重点安排电气集团、仪电集团、深兰科技、阿里巴巴集团等代表性企业进行展示交流。

3. 交易促进

凭借国际化的推广及有效的海外买家引流措施，本届上交会云上海外展将确保每位展商展期内洽谈买家数不低于 10 家，通过组织有针对性的云上贸易洽谈、云上外贸沙龙，精准匹配供需，促成云下单、云签约。

4. 宣传推广

结合云上会展特点，开拓全渠道媒体传播矩阵，通过国内外主流媒体参与报道、阿里国际站、海外商协会和合作机构的社交平台渠道、抖音等新媒体平台，进一步扩大社会影响力。

5. 五大亮点

（1）首次探索上交会云上会展新模式，拥抱在线新经济展示上交会技术贸易促进成果。

展会以主题展与形象展相结合的方式，从城市形象、产业生态、营商环境、商贸投资等多个维度展示了上海城市风采，重点介绍了上交会的技术贸易平台价值，展示了多年来上交会在促进技术贸易方面所取得的成果。

（2）聚焦首展首发新成果，技术先进型企业齐聚科技创新展区亮相新技术新产品。

科技创新展区设 4 个专区。信息技术专区主要展示人工智能、物联网技术、5G通信、边缘计算、数字供应链等前沿科技；智能制造专区着重展示传统制造行业在新一轮智能化浪潮中的重铸与革新；智慧创新专区突出强调创新科技与尖端技术在智慧城市、智慧医疗等领域中的创新应用；跨境电商专区集中展示跨境电商平台技术、供应链体系等在线新经济赋能的业态场景。

（3）首设智能防疫展区，凸显新技术在重大公共事件中的重要保障支撑作用。

智能防疫展区重点展示在全球防疫形势下，各行业所涌现出的新一代高科技、信息化的针对性技术及产品。其中包括擎朗消毒机器人以及医疗配送机器人；深兰科技最新推出的防疫系列产品矩阵（包括 AI 消毒清洁机器人、AI 紫外线消毒机器人、AI 热感视觉行为监控系统等）；上海电梯协会携各知名电梯企业推出的智慧楼宇“防疫新科技”项目展示等。

（4）打响“上交会发布”品牌，将展示与发布相结合，为企业搭建舞台。

展会设立上交会发布区，持续打响“上交会发布”品牌，聚焦在线新经济领域，遴选出若干项具有领先地位的技术项目和创新成果进行线上发布，展现在线新经济的关键技术和创新应用，以及为消费升级和产业转型提供新动力的做法经验。

（5）打造交易服务区，一站式打造技术贸易促进生态圈和产业链。

交易服务区集中展示技术贸易所配套的贸易平台、金融投资、知识产权、政策法律等相关服务，力争实现技术交易“一站式”服务，构建技术贸易促进生态圈。参展企业包括上海知识产权服务中心、上海专利商标事务所、光华专利事务所、达而观信息等。

第五届上海浦东国际汽车展览会

2020 年 10 月 4 日，第五届上海浦东国际汽车展览会（简称上海浦东车展）在上海新国际博览中心圆满落幕。

2020 开年以来，全球正经历着新冠肺炎的考验。受疫情影响，全球经济呈下行趋势，消费持续下降也正打击着市场情绪，汽

观众能够直接试驾爆款车型、体验现代科技赋予的更加安全及智能的驾驶乐趣

车行业的可持续发展目标的实现面临着更为严峻的挑战。作为华东地区展会规模最大、展商参展规格最高的国际化专业汽车展览会——上海浦东车展不仅担负着促进国内经济大循环的重要使命，而且为行业从业者提供一个后疫情时代交流合作的优质平台。

上海浦东车展使用上海新国际博览中心N1－N5、E7共6个室内展馆和室外展场，总面积达到10万平方米，共展出新款汽车480辆，基本涵盖了国内外所有主流汽车品牌。7天展期迎来17.5万人次参观

1. 新车重磅发布，助力浦东车展

第五届上海浦东车展，以“智驾未来”为主题，集中展示汽车行业的最新创新技术与成果，同时多款新车亮相，如林肯、吉利、北京越野、捷豹路虎、奔驰、奇瑞等都在现场进行新车发布，为消费者和爱好者了解世界最新汽车技术和成果提供了绝佳窗口。

2. 线上线下全面打通，同期活动精彩纷呈

本届车展举办“大咖带你逛车展”活动。车展期间每天都有大咖通过直播镜头，让更多的汽车爱好者和他们一起云逛车展，并用他们专业的眼光，带大家一起领略各种亮点。如知名F1评论员北极虾作为深度体验官，进行车展首日的互动直播，引爆了线上与现场观众的参与热情，直播持续近5小时，共计2278万观众在线互动。

本届车展组委会在展会期间举办“浦东车展•儿童安全驾驶培训”，有针对性地提高儿童交通安全意识；与上海广播电台共同打造了“强哥带你去探营”和亲子逛展等系列活动，为汽车消费者带来一个休闲度假的优质选择；还设立室外试乘试驾体验区，全面优化了体验区设置和参与流程，让观众能够直接试驾爆款、主流车型，体验现代科技赋予的更加安全智能的驾驶乐趣。

3. 防控防疫，保障展会顺利开展

2020年上海浦东车展主、承办单位在国家及上海市政府各相关部门的指导下，认真履行上海市商务委员会关于统筹做好举办会展活动和防疫防控工作的通知，切实执行

《上海市会展行业新冠肺炎疫情防控指南》，制订现场疫情防控工作预案，强化展会现场防疫措施，坚持合理控制人流，确保场馆卫生无安全隐患，保障所有与会人员的身体健康及生命安全。如本届车展保留和新增了多项现场服务措施：在两个接待大厅（2 号厅和 3 号厅）设有咨询处以及提供各种防疫物资、票务服务等，并在 N1 － N2、N2 － N3、N4 － N5、E7 设置 4 个咨询台，随时为观众提供服务和各种防疫物资。组委会还在场馆内设置了新区有关政府部门组成的现场办公室、主办方办公室、主场搭建办公室、主场运输办公室、媒体新闻中心、医疗救护点及安全保卫处等。展馆内还引入主流餐饮品牌、增加餐饮服务点，为展商和参观者提供安全便捷的饮食。

第三十七届上海国际婚纱摄影器材展览会

第三十七届上海国际婚纱摄影器材展览会携手第二十二届上海国际摄影器材和数码影像展览会、2020 上海国际儿童摄影展览会于 2020 年 7 月 8—11 日在国家会展中心（上海）展出。

本次展会三展联动，展出总面积 12 万平方米，启用了国家会展中心（上海）5.1 馆、5.2 馆、6.2 馆、7.2 馆和 8.2 馆 5 个展厅，展商数近 600 家，并首次推出 OAO 联展模式，实现实体展会与数字展会同步融合，让“逛展全链路、云展零距离”的全新商业模式成为开启会展业数字化转型的新路径。

“三展联动 + 云上会展”的全新亮相方式，是为了力求最大程度地展现行业精品和企业风采，摆脱时空限制，关注业态健康发展的新特点、新要求和新未来，为推动婚尚产业和摄影行业的全面复工复产、复商复市带来重要意义。

第 37 届上海国际婚纱摄影器材展览会

上海国际婚纱摄影器材展作为中国人像摄影行业的“国展”，其专业化、国际化的办展水平已成为中国乃至全球婚尚行业的“风向标”和“晴雨表”。上海国际婚纱摄影展始终履行自己行业标杆平台的责任，倡导“原创设计力量”，在6.2号馆内特设的设计师展区，扶持“有设计、有品质、有故事”的设计师品牌走向更市场化、国际化、商业化的发展道路。

本届上海国际儿童摄影展首次升级为十大展区，涵盖婴童主题样片及研发加盟、儿童实景道具、儿童彩妆、孕婴童服饰、亲子服饰、儿童相册相框、儿童纪念用品及服务、医院上门及产后修复加盟、毕业季摄影、儿童庆典及宝宝宴加盟等，旨在以更专业的优质资源为儿童摄影品牌提供领先、时尚的产业供应链生态，构筑上亿消费市场融合发展的共赢生态圈

作为2020年行业首个举办的影像行业专业展，上海国际摄影器材和数码影像展已成为行业新品首发地，全面展示“专业影像、消费影像、商业影像”的全场景产品和解决方案。索尼、尼康、松下等公司纷纷在展会现场发布了重磅新品，更有许多直扣目前网络直播销售新形式的配套技术产品推出。

由阿里巴巴集团和上海市国际贸易促进委员合作成立的云上会展有限公司为本届展会提供首个落地的数字化虚拟展馆。阿里巴巴商业操作系统为云展平台提供全域智能营销、大数据运营等一系列企业服务支持，打造线上会展的创新营销模式，促成主办方与参展商的业务增量。

此次推出的“云上婚纱、儿童、摄影展”，通过“云展示 + 云直播 + 线上下单”的形式丰富参展企业多维度的展示渠道，便于采购商通过“云上展”全方位了解海量新品，精准实现智能导购、一键询盘、极速洽谈以及直播实时互动，而数字信用机制则充分保障了交易安全。这是展会创新发展的新尝试，更成为探索婚摄行业数字服务消费的新模式。云上会展以行业领先的三维建模和MR、AR等技术，智能导览500余家展商以及20多场同期活动，真正实现“一展全球通”。

第二十一届中国国际食品和饮料展览会

中国国际食品和饮料展览会（简称中食展）于2020年9月28—30日在国家会展中心（上海）举办。本届展会由商业发展中心和高美爱博展览集团共同主办，展览面积达到10万平方米，为期三天的展会共有2200家参展商，吸引了超过6万名专业观众到场参观。此次展会展现了后疫情时期中国食品行业的强势复苏。

作为亚洲最大、世界第三大的食品展，吸引了包括美国、西班牙、韩国、智利、澳大利亚、日本、巴西、加拿大、法国、印尼、爱尔兰、意大利、新西兰、瑞士等23个国家与地区的展团，来自20多个国家领事馆的50多位代表也共同出席了本届展会。

本届展会设立休闲食品、综合进口食品、高端饮品、乳制品、功能性营养食品、绿色农产品、水产品、肉类、冷链冷冻食品、酒及酒精性饮料、高端油品及调味品、方便食品及预制菜肴、餐饮器皿及包装十三大主题展区。农业农村部对外经济合作中心、中国水产流通与加工协会、山东省商务厅、浙江省农业农村厅、上海市农业委员会、福建省商务厅、吉林省商务厅、中国国际贸易促进委员会黑龙江省委员会、山西省投资促进局、长春市商务局、宁波保税区、东莞市商务局、云南临沧高新技术产业开发区、威海市进口商会、厦门市食品行业协会、晋江市食品行业协会组团参展。

第二十一届中国国际食品和饮料展览会现场

展览组织方——北京爱博西雅展览有限公司董事总经理李悦表示，新冠疫情给中国食品行业带来了严峻的考验，但在有效防控和各方的大力支持下，经过全行业的通力合作与努力，中食展顺利举办并取得了非常好的效果。中食展将不断发挥连接行业、连接创新的作用，继续保持平台的领先优势。

此次中食展同期举办了全球新零售峰会、供应链大会、食品安全溯源与智能包装技术论坛等多场高端会议及活动，其中中食展举办的 SIAL 创新大赛也得到业内的高度关注。SIAL 创新大赛特邀业内专家、学者、媒体以及咨询机构，组成独立的评审团，结合全球不同国家和地区的消费习惯及市场趋势，从愉悦、健康、保健、便捷、环保五大维度出发，评选出一批年度最具创新性的食品及饮品。每年获奖的食品和饮品在市场上都得到了业界的追捧。

经过多轮评选，中食展在 9 月 28 日公布了第十六届 SIAL 创新大赛金银铜牌获奖产品，获得金奖的是来自中国大地生机（福建）农业发展有限公司的洛神花脆产品，获得银奖的是来自中国杭州微念品牌管理有限公司的李子柒秋梨枇杷膏产品，获得铜奖的是来自瑞士 Brauerei Locher AG 的啤酒无醇果醋产品。

为了更好地为展商和买家搭建供需匹配的专业桥梁，提高展商和买家的满意度，本届中食展推出“Match Me”增值服务，对有采购计划、有决策权或参与权的近 2000 位专业买家提供个性化商业服务，与这些买家进行沟通，深入了解买家需求，对参展企业和产品进行筛选，促进买家与展商一对一进行业务洽谈精准匹配促成交易。展会现场为大润发、联华、华润万家、苏宁易购等 10 余家企业的采购大咖设置了高端采购商洽谈间，为满足展商精准对接、高效洽谈采购需求。此外，上海跨进电商商业协会、中轻协铂金采购团、安徽食品行业协会、橄榄餐厅等数十家合作方组成了超过 5000 人的专业采购团到场参观，并参加采供对接沙龙，在展会现场达成了近千项采购协议。

针对疫情带来的影响以及新的市场变化，中食展还推出“中食在线”项目，实现展商展品365天全景在线，买家展前展中展后全时段随时上线了解企业，开展接洽，获得产品推荐，提升展商参展的投资回报，实现了“中食展全年365天不落幕”。

第十五届上海国际轨道交通展览会

12月9日，由城市交通网发起，中国土木工程学会城市公共交通分会、晟格会展（上海）有限公司联办的ARTS 2020上海国际先进轨道交通技术展览会暨上海国际地下工程与隧道技术展览会（简称ARTS轨道交通展）在上海新国际博览中心正式开幕。

一年一届的ARTS轨道交通展，是在国内轨道交通领域具有重要影响力的展览品牌，连续十余年取得了巨大成功，各路好评接踵而至。作为引领国内轨道交通行业发展的国际行业盛会，不仅为全球铁路与城市轨道交通领域企业展示了最新产品、顶尖技术和解决方案，也为行业的技术合作与贸易、信息交流搭建了最佳的商贸平台。为期3天的ARTS轨道交通展吸引逾2万多名中外专业买家到场、观摩及采购最新轨道交通装备与技术。

出席本次开幕式的嘉宾有中国铁道工程建设协会秘书长李学甫、中国土木工程学会城市公共交通分会理事长张必伟、台州市轨道交通建设与管理协会会长梁国平、浙江省轨道交通建设与管理协会秘书长寿生祥、长春轨道交通集团有限公司党委书记董事长曹国利、墨西哥驻上海总领事馆副总领事Carlos Valera Paulino、上海申通咨询有限公司总经理田俊、绍兴轨道交通集团副总经理祁勇、上海瓴云土木工程咨询有限公司董事总经理白云、长沙市产业链总链办先进轨道

2020上海国际先进轨道交通技术展览会暨上海国际地下工程与隧道技术展览会

交通装备链链办副主任向宇、西南交通大学上海研究院副院长童红霞、多米尼克驻华大使馆秘书张涵以及乌干达驻华大使馆参赞欧文多•穆卡加。

ARTS 轨道交通展展品涵盖车辆及零部件、隧道及地下工程、轨道交通通信、磁悬浮、车辆内饰及材料、电气化、安防、工务等，并集中展示了国内外轨道交通的技术发展趋势及产业链条，以立足上海、辐射全国、面向世界为宗旨，打通产业链上下游企业，联合北京、上海、南京、杭州、温州、苏州、郑州、长春、哈尔滨等近40家地铁业主单位，促进双方的交流、合作、共享、商贸并强化产业持续创新发展。

ARTS 轨道交通展得到了国内外众多企业的支持与关注，本届知名参展商包括中国中车股份有限公司、北京博清科技有限公司、上海工业控制创新科技有限公司、欧普智慧照明科技有限公司、广东三雄极光照明股份有限公司、中隧阀门科技有限公司、特瑞普（广州）冷热设备有限公司等，展商规模突破 200 余家。

为促进行业沟通交流，本次展会同期举办台州市轨道交通产品对接会、2020 中国轨道交通发展高峰论坛、2020 地下工程与隧道技术应用研讨会三场主题鲜明、内容丰富的专题技术交流和学术研讨活动，邀请到国内外轨道交通制造商、地铁公司、产业链上下游企业、行业协会 / 学会、科研院校等不同领域的专家学者，与广大业内人士交流、探讨。

第十四届中华老字号博览会

由中华人民共和国商务部、上海市商务委员会、上海市经济和信息化委员会、上海市档案馆、黄浦区人民政府、静安区人民政府共同指导，上海中华老字号企业协会主办，上海东艺会展服务有限公司承办的“第十四届中华老字号博览会”（简称博览会）于 2020 年 10 月 10 日隆重开幕。本届博览会展示面积达 8000 平方米，汇聚全国近 200 家老字号企业参展，共吸引超 5.3 万人次参观。

本届博览会创新升级，亮点纷呈，汇聚多方社会资源，联合老字号企业搭建了一系列国潮文化展位，推出了一系列文化主题活动，并以多种形式与消费者展开互动，打造了一场集老字号民俗文化、非遗技艺、国潮体验、文商文创、互动娱乐等为一体的老字号嘉年华。

“老字号周年庆专区”作为博览会主形象区，集结老字号大美华（80 周年）、上海梅林（90 周年）、第二食品（100 周年）、南翔馒头店（120 周年）四个周年庆品牌，再现老字号传奇故事与匠心品质！

“老字号新品发布展示区”，与老字号历史文献选萃展区有机融合，深刻诠释了传承与创新。展区集结光明、开开、上海制皂、豫园集团、豫园旅游商城等众多老字号，整合网红潮品、文商文创及跨界新品，从数字驱动、设计赋能、品牌引领三个方面，释放老字号的商业价值和传统魅力。

“璀璨珠宝节”，联合“老庙、亚一、老凤祥、天宝龙凤”四家金饰珠宝品牌于博览会期间推出多项线上 + 线下套餐折扣优惠，实现了引流与促销的完美结合。

“消费扶贫专区”重点扶持“新疆、贵州、云南”等贫困地区优势产业，为助力国家打赢脱贫攻坚战、实现乡村振兴贡献了一份力量。

上海市档案馆“百年传承上海匠心——馆藏老字号历史文献选萃”主题展示区，通过回顾近百年来上海城市发展的脉络轨迹，

第十四届中华老字号博览会现场

重新拾起关于老字号的上海城市记忆。

“上海农商银行”作为唯一一家参展的金融机构入驻本次展览。该行以“普惠金融助力百姓美好生活”为使命，关心关注百姓民生。此次参展，全程为沪上各老字号及逛展观众提供金融保障，助力百姓美好生活，帮助“百年老店”在新的市场环境下涅槃重生、延续辉煌。

“线上＋线下，多平台联动”，博览会开启办展新模式。“老字号主题直播间”，接入老字号新产品、新技术、新理念，为撬动品牌私域流量入驻，促进老字号在线新经济发展，培育老字号产业新动能积极探索和尝试。美团专场直播“大师的秘密”吸引线上 19.5 万人次观看，累计直播带货销售额超过 15 万元，5 位青春主播开展线下探展直播，为展会 50 多个老字号品牌做线上品牌宣传和产品推广。“盒马 •‘海派国潮’专题页”自 9 月 27 日开启预热销售起，“光明”“梅林”“第一食品”等上海老字号品牌在盒马线上分会场的销售额已突破 20 万元。抖音“中华老字号博览会”话题播放量超过 35.4 万次；现场推出的“老字号，DOU 起来！——抖音打卡挑战”等活动更是受到众多年轻消费者的热烈追捧。博览会旨在用互联网新思路，讲好老字号故事，传播老字号品牌，宣传老字号文化，引领老字号风潮助力老字号数字化和年轻化。

二、上海创意产业园

喜玛拉雅中心

喜玛拉雅中心整体建筑设计由国际著名日籍建筑大师矶崎新亲自主持，坐落于上海浦东芳甸路、樱花路、梅花路和石楠路围合地块，是由证大集团精心打造的占地超过 3 万平方米、总建筑面积 18 万平方米的当代中国文化创意产业的综合商业地产项目。喜玛拉雅中心有证大·大隐精品酒店和证大艺术酒店、喜玛拉雅美术馆、大观舞台和商场共同组成。运用古老中国精神和哲学，从传统中国文化中淬炼出属于当代中国的生活美学指标，旨在打造体现当代中国文化艺术的高品质生活与服务。

当谈及“喜玛拉雅”，人们首先会想到世界海拔最高的山脉，而喜玛拉雅中心是一座关于艺术、关于生活的感受与想象的体验之城，是一个理想生活的高度，不仅代表物

喜玛拉雅中心外景

质层面，更代表精神层面。因此，“喜玛拉雅”并不代表建筑的高度，而是象征心灵的高度。

喜玛拉雅中心建筑整体由晶莹透亮的立方体和自然质朴的“异型林”构成。晶莹透亮、简洁明快的方形体内是证大•大隐酒店、证大艺术酒店和商场；中央不规则的“异型林”内，包含喜玛拉雅美术馆与大观舞台。喜玛拉雅中心不是一个单纯的建筑，而是一座雕塑，更是一件艺术品。尤其是“异型林”结构部分，承载了喜玛拉雅中心的艺术性，不仅从外形上，更从内涵上将艺术的渲染力源源不断地扩散到整个建筑，使整座建筑的魅力随异形体不断生长。“异型林”犹如从地下自然生长出的“林”，支撑起整个喜玛拉雅中心。因此，异形体在设计和建造时的工艺要求非常严格，不仅要达到建筑设计的美观，更要科学而严谨地考虑自然力学。

证大•大隐酒店：酒店拥有75间客房，是一处修养身心的都会隐所。带有SPA设施的豪华客房，提供个性化的理疗和咨询。24小时的管家服务，让客人感受宾至如归。茶香四溢的当代中国风味茶馆，提供各种有机的健康餐饮。客人们可以在证大•大隐酒店打造的独特养生氛围中尽情放松身心。

证大艺术酒店：五星级商务酒店，拥有313间客房。酒店的豪华套房内可以举办产品发布会。3楼的大型宴会厅，总面积达800平方米，净高9米，适合举办各类活动。酒店还拥有多间会议室和多功能厅，适合各类宴会和会务需求。整座酒店覆盖免费宽带和高速无限网络，且每间客房内的平板电视都带有上网功能。除此以外，酒店内的上海艺术餐厅，是一家烹调精致上海本帮菜的特色餐厅；酒店的二楼更拥有婚礼商店和美容沙龙，可为新人们提供一条龙式的便捷服务。中式优雅客房结合最新的科技，缔造出独特的商务体验，为繁忙的客人提供舒适的入住环境。

喜玛拉雅美术馆：位于喜玛拉雅中心的第三层，展厅面积2700平方米左右，空间高度达15米，被标志性的异形体“林”所包围。证大美术馆作为一个全新的艺术文化公共机构，始终关注中国和国际当代艺术的新势力，以展览及教育的形式，创造一座亚洲首屈一指的当代美术馆。配有专业多媒体影音放映系统和同声传译室，国际一流的配套设施将为各种展览和活动的举办提供更多的支持。

大观舞台：喜马拉雅中心大观舞台位于第三层，总面积近1万平方米，可容纳1650名观众，是一个集视听、娱乐、教育、飨宴为一体的多功能展演厅，配载最先进高规格多媒体数码科技的创新舞台。由Theatre Project Consultants担任舞台专业技术设计顾问，剧场观众席大厅由8块升降平台构成，配合伸缩式舞台设计，全部坐椅采用可移动式，可轻松转换为飨宴剧场、剧院剧场、会展中心3种形式的展演空间，满足实验剧、音乐剧、话剧、戏曲、舞蹈等多种演出形式的空间需求。不仅可作为展览、公关活动及会议举办的场地，同时可配合节目内容规划特色餐饮。大观舞台已成为上海国际电影节唯一官方指定开、闭幕式场所，将是世界媒体关注的焦点。

商场：以“水”为主要的设计元素，艺术气息十足，是一个集餐饮、购物、休闲、教育、社交、展览于一体的精品商场，也是距离上海新国际博览中心最近的休闲空间。

上海时尚产业园

上海时尚产业园坐落于天山路1718号，由上海时尚园企业发展有限公司管理。经多

上海时尚产业园外景

年的建设发展，已初步形成“设计服务、信息服务、人才服务、品牌服务、企业服务”等公共技术服务平台的功能。上海时尚产业园着力打造上海市服装产业公共技术服务平台，扶植培育都市时尚产业。平台包括：产业人才培育平台，培育服装设计、形象艺术设计和动漫游戏制作等方面的人才；产业设计平台，涉及服装研究和设计、工业设计等领域；视觉艺术交流平台，坚持每两年举办一场国际性时装发布活动，每年 1~2 场全国性和 300 场一般性的时装发布活动；建设时尚文化的网络平台；筹建洲际、全国和地区性产业协会交流平台。

上海时尚产业园由长宁区人民政府和中国服装设计师协会共同建设的，是一个以服装产业为主题的都市型工业园区。始建于 2004 年 2 月，于 2004 年 8 月 19 日建成开园。

上海时尚产业园以中国服装设计师协会和东华大学服装艺术学院的人文资源为依托，以建设国际服装产业界的信息互动、专业设计、品牌发布、产品研发、人才培训等专业功能性发展平台。

上海时尚产业园一号楼宇的功能、特色：设计中心、推广中心、营销中心、展示中心，其中二楼是以营销为主的企业；三楼是中国服装设计研究中心上海分会。

2 号楼宇的功能、特色：工作和生活配套服务中心——休闲吧，引进上海比亚萨咖啡餐饮有限公司。

3 号楼宇的功能、特色：会所和代表性服装大企业，会所由中国服装设计师协会上海代表处、亚洲时尚联合会中国委员会秘书处、服装业多媒体资料库和阅览室、小会议室和接待厅组成。

5 号楼宇的功能、特色：视觉艺术中心，由上海毛戈平形象设计艺术学校和展演、展示厅组成。

上海时尚产业园的项目负责主体是国内服装业的权威机构——中国服装设计师协会。为了把上海打造成下一个国际服装业中心，协会借鉴巴黎、纽约等国际时尚中心的做法，推出包括服装设计师、形象企划师、时装摄影师、营销咨询师、品牌培训师等在内的 20 多个时尚工作室。还将崛起总面积近 10 万平方米的虹桥服装精品园、6 万多平方米的虹桥东华纺织服饰科技园、东方鳄鱼总部大厦和茅台路服装一条街，与上海时尚产业园联动，共同做大服装行业。

上海国际工业设计中心

上海国际工业设计中心，是由上海汽车工业（集团）总公司、中国工业设计协会、上海工业设计协会、上海设计创意中心、上海时尚产业中心、宝山区人民政府联合打造，是如今上海唯一一个以工业设计为主题的创意园区。坐落于宝山区逸仙路 3000 号（近长逸路），中心地处上海市淞南镇东部地区，与五角场城市副中心交相辉映。占地面积约 2 万平方米，建筑面积约 5 万平方米，总投资人民币约 1 亿元。中心已于 2009 年 12 月建设完成并投入使用。作为中心配套的两个展示中心、两个交易中心、四大服务平台和五类配套设施正在筹备建设中。

上海国际工业设计中心以工业设计为主导，集生产、服务于一身，是如今国内首家以工业设计为主题的大型特色产业园区。中心立足国际资源，以集聚高端设计产业为目标，通过科学规划和市场化运作，将“设计产业”引入经济领域，并通过自身优势，联合区域政府、行业组织、协会高校、中介金融机构、产权专利交易机构等多方力量，致力于中心的发展，使之成为集展示、技术、孵化、交易四大功能的主题性创意园区。

中国工业设计陈列馆：经中国工业设计协会批准，上海国际工业设计中心建有“中国工业设计陈列馆”，是国内首个以工业设计为主题的专题性展示馆。其立足于展示中国工业设计的发展与成就以及国际工业设计

上海国际工业设计中心外景

的新品和潮流。通过陈列工业设计作品实物、模型及影像资料，为公众提供一个全方位认知的互动渠道，同时也为国内外工业设计师及企业搭建产品展示与交流的互利平台。同时，陈列馆将秉承公益利民的建设初衷，免费对外开放，以此为我国工业设计的教育与普及提供服务。

上海国际创新材料馆：经上海市人民政府经济与信息化委员会立项批准，上海国际工业设计中心正在筹建“上海国际创新材料馆”——中国首个创新材料馆。通过借鉴国外材料馆的运营模式，建设创新材料与创意设计相结合的中国式专业材料馆，展示具有高科技含量的经济、节能、环保的创新材料及技术应用成果。并以建立国内最前沿、权威的创新材料馆为目标，积极推进本土创新材料研发及应用，促进研发机构、院校、生产、经销企业、设计公司及设计师之间的有效互动，为实现从“中国制造”到“中国创造”的转变贡献力量。

两个交易中心：是由上海联合产权交易所、宝山区政府和上汽集团三方合作，共同组建。分别是上海知识产权交易中心(北区)、上海中小企业融资服务中心（北区）。

“两个交易中心”将加速上海国际工业设计中心的信息、人才、资本、服务和政策的集聚。通过提供对中小企业股权、债权、知识产权等权益类资产的质押、融资、贷款、流转、增资扩股、上市辅导、企业改制、信托保险、专利申请、保护、管理等一系列服务，辅助解决中小企业融资难的现实问题，为中小企业及个人提供申请、交易、融资服务的新渠道。同时，“两个交易中心”还将在园区中为设计师、设计作品搭建一个专利保护、交易、融资的平台，构筑一条从设计作品到设计产品最后转化为设计商品的产业通道。

上海生命科技产业园

上海将生物医药产业作为重点发展的战略新兴产业，在新成立的自贸区临港新片区内，创建世界级生命科技产业园，一期园区建设已初具雏形，部分生物医药、医疗器械企业已签约入驻。

产业园位于上海临港新片区 873 平方公里的中间区域，规划面积 17 平方公里，扩区后将达 45 平方公里。产业园聚焦生物医药、高端医疗器械、国际医疗服务三大板块精准医学，在准诊断、精准药物、精准手术及相关健康外延服务 4 个一级产业领域，12 个二级子产业和 33 个细分领域，加大对头部企业、领军企业、冠军企业的引入力度，打造具有全球影响力的技术研发中心，形成精准医疗产业发展高地，创新转化的枢纽地和创新服务集聚地，形成全产业链生态环境的闭环。一期生命科技产业园规划面积 4.5 平方公里，二期、三期建设正在推进中。

临港新片区生命科技产业园在交通上“五龙汇聚”，具有集海运、铁路、公路、内河、空港的独特区位优势。上海东站、S3 南延伸段、沪通铁路、G228 国道、两港大道快速路改造等交通项目陆续投建，临港新片区生命科技产业园将在浦东机场和上海东站 15 分钟经济圈内，成为长三角一体化东部龙头枢纽，并以此辐射全国辐射国际主要经济体。形成产业经济活跃，可持续良性发展的湾区经济带。

2019 年，上海生物医药产业经济总量 3833.3 亿元，比上年增长 11.6%，其中生物医药制造业年度增速位列上海战略性新兴产业之首。“人类表型组”“脑与类脑智能”“脑图谱与克隆猴模型”等一批市级科技重大专项推进顺利，一批总部企业落户上海，辉瑞

上海生命科技产业园揭牌

普强全球总部正式在上海开业，成为首个落户上海的跨国药企全球总部。

入驻园区并已投产的君实生物是一家通过源头创新开发首创或同类最优药物的创新驱动型生物医药公司。君实生物首席运营官冯辉博士介绍，公司拥有蛋白质工程核心平台技术，身处国际大分子药物研发前沿。目前有 21 项由在研生物产品和小分子药物组成的产品线，覆盖抗肿瘤、代谢疾病、自身免疫疾病、神经系统疾病、抗感染疾病等治疗领域，适用于具有大量未满足医疗需求的多种适应症。公司的创新领域将扩展至包括小分子药物和抗体药物偶联物（或 ADC）等更多类型的药物研发，以及癌症和自身免疫性疾病下一代创新疗法的探索。君实生物获得全球首个治疗肿瘤抗 BTLA 阻断抗体在中国 NMPA 和美国 FDA 的 IND 申请批准，也是国内首家就抗 PCSK9 单克隆抗体和抗 BLyS 单克隆抗体获得 NMPA 临床批件的中国公司。

静安现代创意产业园

2003 年 12 月 22 日，上海静工资产经营有限公司诚邀上海宏成城市建设开发公司、上海格林无线电厂加盟，三方投资对旧厂房主体结构进行加固、改造，更新了配套设施，建成“静安现代产业大厦”。2005 年 4 月，大厦被上海市经委授牌命名为“上海创意产业集聚区——静安现代创意产业园”。

静安现代产业园东侧蜿蜒流淌着苏州河，从 20 世纪初开始，其靠岸而居的地理位置，便成为上海河道运输的一块宝地。产业园建成后形成三大特色。

超大空间：大厦底层为 5.6 米超高层的沿街商铺， 2—7 层为 4. 2 米超高层办公区，各层采用中、西不同风格的装潢，丰富的色调搭配，可自由分割，适合不同品位企业办

上海静安现代创意产业园区外景

公、展览展示等需求。

配套齐全：大厦配备 24 小时监控、室内双层停车库、中央空调系统、大容量光缆通信网络、消防喷淋等一系列现代化配套设施，更有 800 平方米屋顶花园、休闲公共餐厅提供白领午餐、健身中心和商务会议中心，集办公、商务、休闲、娱乐和健身于一体。

服务一流：大厦于 2006 年底通过了 ISO9001/ISO14001 质量和环境管理体系的双认证，贯彻系统化、规范化和人性化的物业服务模式，为入驻商户提供高档、舒适的办公享受。

政策扶持入驻企业可获得政府和园区双扶持政策的支持，并提供“一条龙”全程服务；汇集了来自欧美、东南亚、港澳台等十几个国家和地区的 30 多家广告、设计等创意头脑型企业，创造上亿元的园区年产值，是入驻企业成功经营的福地。

南翔智地企业总部园

南翔智地企业总部园位于沪宜公路 1188 号沿线两侧，与双塔历史风貌区相邻，项目分三期开发，其中一、二期在原来上海机床电器厂、上海东风制药厂、上海申兴制药厂和上海永红煤矿机械厂的基础上进行改建，不仅保留了原有厂房外立面风格，还对内部空间进行了一系列的梳理和优化，并配套了齐全的内部设施，使其空间感更强，光线更明亮，功能性更完善齐备。目前推出的一期总建筑面积 6.2 万平方米，由 38 栋花园式办公楼宇组成，定位于以文化创意及多媒体影视为先导的生产性服务功能区，主要面向企业总部，文化创意、多媒体、动漫、会展博览、信息服务、新能源科技和研发、电子商务等行业。

南翔智地企业总部园共分为组团式的六

南翔智地企业总部园区外景

大建筑功能片区，包括工、商、居住及娱乐功能区，工业、商业金融功能区，城市休闲绿地区域等。项目的配套设施与配套服务非常齐全完善。园区内主要干道两旁，餐饮、娱乐、酒店、健身等商业设施，最大限度地满足了企业与个人的一切生活需求。项目周边近3公里范围内拥有大量成熟的商业配套设施，大型超市家乐福、东方巴黎高尔夫球场、古猗园、双塔老镇商业街等配套设施一应俱全；而金地格林高档住宅小区、和记黄埔、路劲集团等一批知名房地产公司正在南翔大展身手。历史上，南翔是上海文化重镇，在今天，南翔还是经济重镇。现在依然有很多企业都纷纷要求入驻，其中包括东亚影视及多媒体制作中心、上海设备租赁交易中心、汽车城人才培训学院等龙头企业。上海南翔智地企业投资管理有限公司总经理郭耀华表示，来这里的企业，首先是看好产业园良好的产业规划、产业集聚及辐射效应，其次是价格优惠，毕竟在市区，租金10~15元/（平方米·天）是很正常的，在南翔智地，租金只要0.7元/（平方米·天），不到市区的甲级写字楼的二十分之一。

项目的交通更是占尽便利，凸显地区发展的门户效应。项目距离人民广场18公里，虹桥国际机场10公里，距虹桥交通枢纽更是只有5分钟车程。轨道交通11号线、17号线可达园区。沪嘉高速、虹桥辅快、G204国道、京沪高铁、城际铁路等将南翔和长三角紧密相连。园区门口更是有11条公交线路连接市区各繁华地带。随着郊区城市化进程的加快，轨道交通11号线的建设及虹桥枢纽港的辐射效应加大，南翔作为嘉定新城的南大门，门户效应越来越凸显，南翔智地的项目重要性也越来越重要。

上海世博城市最佳实践区

上海世博城市最佳实践区，是2010年上海世博会的一个亮点项目，世博会结束后，实践区也是为数不多的得到完整保留的区域之一。

上海世博城市最佳实践区外景

城市最佳实践区是 2010 年世博会的创新项目之一。它是世博会历史上首次使城市能够直接参与世博会；它为城市发展、管理、规划、建设领域的最佳实践提供全球层面上的展示、交流和推广平台，对城市未来发展产生重要作用。世博会结束后，城市最佳实践区延续世博会“城市，让生活更美好”的理念，在后世博发展中以文化创意产业为核心，建设具有世博特征和上海特色的文创产业街区。

实践区北至中山南路，南至黄浦江，东至南车站路—花园港路，西至保屯路—望达路。基地面积约为 15 公顷，以半淞园路为中线分为南北两个街区，用人行天桥加以连接。

实践区继续践行低碳环保理念，把低碳实践从单体建筑扩展至整个街区。目前，实践区已获得美国绿色建筑协会（USGBC）LEED-ND 铂金级预认证，成为亚洲首个获得该级别认证的项目。实践区参与国际 WELL 建筑研究院（IWBI）牵头的 WELL 健康社区标准制定，成为全球首批 5 个注册申请 WELL 健康社区认证项目之一。海绵化改造项目荣获 2017 中国人居环境范例奖。

实践区于 2016 年获颁“上海市文化创意产业园区”铜牌。实践区将打造成文化创意产业的独特聚集区、世博文化遗产的重要承载区、低碳生态发展的最佳实践区、充满活力的复合街坊、彰显魅力的城市客厅。

波特营（BETWIN）文化创意园区

波特营（BETWIN）文化创意园区（简称波特营）坐落在上海市浦东新区商城路 889 号，是上海圣博华康文化创意投资股份有限公司（圣博华康）联手锦江国际有效利用城市旧建筑资源、促进陆家创意产业集聚和发展、繁荣区域经济、提升现代服务业的示范性园区。园区改造后占地总面积 15307 平方米，园区停车位 73 个，外部公用停车位 400 个。

波特营项目的前身是天丰食品厂，是锦江国际实业发展有限公司辖属的国有企业。天丰食品厂占地 23 亩左右，土地性质为工业用地，拥有老厂房建筑面积 12807 平方米。天丰食品厂原来的主营业务是冷库和食品加工，前几年由于所处地区不能再进行经营生产而用于零星出租。更加艰难的是天丰食品厂承受着 300 多名下岗职工的生活安排压力。在此情况下，锦江实业联合国内知名创意产业领军企业圣博华康谋求新发展，波特营也由此诞生。

波特营项目除核心办公园区(一期工程)的 RESTORATION HARDWARE 投资建设外，考虑到项目配套功能和提升项目品质的需要，拟在一期工程建设的基础上，对园区外围沿崂山路、商城路的临街商铺进行二期开发，主要是围绕一期核心办公区域的功能配套需求，在园区外围的沿街商铺布置商务洽谈会所所需的咖啡厅、休闲餐厅以及奢侈品展售等商业业态。

波特营园区现招商率达 96%，入驻的企业有：思八达集团（总部）、财智丽（总部）、RESTORATION HARDWARE、芮可管理咨询、通和咨询、体验企业管理、圣博华康、顺丰速递、“水爱”心理咨询机构、WORLD KITCHEN、优美科金属、ICONA STC（意柯那）、瑟米莱伯贸易、无形陶艺工坊、戈特珠宝、伊霸自动化数据处理、美国港普泰等国内外知名企业以及“爱我商务”创意产业孵化基地（平台）。

波特营文化创意园区外景

卓维 700 创意产业园

卓维 700 创意产业园（简称卓维 700），位于黄陂南路 700 号，占地面积 4442 平方米，建筑面积 13450 平方米。该地旁依上海文化时尚中心“新天地”，离淮海路仅几条街的黄金地段，有 A、B、C、D4 栋楼，经改造，形成了集动漫广告制作、投资咨询、软件开发、项目设计等为主体的创意产业集聚区。随着各路英才的进驻，给该老工业区注入了青春活力。

卓维 700A 栋面积为 150~1200 平方米，室内层高 2.8~4.2 米，无电梯，总高为 3 层。B 栋面积为 150~1500 平方米，室内层高 4.2 米，有 1 部电梯，总高为 4 层。C 栋面积为 70~700 平方米，室内层高 2.8~4.2 米，有 1 部电梯，总高为 6 层。D 栋面积为 70~1000 平方米，室内层高 2.8~4.2 米，有 1 部电梯，总高为 9 层。

卓维 700 引进了先进的国外园区管理理念，推进了东西方文化和管理理念的沟通与交融。卓维 700 融东方深邃和合之道与西方科学管理于一体。经过不断改革发展，园区已经具备大规模开发建设的总体框架，形成了良性循环的软硬投资环境，吸引了多地区企业的投资。园区地理交通条件优越，区内交通四通八达，道路宽敞平坦。园区坚持按照“规划先导、基础先行、内外资并举、可持续发展”的要求，本着“外向型、高起点”和“持续、快速、安全、健康”的发展理念，充分发挥园区临海区位、原料丰富、设施齐备、物流便捷和贴近市场等方面的独特优势，通过完善基础设施配套、稳步推进产业链招商、全面提升管理服务水平。园区配套完善，基础设施完备。

卓维 700 始终坚持发展高科技、实现产业化发展，牢牢把握“高质量发展与可持续发展”目标，现有千亩工业用地可供企业投资建厂入驻，并且园区从财税政策、人才引进、科技奖励、企业上市、研发投入、土地和项目建设方面提供全方位扶持。

卓维 700 围绕电子信息产业、生物医药研发、新能源新材料研发、装备制造研发、软件等门类，全力打造科技研发产业集聚区，已形成了涵盖人才、研发及产业化的全方位的扶持政策体系，积极吸引和支持海外人才

卓维 700 创意产业园远眺

创新创业，着力打造完整的电子研发产业链，并围绕产业链培育出一批富有竞争力的电子研发产业集群。建设产城融合发展的科技新区。

2577 创意大院

2577 创意大院坐落于上海市龙华路 2577 号，最早为清朝洋务运动时期李鸿章创办的江南枪炮局，也是第一家中国工业设计院所在地，有“中国西洋艺术摇篮”之誉，是中国现代工业设计的发源地。民国时期，一度成为国民革命军淞沪司令部。上海解放后至今一直是军工企业基地，基地内有着各个时期的建筑几十处，反映着不同时期的历史风貌，先后荣获“中国最佳创意产业园区奖”“上海优秀创意产业园区奖”等荣誉。

2577 创意大院总占地面积 100 亩，一期改造项目约 48 亩，建筑面积 2 万平方米，建筑物 36 幢，其中 6 幢为历史保护建筑，平均层高在 7 米左右。大院建筑特色既保留了清代徽派元素，又体现了创意园区的现代气息。园区内绿化面积达 3000 平方米，其中特色庭院 6 处。2577 创意大院以前庭后院的花园式办公布局，开创了上海创意产业园区的两个唯一：唯一的花园式创意园区，唯一建筑物历史有“百岁高龄”的创意园区。

2577 创意大院的产业定位以新媒体创意产业为核心，辐射广告策划设计、公关会展策划、新媒体产业、艺术创作、其他设计咨询类产业及现代服务业。集办公、展示、交易、文化等为多功能于一体，融合休闲、娱乐、旅游等多元商务业态组合，打造成为上海市新传媒创意产业新地标。

2577 创意大院目前集聚各类创意产业企业 68 家，其中广告传媒类 30 家，艺术设计类 23 家，咨询类 10 家，艺术及教育培训类 5 家。入驻企业年平均营业收入达到 700 万元，年总产值约 3.7 亿元，解决就业岗位 1000 多个。大院入驻企业及艺术家如 BLOG BUS、同名广告、菁靓文化传播、严友人雕塑工作室等均在各自业界享有极高的声誉。

2577 创意大院外景

三、2020 年上海市外籍人士所获荣誉

日本籍人士平井康光荣获上海市“荣誉市民”称号

2020 年获得“上海市荣誉市民”称号的平井康光，是三菱商事（中国）有限公司董事长，多年来积极投身上海经济、文化、社会交流活动，向世界推介中国上海。疫情期间，他积极援助上海抗疫工作，并推进三菱化学研发中心落户上海。上海市市长龚正会见平井康光并表示祝贺。龚正说，上海正统筹推进常态化疫情防控和经济社会发展工作，希望平井康光先生贡献更多智慧力量。

西班牙籍人士安瑞璋等获得“上海市白玉兰荣誉奖”

2020 年荣获上海市“白玉兰荣誉奖”的 10 位外籍人士，他们是：

序号	所在单位	职务	姓名
1	中科院上海巴斯德研究所	科研联合所长	安瑞璋
2	圣戈班集团	高级副总裁兼亚太区首席执行官	孟昊文
3	飞利浦大中华区	总裁	何国伟
4	上海市闵行区中医医院	临床医师	洪原淑
5	上海澄之然珠宝有限公司	总经理	黄海澄
6	上海市质子重离子医院	常务副院长	陆嘉德
7	生物梅里埃大中华区	总裁	王皓峰
8	星巴克企业管理（中国）有限公司	董事长兼首席执行官	王静瑛
9	丸红（中国）有限公司	董事长兼总经理	平澤顺
10	正大集团	副董事长	罗家顺

50名外籍人士获“上海市白玉兰纪念奖”

序号	姓名（中文）	姓名（英文）	国籍	工作单位及职务
1	安明德	Alaeddin Hassan Abdelsalam Ahram	约旦	施乐辉医用产品国际贸易（上海）有限公司大中华区董事总经理
2	有田幸央	Yukio Arita	日本	东京海上日动火灾保险（中国）有限公司董事、总经理
3	阿思势	Ashish Maskay	尼泊尔	上海和睦家医院骨科助理主管
4	白 桦	Hua Bai	加拿大	上海圆和医院管理有限公司执行主席、首席执行官
5	周卓瓴	Jolyon Warren Lewis Bulley	澳大利	亚洲际酒店集团大中华区首席执行官
6	谢伟博	Bruno Marcel Chevot	法国	达能纽迪希亚生命早期营养品管理（上海）有限公司全球副总裁兼大中华区总裁
7	大门和人	Kazuto Daimon	日本	威可楷（中国）投资有限公司法定代表人、总经理
8	丽莎·奇泽姆	Lisa Martel De Santis Chisholm	美国	上海闵行区万科双语学校副校长、学术总监
9	贝思文	Istvan Henrik Back	匈牙利	佰路得信技术（上海）有限公司总经理
10	罗瑞福	Rolf Hugo Dorig	瑞士	德科集团董事局主席，外企德科投资人
11	陆勋海	Lutz Frankholz	德国	莱茵技术（上海）有限公司董事总经理
12	藤原宪太郎	Kentaro Fujiwara	日本	资生堂（中国）投资有限公司中国区总裁
13	顾黎明	Liming Gu	加拿大	完美世界游戏有限责任公司高级副总裁
14	马佳丽	Margarete Haass-Wiesegart	德国	德中心理治疗研究院名誉主席
15	黄 坚	Jian James Huang	美国	安道拓（中国）投资有限公司（安道拓亚太区总部）亚太区总裁
16	贺来正勇	Seiyu Kaku	日本	雅马哈乐器音响（中国）投资有限公司中国地域管理总经理
17	赛弥亚	Samir Kumar KC	尼泊尔	上海大学社会学院亚洲人口研究中心教授
18	郭孔丰	Kuok Khoon Hong	新加坡	益海嘉里金龙鱼粮油食品股份有限公司董事长
19	杨-埃瑞克·拉尔森	Jan-Erik Larsson	瑞典	沃尔沃汽车亚太区研发副总裁
20	刘 玉	Julie Laulusa	法国	玛泽咨询（上海）有限公司总经理及中国大陆地区执行合伙人

续表

序号	姓名（中文）	姓名（英文）	国籍	工作单位及职务
21	劳蒂米	Dimitri Lavillette	法国	中国科学院上海巴斯德研究所教授
22	伦德奎	arl-Fredrik Lundqvist	瑞典	福维克集团亚太区业务发展总监
23	法比亚	Fabien Lyon	法国	中国商用飞机有限责任公司上海飞机设计研究院主任设计师
24	麦杰德	Gerard Mac Mahon	爱尔兰	上海惠灵顿外籍人员子女学校总校长
25	闵国忠	Edward Gor-jong Min	美国	马士基码头公司中国区总裁
26	吉奥瓦尼•莫雷诺	Giovanni Andres Moreno Cardona	哥伦比亚	上海绿地申花足球俱乐部有限公司一线队球员
27	尼尔•霍金斯	Neil Geoffrey Hawkins	英国	上海飞机客户服务有限公司飞行模拟机专家
28	柯力亚	Kolia Neveux	法国	宝格丽商业（上海）有限公司大中华区总裁
29	黄志源	0ei Tjie Goan	新加坡	金光集团董事长兼总裁
30	裴正康	Ching-hon- Pui	美国	美国圣述德儿童研究医院肿瘤科主任
31	安思嘉	Asgar David Rangoonwala	德国	上海强生制药有限公司董事长、西安杨森制药有限公司总裁
32	薛逸骏	Joe Schott	美国	上海迪士尼度假区总裁及总经理
33	思伊文	Eva Maria Serrano blanca	西班牙	爱特思集团大中华区总裁
34	夏小曹	Xiaocao Sha	美国	上海大学音乐学院艺术总监、副院长
35	施晓旦	Quentin Shi	法国	上海东升新材料有限公司总经理
36	辛炯官	Shin Hyungkwan	韩国	未来益财投资管理（上海）有限公司法定代表人、总经理
37	杉山龙雄	Tatsuo Sugiyama	日本	日本通运株式会社常务董事、东亚地区总裁
38	苏雅默	Jarmo IImari Suominen	芬兰	同济大学上海国际设计创新学院副院长、中芬中心副主任
39	万吉尔	Gilles Vincent	加拿大	上海辰山植物园园长顾问兼总园艺师
40	王　劲	JingWang	美国	中智行（上海）交通科技有限公司董事长兼首席执行官
41	玛德琳•唯斯	Magdalena Weis	德国	德国 gmp 国际建筑设计公司项目合伙人
42	吴　越	Andrew Yue Wu	加拿大	路威酩轩集团大中华区总裁
43	库尔特•赫尔曼•维特里希	Kurt Hermann WHthrich	瑞士	上海科技大学 iHuman 研究所特聘教授
44	谢松峰	Songfeng Xie	加拿大	上海科泰电源股份有限公司董事长
45	徐华强	Huaqiang Xu	美国	中科院上海药物研究所药物靶标结构与功能中心主任、研究员

续表

序号	姓名（中文）	姓名（英文）	国籍	工作单位及职务
46	易屏华	Pinghua Yi	法国	上海法雷奥汽车电器系统有限公司总经理
47	张　毅	Yi Zhang	美国	杜邦公司亚太区总裁兼全球副总裁
48	周新华	Joe Xinhua Zhou	美国	嘉和生物药业有限公司总裁、首席科学家
49	朱晓彤	Xiaotong Zhu	新西兰	特斯拉（上海）有限公司董事长
50	施达毓	Daryoush Ziai	美国	迅达（中国）电梯有限公司总裁

四、商贸法律、法规及其规范性文件

国家商贸法律、法规和其他规范性文件

法律法规名称	发布机关	发布日期	实施日期
关于支持中国（浙江）自由贸易试验区油气全产业链开放发展若干措施的批复	国务院	2020.3.26	
关于跨境电子商务零售进口商品退货有关监管事宜的公告	海关总署	2020.3.28	2020.3.28
网络安全审查办法	国家网信办、国家发改革委、工信部、公安部、国安部、财政部、商务部、中国人民银行、国家市监总局、国家广电总局、国家保密局、国家密码管理局	2020.4.13	2020.6.1
关于公布一批全文失效废止的税务规范性文件目录的公告	国家税务总局	2020.4.15	
关于新能源汽车免征车辆购置税有关政策的公告	财政部、税务总局、工业和信息化部	2020.4.16	2021.1.1
关于推广上海市 24 条稳外资新措施的函	商务部办公厅	2020.4.21	2020.4.10
关于明确二手车经销等若干增值税征管问题的公告	国家税务总局	2020.4.23	2020.5.1
关于进一步落实落细税费优惠政策坚决防止违规征税收费的通知	国家税务总局	2020.4.24	
关于稳定和扩大汽车消费若干措施的通知	国家发展改革委等部门	2020.4.28	
中国人民银行、国家外汇管理局公告	中国人民银行、国家外汇管理局	2020.5.7	2020..1
关于应对新冠肺炎疫情进一步帮扶服务业小微企业和个体工商户缓解房屋租金压力的指导意见	发展改革委、住房城乡建设部、财政部、商务部、人民银行、国资委、税务总局、市场监管总局	2020.5.9	
关于公益性捐赠税前扣除有关事项的公告	财政部、税务总局、民政部	2020.5.13	

续表

法律法规名称	发布机关	发布日期	实施日期
国家外汇管理局关于支持贸易新业态发展的通知	国家外汇管理局	2020.5.20	2020.5.20
关于支持中国（湖北）自由贸易试验区加快发展若干措施的通知	商务部	2020.5.25	2020.1.1
关于进一步强化中小微企业金融服务的指导意见	中国人民银行、银保监会、发展改革委、工业和信息化部、财政部、市场监管总局、证监会、外汇局	2020.5.26	
国务院办公厅转发国家发展改革委、交通运输部《关于进一步降低物流成本实施意见的通知》	国务院办公厅	2020.6.2	
关于发布《中华人民共和国海关对洋浦保税港区监管办法》的公告	海关总署	2020.6.3	2020.6.3
关于推广江苏省23条稳外资新措施的函	商务部办公厅	2020.6.4	
关于巩固拓展家政扶贫工作的通知	商务部、人力资源社会保障部、国务院扶贫办等10部门	2020.6.8	
关于开展跨境电子商务企业对企业出口监管试点的公告	海关总署	2020.6.12	2020.7.1
关于在中国（海南）自由贸易试验区暂时调整实施有关行政法规规定的通知	国务院	2020.6.18	
印发《关于支持出口产品转内销的实施意见》	国务院办公厅	2020.6.22	
关于延长阶段性减免企业社会保险费政策实施期限等问题的通知	人力资源社会保障部、财政部、税务总局	2020.6.22	
外商投资准入特别管理措施（负面清单）（2020年版）	商务部	2020.6.23	2020.7.23
关于资源税有关问题执行口径的公告	财政部、税务总局	2020.6.28	2020.9.1
关于调整加工贸易内销申报纳税办理时限的公告	海关总署	2020.7.1	2020.7.1
关于健全支持中小企业发展制度的若干意见	工业和信息化部等部门	2020.7.3	
关于加强协作联动推动加大金融支持稳外贸稳外资促消费力度的工作通知	商务部办公厅	2020.7.8	2020.8.8
关于中国（上海）自贸试验区临港新片区重点产业企业所得税政策的通知	财政部、税务总局	2020.7.13	2020.1.1
关于依法妥善处理涉疫情旅游合同纠纷有关问题的通知	最高人民法院、司法部、文化和旅游部	2020.7.13	
关于开展小店经济推进行动的通知	商务部办公厅等部门	2020.7.14	

续表

法律法规名称	发布机关	发布日期	实施日期
报废机动车回收管理办法实施细则	商务部、发改委等 7 部门	2020.7.18	2020.9.1
关于印发《重大技术装备进口税收政策管理办法实施细则》的通知	工业和信息化部等部门	2020.7.24	2020.8.1
关于印发《税务机关政府信息公开申请办理规范》的通知	国家税务总局办公厅	2020.7.28	
关于完善调整部分纳税人个人所得税预扣预缴方法的公告	国家税务总局	2020.7.28	2020.7.1
关于进一步支持和服务长江三角洲区域一体化发展若干措施的通知	国家税务总局	2020.7.31	
关于不再执行 20 种商品停止减免税规定的公告	财政部、海关总署、税务总局	2020.8.5	2020.8.5
中华人民共和国契税法	中华人民共和国主席令	2020.8.11	2021.9.1
中华人民共和国城市维护建设税法	第十三届全国人民代表大会常务委员会第二十一次会议通过	2020.8.11	2021.9.1
关于进一步推进运输工具进出境监管作业无纸化的公告	海关总署	2020.8.11	2020.12.1
关于印发全面深化服务贸易创新发展试点总体方案的通知	商务部	2020.8.12	
外商投资企业投诉工作办法	商务部	2020.8.25	2020.10.1
关于调整发布《中国禁止出口限制出口技术目录》的公告	商务部、科技部	2020.8.28	
关于调整部分进出境货物监管要求的公告	海关总署	2020.8.28	2020.8.28
关于印发北京、湖南、安徽自由贸易试验区总体方案及浙江自由贸易试验区扩展区域方案的通知	国务院	2020.8.30	
不可靠实体清单规定	商务部	2020.9.19	2020.9.19
关于洋浦保税港区统计办法的公告	海关总署	2020.9.20	2020.9.20
关于以新业态新模式引领新型消费加快发展的意见	国务院办公厅	2020.9.21	
关于印发《通过银行进行国际收支统计申报业务实施细则》的通知	国家外汇管理局	2020.9.22	
合格境外机构投资者和人民币合格境外机构投资者境内证券期货投资管理办法	证监会、人民银行、国家外汇管理局	2020.9.25	2020.11.1
关于推进纳税缴费便利化改革优化税收营商环境若干措施的通知	税务总局等 13 部门	2020.9.28	

续表

法律法规名称	发布机关	发布日期	实施日期
关于明确无偿转让股票等增值税政策的公告	财政部、税务总局	2020.9.28	2020.9.28
关于扩大市场采购贸易方式试点的公告	海关总署	2020.9.30	
中华人民共和国出口管制法	中华人民共和国主席令	2020.10.17	2020.12.1
关于推进对外贸易创新发展的实施意见	国务院办公厅	2020.10.25	
关于餐饮服务新冠肺炎疫情常态化防控工作的指导意见	商务部、卫生健康委、市场监管总局	2020.10.27	
国家外汇管理局行政复议程序		2020.10.28	2020.10.28
关于印发《境内银行涉外及境内收付凭证管理规定》的通知	国家外汇管理局	2020.10.29	2020.10.29
关于推动数字文化产业高质量发展的意见	文化和旅游部	2020.11.18	
商务部发布《商务领域一次性塑料制品使用、回收报告办法（试行）》的公告	商务部	2020.11.27	2020.12.27
关于广告费和业务宣传费支出税前扣除有关事项的公告全文有效	财政部、税务总局	2020.11.27	2021.1.1
关于部分医疗物资不再实施出口商品检验的公告	海关总署	2020.12.3	2020.12.3
关于进一步简便优化部分纳税人个人所得税预扣预缴方法的公告	国家税务总局	2020.12.4	2021.1.1
关于促进集成电路产业和软件产业高质量发展企业所得税政策的公告	财政部、税务总局、发展改革委、工业和信息化部	2020.12.11	2021.1.1
外商投资安全审查办法	商务部	2020.12.19	2021.1.18
关于公布《中华人民共和国海关进出口货物减免税管理办法》的令	海关总署	2020.12.21	2021.3.1
关于公布《中华人民共和国海关行政许可管理办法》的令	海关总署	2020.12.22	2021.2.1
关于公布《海关总署关于修改部分规章的决定》实施有关事项的公告	海关总署	2020.12.23	2021.2.1
公布 2021 年进出口许可证件发证机构名录	商务部	2020.12.24	2021.1.1
关于发布《机动车发票使用办法》的公告	国家税务总局、工业和信息化部、公安部	2020.12.28	2021.5.1
关于执行 2021 年关税调整方案的公告	海关总署	2020.12.30	2020.1.1
2020 年第 39 号海南自由贸易港外商投资准入特别管理措施（负面清单）（2020 年版）	发展改革委、商务部	2020.12.31	2021.2.1
关于促进对外设计咨询高质量发展有关工作的通知	商务部等 19 部门	2021.1.4	

续表

法律法规名称	发布机关	发布日期	实施日期
关于保税物流中心统计办法的公告	海关总署	2021.1.7	2021.2.1
关于调整企业跨境融资宏观审慎调节参数的通知	中国人民银行　国家外汇管理局	2021.1.7	2021.1.7
关于修订《银行间外汇市场做市商指引》的通知	国家外汇管理局	2021.1.8	
阻断外国法律与措施不当域外适用办法	商务部	2021.1.9	2021.1.9
关于完善重点零售企业联系制度的通知	商务部办公厅	2021.1.18	
关于税费征收过程中人民币现金收付有关事项的通知	国家税务总局办公厅	2021.1.26	
关于执行《鼓励外商投资产业目录（2020年版）》有关问题的公告	海关总署	2021.1.26	2021.1.27
关于做好 2021 年绿色商场创建工作的通知	商务部办公厅	2021.2.8	2021.2.8
医疗器械监督管理条例	国务院	2021.2.9	2021.6.1
关于废止和宣布失效 7 件外汇管理规范性文件的通知	国家外汇管理局	2021.2.10	2021.2.10
关于做好进口电商货物港航“畅行工程”有关工作的通知	交通运输部办公厅	2021.2.22	
关于《中华人民共和国海关进出口货物减免税管理办法》实施有关事项的公告	海关总署	2021.2.24	2021.3.1
印发进一步发挥出口信用保险作用加快商务高质量发展的通知	商务部　中国出口信用保险公司	2021.3.12	
关于做好 2021 年商务领域标准化工作的通知	商务部办公厅	2021.3.22	

上海地方法规和其他规范性文件

法律法规名称	发布机关	发布日期	实施日期
关于印发《本市贯彻〈国务院关于进一步做好利用外资工作的意见〉若干措施》	上海市人民政府	2020.4.21	2020.4.10
上海市促进中小企业发展条例	上海市人民代表大会常务委员会	2020.6.18	2020.6.18
关于印发《上海市划转部分国有资本充实社保基金实施方案》的通知	上海市人民政府	2020.9.10	
关于调整完善市与区增值税留抵退税分担机制的通知	上海市人民政府	2020.9.18	2020.1.1
关于加强和规范事中事后监管的实施意见	上海市人民政府	2020.10.23	2020.10.23

续表

法律法规名称	发布机关	发布日期	实施日期
关于转发市市场监管局修订的《上海市食品摊贩经营管理办法》的通知	上海市人民政府办公厅	2020.11.23	2020.12.1
关于印发《上海市鼓励设立和发展外资研发中心的规定》的通知	上海市人民政府办公厅	2020.11.24	2020.12.1
上海市人民政府关于加强审计工作的实施意见	上海市人民政府	2020.12.18	2021.1.1
关于推进花卉产业高质量发展服务高品质生活的意见	上海市人民政府办公厅	2020.12.25	
关于印发《鼓励留学人员来上海工作和创业的若干规定》的通知	上海市人民政府	2021.1.18	2021.2.1
关于我市促进综合保税区高质量发展的实施意见	上海市人民政府	2021.2.5	2021.1.15
关于转发市发展改革委等五部门制订的《上海市鼓励购买和使用新能源汽车实施办法》的通知	上海市人民政府办公厅	2021.2.8	2021.3.1
印发《关于进一步完善上海城镇集体资产监管深化集体企业改革发展的指导意见》的通知	上海市人民政府	2021.3.5	
关于印发《2021 年上海市深化“放管服”改革工作要点》的通知	上海市人民政府办公厅	2021.3.12	

2021
上海商贸年鉴

第八编 专记

上海大都市圈

为深入贯彻落实“长三角一体化发展战略”要求，响应国内大循环为主体、国内国际双循环相互促进的发展格局，支撑“上海大都市圈”协同规划、建设和管理，由上海市城市规划设计研究院、中国城市规划设计研究院上海分院、上海社会科学院等三家单位成立了“上海大都市圈规划研究中心”。同时联合了无锡市规划设计研究院、常州市规划设计院、苏州规划设计研究院股份有限公司、南通市规划设计院有限公司、宁波市规划设计研究院、湖州市城市规划设计研究院、嘉兴市国土空间规划研究院、舟山市城市规划设计研究院有限公司 8 家单位共同创建了“上海大都市圈规划研究联盟”。上海大都市圈范围含上海、无锡、常州、苏州、南通、宁波、湖州、嘉兴、舟山 9 个城市，是长三角经济发展最成熟的重要区域之一。

“上海大都市圈规划研究中心”和“研究联盟”是以支撑上海大都市圈协同发展为导向，以“资源共享、优势互补、服务区域、共谋发展”为原则，以开展高水平规划研究、咨询服务、信息传播、人才培养为主线，跨学科、跨领域的新型智库和平台，为上海大都市圈规划、建设和管理提供强有力的智力支撑。

面向未来国际坐标系，上海大都市圈协同规划以“基于上海、大于上海、优于上海”的思路，按照空间分层的思想更从容地部署全球城市——区域功能和生产、生活、生态目标优先排序。上海大都市圈目标愿景则是：卓越的全球城市——区域，打造生态都市圈、活力都市圈、人文都市圈。

上海大都市圈应具备全球影响力的 8 项核心功能：具有全球示范性的新型城镇化地域；具有全球示范性的可持续发展中心；具有全球影响力的科技创新中心；具有全球影响力的长三角文化中心；国际先进制造中心；国际航运中心；国际贸易中心；国际金融中心。

“1+8”的区域范围，陆域面积约 5.4 万平方公里，2018 年常住人口约 7070 万人。从省级区域划分来看，包括了上海市；江苏省的苏州、无锡、常州、南通市；浙江省嘉兴、宁波、舟山、湖州市。

上海大都市圈，是参照纽约大都市地区（通勤时空距离 60 公里左右）、巴黎大区（60~80 公里）、东京都市圈（100~150 公里）、伦敦都市圈（120 公里）、区域范围 3 万 ~5 万平方公里的国际经验，组织形成上海大都市圈。

按照“战略愿景—行动策略—项目库”的路线图，上海都市圈要形成“1+8+5”行动体系。“1”是上海大都市圈发展的战略愿景；“8”是交通一体化、生态环境共保共治、市政基础设施、绿道、蓝网、文化、产业及合作机制八大系统行动；“5”是环太湖、淀山湖、杭州湾、长江口、海洋港口五大空间板块。在此基础上形成共同的战略项目库。

上海大都市圈的建设，必将打破区域壁

垒，推进技术共研，探索建立跨区域的政产学研的合作机制，组建跨区域的研发团队，联合开展科技攻关；要推进资源共享，建立科技创新资源开放共享服务的激励机制；用市场化的手段来引导科技创新资源；通过开放共享互通，打造良好的创新生态，将长三角打造成生态加科创的新高地。

为配合上海大都市圈建议的推进，本年鉴推出圈内城市的简介。

无锡市

无锡，简称“锡”，古称梁溪、金匮，是“太湖明珠”。无锡市位于长江三角洲平原腹地，江苏南部，太湖流域的交通中枢，京杭大运河从中穿过。无锡北倚长江，南濒太湖，东接苏州，西连常州，交通十分便捷。

未来的竞争是城市群之间的竞争，协同方能共赢。无锡市新一轮城市规划全面落实区域协调发展战略，紧抓长三角区域一体化发展上升为国家战略的有利契机，从建设长三角世界级城市群的高度谋划无锡定位，加强区域协同，全方位构建协同发展体系，使无锡在全面融入长三角区域一体化发展战略、上海大都市圈的格局中，实现更大作为。在既有沪宁东西向发展轴线的基础上，加强南北向交通融合，串联沿江发展带、沪宁发展带和宁杭生态经济带，形成区域性“东西顺畅、南北通达”的核心。在此基础上，新一轮城市总体规划明确了无锡未来的战略性重点区域和重要节点，强化了“一城、一河、一湾”对接上海大都市圈。

打造水陆空联运的立体交通网络

按照全国性综合交通枢纽的定位，进一步放大无锡作为长三角几何中心的区位优势，提高无锡综合交通运输体系在全国、全省规划中的地位。在“四横一纵”区域高铁网的基础上，进一步优化都市圈城际、市域线网布局，力推苏锡常城际与城市空间布局的融合，并以空港地区为战略粘合点和引擎，深入推进与苏州、常州综合交通的互联互通，增强区域服务能力和辐射力，提升无锡区域

无锡夜景

无锡江南大学

竞争力。

强化区域产业分工与合作

充分借力国家、区域重大产业发展轴带建设和上海都市圈建设，在沪宁城市走廊北部沿江产业、中部城市服务和南部生态休闲“三轴”并进的格局下，积极承接上海功能外溢，加强与上海在生产性服务业、科技创新产业、综合服务以及其他高端产业的全面对接，使无锡的生产性服务业融入国际市场分工，并与苏州、常州等周边城市形成错位和相互支撑，同时加速实现锡澄、锡宜融合发展，形成南北两大发展扇面。

再塑区域生态保护大格局

全面践行“两山”理论，突出生态文明新时代建设要求，以建成美丽中国为共识，构建长江生态安全带、太湖生态保护圈、宁杭生态带和京杭运河生态特色走廊，共建苏南地区“山水林田湖草”生命共同体。统筹实施自然生态系统保护和修复，完善区域生态格局，发挥大运河历史文化价值，统筹安排文化保护、旅游开发、生态共享。构建环太湖地区生态网络与国土空间规划格局，主动承担牵头环太湖地区协同发展规划的编制，提出“生态共保、文化共兴、协同共治”的“无锡共识”，实现环太湖地区的协同保护与发展。

做优做强城市“双核”，打造“三湾”“六枢纽门户”

老街古巷，悠悠运河，是江南历史文化名城的“独家记忆”。无锡将进一步做强中心老城“核”，推进城市更新，优化用地功能结构，提升老城核心区综合服务职能；积极开展“历史城区双修”，全力打造运河文化魅力之城。

太湖新城“核”是未来无锡发展的主阵地，总规高标准提出环太湖地区协同发展重要节点的发展定位，强化太湖新城在环太湖地区空间组织中的引领作用和生态示范，进一步突出建设“生态环保示范区、科技创新先导区、现代产业引领区、高端人才集聚区”的导向。通过市域S1、S2、苏锡常快线等轨道交通网络，将太湖新城全面融入区域快速轨道网络，提升新城的可达性和辐射力。建设太湖湾国际交往门户地区，明确太湖湾战略发展区主体功能。

加快推动片区发展，着力扮靓太湖湾、蠡湖湾、运河湾“三湾”，精心打造空港地区、无锡中央车站、锡东高铁站、惠山城际站、江阴高铁站、宜兴高铁站“六大枢纽门户”，更好地提升全国性综合交通枢纽城市的辐射力和竞争力。

契合产业强市主导战略，优化产业空间布局

深入贯彻落实创新驱动核心战略和产业强市主导战略。在愿景目标、发展举措中充分体现产业强市导向，并落实到相应的指标体系、行动计划和要素保障之中；在空间布局中凸显产业增长的方向和需求，科学预测产业区块控制总量和比例要求，保障产业用地规模，推动智能制造、绿色制造，优化实体经济的发展空间。

打造一体化复合交通网络，强化枢纽地位

全国性综合交通枢纽城市的未来将更畅通便捷。无锡市将持续优化高铁城际和轨道线网布局，在“四横一纵”区域高铁网的基础上，规划 S1 锡澄靖市域线、S2+S4 宜锡张城际线、S3 锡虞太城际线、S5 苏锡常快线组成的都市圈城际，串联交通枢纽节点及城市核心功能区，在硕放机场形成综合型枢纽，建立面向长三角区域和环太湖地区的立体交通网络，辐射和带动区域一体化发展。轨道交通线网方面，将结合市区“双核”结构，构建“8 线 +1 支”的城市轨道骨干网络，线网规模约 297 公里，覆盖人口超过 50%；同时，进一步优化市区快速路网布局，总体形成“两环十二射三联”的开放式快速路网结构，总规模 325 公里，路网密度 0.48 公里 / 平方公里。

突出生态优先，强化资源保护，彰显山水城市特色

新一轮城市总规明确，无锡将继续践行新发展理念，坚持生态优先、绿色发展，以沿江生态修复带和沿湖生态保育环为重点，系统推进长江大保护和太湖水治理。优化市域生态格局，全市域划定生态空间、农业空间、城镇空间，划定生态控制线、永久基本农田保护线、城镇开发边界，强化土地用途管制和空间开发管制，构建理想的空间格局，将山水融入城市，形成“运河风廊贯穿城、太湖山水引入城、郊野林田楔入城、公园绿道嵌入城”的绿色开敞空间。全市域范围内生态空间和农业空间面积 3008 平方公里，约占市域面积的 65%，这一方案意味着，今后无锡的发展是基于生态保护下的集约发展、内涵式发展。

无锡广电大厦和无锡广电传媒中心

常州市

融入上海大都市圈，作为服务于新一轮常州城市总体规划的前置工作，《常州市空间发展战略规划》（简称《战略规划》）经过近两年努力，已形成较为成熟的编研成果。

《战略规划》作为城市总体规划编制的前置工作，是支撑城市总体规划的重要基础。其主要任务是统一思想，统筹城市发展思路，解决重大战略问题，提出未来城市发展方向，对城市总体规划修编形成有力支撑。

《战略规划》在准确把握常州城市发展的历史与成就、问题与挑战的基础上，通过深入分析论证，提出了未来发展的"一个目标、四大战略、九项任务"的战略举措。

一个目标——将常州打造为"最具幸福感的现代化品质之城"。

四大战略——即更具影响力的中轴枢纽常州、更具竞争力的创新智造常州、更具可持续发展力的生态绿色常州、更具魅力的幸福宜居常州。

"九项任务"——

任务一：引领区域崛起，打造江浙中轴枢纽城市。未来，将构建包括高速铁路、城际铁路、高速公路在内的多类型、多通道的交通走廊，以常州为桥梁，促进苏南、苏中、苏北的高效联动，发挥常州在贯穿鲁、江、浙等省的国家东部通道上的枢纽效应。

任务二：加快转型升级，打造区域创新中心和智造基地。

任务三：优化空间结构布局，构建城乡一体的空间体系。在市域层面构建城乡一体、多元特色的城镇体系，形成"一主一副、三纵三横两区"的市域城镇空间结构。一主：常州城区，一副：溧阳城区；三纵：江宜发展轴、常泰发展轴、扬溧发展轴；三横：沪宁发展轴、沿江发展轴、宁杭发展轴；两区：东部集中建设区、西部特色发展区。

在市区层面，重点优化空间资源配置，形成"一心四片双轴"的市区空间结构。一心：城市中心片区；四片：北部片区、南部片区、东部片区和西部片区；双轴：南北中轴、常金发展轴。

常州立交桥夜景

任务四：稳固生态格局，打造山水城融合的生态绿城。将严格保护敏感生态空间，整合生态资源，梳理山水大格局，规划形成“七核三横四纵”的生态网络骨架。七核：茅东丘陵山地、天目湖—南山丘陵山地、长江沿岸、长荡湖、滆湖、太湖、横山—黄天荡；三横：长江干流及沿江湿地生态廊道、沿江高速公路—湟里河—北干河水绿复合廊道、宁杭高速公路—南河—溧戴河水绿复合廊道；四纵：茅东丘陵森林区、金溧漕河—丹金溧漕河—溧戴河—南山水绿复合廊道、新孟河—扁担河 S239 省道水绿复合廊道、武进港 S232 省道水绿复合廊道。

任务五：提升城市功能，建设和谐宜居的幸福城市。

任务六：践行绿色交通，打造国家公交都市和慢行都市。

任务七：彰显城市特色，打造更富文化魅力的江南水乡。加快特色空间培育，形成以现代风貌、历史人文、自然山水、公园绿地四大类型为主的特色空间；构筑城市绿道系统、蓝脉系统，突出蓝绿交融的生态怡人环境 深入挖掘历史文化名城的特色与内涵，使常州成为传统文化与现代文明融合共生的历史文化名城。

任务八：守护城市安全，打造绿色低碳的韧性之城。

任务九：凸显城市治理，实现治理体系和治理能力现代化。

战略目标：兼顾城市发展的“高度”和“温度”。一座城市的发展，不仅需要“高度”，也需要“温度”。“高度”决定发展的走向，“温度”决定发展的根基。在“最具幸福感的现代化品质之城”战略目标下，《战略规划》从“提升常州的影响力、竞争力、可持续力和魅力”等方面提出了发展战略，打造既有“高度”、更有“温度”的幸福城。

常州高度，首先，是打造更具影响力的中轴枢纽常州。从区域层面把常州建设成国家通道战略枢纽，融入国家“一带一路”和长江经济带战略，主动承担引领城镇群及省域战略新兴通道崛起的责任；以综合交通支撑，强化南北中轴辐射强度、范围和衔接作用；以服务平台建设，强化要素的集聚、中转和价值提升能力。此外，将打造更具竞争力的创新智造常州，培育常州核心竞争力。从跨界制造、绿色制造、集成制造、精工制造、突破制造五大方面推进制造业供给端改革，最大限度发挥常州制造的工匠精神，实现常州制造业的 4.0 升级；推进以创新、服务为核心的产业空间拓展，实现创新、服务“融入”城市、不分彼此的产城融合 2.0；完善面向全过程的生产性服务业，打响“常州服务”品牌。

常州温度，体现的是这个城市自内而外散发出来的人文魅力，是让百姓生活更幸福、更温暖的责任和担当。未来应以彰显常州的山水和文化魅力特色为目标，在山水格局梳理与蓝绿体系织补中提升城市环境。从时间深度和空间广度拓展，充分认识常州的宏观地理格局，通过对文化脉络全时空、多内容

常州市文笔塔

的保护，传承城市精神。

其次，要打造更具魅力的幸福宜居常州，建设和谐共享宜居家园。要发挥苏南地区的自然条件优势，将提供良好的人居环境作为城市规划与建设的首要任务，进一步健全教育、文化、医疗、体育等基本公共服务体系，强化交通和市政基础设施建设，不断提升居住与生活条件，将城市建设成为市民安居乐业的家园；以构建和谐共享的宜居家园、强化常州民生幸福特色、吸引创智人才与领军企业为目标，从常州发展对人才的需求、市民幸福生活对服务的需求出发，提升城市各级各类中心的功能品质，完善公共服务体系，配给符合常州市民以及智造人才收入结构、生活习惯、消费特征的服务设施。

苏州市

构建上海大都市圈，打造具有全球影响力的世界级城市群。未来，苏州将紧扣“让世界听见苏州”主题，推动“文旅融合示范城和数字文化示范城”双城建设战略，实施“城市品牌新传播”“主播 & 网红新消费”“智慧文旅新产业”“公共文化新服务”“新概念出版”五个新计划，包括打造“有声苏州”故事库，开设喜马拉雅文化苏州专属频道，积极参与苏州“姑苏八点半”夜经济、“双十二”主题购物节等活动，打造以苏州为目的地的度假、研学等多种文旅融合新产业消费等。喜马拉雅将还将把苏州作为“有声城市”长三角运营总部和研发中心，重点建设“万物声”云研发平台、数字

苏州，简称“苏”，古称姑苏、平江，是国务院批复确定的长江三角洲重要的中心城市之一、国家高新技术产业基地和风景旅游城市，加入联合国教科文组织全球创意

苏州风景

城市网络，成为手工艺与民间艺术之都。全市辖5个市辖区、代管4个县级市，总面积8657.32平方公里，建成区面积477.63平方公里。根据第七次人口普查数据，截至2020年11月1日零时，苏州市常住人口为1274.8262万人。苏州地处中国华东地区、江苏东南部、长三角中部，是扬子江城市群重要组成部分，东傍上海，南接浙江，西抱太湖，北依长江，地处北纬30°、东经119°。全市地势低平，平原占总面积的54.8%，海拔4米左右，丘陵占总面积的2.7%。苏州属亚热带季风海洋性气候，四季分明，雨量充沛，种植水稻、小麦、油菜，出产棉花、蚕桑、林果，特产有碧螺春茶叶、长江刀鱼、太湖银鱼、阳澄湖大闸蟹等。苏州是首批国家历史文化名城之一，有近2500年历史，是吴文化的重要发祥地，有“人间天堂”的美誉。中国私家园林的代表——苏州古典园林和中国大运河苏州段被联合国教科文组织列为世界文化遗产。2020年6月，经中央依法治国委批准入选为第一批全国法治政府建设示范地区和项目名单。

2020年，全年实现地区生产总值20170.5亿元，按可比价格计算，比上年增长3.4%。其中，第一产业增加值196.4亿元，比上年下降2.0%；第二产业增加值9385.6亿元，比上年增长3.4%；第三产业增加值10588.5亿元，比上年增长3.5%。

全市实现农林牧渔业总产值355.56亿元，比上年下降2.3%。全市粮食总产量88.81万吨，比上年增长1.9%，平均亩产495.14千克，比上年增长1.3%。粮食播种面积、粮食总产量、平均亩产实现自2012年以来的首次“三增”。新扩建14家现代化万头规模猪场。新增农产品地理标志登记产品12个。年末全市高标准农田占比和机械化水平分别达98.0%和95.8%，农业现代化水平连续多年位居全国全省前列。

全市实现规模以上工业总产值34824亿元，比上年增长4.0%。规模以上工业增加值比上年增长6.0%。35个行业大类中有23个行业保持增长，增长面达65.7%。主导行业支撑有力，前六大行业全部实现正增长，合计产值22462亿元，比上年增长6.6%，

苏州风景

增幅高于规模以上工业总产值增速2.6个百分点。分登记注册类型看，民营工业企业实现产值13404.5亿元，比上年增长5.1%，占规模以上工业总产值的比重为38.5%，比上年提高1.8个百分点；外资工业企业实现产值20519.4亿元，比上年增长3.2%，增速比上年提高3.5个百分点。

工业结构继续优化。装备制造业产值首次突破1万亿元，达10205亿元，成为“十三五”期间自电子信息产业后，苏州市规上工业第二个产值突破万亿大关的产业。新一代信息技术、生物医药、纳米技术、人工智能四大先导产业产值占规模以上工业总产值的比重达25.0%，比上年提高4个百分点，其中生物医药产业产值增长17.9%。新兴产业产值和高新技术产业产值分别为19400亿元、17735.8亿元，比上年分别增长5.9%、6.4%，占规模以上工业总产值比重分别达55.7%和50.9%，比上年分别提高2.1和1.5个百分点。高新技术产品产量增长较快，工业机器人、集成电路、光电子器件产量比上年分别增长26.8%、21.9%、11.4%。

全市实现服务业增加值10588.5亿元，比上年增长3.5%，占地区生产总值的比重达52.5%，比上年提高1个百分点。高技术服务业拉动有力，全市规模以上高技术服务业营业收入比上年增长13.8%，拉动规模以上服务业增长4.4个百分点。其中，信息传输、软件和信息技术服务业，科学研究和技术服务业营业收入分别比上年增长15.5%、14.9%，分别快于规模以上服务业营业收入增速9.7、9.1个百分点。

全市实现社会消费品零售总额7702亿元，比上年下降1.4%，分别比上半年、前三季度收窄7.8个、3.0个百分点。其中批发零售业实现零售额7093.3亿元，比上年下降0.8%；住宿餐饮业实现零售额608.7亿元，比上年下降8.2%。城镇消费品零售额7157.7亿元，比上年下降1.6%；乡村消费品零售额544.3亿元，比上年增长0.9%。升级类商品消费较快增长。限额以上批零企业中，化妆品类、照相器材类、智能家用电器和音像器材类、计算机及其配套产品类、新能源汽车类商品零售额分别比上年增长26.8%、51.1%、68.3%、14.6%和105.3%。互联网零售成为消费回补强劲动力，全市限额以上批零业通过公共网络实现零售额725.55亿元，比上年增长26.4%。

全市完成固定资产投资5224.4亿元，比上年增长6.6%，其中工业投资完成1527.7亿元，比上年增长27.4%，占固定资产投资的比重为29.2%，比上年提高4.9个百分点。工业技改投资完成820.5亿元，比上年增长2.2%，占工业投资比重53.7%。产业项目投资完成1785亿元，比上年增长22.5%。亿元以上项目投资完成2236.8亿元，比上年增长15.1%。房地产业开发投资完成2673.7亿元，比上年下降0.5%。

全市完成民间投资3058.4亿元，比上年增长5.9%，占固定资产投资的比重达58.5%。完成国有投资1403.2亿元，比上年增长6.0%；完成外资投资762.8亿元，比上年增长10.4%。

全市新开工项目2588个，比上年增加260个。当年新开工项目完成投资1356亿元，比上年增长7.2%，高于固定资产投资增速0.6个百分点。“两新”投资保持高速增长。全市新兴产业完成投资1330.3亿元，比上年增长35.0%，其中，生物技术和新医药、智能电网和物联网、节能环保产业投资增速分别高达46.0%、64.7%、42.1%。高新技术产业完成投资692.6亿元，增长38.8%。高技术产业完成投资665.8亿元，比上年增长37.4%，占固定资产投资比重比上年提高2.9个百分点。

全市实现进出口总额3223.5亿美元，比上年增长1.0%，年底实现正增长。其中，出口总额1868.7亿美元，比上年下降2.7%，进口总额1354.8亿美元，比上年增长 6.6%。贸易结构持续优化。一般贸易进出口额比上年增长 3.4%，占进出口总额的比重为 37.8%，比上年提高 0.8 个百分点。民营企业实现进出口额 823.2 亿美元，比上年增长 13.6%；外商投资企业实现进出口额 2218.1 亿美元，比上年下降 3.5%。市场多元化有效拓展，全市对东盟、韩国、日本等市场出口额分别增长 8.0%、3.7%、2.4%，对“一带一路”沿线国家和地区的进出口额占比提升至 21.6%。机电产品和高新技术产品出口支撑显著，全年机电产品出口额 1488.6 亿美元，比上年下降 1.3%，占出口总额的比重达 79.7%，比上年提高 1.2 个百分点。高新技术产品出口额 990.5 亿美元，比上年增长 0.4%，占出口总额的比重达 53.0%，比上年提高 1.6 个百分点。

全年新设外资项目 1256 个，比上年增长 26.4%，新增注册外资 189.1 亿美元，比上年增长 66.8%。实际使用外资 55.4 亿美元，比上年增长 20%。新增总投资超亿美元项目（含增资）112 个，注册外资 120.9 亿美元，占全市引资增量的 63.6%。制造业新设项目 253 个，新增注册外资 68.9 亿美元，其中新兴产业项目数、注册外资占比分别为 73.1%、60.7%。服务业新设项目 1003 个，新增注册外资 120.2 亿美元，其中现代服务业项目数、注册外资占比分别为 38.2%、40.6%。新引进和形成的具有地区总部特征或共享功能的外资企业 35 个，累计超过 330 家。

全市实现一般公共预算收入 2303 亿元，比上年增长 3.7%，首次进入全国大中城市第四位。其中完成税收收入 2005.1 亿元，比上年增长 0.7%，占一般公共预算收入的比重达 87.1%。苏州市总量、增量和税比稳居全省第一。全市一般公共预算支出 2263.6 亿元，比上年增长 5.7%。

年末金融机构人民币存款余额 35165.7 亿元，比年初增加 3513.6 亿元，比年初增长 11.1%。金融机构人民币贷款余额 34195.8 亿元，比年初增加 4079.1 亿元，比年初增长 13.5%。其中短期贷款余额 9319.1 亿元，比年初增长 9.9%，中长期贷款余额 23014 亿元，比年初增长 16.3%。

全年新增境内外上市公司 29 家，其中境内 A 股上市公司 25 家；境内外上市公司累计达 181 家，其中境内 A 股上市公司 144 家。新增科创板上市公司 14 家，累计达 20 家。

民生投入力度加大。全市城乡公共服务支出 1766.8 亿元，比上年增长 4.8%，占一般公共预算支出的比重达 78.1%。全市城镇新增就业 20.08 万人，年末城镇登记失业率 1.77%。全市居民人均可支配收入 62582 元，比上年增长 4.1%。其中，城镇居民人均可支配收入 70966 元，比上年增长 3.4%；农村居民人均可支配收入 37563 元，比上年增长 6.9%。

南通市

南通市是江苏省地级市，是国务院批复确定的中国长三角北翼经济中心、现代化港口城市，也是长江三角洲中心区 27 城之一。地处中国华东地区、江苏东南部，东抵黄海、南濒长江，是扬子江城市群的重要组成部分。南通市辖 3 个区、1 个县、代管 3 个县级市，总面积 8001 平方公里。截至 2020 年 11 月 1 日零时，南通市常住人口为 7726635 人。

2019 年 12 月，中共中央、国务院印发《长江三角洲区域一体化发展规划纲要》，提出要加强都市圈间合作互动，高水平打造长三角世界级城市群。推动上海与近沪区域及苏锡常都市圈联动发展，构建上海大都市圈。

南通新城区

南通市是上海大都市圈北翼门户城市、中国首批对外开放的 14 个沿海城市之一，集“黄金海岸”与“黄金水道”优势于一身，拥有长江岸线 226 公里，“据江海之会、扼南北之喉”，被誉为“北上海”。

2020 年南通积极落实《长江三角洲区域一体化发展规划纲要》，全方位对接上海、全方位推进高质量发展，经济运行逐年改善、取得了经济社会较好的发展。

综合经济 2020 年，南通市实现地区生产总值 10036.3 亿元，按可比价格计算，比上年增长 4.7%。其中，第一产业增加值 458.7 亿元，增长 2.6%；第二产业增加值 4765.8 亿元，增长 4.5%；第三产业增加值 4811.8 亿元，增长 5.1%。全年三次产业结构 4.6 ∶ 47.5 ∶ 47.9，服务业增加值占 GDP 比重比上年提高 1.4 个百分点。

2015—2019 南通市宏观经济运行情况表

年份	地区生产总值		第一产业增加值		第二产业增加值		第三产业增加值	
	总量（亿元）	增速（%）	总量（亿元）	增速（%）	总量（亿元）	增速（%）	总量（亿元）	增速（%）
2019	9383.40	6.2	428.80	2.7	4602.10	6.9	4352.50	5.7
2018	8427.00	7.2	397.77	2.2	3947.88	6.5	4081.35	6.4
2017	7734.64	7.8	382.69	2.4	3639.81	6.8	3712.14	9.4
2016	6768.20	9.3	366.08	0.7	3170.30	9.0	3231.82	10.7
2015	6148.40	9.6	354.90	2.9	2977.53	9.7	2815.97	10.5

国内贸易 2020年全年社会消费品零售总额3370.4亿元，比上年增长0.3%，高于全省平均水平1.9个百分点。四季度当季，全市社会消费品零售总额同比增长11.5%，比三季度提高4.5个百分点。按经营地分，城镇市场零售额增长0.3%；乡村市场零售额增长0.2%。限额以上单位消费品零售额1035.4亿元，比上年增长0.4%。按消费类型分，商品零售额下降0.1%，餐饮收入增长7.3%。从消费品分类看，服装鞋帽类、粮油食品类和日用品类分别增长15.8%、9.5%和6.3%；通讯器材类、体育娱乐用品类分别增长33.2%、6.8%；汽车类、石油及制品类分别下降4.9%、14.0%。

2020年南通市主城区主要百货、购物中心及休闲娱乐场所

商 圈	购物场所及休闲娱乐场所
南大街商圈	文峰大世界、苏宁生活广场、金鹰特惠折扣中心、南通八佰伴、大润发购物中心
工农路商圈	圆融广场＆金鹰全生活中心、南通印象城、中南城购物中心、乐购（工农路店）、文峰城市广场、星光耀广场
五水商圈	欧尚超市（港闸店）、迪卡侬（港闸店）、港闸万达广场、IKEA宜家家居
北大街商圈	圆融水墨江南、万科金域广场、华润万象城
开发区	永旺梦乐城星湖店、世茂广场
主要休闲娱乐场所	飞越百度文化广场、南通探险王国、三鲜街（本土美食街）、江海风情街

对外经济 2020年全年进出口总额2627.1亿元，比上年增长4.3%。其中，出口总额1792.6亿元，增长4.5%；进口总额834.5亿元，增长3.7%。从贸易方式看，一般贸易进出口总额1897.8亿元，增长7.4%；加工贸易进出口总额561.7亿元，下降4.3%。从出口主体看，国有企业、外资企业、私营企业出口额分别下降40.0%、增长2.1%、增长10.4%。从出口市场看，对美国、欧盟、日本三个传统主体市场的出口额分别增长12.4%、7.3%和0.7%。从出口产品看，高新技术产品、机电产品出口额分别增长30.4%和9.4%。年末与南通市建立进出口贸易关系的国家和地区205个，比上年增加2个。全市有进出口业绩的企业7159家，增长3.7%。

2020年全年新批外商投资项目208个，其中总投资超3千万元以上项目105个；新批协议注册外资73.2亿美元，比上年下降1.5%；实际利用外资27.1亿美元，比上年增长1.8%。

2020年南通市对主要国家和地区货物进出口情况表

国家和地区	出口		进口	
	金额（亿元）	比上年增长（%）	金额（亿元）	比上年增长（%）
亚 洲	877.2	0.2	452.2	-3.9
日 本	243.3	0.7	71.9	-9.3
韩 国	79.1	11.9	59.6	14.0
中国香港	122.8	9.9	1.4	-81.0
东 盟	230.3	-4.2	122.0	9.2
非 洲	59.4	-1.6	27.0	55.5

续表

国家和地区	出口		进口	
	金额（亿元）	比上年增长（%）	金额（亿元）	比上年增长（%）
欧 洲	342.2	8.6	157.6	21.5
欧 盟	259.2	7.3	105.7	5.8
拉丁美洲	142.2	0.7	53.4	-3.4
北美洲	311.5	13.8	71.4	7.9
美 国	285.7	12.4	64.1	8.8
大洋洲	60.2	21.9	72.7	10.8

主要风景名胜

1. 濠河风景区　濠河环抱南通古城，被游客誉为“少女脖子上的翡翠项链”，正在规划、开发的沿濠河博物馆群将赋予通城更深的文化内涵。2014 年 1 月，南通濠河夜游入选“长三角十大心醉夜色”。

2. 狼山风景区　狼山是江苏省六大自然风景区之一，被称为江海平原第一山，山高 106.94 米。

3. 南通博物苑　南通博物苑位于濠河之滨，由中国早期现代化的先驱、晚清状元张謇于 1905 年创办，是中国最早的博物馆。建成之初占地 35 亩，藏品分天产、历史、美术、教育四部分，主要陈列于南馆、北馆等展馆内，而大型文物标本则展示于室外。苑中广植花草树木、养殖珍禽鸟兽，与室内展品呼应，另有各种园林设施点缀其间，由此营造成一种高雅精致而又轻松闲适的氛围。这种馆园结合的特色反映着创始者独到的博物馆理念。1988 年，南通博物苑被国务院公布为中国重点文物保护单位。

4. 珠算博物馆　中国珠算博物馆占地 2 万平方米，建筑面积 6000 平方米，馆藏珠算文物 6000 余件。博物馆主体建筑新颖独特、错落有致，分博古鉴今馆（展厅）、开心启智园（少儿珠心算学校）和滨河风情区（景观）三个部分。

5. 南通海底世界　南通海底世界馆内拥有海洋生物 300 余种，1 万余尾，分为热带雨林馆、珊瑚海生物馆、海兽表演馆、深海隧道馆、海洋欢乐剧场、美洲亚马逊馆六大场馆。已于 2007 年底对公众开放。

南通市坚持以习近平新时代中国特色社会主义思想为指导，深入贯彻党的十九大和中共十九届二中、三中、四中、五中全会精神，全面落实党中央、国务院和省委省政府、各项决策部署，围绕争当龙头先锋，自觉践行新发展理念，打造全省发展新增长极，坚持稳中求进工作总基调，统筹推进疫情防控和经济社会发展，扎实做好“六稳”工作，认真落实“六保”任务，全方位融入苏南、全方位对接上海、全方位推进高质量发展，将把南通市建设成一个“强富美高”新南通。

宁波市

宁波市是浙江省辖地级市、副省级市、计划单列市，国务院批复确定的中国东南沿海重要的港口城市、长江三角洲南翼经济中心。全市下辖 6 个区、2 个县、代管 2 个县级市。全市陆域总面积 9816 平方公里，其中市区面积 3730 平方公里，海域总面积 8355.8 平方公里。宁波地处中国华东地区、东南沿海，大陆海岸线中段，长江三角洲南

甬江河畔

翼，东有舟山群岛为天然屏障，属于典型的江南水乡兼海港城市，是中国大运河南端出海口、“海上丝绸之路”东方始发港。宁波舟山港年货物吞吐量位居全球第一，集装箱量位居世界前三，是一个集内河港、河口港和海港于一体的多功能、综合性的现代化深水大港。截至 2020 年 11 月 1 日零时，宁波市常住人口为 9404283 人。

2019 年 12 月，中共中央、国务院印发《长江三角洲区域一体化发展规划纲要》，提出要加强都市圈间合作互动，高水平打造长三角世界级城市群。推动上海与近沪区域及苏锡常都市圈联动发展，构建上海大都市圈。

宁波市是上海大都市圈南翼门户城市、中国首批对外开放的 14 个沿海城市之一，是长江三角洲南翼经济中心和化工基地，是中国华东地区的工商业城市，也是浙江省经济中心之一。宁波开埠以来，工商业一直是宁波的一大名片。特别是改革开放以来，宁波经济持续快速发展，显示出巨大的活力和潜力，成为国内经济最活跃的区域之一。

2020 年宁波积极落实《长江三角洲区域一体化发展规划纲要》，全方位对接上海、全方位推进高质量发展，经济运行、社会发展取得了较好的成绩。

综合经济 2020 年全市实现地区生产总值 12408.7 亿元，同比增长 3.3%，增速比一季度、半年度和前三季度分别提高 10.3 个、3.9 个和 1.4 个百分点，总体回升态势好于全国全省。分产业看，第一产业实现增加值 338.4 亿元，增长 2.1%；第二产业实现增加值 5693.9 亿元，增长 3.0%；第三产业实现增加值 6376.4 亿元，增长 3.6%。一、二、三产业之比为 2.7 ∶ 45.9 ∶ 51.4，对 GDP 增长的贡献率分别为 1.7%、44.5% 和 53.8%。

宁波市国家级开发区

宁波经济技术开发区	宁波保税区	大榭开发区
宁波出口加工区	慈溪出口加工区 / 杭州湾新区	宁波国家高新技术产业开发区
宁波梅山保税港区	宁波石化经济技术开发区	—

服务业稳步复苏，金融业带动有力 2020年全市实现服务业增加值同比增长3.6%增速比前三季度提高0.5个百分点，占GDP比重为51.4%，比上年提高1.3个百分点。其中，金融业增长8.7%，营利性服务业增长4.4%，房地产业增长4.3%，批发零售业增长3.5%，合计对服务业增长的贡献率达100.9%。全年实现商品销售额增长7.6%。至12月末，全市金融机构本外币存款余额2.40万亿元，贷款余额2.55万亿元，分别增长15.0%和14.7%。全年宁波舟山港完成货物吞吐量11.7亿吨，增长4.7%，其中宁波港域货物吞吐量60098万吨，增长2.9%；宁波舟山港集装箱吞吐量2872.2万标箱，增长4.3%，其中宁波港域集装箱吞吐量2705.4万标箱，增长3.4%。

2020年宁波市主要会展

中国国际日用消费品博览会	浙江投资贸易洽谈会	中国食品博览会
宁波国际服装服饰博览会	中国国际家居博览会	中国宁波国际住宅产品博览会
中国开渔节	中国塑料博览会	中国徐霞客开游节
宁波市高层次人才智力洽谈会	—	—

消费市场逐步回暖，网络零售领先增长 2020年全市实现社会消费品零售总额4238.3亿元，同比下降0.7%，降幅比前三季度缩窄3.0个百分点。其中，限额以上社会消费品零售总额1479.5亿元，下降4.5%。从限额以上主要商品类别看，汽车类零售额552.3亿元，下降6.5%，其中新能源汽车零售额增长33.6%；服装、鞋帽、针纺织品类零售额217.4亿元，增长0.8%；粮油、食品类零售额145.0亿元，增长25.1%；石油制品类零售额130.9亿元，下降16.4%。全年全市限额以上贸易单位通过公共网络实现实物商品零售额268.7亿元，增长15.7%。

外贸形势好于预期，出口占全国份额继续提高 2020年全市完成外贸进出口总额9786.9亿元，同比增长6.7%，增速比前三季度提高2.4个百分点，其中出口6407.0亿元，增长7.3%；进口3379.9亿元，增长5.6%。外贸出口占全国份额由上年的3.46%提高至3.57%。全年全市新批外商投资项目486个，同比下降34.1%；合同利用外资47.0亿美元，同比下降39.3%；实际利用外资24.7亿美元，同比增长4.4%。

主要风景名胜 宁波拥有众多文化古迹，除了闻名两岸三地的溪口镇外，西靠四明山，东临东海，独特的地理位置赋予了宁波独特的自然风光，此外自然风光还有松兰山、九峰山、九龙湖、五龙潭、南溪温泉、野鹤湫旅游风景区、浙东大峡谷等也是宁波有名的生态旅游景点。

1. 奉化溪口　奉化溪口是中国AAAAA级旅游景区，以蒋介石和蒋经国父子故乡为背景，又以雪窦山和雪窦寺的佛教文化为铺垫，还有两蒋原住址及镇上古色古香民国雅韵，包含了武岭门、蒋母墓道、玉泰盐铺、文昌阁（奎阁凌霄）、小洋房、蒋氏丰镐房、摩诃殿、武岭中学、御书亭、锦镜池、妙高台、千丈岩、将军楠、中旅社原址、三隐潭、徐凫岩、亭下湖和张学良将军的第一幽禁地，等等。

2. 河姆渡遗址　河姆渡遗址位于余姚，发掘于1973年，为中国南方重要的新石器时代遗址。其中发现的稻米残物和上百件骨耜将中国种植水稻的历史提前到7000年前，纠正了中国栽培水稻的粳稻从印度传入、籼稻从日本传入的传统说法，在学术界树立了中国栽培水稻是从本土起源的观点。

3. 保国寺　保国寺位于灵山山腹中，至今已有970多年历史，以其精湛绝伦的建筑工艺闻名。现存大雄宝殿重建于北宋大中祥符六年，是长江以南最古老、保存最完善的北宋木结构建筑，在中国建筑史上具有很高的历史、艺术和科学价值。整个大殿的全部结构皆用斗拱之间的巧妙衔接和精确的榫卯技术，不用一枚铁钉将建筑物的各个构件牢固地结合在一起，承托起整个殿堂屋顶 50 余吨的重量规模。

4. 天一阁　天一阁始建于明嘉靖四十年（1561），由当时退隐的兵部右侍郎范钦主持，是中国现存年代最早的私家藏书楼，也是亚洲现有最古老的图书馆和世界最早的三大家族图书馆之一。由于范钦八世孙范懋柱进献藏书众多，清朝乾隆皇帝敕命测绘天一阁房屋、书橱款式，兴造著名的“南北七阁”，用来收藏《四库全书》，天一阁自此名闻中国。新中国成立后，在周恩来总理的关心和众多本地藏书家的响应下，天一阁的珍本、善本数量得到了恢复，藏珍版善本达到了 8 万多卷。

5. 东钱湖　东钱湖距宁波城东 15 公里，湖的东南背依青山，湖的西北紧依平原，是闽浙地质的一部分，系远古时期地质运动形成的天然泻湖。被郭沫若先生誉为“西湖风光，太湖气魄”。东钱湖由谷子湖、梅湖和外湖三部分组成，南北长 8.5 公里，东西宽 6.5 公里，环湖周长 45 公里，面积 22 平方公里，是浙江省最大的（天然）淡水湖，面积为杭州西湖的 3 倍，平均水深 2.2 米，总蓄水量 3390 万立方米。

6. 月湖　月湖位于宁波西南，湖呈狭长形，面积约 0.2 平方公里。宋元年间建成月湖十洲。南宋绍兴年间，广筑亭台楼阁，遍植四时花树，形成月湖上十洲胜景。宋元以来，月湖是浙东学术中心，是文人墨客憩息荟萃之地。现为宁波市区最重要的历史文化保护区。

7. 杭州湾国家湿地公园　杭州湾国家湿地公园总面积 43.5 平方公里，是中国八大咸水湿地之一，位于杭州湾跨海大桥附近，世界级观鸟胜地，是集湿地恢复、湿地研究和环境教育于一体的湿地生态旅游区。湿地类型丰富，湿地既包括广阔的滩涂、大片的芦苇荡与离岸沙洲和塘内围垦湿地，其中沿海庵东滩涂被列为中国重要湿地名录。以良好的环境、丰富的食物，每年吸引了大量候鸟的光临，这是因为湿地是候鸟从西伯利亚迁徙至澳大利亚的重要中转站。

8. 宁波方特东方神画　宁波方特东方神画位于宁波杭州湾新区跨海大桥南岸，以民间传说、民间戏曲、经典爱情传奇、神秘文化、杂技与竞技、民间节庆、民间手工艺、综合项目八大类别进行区域划分。运用暗黑骑乘、四面幻影成像、实景特技机器人等设备技术，设计出《女娲补天》《千古蝶恋》《长城绝恋》《惊魂之旅》《神州塔》等 20 多个主题项目。

9. 杭州湾海皮岛　杭州湾海皮岛于 2017 年 12 月获得国家 AAAA 级旅游景区称号，景区包括四大板块，分别为水陆两大主题乐园——海皮岛欢乐世界和水世界及杭州湾海底温泉、杭州湾海底温泉酒店。

主要民俗活动　八月十六中秋节：中国各地以农历八月十五为中秋节，唯宁波以十六为中秋。追其来由，有两种说法：一说元末江浙左丞、太尉方国珍以自己的生日改之；一说南宋时宰相、鄞县（现鄞州）人史浩，当时，其任宰相之职，每逢中秋节便回家陪其母过中秋节，有年中秋节因朝中有事，故不能及时赶回，而家中人也深信其会回来过节，等到第二天，即八月十六那天，史浩果然赶了回来，此后人们为了纪念这份孝心，故选择在八月十六过中秋节。每逢中秋节，家人团圆，赶庙会，观龙舟，吃月饼，亦互赠月饼。

舞狮：在宁波市宁海县一带较为流行，一般在夏历正月或佛教有关节日，数十名农民组队，去各村轮流舞狮，以示敬祖迎神、辟邪祛妖。狮舞有独舞、对舞、群舞，以三狮共舞为多，一雄一雌一仔，边舞边敲锣打鼓，以表演“抢五灯”为最精彩，即在场地中间、四角各置一盏灯，狂舞狮子在中间做嬉打、咬打、抢灯等动作。

赛龙舟：城乡赛龙舟主要在池塘、河流和湖泊中举行，龙舟分青龙、黄龙、白龙等；赛龙舟一般在每年农历五月初五和八月十六举行。前者相传是楚国爱国诗人、三闾大夫屈原投汨罗江的日子，划龙舟，表示人们竞相营救。后者则为宁波的中秋节。除举行庙会外，赛龙舟可增加节日娱乐气氛。当比赛开始时，划船人员头高高地昂起，一人站立于龙舟前身敲锣指挥，服装与龙舟同色，一声鞭炮响，龙舟齐发，锣鼓声与岸上观看的人群呼喊声不绝于耳，场面甚为热闹，先到终点者为胜。宁波东钱湖的龙舟最负盛名。

梁山伯祝英台故事：东晋时上虞祝氏女英台，女扮男装求学，与会稽的梁山伯同学三年。后祝英台先归家，次年梁山伯去祝家拜访，才知其为女性，央人求聘，而祝已许马氏子。后山伯为县令，勤政爱民，死于任上，葬在城西乡。祝英台路过山伯墓，痛哭呼号，墓自裂，祝跳入梁墓中同葬。现宁波西乡有梁祝合葬墓及梁山伯庙。宁波有“若要夫妻同到老，梁山伯庙到一到”的谚语。现梁祝故事以电影、戏剧、曲艺等各种艺术形式流传，范围非常之广，涉及并流传到欧美各国，被称为东方的《罗密欧与朱丽叶》。

湖州市

湖州是一座有着 100 万年人类活动史、2300 多年建城史的国家历史文化名城，也是环太湖地区唯一因湖得名的江南城市。全市辖吴兴、南浔两区和德清、长兴、安吉三县，面积 5820 平方公里，户籍人口 265 万人，常住人口 298 万人。湖州地处长三角中心区域，是沪、杭、宁三大城市的共同腹地，是连接长三角南北两翼和东中部地区的节点城市。湖州是丝之源、笔之源、茶之源、瓷之源、酒之源素有“丝绸之府、鱼米之乡、文化之邦”的美誉，宋代便有“苏湖熟，天下足”之说。2005 年，习近平同志到湖州安吉调研，首次提出了“绿水青山就是金山银山”的重要思想，湖州开启了“两山”重要思想诞生地、中国美丽乡村的发源地、生态 + 的先行地、太湖流域生态涵养地的生动实践。

近年来，湖州经济社会实现了持续快速协调发展。2020 年，全市实现地区生产总值（GDP）3201.4 亿元，同比增长 3.3%。分产业看，第一产业增加值 140.5 亿元，增长 2.5%；第二产业增加值 1587.6 亿元，增长 2.0%；第三产业增加值 1473.3 亿元，增长 4.8%。三次产业增加值结构调整为 4.4 ∶ 49.6 ∶ 46.0。工业是湖州经济的主体，

湖州市鸟瞰

现已形成丝绸、建材、机械、电子、轻工、纺织、化工、医药、食品等门类较多的现代工业体系。近几年，大力实施产业和产品结构调整，在对丝绸、建材等传统产业进行了较大规模改造提高的同时，重点发展新型纺织、特色机电、医药和精细化工、新型建材四大特色优势产业，加快新产品开发步伐。

未来，湖州将成为高水平建设枢纽门户城市，开放融入迈上新台阶。内畅外联的现代综合交通运输体系基本形成，接沪融杭、联通苏皖、辐射内陆的区位优势更加凸显，成为长三角承东启西、沟通南北的重要枢纽和上海大都市圈的西翼门户，国民经济循环高效畅通，贸易便利化水平大幅提升，在区域一体化发展和高水平对外开放中走在前列，成为在长三角地区更有影响力、在国内同类型城市中更有辨识度的新势力城市。

湖州将打造长三角一体化发展新价值高地。全面加强与长三角城市深度合作，释放交通区位、产业合作、绿色创新、创业生活等方面价值潜力。以“轨道上的湖州”为牵引，参与都市圈同城化交通网建设，发展枢纽经济，打造交通枢纽价值高地。推进长三角产业合作区建设，努力打造省际毗邻区域协同发展样板，打造产业合作价值高地。共建共享长三角一体化生态大花园，加强与长三角生态绿色一体化发展示范区的紧密联动发展，协同推进绿色科技和绿色产业创新，打造绿色发展价值高地。共建长三角绿色认证联盟，推进试点先行区建设，促进成果应用。吸引沪杭地区优质公共服务资源向我市延伸布局，设立跨区域医疗联合体，建立居民服务“一卡通”，实现公共服务“同城待遇”，打造宜居宜业价值高地。

全面融入上海大都市圈。全方位、深层次参与上海“1+8”大都市圈建设，着力打造上海大都市圈的西翼门户。深度对接上海“五大中心”建设，纵深推进科技、金融、航运、贸易等方面合作。共建沪湖绿色智造创新廊道，探索“飞地”产业园区、联合创新中心（基地）共建新模式，高质量打造G60科创走廊北翼核心带。积极承接中国国际进口博览会溢出效应，加强与上海自贸区及新片区、虹桥商务区等战略载体的联动。推进长三角绿色智造联动发展南浔合作园建设。

深度参与浙江省大湾区和大都市区建设。全面落实省“大湾区”“大都市区”战略，协同推进杭州都市圈建设，共建大运河文化带。推进杭湖一体化进程，联动沪杭甬湾区经济创新区，建设杭湖一体化合作先行区。深化新兴产业、科技创新、生态环保、公共服务等领域合作，承接杭州都市圈产业外延功能溢出。积极协助承办杭州2022年亚运会，做好设施配套和服务保障。加快推进嘉湖一体化，深入实施“五个一”标志性工程，加快练市—乌镇嘉湖一体化合作先行区建设。

紧密协作环太湖经济圈。全面加强与苏锡常合作，共建环太湖高质量发展城市圈。深化产业科创联动，加强高端装备、生物医药等优势产业和创新领域协作，打造区域性产业集群。深化环太湖高校联盟建设，开展跨区域产学研合作，共建科创共同体，合力打造环太湖科创湾。共建环太湖生态文化旅游圈，协同开展古镇、滨湖、乡村等特色旅游资源开发，打造世界级旅游度假目的地。落实太湖流域生态环境保护联防联控机制，推动长三角生态环境协同立法。

为更好地融入江浙沪都市圈，湖州还将实施高等教育强市战略。高水平推进“湖州师范大学”建设，努力成为教学科研型大学。加快建设湖州学院，努力建设一所与地方经济紧密结合、特色鲜明的高水平应用型大学。推动湖州职业技术学院、浙江宇翔职业技术学院高质量发展，推进浙江水利水电学院南浔校区建设，扩大浙江工业大学莫干山校区和浙江科技学院安吉校区办学规模，促进高等教育校地融合新发展。加强与长三角地区名校集团交流合作，实施名校名院引进计划，支持江浙沪都市圈“双一流”高校同城化配置。

未来湖州全市将基本实现高水平现代化，全市高质量赶超发展取得突破性进展，高水平建成现代化滨湖花园城市，基本实现高水平现代化，成为新时代全面展示中国特色社会主义制度优越性重要窗口的示范样本。

嘉兴市

嘉兴市位于浙江省东北部、长江三角洲杭嘉湖平原腹心地带，是长江三角洲重要城市之一。市境为太湖边的浅碟形洼地，地势大致呈东南向西北倾斜，由于数千年来人类的垦殖开发，平原被纵横交错的塘浦河渠所分割，田、地、水交错分布，形成“六田一水三分地”，旱地栽桑、水田种粮、湖荡养鱼的立体地形结构。

嘉兴市东临大海，南倚钱塘江，北负太湖，西接天目之水，大运河纵贯境内。市城处于江、海、湖、河交会之位，扼太湖南走廊之咽喉，与沪、杭、苏、湖等城市相距均不到百公里，区位优势明显，尤以在人间天堂苏杭之间著称。

近年来，嘉兴工业经济持续释放转型升级新动能。贯彻施行“三去一降一补”的政策，即：去低利润和高污染的过剩产能、去库存为新的产能提供空间、去杠杆降低长期性和系统性风险、降成本提高效率、补短板平衡供需关系。2020 年的嘉兴市新动能逐步壮大，新产业、新产品、新业态、新模式不断成长。新产业逆势上扬，2020 年全市规模以上文化制造业、高技术制造业、装备制造业、时尚制造业和战略性新兴产业增加值快速增长，分别比上年增长 57.1%、47.2%、22.6%、19.3% 和 14.2%，增速分别

嘉兴市鸟瞰图

高于浙江省平均49.2个、31.6个、11.8个、14.4个和4.0个百分点，增速均居全省首位。新产品快速增长，2020年全市规模以上工业新产品产值增长8.8%，较上年提高0.6个百分点；新产品产值率44.6%。新业态持续发展，2020年全市网络零售额1857.4亿元，增长7.0%；居民网络消费额859.4亿元，增长10.2%。创新投入不断增强，2020年全市规上工业企业研发费用298亿元，增长18.3%，高于营业收入增幅16.7个百分点；研发费用占营业收入比重达2.8%，较上年提高0.4个百分点。

为深入贯彻落实长三角一体化发展国家战略要求，响应国内大循环为主体、国内国际双循环相互促进的新发展格局，支撑上海大都市圈协同规划、建设和管理，由上海市城市规划设计研究院、中国城市规划设计研究院上海分院、上海社会科学院三家单位联合了嘉兴市国土空间规划研究院以及其他7家单位共同发起创建“上海大都市圈规划研究联盟”，以支撑上海大都市圈协同发展为导向，以“资源共享、优势互补、服务区域、共谋发展”为原则，以开展高水平规划研究、咨询服务、信息传播、人才培养为主线，跨学科、跨领域的新型智库和平台，以国内领先的理论与理念，为上海大都市圈规划、建设和管理提供强有力的智力支撑。在未来上海大都市圈的发展中，空间院将以对接上海规划智库“桥头堡”的定位，始终扮演好“技术权威、决策参谋、管理助手”角色，将嘉兴“三城一地”的目标和打造“重要窗口”中“最精彩板块”的愿景融入到上海大都市圈发展规划中，实现嘉兴发展与上海大都市圈建设的同频共振。

嘉兴将打造长三角核心区联通国内国际双循环的黄金节点。建设与沪杭苏甬四方联动的枢纽城市。对接上海大都市圈，加强政策、服务、功能对标。着力承接上海虹桥商务区服务功能，建设虹桥国际开放枢纽金南翼。加强平台合作，促进沪嘉创新链、产业链协同，共建平湖金山产城融合发展区、张江长三角科技城平湖园、上海漕河泾新兴技术开发区海宁分区。融入杭州都市圈，深化杭嘉一体化发展，加强海宁、桐乡融杭板块协同，联动打造新的增长极。推进嘉苏一体化发展，加强秀洲区与苏州吴江区、中新嘉善现代产业园与苏州新加坡工业园的深度合作，强化电子信息、生物医药等产业链共建，在文化休闲旅游、内河航运领域实现无缝对接。建设甬嘉一体化协同合作区，做大做强港口物流、临港产业等海洋经济。推动嘉湖一体化发展，协同共建乌镇练市一体化先行启动区，加速浙北嘉湖板块崛起。

作为中国共产党的诞生地和长三角中心腹地，嘉兴承载着重要的历史使命，随着长三角区域一体化发展上升为国家战略、上海大都市圈城市群规划轮廓逐步清晰，嘉兴的商业潜能正成为区域内城市开发的重点板块。

舟山市

舟山市位于浙江省舟山群岛。地处我国东南沿海长江口南侧杭州湾外缘的东海洋面上。地理位置介于北纬29° 32′～31° 04′、东经121° 30′～123° 25′之间东西长182公里，南北宽169公里。舟山背靠上海、杭州、宁波等大中城市和长江三角洲等辽阔腹地面向太平洋具有较强的地缘优势踞我国南北沿海航线与长江水道交汇枢纽是长江流域和长江三角洲对外开放的海上门户和通道与亚太新兴港口城市呈扇形辐射之势。

舟山是海洋大市，海洋产业是舟山最重

舟山市鸟瞰图

要的经济主体。近年来，国家新区、自贸试验区、江海联运服务中心、绿色石化、波音亚太交付中心、中澳现代产业园等国家战略和国家重大项目先后落地。目前已经形成了以港口物流、船舶修造、现代渔业、临港石化为主导，海洋电子信息、海洋生物医药、海工装备等新兴产业加速发展的产业体系。

近年来，舟山与上海、宁波奠定了一定的科技合作基础。沪舟甬两岸三地、一衣带水，地缘相近、经济相融、人文相亲。在“一带一路”战略规划中，舟山、宁波为海上合作战略支点。上海大都市圈“1+8”范围的划定也为舟山的发展创造了契机。依托舟山自然区位优势和海洋资源优势，舟山将与上海、宁波对接，落实“八八战略”，推进“长三角一体化”战略实施，推动舟山融入上海大都市圈。借力上海、宁波的产业、平台、科研、金融、人才等方面优势，通过实施“一通七联三步走”三年行动计划（即：建立政府导向的科技合作大通道，联动“平台、院所、人才、金融、中介、企业、技术”七方面内容，分“开拓渠道、务实合作、深化提高”三个阶段步骤实施），开展全面科技合作，进一步平衡舟山对上海、宁波的“被动虹吸”和“承接辐射”关系，助力打造舟山“六位一体”创新链，推动舟山海洋产业新动能培育壮大，推动舟山海洋高端人才的引进与集聚，推动海洋高新技术在舟山转化，促进区域协调发展，充分发挥科技创新引领和支撑作用，推动区域海洋经济稳健发展。

舟山市融入大都市圈的具体做法是：

（1）建立沪舟甬科技合作大通道。加强与上海市科学技术委员会、上海科学技术交流中心、宁波市科技局等部门对接交流，建立高层互访协商机制和正式科技合作关系，发挥政府组织领导和协调管理作用，全面打通沪舟甬科技合作大通道。

（2）承接高能级产业平台辐射。推进全市产业园区、众创空间、孵化器、综合服务体等平台与上海、宁波科技园区开展对接。

（3）引进大院名校共建创新载体。

（4）集聚“高精尖缺”人才。充分利用上海、宁波强大的全球化人才集聚、溢出和辐射效益，以重大科技人才工程为牵引，实施“5313”行动计划，突出“高精尖缺”，全力做好战略科技人才、科技领军人才、青年科技人才和高水平创新团队引进、培育、使用。

（5）对接优质科技金融资本。加强与上海、宁波科技金融信息服务平台合作交流，大力引进两地成果转化引导基金、创业投资引导基金及其他社会资本，采取多级融资、风险分担、投贷联动方式，通过体制创新、机制创新、业务创新和监管创新加大对新区产业科技创新支持力度。争取引力科技金融机构 2 家以上，集聚各类科技创投资本 1 亿元以上。

（6）吸纳白名单科技中介服务机构。

（7）招引行业龙头企业。围绕绿色石化、船舶与海工、海洋渔业、海洋生物、海洋电子信息等重点产业和螺杆、汽配、机电等区域特色产业需求，招引上海、宁波相应产业龙头企业。

（8）联合攻关重点产业“卡脖子”关键核心高新技术。围绕船舶与海工领域、石化新材料领域、海洋生物领域、海洋电子信息领域 4 个重点产业技术需求开展对接。

未来是区域大融合、大发展的时代机遇期，舟山将积极对接联动人才、发改、财政、经信等有关部门和行业协会，争取更多政策资源、平台资源等支持，进一步拓宽社会资源，优化资源配置机制，努力提升区域科技合作领域、层次、成效，为加快推进舟山融入“上海大都市圈”“上海张江国家自主创新示范区”“宁波—温州自主创新示范区”，更好地服务“长三角一体化”建设，提供坚强有力的科技引领、示范和支撑。

2021

上海商贸年鉴

第九编　商贸统计

一、上海对外贸易往来的国家和地区

2020年，面对新冠肺炎疫情巨大冲击和复杂严峻的国内外环境在以习近平同志为核心的党中央坚强领导下，全市上下认真贯彻落实党中央、国务院决策部署，统筹推进疫情防控和经济社会发展，扎实做好“六稳”工作，全力落实“六保”任务，全市经济运行持续稳定恢复，经济发展韧性、活力和动力明显增强，稳就业保民生成效显著。

全年全市货物进出口总额34828.47亿元，比上年增长2.3%，增速比前三季度提高0.6个百分点。其中，出口总额13725.36亿元，与上年持平；进口总额21103.11亿元，增长3.8%。从进出口结构看，民营企业进出口增长11.3%，外商投资企业进出口增长2.9%，国有企业进出口下降12.8%。从进出口商品类别看，高新技术产品进出口增长6.3%，机电产品进出口增长3.9%。

全年全市外商直接投资实际到位金额为202.33亿美元，比上年增长6.2%，增速比前三季度提高0.1个百分点。其中，第三产业外商直接投资实际到位金额增长10.6%，占全市的比重为94.5%。

2020年上海对外贸易往来国家（地区）一览表

国别（地区）			进出口额		出口额		进口额	
			金额（万美元）	比上年（±%）	金额（万美元）	比上年（±%）	金额（万美元）	比上年（±%）
亚洲	中国	香港	2071309	-6.04	2011996	-1.72	59313	-62.25
		澳门	5449	-47.83	5006	-50.33	443	21.16
		台湾	3526275	14.08	1113321	9.79	2412954	16.17
	东亚	日本	5511873	2.45	1812249	-8.06	3699624	8.52
		韩国	2610711	4.51	716111	1.55	1894600	5.67
	东盟		6996871	2.63	2442286	-6.82	4554585	8.53
	中东		—	—	—	—	—	—
非洲			953497	1.28	444829	-8.81	508669	12.12
欧洲	欧盟		12877227	3.85	3919859	0.94	8957368	5.17
	俄罗斯		630769	25.28	261813	-3.66	368956	59.22
美洲	美国		6949789	5.75	4295833	6.03	2653956	5.30
	加拿大		579282	-7.01	240603	3.67	338679	-13.35
	拉丁美洲		2598725	-2.48	802649	-11.54	1796075	2.20

续表

国别（地区）		进出口额		出口额		进口额	
		金额（万美元）	比上年（±%）	金额（万美元）	比上年（±%）	金额（万美元）	比上年（±%）
大洋洲	澳大利亚	1894976	-14.26	513929	4.25	1381047	-19.57
	新西兰	299526	11.85	58032	5.89	241494	13.38

2016—2020年上海与中国香港贸易情况表

年份	进出口		出口		进口	
	金额（万美元）	比上年（±%）	金额（万美元）	比上年（±%）	金额（万美元）	比上年（±%）
2016	2222600	3.75	1813960	-6.00	408637	92.22
2017	1836072	-17.43	1796351	-1.03	39720	-90.28
2018	2171080	18.25	2001240	11.41	169836	327.58
2019	2204428	1.54	2047284	2.31	157145	-7.47
2020	2071309	-0.64	2011996	-1.72	59313	-62.25

2016—2020年上海与中国澳门贸易情况表

年份	进出口		出口		进口	
	金额（万美元）	比上年（±%）	金额（万美元）	比上年（±%）	金额（万美元）	比上年（±%）
2016	10401	-26.85	10065	-25.90	336	-47.16
2017	5691	-45.28	5374	-46.61	317	-5.58
2018	8693	52.74	8406	56.44	286	-9.84
2019	10443	20.52	10077	20.27	366	27.85
2020	5449	-47.83	5006	-50.33	443	21.16

2016—2020年上海与中国台湾贸易情况表

年份	进出口		出口		进口	
	金额（万美元）	比上年（±%）	金额（万美元）	比上年（±%）	金额（万美元）	比上年（±%）
2016	2232730	3.05	644102	5.26	1588630	2.18
2017	2485807	69.24	692390	7.49	1793416	12.86
2018	2721570	9.54	770785	11.33	1950790	8.85
2019	3091410	13.59	1013894	31.55	2077516	6.50
2020	3526275	14.08	1113321	9.79	2412954	16.17

2016—2020 年上海与日本贸易情况表

年份	进出口		出口		进口	
	金额（万美元）	比上年（±%）	金额（万美元）	比上年（±%）	金额（万美元）	比上年（±%）
2016	4851890	-2.20	1920680	-9.07	2931210	2.89
2017	5225130	7.69	1934942	0.76	3290188	12.24
2018	5753820	10.10	2150890	11.17	3602940	9.47
2019	5380259	-6.48	1970803	-8.36	3409456	-5.35
2020	5511873	2.45	1812249	-8.06	3699624	8.52

2016—2020 年上海与韩国贸易情况表

年份	进出口		出口		进口	
	金额（万美元）	比上年（±%）	金额（万美元）	比上年（±%）	金额（万美元）	比上年（±%）
2016	2367320	-17.39	734451	-13.20	1633170	-19.15
2017	2496439	5.44	634120	-13.67	1862318	14.03
2018	2673120	7.05	687805	8.47	1985320	6.57
2019	2497844	-6.55	705242	2.54	1792602	-9.69
2020	2610711	4.51	716111	1.55	1894600	5.67

2016—2020 年上海与东盟贸易情况表

年份	进出口		出口		进口	
	金额（万美元）	比上年（±%）	金额（万美元）	比上年（±%）	金额（万美元）	比上年（±%）
2016	5324140	-0.16	2192050	-0.06	3132090	-0.23
2017	6257491	17.52	2353981	7.39	3903510	24.62
2018	6407380	2.40	2572940	9.31	3834440	-1.77
2019	6817557	6.38	2621207	1.92	4196350	9.37
2020	6996871	2.63	2442286	-6.82	4554585	8.53

2016—2020 年上海与非洲贸易情况表

年份	进出口		出口		进口	
	金额（万美元）	比上年（±%）	金额（万美元）	比上年（±%）	金额（万美元）	比上年（±%）
2016	733927	-4.87	365203	-12.58	368724	4.22
2017	817951	11.50	380887	4.30	437064	18.64
2018	991087	21.15	434579	14.10	556508	27.29
2019	942351	-4.94	487721	12.26	454630	-18.36
2020	953497	1.28	444829	-8.81	508669	12.12

2016—2020 年上海与欧盟（28 国）贸易情况表

年份	进出口		出口		进口	
	金额（万美元）	比上年（±%）	金额（万美元）	比上年（±%）	金额（万美元）	比上年（±%）
2016	8658010	-6.33	3017010	-16.10	5641000	-0.10
2017	10077600	16.38	3438506	13.96	6639074	17.68
2018	10705600	6.23	3683830	7.14	7021740	5.77
2019	10553152	-1.42	3438103	-6.66	7115049	1.33
2020	12877227	3.85	3919859	0.94	8957368	5.17

2016—2020 年上海与俄罗斯贸易情况表

年份	进出口		出口		进口	
	金额（万美元）	比上年（±%）	金额（万美元）	比上年（±%）	金额（万美元）	比上年（±%）
2016	373141	-17.45	164659	-3.59	208482	-25.87
2017	441632	18.30	239849	45.60	201783	-3.25
2018	515575	16.75	284048	18.44	231527	14.73
2019	503409	-2.41	271678	-4.35	231730	-0.04
2020	630769	25.28	261813	-3.66	368956	59.22

2016—2020 年上海与美国贸易情况表

年份	进出口		出口		进口	
	金额（万美元）	比上年（±%）	金额（万美元）	比上年（±%）	金额（万美元）	比上年（±%）
2016	7204020	-1.84	4491630	-0.66	2712390	-3.73
2017	7701100	6.89	4645750	3.44	3055350	12.60
2018	7688690	-0.16	4751010	2.27	2937670	-3.85
2019	6569751	-14.55	4049545	-14.76	2520206	-14.21
2020	6949789	5.75	4295833	6.03	2653956	5.30

2016—2020 年上海与加拿大贸易情况表

年份	进出口		出口		进口	
	金额（万美元）	比上年（±%）	金额（万美元）	比上年（±%）	金额（万美元）	比上年（±%）
2016	493865	-0.94	199989	-4.70	293876	1.80
2017	525656	6.43	256342	28.18	269314	-8.37
2018	688799	31.03	271794	6.07	417005	54.77
2019	623518	-9.53	231725	-14.74	391793	-6.15
2020	579282	-7.01	240603	3.67	338679	-13.35

2016—2020 年上海与拉丁美洲贸易情况表

年份	进出口		出口		进口	
	金额（万美元）	比上年（±%）	金额（万美元）	比上年（±%）	金额（万美元）	比上年（±%）
2016	1953350	-8.74	743848	-10.36	1209510	-7.72
2017	2424050	24.09	919046	23.55	1505000	24.42
2018	2791250	15.16	935429	1.79	1855820	23.33
2019	2662307	-4.65	906907	-3.05	1755400	-5.45
2020	2598725	-2.48	802649	-11.54	1796075	2.20

2016—2020 年上海与澳大利亚贸易情况表

年份	进出口		出口		进口	
	金额（万美元）	比上年（±%）	金额（万美元）	比上年（±%）	金额（万美元）	比上年（±%）
2016	1501110	-7.95	490142	-1.51	1010970	-10.77
2017	1834010	22.18	529536	8.04	1304480	29.03
2018	2220430	21.03	540526	2.08	1679910	28.72
2019	2208213	-0.69	492701	-8.86	1715512	1.94
2020	1894976	-14.26	513929	4.25	1381047	-19.57

2016—2020 年年上海与新西兰贸易情况表

年份	进出口		出口		进口	
	金额（万美元）	比上年（±%）	金额（万美元）	比上年（±%）	金额（万美元）	比上年（±%）
2016	204250	23.91	51152	9.26	153099	29.72
2017	238766	16.87	59452	16.22	179314	17.09
2018	255243	6.90	66687	12.17	188557	5.15
2019	267759	4.91	54760	-17.87	212999	12.96
2020	299526	11.85	58032	5.89	241494	13.38

资料来源：上海海关。
说明：2019 年数据海关略有修正，2020 年比 2019 年百分比数据以修正值计算。

二、上海与"一带一路"沿线国家进出口贸易

（一）东盟 10 国

2016—2020 年上海与新加坡贸易情况表

年份	进出口		出口		进口	
	金额（万美元）	比上年（%）	金额（万美元）	比上年（%）	金额（万美元）	比上年（%）
2016	1250630	-1.82	662471	69.23	588154	1.15
2017	1632680	30.51	734370	10.84	898307	52.64
2018	1375840	-15.70	694102	-5.48	681734	-24.07
2019	1460962	6.17	638887	-7.96	822075	20.20
2020	1406583	-3.71	669343	4.80	737240	-10.32

2016—2020 年上海与马来西亚贸易情况表

年份	进出口		出口		进口	
	金额（万美元）	比上年（%）	金额（万美元）	比上年（%）	金额（万美元）	比上年（%）
2016	1377250	-6.41	354834	-0.7881	1022420	-8.22
2017	1505120	9.29	368376	3.83	1136740	11.18
2018	1572380	4.47	427014	15.96	1145370	0.75
2019	1647157	4.79	479855	12.41	1167301	1.94
2020	1611205	-2.20	416958	-13.11	1194247	2.29

2016—2020 年上海与印度尼西亚贸易情况表

年份	进出口		出口		进口	
	金额（万美元）	比上年（%）	金额（万美元）	比上年（%）	金额（万美元）	比上年（%）
2016	610346	18.41	270738	-0.29	339609	39.21

续表

年份	进出口		出口		进口	
	金额（万美元）	比上年（%）	金额（万美元）	比上年（%）	金额（万美元）	比上年（%）
2017	679079	11.26	270945	0.07	408134	20.18
2018	725724	6.84	344996	27.33	380728	-6.76
2019	759117	4.71	386487	12.26	372630	-2.11
2020	816814	7.57	295827	-23.50	520987	39.80

2016—2020 年上海与缅甸贸易情况表

年份	进出口		出口		进口	
	金额（万美元）	比上年（%）	金额（万美元）	比上年（%）	金额（万美元）	比上年（%）
2016	43554	-3.35	36181	-5.97	7373	11.90
2017	46083	5.79	38888	7.46	7195	-2.42
2018	55599	20.66	45796	17.78	9802	36.25
2019	59632	7.25	47119	2.88	12512	27.65
2020	60141	0.85	40218	-14.65	19923	59.23

2016—2020 年上海与泰国贸易情况表

年份	进出口		出口		进口	
	金额（万美元）	比上年（%）	金额（万美元）	比上年（%）	金额（万美元）	比上年（%）
2016	813541	2.20	359879	3.04	453662	1.54
2017	904819	11.23	366187	1.77	538632	18.73
2018	1026050	13.39	429569	17.31	596485	10.72
2019	948776	-7.50	414186	-3.51	534590	-10.37
2020	901952	-4.93	364539	-11.96	537412	0.52

2016—2020 年上海与老挝贸易情况表

年份	进出口		出口		进口	
	金额（万美元）	比上年（%）	金额（万美元）	比上年（%）	金额（万美元）	比上年（%）
2016	6788	-67.89	2206	-9.32	4582	-75.50
2017	9283	36.75	3055	38.48	6228	35.92
2018	7194	-22.50	2747	-10.09	4448	-28.59
2019	7925	10.16	3024	10.10	4901	10.19
2020	18177	129.31	3814	26.13	14362	192.96

2016—2020 年上海与柬埔寨贸易情况表

年份	进出口		出口		进口	
	金额（万美元）	比上年（%）	金额（万美元）	比上年（%）	金额（万美元）	比上年（%）
2016	52746	7.27	33146	13.47	19601	-1.79
2017	59783	13.34	34861	5.17	24922	27.15
2018	85458	42.94	39932	14.55	45526	82.66
2019	88791	3.94	46930	17.59	41860	-8.34
2020	77364	-12.82	44530	-5.02	32834	-21.56

2016—2020 年上海与越南贸易情况表

年份	进出口		出口		进口	
	金额（万美元）	比上年（%）	金额（万美元）	比上年（%）	金额（万美元）	比上年（%）
2016	766668	5.98	312050	4.75	454618	6.84
2017	923353	20.43	341122	9.31	582232	28.07
2018	1007360	9.10	359146	5.29	648214	11.34
2019	1342019	33.22	396183	10.30	945836	45.92
2020	1679200	25.14	443213	11.92	1235987	30.68

2016—2020 年上海与文莱贸易情况表

年份	进出口		出口		进口	
	金额（万美元）	比上年（%）	金额（万美元）	比上年（%）	金额（万美元）	比上年（%）
2016	7527	266.12	2900	104.59	4627	624.79
2017	9161	21.72	7742	166.99	1419	-69.33
2018	22789	148.75	20734	167.80	2055	44.82
2019	8492	-62.74	5257	-74.65	3235	57.45
2020	13073	53.94	2841	-45.97	10232	216.28

2016—2020 年上海与菲律宾贸易情况表

年份	进出口		出口		进口	
	金额（万美元）	比上年（%）	金额（万美元）	比上年（%）	金额（万美元）	比上年（%）
2016	395091	-9.15	157647	2.93	237444	-15.71
2017	488133	23.55	188436	19.53	299697	26.23
2018	528987	8.37	208900	10.85	320086	6.81
2019	494687	-6.60	203278	-2.65	291408	-9.18
2020	412362	-16.64	161002	-20.81	251360	-13.72

（二）西亚 18 国

2016—2020 年上海与伊朗贸易情况表

年份	进出口		出口		进口	
	金额（万美元）	比上年（%）	金额（万美元）	比上年（%）	金额（万美元）	比上年（%）
2016	120424	-15.16	89201	-10.07	31223	-26.96
2017	150693	25.15	107106	20.09	43587	39.60
2018	138877	-7.86	90679	-15.35	48198	10.55
2019	221003	59.07	86954	-4.07	134049	177.58
2020	190787	-13.66	99089	13.96	91698	-31.58

2016—2020 年上海与伊拉克贸易情况表

年份	进出口		出口		进口	
	金额（万美元）	比上年（%）	金额（万美元）	比上年（%）	金额（万美元）	比上年（%）
2016	13003	-9.16	12990	-9.23	13	405.50
2017	16076	23.63	16072	23.73	4	-70.77
2018	11958	-25.61	11957	-25.60	1	-72.16
2019	17124	43.20	17118	43.17	6	419.51
2020	15034	-12.21	14169	-17.23	864	15614.39

2016—2020 年上海与土耳其贸易情况表

年份	进出口		出口		进口	
	金额（万美元）	比上年（%）	金额（万美元）	比上年（%）	金额（万美元）	比上年（%）
2016	160726	-11.69	106086	-21.50	54640	16.61
2017	173972	8.24	110210	3.88	63762	16.70
2018	181200	4.19	102403	7.03	78796	23.58
2019	164357	-9.27	98209	-4.09	66148	-16.01
2020	173478	5.55	105301	7.21	68177	3.07

2016—2020 年上海与叙利亚贸易情况表

年份	进出口		出口		进口	
	金额（万美元）	比上年（%）	金额（万美元）	比上年（%）	金额（万美元）	比上年（%）
2016	2000	-19.49	1914	-18.29	86	-39.37

续表

年份	进出口		出口		进口	
	金额（万美元）	比上年（%）	金额（万美元）	比上年（%）	金额（万美元）	比上年（%）
2017	3474	73.71	3460	80.77	14	-84.12
2018	2947	-15.18	2938	-15.09	8	-37.62
2019	2713	-7.93	2706	-7.90	7	-19.56
2020	1648	-39.25	1632	-39.70	16	140.77

2016—2020 年上海与约旦贸易情况表

年份	进出口		出口		进口	
	金额（万美元）	比上年（%）	金额（万美元）	比上年（%）	金额（万美元）	比上年（%）
2016	9405	1.61	7350	-11.20	2056	109.84
2017	10318	9.71	6747	-8.20	3571	73.73
2018	13700	32.77	9198	36.33	4501	26.04
2019	19321	41.57	13820	51.09	5501	22.22
2020	19495	0.90	11989	-13.25	7506	36.44

2016—2020 年上海与黎巴嫩贸易情况表

年份	进出口		出口		进口	
	金额（万美元）	比上年（%）	金额（万美元）	比上年（%）	金额（万美元）	比上年（%）
2016	5781	-8.93	5746	-8.89	35	-15.55
2017	11853	105.04	11796	105.29	57	63.76
2018	5824	-50.87	5758	-51.19	66	16.41
2019	4837	-17.00	4723	-18.03	114	72.55
2020	3077	-36.40	2965	-37.24	112	-1.91

2016—2020 年上海与以色列贸易情况表

年份	进出口		出口		进口	
	金额（万美元）	比上年（%）	金额（万美元）	比上年（%）	金额（万美元）	比上年（%）
2016	114378	-1.64	35272	-20.53	79106	10.03
2017	113281	-1.01	37774	7.08	75508	-4.62
2018	140851	24.34	40535	7.31	100316	32.86
2019	140063	-0.56	46414	14.50	93649	-6.65
2020	160405	14.44	67837	45.82	92568	-1.15

2016—2020 年上海与巴勒斯坦贸易情况表

年份	进出口		出口		进口	
	金额（万美元）	比上年（%）	金额（万美元）	比上年（%）	金额（万美元）	比上年（%）
2016	109	-27.88	109	-28.07	0	773.79
2017	161	47.54	160	47.36	1	112.00
2018	219	35.78	214	33.16	5	628.48
2019	219	-0.53	219	1.81	0	-99.69
2020	203	-7.20	203	-7.21	0	263.06

2016—2020 年上海与沙特阿拉伯贸易情况表

年份	进出口		出口		进口	
	金额（万美元）	比上年（%）	金额（万美元）	比上年（%）	金额（万美元）	比上年（%）
2016	133822	-12.83	80829	-6.00	52994	-21.53
2017	178556	33.47	89248	10.42	89308	68.66
2018	240100	34.54	71286	20.13	168813	8922
2019	235501	-1.73	88827	8.88	146674	-12.88
2020	232875	-1.12	106472	19.85	126403	-13.82

2016—2020 年上海与也门贸易情况表

年份	进出口		出口		进口	
	金额（万美元）	比上年（%）	金额（万美元）	比上年（%）	金额（万美元）	比上年（%）
2016	3153	-4.70	3114	-4.31	39	-28.07
2017	2839	-9.95	2819	-9.49	20	-47.23
2018	4829	70.06	4816	70.83	13	-35.92
2019	6875	42.38	6823	41.67	53	301.23
2020	7046	2.48	7045	3.26	1	-98.11

2016—2020 年上海与阿曼贸易情况表

年份	进出口		出口		进口	
	金额（万美元）	比上年（%）	金额（万美元）	比上年（%）	金额（万美元）	比上年（%）
2016	16835	8.57	13957	17.96	2878	-21.68
2017	10504	-37.61	8204	-41.22	2301	-20.07
2018	27329	160.17	13124	59.97	14206	517.42
2019	61379	124.41	19371	47.61	42008	195.25
2020	58307	-5.01	14028	-27.59	44279	5.41

2016—2020年上海与阿联酋贸易情况表

年份	进出口		出口		进口	
	金额（万美元）	比上年（%）	金额（万美元）	比上年（%）	金额（万美元）	比上年（%）
2016	269691	-2.56	184210	1.51	85480	-10.32
2017	255986	-5.10	157233	-14.67	98754	15.54
2018	255463	-0.20	158577	0.86	96886	-1.88
2019	315029	23.30	228195	43.90	86835	-10.41
2020	303323	-3.73	196674	-13.82	106649	22.75

2016—2020年上海与卡塔尔贸易情况表

年份	进出口		出口		进口	
	金额（万美元）	比上年（%）	金额（万美元）	比上年（%）	金额（万美元）	比上年（%）
2016	19821	-40.51	7375	-66.36	12446	9.22
2017	34718	75.13	10510	42.44	24208	94.50
2018	45709	31.66	13877	32.04	31832	31.50
2019	34829	-23.81	14946	7.70	19882	-37.54
2020	35613	2.25	14691	-1.72	20922	5.23

2016—2020年上海与科威特贸易情况表

年份	进出口		出口		进口	
	金额（万美元）	比上年（%）	金额（万美元）	比上年（%）	金额（万美元）	比上年（%）
2016	26472	15.44	16394	-11.90	10078	133.11
2017	24392	-7.85	19926	21.54	4466	-55.68
2018	37030	51.81	19259	-3.35	17771	297.88
2019	36752	-0.75	15189	-21.12	21562	21.31
2020	36566	-0.51	24008	58.04	12558	-41.76

2016—2020年上海与巴林贸易情况表

年份	进出口		出口		进口	
	金额（万美元）	比上年（%）	金额（万美元）	比上年（%）	金额（万美元）	比上年（%）
2016	5903	-37.68	4831	-48.79	1072	2699.03
2017	7422	25.75	5638	16.72	1784	66.44
2018	12561	69.23	11541	104.68	1020	-42.83
2019	12693	1.06	11756	1.87	937	-8.09
2020	12805	0.87	7847	-33.25	4957	428.86

2016—2020 年上海与塞浦路斯贸易情况表

年份	进出口		出口		进口	
	金额（万美元）	比上年（%）	金额（万美元）	比上年（%）	金额（万美元）	比上年（%）
2016	1759	-47.24	1467	-54.04	292	106.91
2017	7461	324.13	6974	375.24	487	66.91
2018	2886	-61.31	2451	68.41	435	-10.58
2019	4515	56.42	3922	60.01	593	36.23
2020	30780	581.18	30224	669.90	556	-6.18

2016—2020 年上海与阿富汗贸易情况表

年份	进出口		出口		进口	
	金额（万美元）	比上年（%）	金额（万美元）	比上年（%）	金额（万美元）	比上年（%）
2016	1047	23.63	1042	25.19	5	-65.07
2017	662	-36.83	639	-38.71	23	346.33
2018	1678	153.67	1536	140.52	142	520.81
2019	5318	216.88	5249	241.65	68	-51.72
2020	3485	-34.46	3213	-38.79	272	297.40

2016—2020 年上海与格鲁吉亚贸易情况表

年份	进出口		出口		进口	
	金额（万美元）	比上年（%）	金额（万美元）	比上年（%）	金额（万美元）	比上年（%）
2016	3256	-17.42	2596	-21.42	661	3.22
2017	4816	47.87	3024	16.47	1792	171.27
2018	7124	47.93	5913	95.57	1812	64.33
2019	4943	-30.61	3840	-35.06	1103	-8.91
2020	5553	12.30	4157	8.19	1396	26.64

（三）南亚 7 国

2016—2020 年上海与印度贸易情况表

年份	进出口		出口		进口	
	金额（万美元）	比上年（%）	金额（万美元）	比上年（%）	金额（万美元）	比上年（%）
2016	737409	-6.43	462118	-8.14	275292	-3.40

续表

年份	进出口		出口		进口	
	金额（万美元）	比上年（%）	金额（万美元）	比上年（%）	金额（万美元）	比上年（%）
2017	871585	18.13	496010	7.23	375575	36.44
2018	936295	7.06	528415	6.50	404880	7.80
2019	816075	-12.54	473508	-10.36	342566	-15.39
2020	710684	-12.92	387695	-18.13	322989	-5.71

2016—2020 年上海与巴基斯坦贸易情况表

年份	进出口		出口		进口	
	金额（万美元）	比上年（%）	金额（万美元）	比上年（%）	金额（万美元）	比上年（%）
2016	90149	3.93	77815	12.62	12334	-30.09
2017	90253	0.11	77379	-0.56	12873	4.35
2018	100215	11.07	87848	13.57	12367	-3.93
2019	93448	-6.75	71020	-19.16	22428	81.36
2020	120923	29.42	96479	35.86	24444	9.04

2016—2020 年上海与孟加拉贸易情况表

年份	进出口		出口		进口	
	金额（万美元）	比上年（%）	金额（万美元）	比上年（%）	金额（万美元）	比上年（%）
2016	137379	8.68	94263	8.70	43134	8.62
2017	131041	-4.63	88844	-5.76	42198	-2.17
2018	152306	16.22	100056	12.62	52250	23.82
2019	149309	-2.09	97621	-2.62	51688	-1.05
2020	109444	-26.69	76952	-21.16	32492	-37.14

2016—2020 年上海与斯里兰卡贸易情况表

年份	进出口		出口		进口	
	金额（万美元）	比上年（%）	金额（万美元）	比上年（%）	金额（万美元）	比上年（%）
2016	26858	-3.22	19539	-12.32	7319	33.85
2017	29590	10.17	21275	8.89	8314	13.60
2018	32576	10.09	23389	9.94	9187	10.49
2019	34472	5.82	23718	1.40	10754	17.08
2020	33561	-2.65	24124	1.70	9437	-12.25

2016—2020 年上海与马尔代夫贸易情况表

年份	进出口		出口		进口	
	金额（万美元）	比上年（%）	金额（万美元）	比上年（%）	金额（万美元）	比上年（%）
2016	1013	125.90	1011	131.61	2	-86.81
2017	1516	49.69	1512	49.48	4	186.30
2018	974	-35.77	972	-35.69	2	62.58
2019	781	-19.15	779	-19.14	1	-24.01
2020	1187	51.65	1183	51.43	4	192.21

2016—2020 年上海与尼泊尔贸易情况表

年份	进出口		出口		进口	
	金额（万美元）	比上年（%）	金额（万美元）	比上年（%）	金额（万美元）	比上年（%）
2016	1862	-1.38	1667	-0.61	195	-7.45
2017	3383	81.65	3150	88.97	233	19.17
2018	3768	10.83	3599	13.62	170	27.14
2019	3722	-1.23	3472	-3.51	249	47.00
2020	2514	-32.42	2321	-33.10	192	-22.83

2016—2020 年上海与不丹贸易情况表

年份	进出口		出口		进口	
	金额（万美元）	比上年（%）	金额（万美元）	比上年（%）	金额（万美元）	比上年（%）
2016	52	-35.63	52	7.41	0	-99.16
2017	46	-11.23	46	-11.45	0	30.69
2018	26	-43.31	26	43.31	0	-68.99
2019	36	36.63	36	36.89	0	-23.92
2020	174	383.42	174	384.37	0	-20.45

（四）独联体 9 国

2016—2020 年上海与俄罗斯贸易情况表

年份	进出口		出口		进口	
	金额（万美元）	比上年（%）	金额（万美元）	比上年（%）	金额（万美元）	比上年（%）
2016	373141	-17.45	164659	-3.59	208482	-25.87

续表

年份	进出口		出口		进口	
	金额（万美元）	比上年（%）	金额（万美元）	比上年（%）	金额（万美元）	比上年（%）
2017	441632	18.30	239849	45.60	201783	-3.25
2018	515575	16.75	284048	18.44	231527	14.73
2019	503409	-2.41	271678	-4.35	231730	-0.04
2020	630769	25.28	261813	-3.66	368956	59.22

2016—2020 年上海与白俄罗斯贸易情况表

年份	进出口		出口		进口	
	金额（万美元）	比上年（%）	金额（万美元）	比上年（%）	金额（万美元）	比上年（%）
2016	6422	73.17	5641	121.70	781	-32.91
2017	9656	50.38	8494	50.59	1163	48.88
2018	14413	49.26	12913	52.02	1500	29.05
2019	25618	77.74	23501	82.00	2117	41.12
2020	11232	-56.17	8835	-62.42	2397	13.22

2016—2020 年上海与阿塞拜疆贸易情况表

年份	进出口		出口		进口	
	金额（万美元）	比上年（%）	金额（万美元）	比上年（%）	金额（万美元）	比上年（%）
2016	1746	-35.67	1583	-16.94	164	-79.75
2017	2946	68.71	2859	80.68	87	-46.86
2018	4223	43.33	3967	38.75	256	193.80
2019	5045	19.46	4133	4.19	911	256.28
2020	8945	77.26	8717	110.81	228	-74.95

2016—2020 年上海与亚美尼亚贸易情况表

年份	进出口		出口		进口	
	金额（万美元）	比上年（%）	金额（万美元）	比上年（%）	金额（万美元）	比上年（%）
2016	1070	-5.78	325	23.08	745	-14.53
2017	1662	55.27	559	72.00	1102	47.96
2018	2314	39.21	502	-10.30	1812	64.33
2019	3490	50.07	735	46.40	2756	51.08
2020	8941	155.36	701	-4.85	8241	198.03

2016—2020 年上海与摩尔多瓦贸易情况表

年份	进出口		出口		进口	
	金额（万美元）	比上年（%）	金额（万美元）	比上年（%）	金额（万美元）	比上年（%）
2016	1339	-9.80	336	-1.32	1003	-12.33
2017	1763	31.70	470	39.98	1293	28.92
2018	2193	24.40	434	-7.70	1759	36.07
2019	2558	16.63	489	12.79	2068	17.57
2020	2108	-17.67	659	33.75	1449	-29.91

2016—2020 年上海与哈萨克斯坦贸易情况表

年份	进出口		出口		进口	
	金额（万美元）	比上年（%）	金额（万美元）	比上年（%）	金额（万美元）	比上年（%）
2016	43391	-40.28	11481	-22.02	31910	-44.92
2017	37385	-13.84	12371	7.75	25015	-21.61
2018	55644	48.84	25994	110.14	29651	8.53
2019	40090	-27.95	19897	-23.46	20194	-31.89
2020	31563	-21.29	14978	-24.76	16585	-17.88

2016—2020 年上海与乌兹别克斯坦贸易情况表

年份	进出口		出口		进口	
	金额（万美元）	比上年（%）	金额（万美元）	比上年（%）	金额（万美元）	比上年（%）
2016	18557	87.00	6886	-20.92	11671	860.17
2017	15774	-15.00	9261	34.48	6513	-44.19
2018	22371	41.83	16353	76.59	6018	-7.59
2019	20562	-8.10	17486	6.91	3076	-48.89
2020	30682	49.21	27996	60.10	2686	-12.67

2016—2020 年上海与塔吉克斯坦贸易情况表

年份	进出口		出口		进口	
	金额（万美元）	比上年（%）	金额（万美元）	比上年（%）	金额（万美元）	比上年（%）
2016	863	-27.36	860	-12.81	3	-98.39
2017	1270	47.12	1267	47.39	2	-24.26
2018	4194	230.01	4160	227.96	34	1280.66
2019	3220	-23.22	3199	-23.11	22	-36.67
2020	1424	-55.78	1379	-56.90	46	110.71

2016—2020年上海与吉尔吉斯斯坦贸易情况表

年份	进出口		出口		进口	
	金额（万美元）	比上年（%）	金额（万美元）	比上年（%）	金额（万美元）	比上年（%）
2016	1665	-25.84	1663	-25.87	1	50.96
2017	1855	11.43	1852	11.35	3	119.51
2018	8401	352.95	8385	352.77	16	464.91
2019	12505	48.85	12497	49.04	8	-49.76
2020	6242	-50.08	6239	-50.08	4	-54.03

（五）中东欧16国

2016—2020年上海与波兰贸易情况表

年份	进出口		出口		进口	
	金额（万美元）	比上年（%）	金额（万美元）	比上年（%）	金额（万美元）	比上年（%）
2016	166476	-13.00	98541	2.85	67935	-28.90
2017	187717	12.76	100860	2.35	86857	27.85
2018	192933	2.78	113302	12.34	79631	-8.32
2019	215046	11.52	123311	8.92	91734	15.20
2020	214261	-0.34	126418	2.55	87843	-4.23

2016—2020年上海与立陶宛贸易情况表

年份	进出口		出口		进口	
	金额（万美元）	比上年（%）	金额（万美元）	比上年（%）	金额（万美元）	比上年（%）
2016	13415	-2.47	6509	-3.87	6906	-1.11
2017	15289	13.97	6621	1.72	8668	25.51
2018	19049	24.59	8039	21.41	11010	27.02
2019	19150	0.53	7743	-3.67	11407	3.60
2020	22326	16.52	10224	31.85	12102	6.10

2016—2020年上海与爱沙尼亚贸易情况表

年份	进出口		出口		进口	
	金额（万美元）	比上年（%）	金额（万美元）	比上年（%）	金额（万美元）	比上年（%）
2016	14560	13.95	9277	11.77	5283	18.00

续表

年份	进出口		出口		进口	
	金额（万美元）	比上年（%）	金额（万美元）	比上年（%）	金额（万美元）	比上年（%）
2017	14622	43.56	7556	-18.55	7066	33.77
2018	11707	-19.94	7212	-4.55	4495	-36.39
2019	14546	24.25	6059	-15.99	8487	88.82
2020	9942	-31.68	5074	-16.35	4868	-42.64

2016—2020 年上海与拉脱维亚贸易情况表

年份	进出口		出口		进口	
	金额（万美元）	比上年（%）	金额（万美元）	比上年（%）	金额（万美元）	比上年（%）
2016	9543	28.05	6820	28.58	2722	26.75
2017	10211	7.01	7167	5.08	3044	11.84
2018	9626	-5.73	6177	-13.81	3449	13.29
2019	8881	-7.75	5343	-13.51	3538	2.55
2020	8648	-2.73	4910	-8.28	3739	5.68

2016—2020 年上海与捷克贸易情况表

年份	进出口		出口		进口	
	金额（万美元）	比上年（%）	金额（万美元）	比上年（%）	金额（万美元）	比上年（%）
2016	170646	-24.57	111575	-32.91	59071	-1.41
2017	222225	30.22	155675	39.51	66550	12.66
2018	273967	23.28	192554	23.69	81413	22.33
2019	256890	-6.23	170140	-11.63	86750	6.56
2020	263619	2.59	169399	-4668	94220	8.59

2016—2020 年上海与斯洛伐克贸易情况表

年份	进出口		出口		进口	
	金额（万美元）	比上年（%）	金额（万美元）	比上年（%）	金额（万美元）	比上年（%）
2016	50037	29.73	20425	39.93	29612	23.53
2017	61481	22.87	29853	46.16	31627	6.81
2018	319242	419.26	29126	-2.44	290117	817.30
2019	360124	12.81	34129	17.18	325995	12.37
2020	395045	9.69	34700	1.56	360363	10.54

2016—2020 年上海与匈牙利贸易情况表

年份	进出口		出口		进口	
	金额（万美元）	比上年（%）	金额（万美元）	比上年（%）	金额（万美元）	比上年（%）
2016	75339	10.99	20300	9.45	55039	11.57
2017	86889	15.33	21133	4.09	65756	19.47
2018	95134	9.49	27919	32.10	67215	2.22
2019	91266	-4.06	24162	-13.43	67104	-0.17
2020	100846	10.45	35499	46.72	65346	-2.62

2016—2020 年上海与斯洛文尼亚贸易情况表

年份	进出口		出口		进口	
	金额（万美元）	比上年（%）	金额（万美元）	比上年（%）	金额（万美元）	比上年（%）
2016	18884	25.76	12611	35.80	6273	9.48
2017	19839	5.06	12370	-1.91	7469	19.06
2018	25074	26.36	14892	20.35	10182	36.33
2019	24325	-2.98	13815	-7.23	10510	3.23
2020	33037	35.77	22783	64.83	10254	-2.44

2016—2020 年上海与克罗地亚贸易情况表

年份	进出口		出口		进口	
	金额（万美元）	比上年（%）	金额（万美元）	比上年（%）	金额（万美元）	比上年（%）
2016	7906	44.43	3404	-7.64	4502	151.74
2017	7876	-0.74	4539	32.22	3338	-25.87
2018	8593	8.98	6341	39.46	2252	-32.54
2019	8863	3.14	6327	-0.23	2536	12.63
2020	7571	-14.69	5423	-14.44	2148	-15.30

2016—2020 年上海与波黑贸易情况表

年份	进出口		出口		进口	
	金额（万美元）	比上年（%）	金额（万美元）	比上年（%）	金额（万美元）	比上年（%）
2016	2523	-31.91	283	-7.64	2240	-34.10
2017	3068	21.58	404	42.66	2664	18.92
2018	4060	32.33	320	-20.76	3740	40.38
2019	3354	-17.36	360	12.87	2994	-19.94
2020	3483	3.78	484	33.74	2999	0.15

2016—2020 年上海与黑山贸易情况表

年份	进出口		出口		进口	
	金额（万美元）	比上年（%）	金额（万美元）	比上年（%）	金额（万美元）	比上年（%）
2016	370	-68.93	312	-72.84	58	38.26
2017	700	88.82	333	6.40	367	533.40
2018	1268	81.10	557	67.26	711	93.64
2019	334	-73.66	295	-46.97	39	-94.56
2020	789	136.44	668	126.13	122	215.14

2016—2020 年上海与塞尔维亚贸易情况表

年份	进出口		出口		进口	
	金额（万美元）	比上年（%）	金额（万美元）	比上年（%）	金额（万美元）	比上年（%）
2016	5346	32.59	1536	28.30	3810	34.40
2017	5963	11.53	2102	36.84	3861	1.33
2018	6844	14.78	3497	66.37	3347	-13.31
2019	10964	60.20	7616	117.80	3348	0.03
2020	0	—	0	—	0	—

2016—2020 年上海与阿尔巴尼亚贸易情况表

年份	进出口		出口		进口	
	金额（万美元）	比上年（%）	金额（万美元）	比上年（%）	金额（万美元）	比上年（%）
2016	2153	-1.04	874	-3.89	1279	1.01
2017	2351	9.28	967	10.64	1384	8.35
2018	2202	-6.34	914	5.42	1287	-6.99
2019	2532	14.99	1082	18.31	1450	12.63
2020	2080	-17.82	1013	-6.45	1067	-26.32

2016—2020 年上海与罗马尼亚贸易情况表

年份	进出口		出口		进口	
	金额（万美元）	比上年（%）	金额（万美元）	比上年（%）	金额（万美元）	比上年（%）
2016	67941	4.98	21574	-0.46	46367	7.71
2017	78450	15.46	22849	5.90	55601	19.91
2018	84931	8.26	24563	7.50	60369	8.58
2019	95527	12.48	28571	16.32	66956	10.91
2020	96843	1.46	26728	-6.19	70116	4.72

2016—2020 年上海与保加利亚贸易情况表

年份	进出口		出口		进口	
	金额（万美元）	比上年（%）	金额（万美元）	比上年（%）	金额（万美元）	比上年（%）
2016	20601	-32.76	6138	6.09	14463	-41.80
2017	24187	17.41	7078	15.33	17109	18.29
2018	24266	0.76	9053	27.89	15214	-10.53
2019	28498	17.41	10363	14.38	18135	19.21
2020	38263	34.24	11581	11.69	26683	47.13

2016—2020 年上海与马其顿贸易情况表

年份	进出口		出口		进口	
	金额（万美元）	比上年（%）	金额（万美元）	比上年（%）	金额（万美元）	比上年（%）
2016	766	-4.47	204	7.57	562	-8.19
2017	1580	106.38	302	48.31	1278	127.40
2018	1705	7.90	431	42.83	1274	-0.35
2019	2607	52.87	1149	166.52	1458	14.42
2020	4892	87.61	1859	61.65	3033	108.09

（六）其他区域 6 国

2016—2020 年上海与中国内地（国货复进口）贸易情况表

年份	进出口		出口		进口	
	金额（万美元）	比上年（%）	金额（万美元）	比上年（%）	金额（万美元）	比上年（%）
2016	1067050	-12.53	—	—	1054750	-13.54
2017	1144490	7.19	—	—	1144490	8.44
2018	1268310	10.82	—	—	1268310	10.82
2019	1151987	-9.15	—	—	1151987	-9.15
2020	980038	-14.93	—	—	980038	-14.93

说明：根据 2006 年 3 月 1 日起实行的《中华人民共和国海关统计条例》中第九条，如果货物的原产国是中国，那么进口该货物的原产国为中国，也就是国货复进口。

2016—2020 年上海与蒙古国贸易情况表

年份	进出口		出口		进口	
	金额（万美元）	比上年（%）	金额（万美元）	比上年（%）	金额（万美元）	比上年（%）
2016	7633	-25.81	4692	-40.39	2941	21.69
2017	7051	-7.62	6751	43.87	300	-89.79
2018	12882	82.70	8619	27.68	4263	1319.56
2019	9282	-27.92	8226	-4.50	1056	-75.23
2020	8154	-12.20	6049	-26.46	2105	98.29

2016—2020 年上海与埃及贸易情况表

年份	进出口		出口		进口	
	金额（万美元）	比上年（%）	金额（万美元）	比上年（%）	金额（万美元）	比上年（%）
2016	49324	3.59	39887	-2.63	9436	41.88
2017	39924	-19.06	27445	-31.19	12479	32.23
2018	58232	45.81	42299	54.06	15932	27.68
2019	55037	-5.45	45604	7.86	9433	-40.78
2020	57496	4.47	51749	13.47	5747	-39.07

2016—2020 年上海与土库曼斯坦贸易情况表

年份	进出口		出口		进口	
	金额（万美元）	比上年（%）	金额（万美元）	比上年（%）	金额（万美元）	比上年（%）
2016	1250	-42.08	864	-48.49	385	-19.62
2017	1132	-9.42	871	0.77	261	-32.28
2018	640	-43.43	594	-31.79	46	82.28
2019	2062	222.02	1344	126.19	718	1453.90
2020	919	-55.45	805	-40.11	114	-84.16

2016—2020 年上海与希腊贸易情况表

年份	进出口		出口		进口	
	金额（万美元）	比上年（%）	金额（万美元）	比上年（%）	金额（万美元）	比上年（%）
2016	32136	86.91	24873	130.98	7263	13.04
2017	29618	-7.84	19403	-21.99	10215	40.64
2018	34890	17.80	29265	50.83	5625	-44.94
2019	43450	24.54	34320	17.27	9131	62.34
2020	54853	26.19	38921	13.35	15932	74.49

2016—2020 年上海与乌克兰贸易情况表

年份	进出口		出口		进口	
	金额（万美元）	比上年（%）	金额（万美元）	比上年（%）	金额（万美元）	比上年（%）
2016	45191	19.05	17975	14.33	27216	22.39
2017	50522	11.80	23965	33.32	26557	-2.42
2018	67174	32.99	34280	43.04	32894	23.91
2019	66686	-0.70	29447	-14.10	37238	13.28
2020	64326	-3.60	23766	-19.39	40559	8.90

三、长三角 26 个城市经济情况

2016 年 5 月 11 日，国务院常务会议通过《长江三角洲城市群发展规划》，规划中包含 26 个城市（上海 1 个、江苏 9 个、浙江 8 个、安徽 8 个）。长三角城市群面积仅占全国总面积 2.3%，拥有 2.25 亿人口，贡献了全国 1/4 左右的 GDP。长三角城市群是"一带一路"与长江经济带的重要交汇地带，在中国国家现代化建设大局和开放格局中具有举足轻重的战略地位，是中国参与国际竞争的重要平台、经济社会发展的重要引擎、长江经济带的引领者，是中国城镇化基础最好的地区之一。

以下数据包含了长三角三省一市 26 城市 2017—2020 年的 GDP、城镇与农村的人均可支配收入和人均消费支出的数据，反映了一国（或地区）的经济实力和市场规模。人均可支配收入和人均消费支出可以衡量一个国家生活水平的变化情况，与经济发展同步增长。从数据可以看出，长三角的发展在国家的领导下稳步前进，人民的幸福指数在不断地提高。

2017—2020 年三省一市 GDP 统计表

单位：亿元

年份 城市	2017	2018	2019	2020
上海	30 632.99	32 679.87	38155.32	38700.58
江苏	85869.76	93207.55	99631.52	102718.98
浙江	52403.13	58002.84	62351.74	64613.00
安徽	29676.22	34010.91	37113.98	38680.60

2017—2020 年三省一市城镇人均可支配收入统计表

单位：元

年份 城市	2017	2018	2019	2020
上海	62596	68034	73615	76437
江苏	43622	47200	51056	53102
浙江	51261	55574	60182	62699
安徽	31640	34394	37540	39442

2017—2020 年三省一市农村人均可支配收入统计表

单位：元

城市＼年份	2017	2018	2019	2020
上海	27825	30375	33195	34911
江苏	19158	20845	22675	24198
浙江	24956	27302	29876	31930
安徽	12758	13996	15416	16620

2017—2020 年三省一市城镇人均消费支出统计表

单位：元

城市＼年份	2017	2018	2019	2020
上海	42304	46015	48272	44839
江苏	27726	29462	31329	30882
浙江	31924	34598	37508	36197
安徽	20740	30971	23782	22683

2017—2020 年三省一市农村人均消费支出统计表

单位：元

城市＼年份	2017	2018	2019	2020
上海	18090	19965	22449	22095
江苏	15612	16567	17716	17022
浙江	18093	19707	21352	21555
安徽	11106	12748	14546	15024

2017—2020 年江苏 9 城市 GDP 统计表

单位：亿元

城市＼年份	2017	2018	2019	2020
南京	11894.00	13009.17	14030.15	14817.95
无锡	10313.07	11202.98	11852.32	11852.32
常州	6478.16	6897.02	7400.86	7805.30
苏州	16997.47	18263.48	19235.80	20170.50
南通	8034.07	8753.23	9383.39	10036.30
盐城	4990.12	5387.16	5702.26	5953.38
扬州	5078.58	5478.74	5850.08	6048.33
镇江	3714.57	3847.79	4127.32	4220.10
泰州	4424.57	4767.24	5133.36	5312.77

2017—2020 年江苏 9 城市城镇人均可支配收入统计表

单位：元

年份 城市	2017	2018	2019	2020
南京	54538	59308	64372	67553
无锡	52659	56989	61915	64714
常州	49955	54000	58345	52080
苏州	58806	63481	68629	70966
南通	42756	46321	50217	52484
盐城	33115	35896	38816	40404
扬州	38828	41999	45550	47202
镇江	45386	48903	52713	54572
泰州	40059	43452	47216	49103

2017—2020 年江苏 9 城市农村人均可支配收入统计表

单位：元

年份 城市	2017	2018	2019	2020
南京	23133	25263	27636	29621
无锡	28358	30787	33574	35750
常州	25835	28014	30491	32364
苏州	29977	32420	35152	37563
南通	20472	22369	24303	26141
盐城	18711	20357	22258	23670
扬州	19694	21457	23333	24813
镇江	22724	24687	26785	28402
泰州	19494	21219	23116	24615

2017—2020 年江苏 9 城市城镇人均消费支出统计表

单位：元

年份 城市	2017	2018	2019	2020
南京	31385	33537	35933	35854
无锡	32972	35016	37433	37195
常州	28445	30351	32263	31987
苏州	35104	37403	39648	30882
南通	26510	28259	29964	29750
盐城	18434	19731	20942	20794
扬州	22093	23718	25696	25342

续表

年份 城市	2017	2018	2019	2020
镇江	25637	27278	28925	28374
泰州	23824	25488	27298	27123

2017—2020年江苏9城市农村人均消费支出统计表

单位：元

年份 城市	2017	2018	2019	2020
南京	17155	18457	19980	19421
无锡	19998	21460	23026	21944
常州	17849	19116	20492	19667
苏州	20298	21587	23012	17022
南通	14637	15624	16849	16200
盐城	14153	14515	15501	14994
扬州	14766	15848	17215	16550
镇江	17127	18463	19708	18904
泰州	14543	15576	16604	16085

2017—2020年浙江8城市GDP统计表

单位：亿元

年份 城市	2017	2018	2019	2020
杭州	13160.70	14306.70	15373.05	16106.00
嘉兴	4500.26	5018.38	5370.32	5509.52
湖州	2607.86	2881.21	3122.43	3201.40
绍兴	5027.50	5382.70	5780.70	6001.00
宁波	10146.55	11193.14	11985.12	12408.70
舟山	1129.60	1247.20	1371.60	1510.80
金华	3962.10	4243.90	4559.90	4703.85
台州	4386.04	4880.32	5134.05	5262.70

2017—2020年浙江8城市城镇人均可支配收入统计表

单位：元

年份 城市	2017	2018	2019	2020
杭州	56276	61172	66068	68666
宁波	55656	60134	64886	68008

续表

城市＼年份	2017	2018	2019	2020
嘉兴	53057	57437	61940	64124
湖州	49934	54393	59028	61743
绍兴	54445	59049	63935	66694
金华	50653	54883	59348	61545
舟山	52516	56622	61479	63702
台州	51374	55705	60351	62598

2017—2020 年浙江 8 城市农村人均可支配收入统计表

单位：元

城市＼年份	2017	2018	2019	2020
杭州	30397	33193	36255	38700
宁波	30871	33633	36632	39132
嘉兴	31436	34279	37413	39801
湖州	28999	31767	34803	37244
绍兴	30331	33097	36120	38696
金华	23922	26218	28511	30365
舟山	30791	33812	36784	39096
台州	25369	27631	30221	32188

2017—2020 年浙江 8 城市城镇人均消费支出统计表

单位：元

城市＼年份	2017	2018	2019	2020
杭州	38179	41615	44076	41916
宁波	33197	36712	38274	38702
嘉兴	29875	32366	35435	36384
湖州	28962	31829	34916	35488
绍兴	30879	33319	35925	36392
金华	32368	34503	37166	36828
舟山	32218	33826	36333	36478
台州	32514	35100	37616	36131

2017-2020 年浙江 8 城市农村人均消费支出统计表

单位：元

城市＼年份	2017	2018	2019	2020
杭州	21983	24203	26296	25664
宁波	20239	21248	22797	23481
嘉兴	20240	21708	23824	24482
湖州	18665	20718	22613	22984
绍兴	19216	20888	22658	23135
金华	17149	18550	19933	20112
舟山	20472	22007	23891	23915
台州	19709	21510	23364	23001

2017—2020 年安徽 8 城市 GDP 统计表

单位：亿元

城市＼年份	2017	2018	2019	2020
合肥	7003.05	8605.13	9409.40	10045.72
芜湖	2963.26	3282.96	3618.26	3753.02
滁州	1604.39	2594.07	2909.06	3032.10
马鞍山	1710.09	1923.74	2110.97	2186.90
铜陵	1122.10	954.65	960.17	1003.70
池州	624.35	753.93	831.73	868.90
安庆	1708.83	2196.75	2380.52	2467.70
宣城	1185.56	1418.86	1561.34	1607.50

2017—2020 年安徽 8 城市城镇人均可支配收入统计表

单位：元

城市＼年份	2017	2018	2019	2020
合肥	37972	41484	45404	48283
滁州	28612	31230	34091	36051
马鞍山	41403	45108	49010	51804
芜湖	35175	38397	42064	44588
宣城	33548	36554	39976	42134
铜陵	33283	35995	39256	41180
池州	28394	30884	33747	35671
安庆	28675	31187	34041	35947

2017—2020 年安徽 8 城市农村人均可支配收入统计表

单位：元

年份 城市	2017	2018	2019	2020
合肥	18594	20389	22462	24282
滁州	11947	13127	14487	15732
马鞍山	19358	21267	23473	25421
芜湖	18830	20649	22745	24473
宣城	14590	16013	17542	18928
铜陵	13145	14335	15791	17102
池州	13476	14709	16099	17323
安庆	11814	12990	14347	15567

2017—2020 年安徽 8 城市城镇人均消费支出统计表

单位：元

年份 城市	2017	2018	2019	2020
合肥	23311	25339	27319	28002
滁州	19046	20919	22408	23410
马鞍山	27831	29588	31393	—
芜湖	21444	22627	24392	25397
宣城	18156	21091	22781	23069
铜陵	21612	23744	25821	25826
池州	18627	18719	20594	20367
安庆	16126	17686	19278	19584

2017—2020 年安徽 8 城市农村人均消费支出统计表

单位：元

年份 城市	2017	2018	2019	2020
合肥	11667.36	12659.24	13804.46	14191
滁州	9262.00	10358.00	11352.00	12125
马鞍山	13557.20	14394.80	15384.30	—
芜湖	11633.00	12709.00	13944.00	14607
宣城	10927.18	15220.73	16651.48	17144
铜陵	8533.00	9414.00	10346.00	10893
池州	11015.00	12285.00	13268.00	12878
安庆	10701.00	12176.00	13778.00	14365

四、上海商业、服务业

2020年，上海全年社会消费品零售总额15932.50亿元，比上年增长0.5%，前三季度为下降4.6%。分行业看，批发和零售业零售额14754.23亿元，由前三季度同比下降2.5%转为增长2.6%；住宿和餐饮业零售额1178.28亿元，下降19.6%，降幅比前三季度收窄5.8个百分点。分商品类别看，饮料类、金银珠宝类和化妆品类零售额增长较快，分别增长35.6%、24.0%和21.9%。

上海全年网上商店零售额2606.39亿元，比上年增长10.2%，占社会消费品零售总额的比重达16.4%，比上年提高2.3个百分点。

2015—2020年上海社会消费品零售总额情况表

单位：亿元

年份	社会消费品零售总额	按商品用途分			
		食品类	衣着类	用品类	燃料类
2015	10131.50	2248.70	1531.97	5769.28	581.55
2016	10946.57	2399.22	1776.87	6205.12	565.36
2017	11830.27	2485.79	2165.34	6450.15	728.99
2018	12668.69	2517.31	2535.51	6803.73	812.13
2019	13497.21	2912.69	2962.02	7063.48	559.03
2020	15932.50	3406.35	3767.67	8302.27	456.22

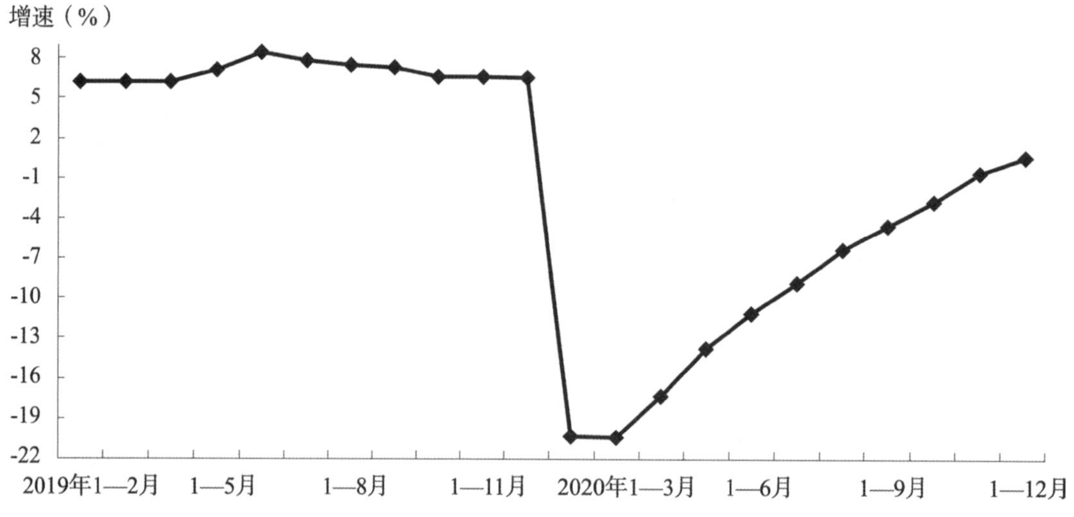

2020年上海社会消费品零售总额增速（累计同比）图

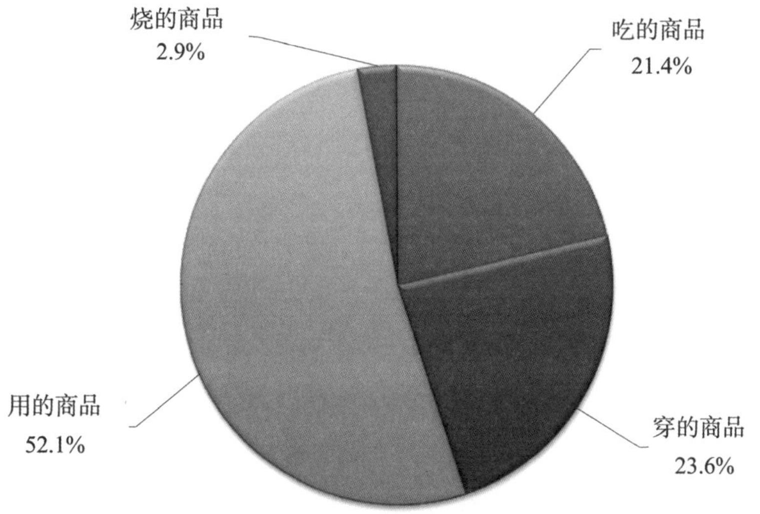

2020 年上海市社会消费品零售总额商品类别占比示意图

2020 年上海社会消费品零售总额及其增长速度表

指标	绝对值（亿元）	比上年增长（%）
社会消费品零售总额	15932.50	0.5
批发和零售业	14754.23	2.6
住宿和餐饮业	1178.28	-19.6
国有	61.50	-6.9
民营	3328.52	-6.4
股份有限公司	445.31	-11.2
港澳台商投资	3750.48	15.9
外商投资	3861.56	3.6
无店铺零售额	3041.75	4.5
网上商店零售额	2606.39	10.2

2020 年上海居民消费价格指数表

指标	指数（以上年价格为 100）
居民消费价格指数	101.7
食品烟酒	105.3
衣着	100.9
居住	100.8
生活用品及服务	99.8
交通和通信	96.6
教育文化和娱乐	101.1
医疗保健	101.2
其他用品和服务	102.9

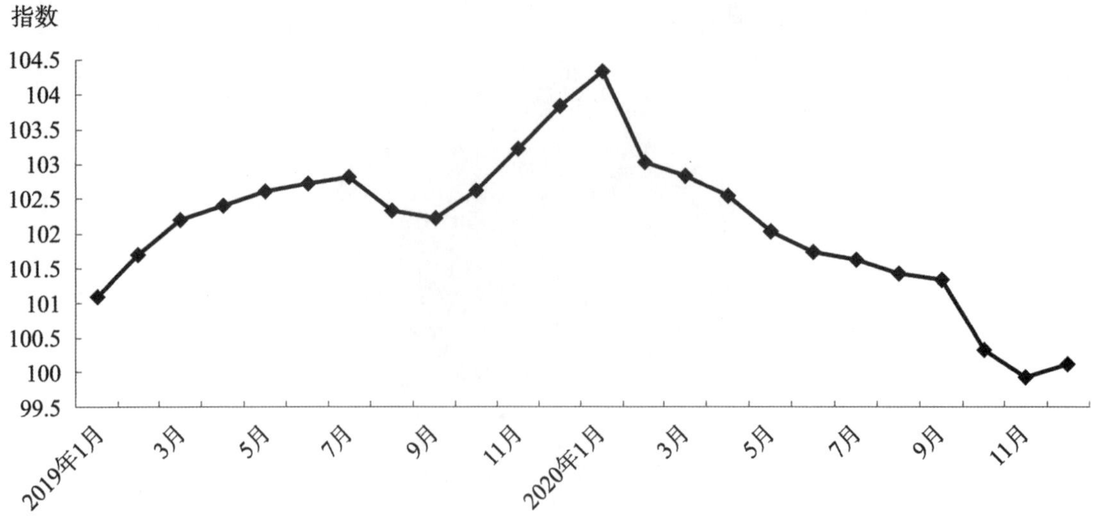

2020 年上海居民消费价格指数（月度同比）图

2020 年上海旅游设施情况表

指标	单位	绝对值
星级宾馆	家	193
五星级宾馆	家	71
四星级宾馆	家	60
旅行社	家	1790
经营出境旅游业务的旅行社	家	298
A 级旅游景区（点）	个	130
5A 级景区（点）	个	3
4A 级景区（点）	个	68
红色旅游基地	个	34
全国红色旅游基地	个	12
旅游咨询服务中心	个	63

2020 年上海国际旅游入境人数情况表

指标名称	12 月	比上年同月增长（%）	1—12 月	比上年同期增长（%）
国际旅游入境人数（万人次）	9.03	-87.6	128.62	-85.7
其中：外国人	5.47	-90.4	83.01	-88
港澳同胞	1.51	-77.7	15.33	-80.1
台湾同胞	2.05	-78.2	30.28	-76.4

2020 年上海星级饭店经营情况表

指标名称	12 月	1—12 月
星级饭店客房平均出租率（%）	42.9	36.8
其中：五星级	47	37.8
星级饭店平均房价（元 / 间天）	612	609
其中：五星级	745	785
星级饭店平均房价增长（%）	-15.8	-19.2
其中：五星级	-17.6	-18.2

2018-2020 年上海国际会展情况表

指标	2018 年	2019 年	2020 年
举办国际会展（个）	300	310	550
国际会展展出面积（万平方米）	1415	1503	1108

五、上海海关关区及市区进出口贸易

2017—2020 年按国别（地区）分的上海海关关区出口总额情况表

单位：亿美元

国别（地区）	2017 年	2018 年	2019 年	2020 年
总计	5116.76	5624.46	5402.45	5420.69
亚洲	2191.83	2371.17	2385.81	2307.35
中国香港	252.50	268.03	262.80	234.82
中国台湾	149.05	161.37	184.99	211.09
日本	435.00	462.24	431.48	412.60
韩国	198.77	213.02	431.48	224.01
新加坡	113.33	117.66	106.48	110.65
马来西亚	85.31	95.77	97.80	93.40
泰国	109.65	116.87	117.22	108.03
菲律宾	51.96	62.02	72.75	57.51
巴基斯坦	49.13	46.97	47.48	45.44
科威特	7.05	6.94	7.64	8.09
沙特阿拉伯	26.88	26.39	30.71	34.11
阿拉伯联合酋长国	42.10	43.55	58.15	58.99
非洲	155.40	172.05	181.71	163.49
埃及	19.68	23.05	21.25	21.08
苏丹	2.69	1.91	1.84	1.99
欧洲	1073.72	1169.54	1139.96	1198.21
德国	184.21	204.41	197.00	208.96
法国	79.06	83.79	83.85	99.69
意大利	86.88	96.37	90.16	91.40
荷兰	177.77	184.33	159.07	157.73
英国	128.61	132.90	133.62	154.36
瑞典	19.77	21.23	20.67	20.31
俄罗斯	65.50	74.09	73.31	74.84
美洲	1591.58	1747.63	154.43	1580.46

续表

国别（地区）	2017 年	2018 年	2019 年	2020 年
美国	1199.32	1309.02	1118.52	1143.08
加拿大	82.46	88.74	81.98	94.92
巴西	75.74	89.73	87.90	91.07
智利	28.16	33.00	31.05	31.25
大洋洲	154.07	164.05	150.65	171.19
澳大利亚	129.06	140.87	129.29	143.00
新西兰	15.87	17.97	16.46	16.63

2017—2020 年按国别（地区）分的上海海关关区进口总额情况表

单位：亿美元

国别（地区）	2017 年	2018 年	2019 年	2020 年
总计	3647.91	4090.77	3804.21	3906.84
亚洲	1843.72	2050.69	1918.47	1981.30
中国香港	10.02	20.89	19.34	9.18
中国台湾	265.40	290.22	293.00	333.29
日本	460.95	502.72	489.50	516.79
韩国	391.91	479.43	353.14	356.08
新加坡	106.57	87.58	103.11	91.63
马来西亚	123.89	129.33	130.30	133.15
泰国	74.20	76.65	73.57	75.95
菲律宾	34.87	42.31	46.11	41.36
巴基斯坦	3.51	3.30	1.98	2.38
科威特	0.35	0.37	0.39	0.21
沙特阿拉伯	13.50	19.92	16.18	13.89
阿拉伯联合酋长国	5.70	7.34	7.78	8.25
非洲	42.07	56.89	53.20	64.46
埃及	1.52	1.47	1.39	0.82
南非	0.06	0.04	0.04	0.02
欧洲	1081.72	1208.08	1115.32	1154.10
德国	350.45	379.70	370.62	371.81
法国	86.59	96.21	107.29	114.87
意大利	99.30	96.23	102.96	113.65
荷兰	27.11	30.36	34.34	44.61
英国	61.48	65.18	59.80	64.37
瑞典	42.42	49.44	43.28	42.52
俄罗斯	29.76	40.57	43.04	56.86
美洲	561.83	614.98	563.17	591.14

续表

国别（地区）	2017年	2018年	2019年	2020年
美国	377.16	382.92	342.54	348.59
加拿大	28.81	37.51	33.82	31.02
巴西	24.02	30.21	38.17	48.81
智利	66.20	87.58	67.84	74.66
大洋洲	118.01	159.14	150.51	113.31
澳大利亚	96.02	133.65	118.78	78.93
新西兰	21.33	25.10	30.76	33.63

2016—2020年上海海关关区出口总额分类情况表

单位：亿美元

年份	关区出口总额	其中				
		一般贸易	来料加工装配贸易	进料加工贸易	对外承包工程货物	出料加工贸易
2016	4798.74	2978.08	132.05	1307.63	73.73	0.07
2017	5166.76	3256.88	135.63	1385.12	84.12	0.03
2018	5624.46	3666.32	116.73	1423.57	88.30	0.12
2019	5402.45	3583.99	77.63	1285.17	77.70	0.17
2020	5420.69	3692.66	65.72	1211.66	59.11	0.15

2016—2019年上海海关关区进口总额分类情况表

单位：亿美元

年份	关区进口总额	其中				
		一般贸易	来料加工装配贸易	进料加工贸易	对外承包工程货物	出料加工贸易
2016	3127.25	1674.22	141.84	452.20	9.00	2.87
2017	3647.91	2002.06	93.30	594.74	8.79	1.94
2018	4090.77	2234.96	61.41	750.68	6.68	2.95
2019	3804.21	2160.22	49.66	617.93	0	0.32
2020	3906.84	2290.76	46.65	617.69	0	1.65

资料来源：上海海关。

2016—2020年上海市进出口总额情况表

单位：亿美元

年份	进出口总额	进口总额	出口总额	进出口差额
2016	4338.05	2503.38	1834.67	-668.71
2017	4761.23	2824.42	1936.81	-887.61
2018	5156.49	3084.79	2071.70	-1013.09
2019	4938.03	2948.64	1989.39	-959.25
2020	5031.89	3050.82	1981.07	-1069.75

资料来源：上海市统计局。

2016—2020 年上海外贸进出口贸易额及其增长速度情况表

年份	进出口总额		出口额		进口额	
	金额（亿美元）	比上年（±%）	金额（亿美元）	比上年（±%）	金额（亿美元）	比上年（±%）
2016	4338.05	-3.97	1834.67	-6.86	2503.38	-1.74
2017	4761.23	9.75	1936.81	5.57	2824.42	12.81
2018	5156.49	8.30	2071.70	6.97	3084.79	9.21
2019	4938.03	-4.24	1989.39	-3.96	2948.64	-4.43
2020	5031.89	1.88	1981.07	-0.45	3050.82	3.45

资料来源：上海市统计局。

2019—2020 年上海与世界各地进出口贸易往来情况表

单位：万美元

国别（地区）	2019 年				2020 年			
	进出口	进口	出口	进出口差额	进出口	进口	出口	进出口差额
总值	49380254	29486398	19893856	-9592542	50318946	305082160	19810730	-285271430
亚洲	23625716	13858408	9767308	-4091100	24045468	14590198	9455271	-5134927
中国香港	2204428	157145	2047284	1890139	2071309	59313	2011996	1952683
印度	816075	342566	473508	130942	710684	322990	387695	64705
日本	5380259	3409456	1970803	-1438653	5511873	3699624	1812249	-1887375
韩国	2497844	1792602	705242	-1087360	2610711	1894600	716111	-1178489
中国	1151987	1151987	—	—	980038	980038	—	—
中国台湾	3091410	2077516	1013894	-1063622	3526275	2412954	1113321	-1299633
东盟	6817557	4196350	2621207	-1575143	6996871	4554585	2442286	-2112299
马来西亚	1647157	1167301	479855	687446	1611205	1194247	416958	-777289
新加坡	1460962	822075	638887	-183188	1406583	737240	669343	-67897
泰国	948776	534590	414186	-120404	901952	537412	364539	-172873
非洲	942351	454630	487721	33091	953497	508669	444829	-63840
欧洲	12398340	8516477	3881863	-4634614	12877227	8957368	3919859	-5037509
英国	1011116	522456	488660	-33796	1034000	553060	480940	-72120
德国	3291594	2625744	665850	-1959894	3441236	2776278	664959	-2111319
法国	1148391	915611	232781	-682830	1272810	956741	316070	-640671
意大利	1045489	788769	256720	-532049	1154506	913851	240655	-673196
荷兰	995276	255556	739720	484164	1023004	338329	684675	346346
拉丁美洲	2662307	1755400	906907	-848493	2598725	1796075	802649	-993426
巴西	985476	792213	193263	-598950	939597	764397	175199	-598198
智利	425141	343916	81226	-262690	479701	402174	77527	-324647
北美洲	7195992	2913837	4282155	1368318	7531914	2994659	4537255	1542596
美国	6569751	2520206	4049545	1529339	6949789	2653956	4295833	1641877

续表

国别（地区）	2019年				2020年			
	进出口	进口	出口	进出口差额	进出口	进口	出口	进出口差额
大洋洲	2521413	1953511	567902	-1385609	2287689	1636822	650867	-985955
澳大利亚	2208213	1715512	492701	-1222811	1894976	1381047	513929	-867118

2017—2020年上海外贸出口市场构成情况表

国别（地区）	2017年		2018年		2019年		2020年	
	出口额（万美元）	占比（%）	出口额（万美元）	占比（%）	出口额（万美元）	占比（%）	出口额（万美元）	占比（%）
总值	19368100	100	20717000	100	19893856	100	19810730	100
亚洲	8735890	45.11	9562010	46.16	9767308	49.10	9455271	47.73
中国香港	1796350	9.28	2001240	9.66	2047284	10.29	2011996	10.16
印度	496010	2.56	528415	2.55	473508	2.38	387695	1.96
日本	1934940	9.99	2150890	10.38	1970803	9.91	1812249	9.15
韩国	634120	3.27	687805	3.32	705242	3.55	716111	3.62
中国台湾	692390	3.58	770785	3.72	1013894	5.10	1113321	5.62
东盟	2353980	12.15	2572940	12.42	2621207	13.18	3007784	15.18
马来西亚	368376	1.90	427014	2.06	479855	2.41	416958	2.11
新加坡	734370	3.79	694102	3.35	638887	3.21	669343	3.38
泰国	366187	1.89	429569	2.07	414186	2.08	364539	1.84
非洲	380887	1.97	434579	2.10	487721	2.45	444829	2.25
欧洲	3770810	19.47	4111240	19.85	3881863	19.51	3919859	19.79
英国	447212	2.31	441568	2.13	488660	2.46	480940	2.43
德国	636263	3.29	693676	3.35	665850	3.35	664959	3.36
法国	222820	1.15	242087	1.17	232781	1.17	316070	1.60
意大利	265154	1.37	287137	1.39	256720	1.29	240655	1.22
荷兰	935157	4.83	974489	4.70	739720	3.27	684675	3.46
拉丁美洲	919046	4.75	935429	4.52	906907	4.56	802649	4.05
巴西	200514	1.04	210897	1.02	193263	0.97	175199	0.88
智利	79473	0.41	83902	0.41	81226	0.41	77527	0.39
北美洲	4902320	25.31	5023370	24.25	4282155	21.53	4537255	22.90
美国	4645750	23.99	4751010	22.25	4049545	20.36	4295833	21.68
大洋洲	658016	3.40	650351	3.14	567902	2.86	650867	3.29
澳大利亚	529536	2.73	540526	2.61	492701	2.48	513929	2.59

2017—2020年上海外贸进口市场构成情况表

国别（地区）	2017年		2018年		2019年		2020年	
	进口额（万美元）	占比（%）	进口额（万美元）	占比（%）	进口额（万美元）	占比（%）	进口额（万美元）	占比（%）
总值	28244200	100	30847900	100	29486398	100	30508216	100
亚洲	12913900	45.72	13893800	45.04	13858408	47.00	14590198	47.82
中国香港	39720	0.14	169836	0.55	157145	0.53	59313	0.19
印度	375575	1.33	404880	1.31	342566	0.11	322990	1.06
日本	3290190	11.65	3602940	11.68	3409456	11.56	3699624	12.13
韩国	1862320	6.59	1985320	6.44	1792602	6.08	1894600	6.21
中国	—	—	1268310	4.11	1151987	3.91	980038	3.21
中国台湾	1793420	6.35	1950790	6.32	2077516	7.05	2412954	7.91
东盟	3903510	13.82	3834440	12.43	4196350	14.23	4554585	14.93
马来西亚	1136740	4.03	1145370	3.71	1167301	3.96	1194247	3.92
新加坡	898307	3.18	681734	2.21	822075	2.79	737240	2.42
泰国	538632	1.91	596485	1.93	534590	1.81	537412	1.76
非洲	437064	1.55	556508	1.80	454630	1.54	508669	1.67
欧洲	8559050	30.30	9274730	30.07	8516477	28.88	8957368	29.36
英国	621827	2.20	634464	2.06	522456	1.77	553060	1.81
德国	2681050	9.49	2643290	8.57	2625744	8.91	2776278	9.10
法国	713272	2.53	780509	2.53	915611	3.11	956741	3.14
意大利	792284	2.81	740902	2.40	788769	2.68	913851	3.00
荷兰	241378	0.86	246058	0.80	255556	0.87	338329	1.11
拉丁美洲	1505000	5.33	1855820	6.02	1755400	5.95	1796075	5.89
巴西	720038	2.55	902279	2.93	792213	2.69	764397	2.51
智利	331552	1.17	417170	1.35	343916	1.17	402174	1.32
北美洲	3325310	11.77	3355370	10.88	2913837	9.88	2994659	9.82
美国	3055350	10.82	2937670	8.52	2520206	8.55	2653956	8.70
大洋洲	1499400	5.31	1903040	6.17	1953511	6.63	1636822	5.37
澳大利亚	1304480	4.62	1679910	5.45	1715512	5.82	1381047	4.53

说明：1. 根据2006年3月1日起施行的《中华人民共和国海关统计条例》中第九条，如果货物的原产国是中国，那么进口该货物的原产国统计就列名为中国，也就是国货复进口。

2. 以上进出口资料来源除已注明来自上海市统计局外，其余均来自上海海关。

第十编　商贸便览

一、上海商贸资料

2020 年中国内地与上海商贸情况对照表

类别	项目	单位	中国内地		上海	
			金额	比上年（±%）	金额	比上年（±%）
国内生产总值	国内生产总值	亿元	1015986	2.30	38700.58	1.7
	其中：第一产业增加值	亿元	77754	3.00	103.57	-8.2
	第二产业增加值	亿元	384255	2.60	10289.47	1.3
	第三产业增加值	亿元	553977	2.10	28307.54	1.8
国内贸易	商品销售总额	亿元	352453	-2.30	139827.92	-2.6
	社会消费品零售总额	亿元	391981	-4.00	15932.50	0.5
	电子商务消费额	亿元	—	—	3041.75	4.5
	网上购物	亿元	97590	14.80	2606.39	10.2
货物贸易	进出口总额	亿元	321557	1.90	34828.47	2.3
	其中：出口额	亿元	179326	4.00	13725.36	0
	进口额	亿元	142231	-0.70	21103.11	3.8
服务贸易	进出口总额	亿元	45643	-15.70	—	—
	其中：出口额	亿元	19357	-1.10	—	—
	进口额	亿元	26286	24.00	—	—
利用外资	新批外资项目	个	38570	-5.70	5751.00	-15.4
	合同利用外资	亿美元	—	—	516.54	2.8
	实际利用外资	亿美元	1444	4.50	202.33	6.2
总部经济	累计：在沪跨国公司地区总部	家	—	—	771.00	7.1
	投资性公司	家	—	—	—	—
	研发中心	家	—	—	481.00	4.3

续表

类别	项目	单位	中国内地		上海	
			金额	比上年（±%）	金额	比上年（±%）
对外投资	新批对外投资项目	个	—	—	814.00	-3.7
	投资总额	亿美元	1102	0.40	151.16	8.0
对外经济合作	新签对外承包工程合同额	亿美元	—	—	93.13	-25.8
	完成营业额	亿美元	1559	9.80	96.71	2.9
	派出劳务人员	万人次	30	-38.78	24629.00	-15.3
	年末在外人员	万人	—	—	—	—

2020 年上海市生产总值分类情况表

指标名称	总量（亿元）	比上年同期增长（%）
地区生产总值	38700.58	1.7
按产业分	—	—
第一产业	103.57	-8.2
第二产业	10289.47	1.3
第三产业	28307.54	1.8
按行业分	—	—
工业	9656.51	1.4
制造业	9243.21	1.4
建筑业	719.64	0.7
批发和零售业	4869.89	-3.3
交通运输、仓储和邮政业	1474.82	-8.4
住宿和餐饮业	369.14	-17.8
信息传输、软件和信息技术服务业	2760.60	15.2
金融业	7166.26	8.4
房地产业	3393.40	1.7
租赁和商务服务业	2537.76	-11.0

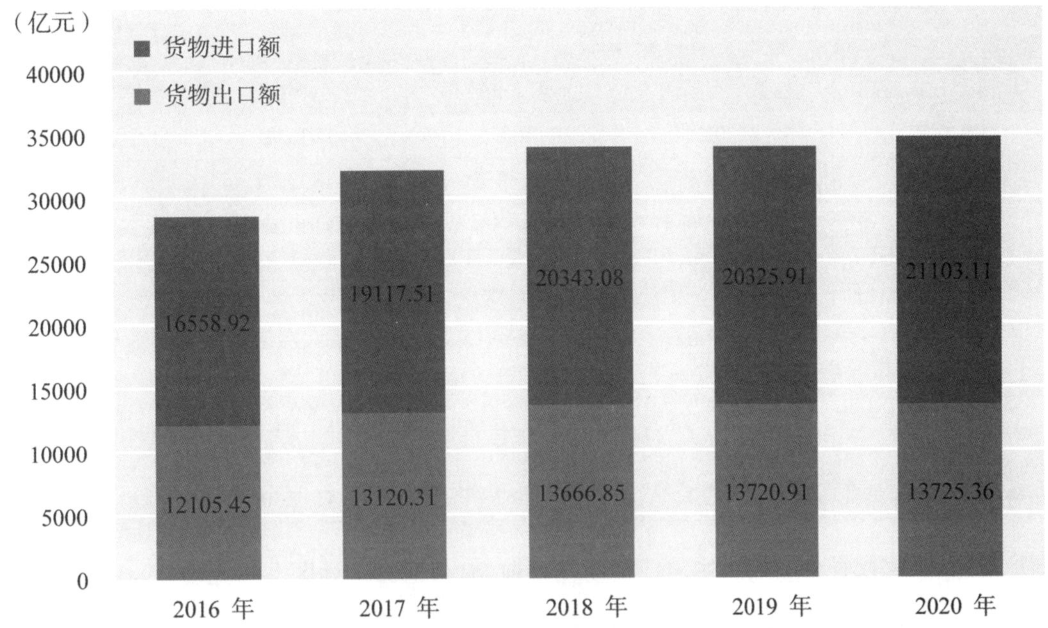

2016—2020 年上海市货物进出口总额图

2020 年上海市货物进出口总额及其增长速度表

指标	绝对值（亿元）	比上年增长（%）
上海市货物进出口总额	34828.47	2.3
上海市货物进口总额	21103.11	3.8
国有企业	2334.38	-21.7
外商投资企业	14227.06	6.9
私营企业	4482.42	16.1
一般贸易	12304.56	7.2
加工贸易	2336.19	4.2
机电产品	10457.05	7.7
高新技术产品	6936.15	9.8
上海市货物出口总额	13725.36	0.0
国有企业	1631.14	4.2
外商投资企业	8255.06	-3.2
私营企业	3699.54	6.6
一般贸易	6394.41	0.0
加工贸易	4695.21	-2.1
机电产品	9477.61	0.1
高新技术产品	5782.06	2.4

2020年上海对主要国家和地区货物进、出口总额及其增长速度表

国家和地区	出口		进口	
	金额（亿元）	比上年增长（%）	金额（亿元）	比上年增长（%）
美国	2980.31	6.6	1836.99	5.8
欧盟	2081.71	2.3	4898.39	7.8
东盟	1690.70	-6.5	3150.37	8.9
日本	1256.44	-7.5	2555.60	8.7
中国香港	1392.44	-1.4	40.99	-61.8
韩国	496.30	2.2	1310.17	5.9
中国台湾	771.47	10.1	1666.18	16.1
俄罗斯	181.37	-3.3	254.64	59.9
“一带一路”沿线国家	3179.20	-4.7	4647.60	7.7

2020年上海市进出口贸易往来前20位国家（地区）一览表

排序	国别（地区）	进出口额（万美元）	比上年（%）	排序	国别（地区）	进出口额（万美元）	比上年（%）
1	美国	6949789	5.75	11	法国	1272810	10.80
2	日本	5511873	2.45	12	意大利	1154506	10.42
3	中国台湾	3526275	14.08	13	英国	1034000	2.24
4	德国	3441236	4.54	14	荷兰	1023004	2.82
5	韩国	2610711	4.51	15	中国	980038	-14.93
6	中国香港	2071309	-6.04	16	巴西	939597	-4.92
7	澳大利亚	1894976	-14.26	17	泰国	901952	-4.93
8	越南	1679200	25.14	18	瑞士	827558	-20.13
9	马来西亚	1611205	-2.20	19	印度尼西亚	816814	7.57
10	新加坡	1406583	-3.71	20	印度	710684	-12.92

2020年中国（上海）自由贸易试验区主要经济指标及其增长速度表

指标	单位	绝对值	比上年增长（%）
一般公共预算收入	亿元	608.25	-1.8
外商直接投资实际到位金额	亿美元	84.38	10.5
全社会固定资产投资总额	亿元	1524.88	44.8
工业总产值	亿元	5446.56	13.9
社会消费品零售额	亿元	2094.17	1.5
商品销售总额	亿元	45810.17	-3.3
服务业营业收入	亿元	5033.18	-0.4
期末监管类金融机构数	个	997	2.8

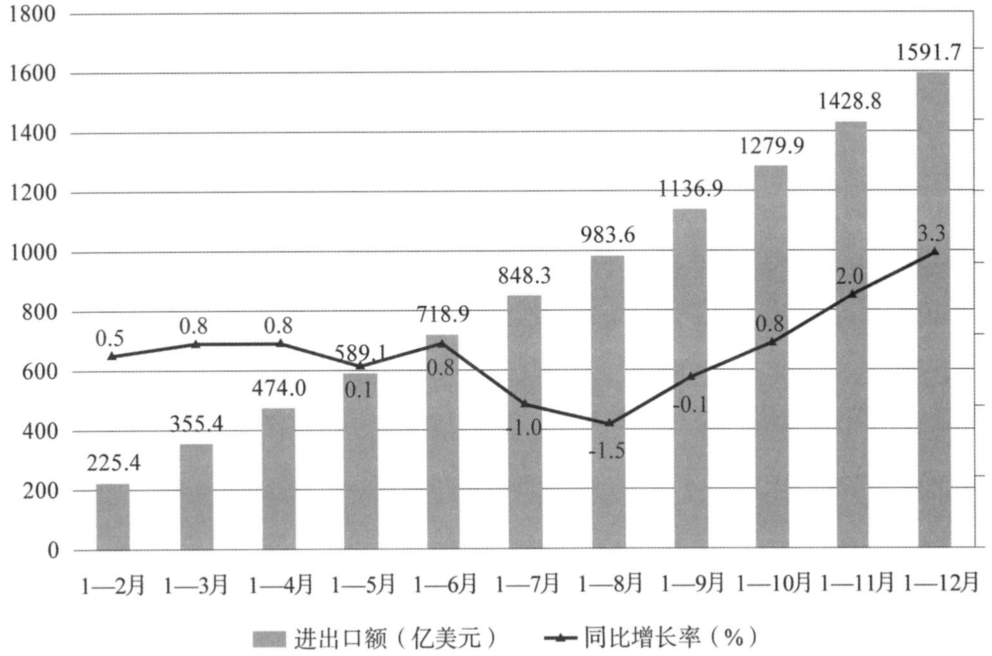

2020年中国（上海）自由贸易试验区保税区域进出口额趋势图

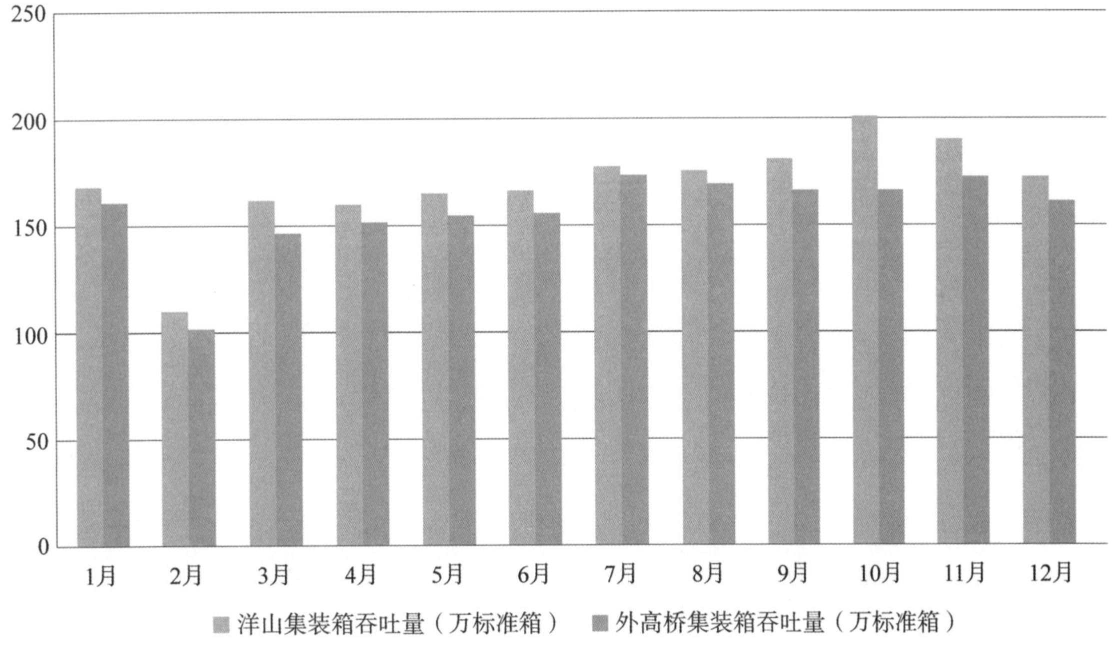

2020年中国（上海）自由贸易试验区洋山、外高桥港区月度集装箱吞吐量图

历届中国华东进出口商品交易会一览表

届次	年份	展馆（万平方米）	摊位（个）	参展省市（个）	参展企业（家）	到会外商（人次）	国别（地）（个）	总成交额（万美元）
1	1991	22.10	1050	7	607	6018	71	102261
2	1992	2.90	1450	7	700	6341	78	133247

续表

届次	年份	展馆（万平方米）	摊位（个）	参展省市（个）	参展企业（家）	到会外商（人次）	国别（地）（个）	总成交额（万美元）
3	1993	3.50	1750	15	1000	6741	84	164784
4	1994	3.60	1800	20	1000	7788	90	180508
5	1995	5.10	2500	36	1400	7906	100	214100
6	1996	4.90	2500	37	1500	7543	104	223600
7	1997	6.42	2537	35	1500	7738	125	223144
8	1998	6.38	2625	33	2000	6518	150	195500
9	1999	5.18	2216	32	2000	6108	130	120600
10	2000	4.40	1926	32	1926	7277	120	129500
11	2001	6.12	2807	37	340	10562	126	153200
12	2002	5.76	2850	35	3000	13646	154	168900
13	2003	5.75	2966	35	3000	15749	175	204000
14	2004	8.05	4158	14	3100	18915	—	255900
15	2005	8.05	4158	39	3300	20558	151	297372
16	2006	10.35	5346	39	3540	23660	—	332119
17	2007	10.35	5346	39	3522	18557	117	355300
18	2008	10.35	5346	39	3592	19263	145	367800
19	2009	10.35	5312	39	3500	18229	140	224000
20	2010	10.35	5310	39	3376	19029	123	273300
21	2011	10.35	5310	39	3326	20105	133	283900
22	2012	11.50	5880	39	3420	21124	128	312200
23	2013	11.50	5880	39	3607	20016	115	275900
24	2014	11.50	5780	13	3441	21433	117	275900
25	2015	11.50	5780	13	3378	21200	114	256600
26	2016	11.50	5480	—	3153	21454	114	231000
27	2017	12.09	5670	13	3900	22140	110	231700
28	2018	12.36	5707	12	4600	22311	109	232000
29	2019	12.65	5868	12	4000	22757	111	230000
30	2020，第三十届中国华东进出口商品交易会（线上交易会）于 2020 年 7 月 13—17 日在线上举行。本届线上华交会共设置五大专业子展、三大特色专区、四场买卖交接会、六大服务功能，汇聚了 3520 家参展企业共计 71759 件展品，吸引 15333 访客。							

2020 年上海企业 100 强

序号	企业名称	2019 年企业收入（万元）	注册地
1	上海汽车集团股份有限公司	84332437	静安
2	中国宝武钢铁集团有限公司	55220616	浦东
3	交通银行股份有限公司	45988600	浦东
4	绿地控股集团股份有限公司	42782271	黄浦

续表

序号	企业名称	2019年企业收入（万元）	注册地
5	中国太平洋保险（集团）股份有限公司	38548878	浦东
6	上海浦东发展银行股份有限公司	34393200	黄浦
7	中国建筑第八工程局有限公司	24610993	浦东
8	上海万科企业有限公司	22332027	闵行
9	上海建工集团股份有限公司	20549671	浦东
10	上海医药集团股份有限公司	18656580	黄浦
11	东浩兰生（集团）有限公司	17492307	浦东
12	益海嘉里金龙鱼粮油食品股份有限公司	17074342	浦东
13	太平人寿保险有限公司	16694932	浦东
14	光明食品（集团）有限公司	15551918	徐汇
15	复星国际有限公司	14298213	黄浦
16	上海电气（集团）总公司	14172695	黄浦
17	中国东方航空集团有限公司	13340695	浦东
18	上海烟草集团有限责任公司	13221377	杨浦
19	上海钢联电子商务股份有限公司	12257175	宝山
20	上海均和集团有限公司	10604753	浦东
21	东方国际（集团）有限公司	10320481	长宁
22	中国石化上海石油化工股份有限公司	10034605	金山
23	上海银行股份有限公司	9809078	浦东
24	美团点评	9752853	长宁
25	国网上海市电力公司	8966052	浦东
26	上海永达控股（集团）有限公司	7638745	浦东
27	中智上海经济技术合作有限公司	6993625	徐汇
28	上海圆迈贸易有限公司	6928912	嘉定
29	百联集团有限公司	6426771	黄浦
30	上海城建（集团）公司	5803079	黄浦
31	上海中梁企业发展有限公司	5695985	普陀
32	上海华谊（集团）公司	5509381	金山
33	上海新增鼎资产管理有限公司	5344029	浦东
34	老凤祥股份有限公司	4962866	黄浦
35	申能（集团）有限公司	4880455	闵行
36	中国大地财产保险股份有限公司	4331959	浦东
37	上海宝冶集团有限公司	4183183	宝山
38	上海农村商业银行股份有限公司	3831116	浦东
39	环旭电子股份有限公司	3720419	浦东
40	上海国际港务（集团）股份有限公司	3610163	虹口

续表

序号	企业名称	2019 年企业收入（万元）	注册地
41	携程计算机技术（上海）有限公司	3567000	长宁
42	上海均瑶（集团）有限公司	3550583	徐汇
43	海通证券股份有限公司	3442864	黄浦
44	中铁上海工程局集团有限公司	3253109	静安
45	上海闽路润贸易有限公司	3167713	浦东
46	万丰锦源控股集团有限公司	3137670	浦东
47	中铁二十四局集团有限公司	3136121	杨浦
48	圆通速递股份有限公司	3115112	青浦
49	拼多多公司	3014189	长宁
50	国泰君安证券股份有限公司	2994931	静安
51	月星集团有限公司	2910559	普陀
52	中国二十冶集团有限公司	2751905	宝山
53	德邦物流股份有限公司	2592210	青浦
54	上海苏宁易购销售有限公司	2569063	虹口
55	中国万向控股有限公司	2468181	浦东
56	上海振华重工（集团）股份有限公司	2459559	浦东
57	源山投资控股有限公司	2404238	静安
58	奥盛集团有限公司	2325678	普陀
59	申通快递有限公司	2305665	青浦
60	中通快递股份有限公司	2210995	青浦
61	中芯国际集成电路制造有限公司	2149346	浦东
62	龙元建设集团股份有限公司	2142709	虹口
63	广微控股有限公司	2114743	长宁
64	上海卓钢链电子商务有限公司	2102526	嘉定
65	江南造船（集团）有限责任公司	2077582	崇明
66	上海协通（集团）有限公司	2043054	嘉定
67	大华（集团）有限公司	2025066	宝山
68	上海仪电（集团）有限公司	2008670	徐汇
69	上海胜华电缆（集团）有限公司	2006281	浦东
70	上海春秋国际旅行社（集团）有限公司	1995657	长宁
71	致达控股集团有限公司	1813795	普陀
72	沪东中华造船（集团）有限公司	1790360	浦东
73	上海机场（集团）有限公司	1782659	浦东
74	上海景域文化传播股份有限公司	1745488	嘉定
75	鹏欣环球资源股份有限公司	1478731	普陀
76	上海外高桥造船有限公司	1425812	浦东

续表

序号	企业名称	2019 年企业收入（万元）	注册地
77	上海韦尔半导体股份有限公司	1363167	浦东
78	上海源耀农业股份有限公司	1358642	浦东
79	上海龙宇燃油股份有限公司	1349796	浦东
80	上海华虹（集团）有限公司	1318352	浦东
81	上海大名城企业股份有限公司	1304317	闵行
82	中国建材国际工程集团有限公司	1268024	普陀
83	上海博尔捷企业集团有限公司	1251300	静安
84	东方明珠新媒体股份有限公司	1234460	浦东
85	上海晨光文具股份有限公司	1114110	奉贤
86	中兵（上海）有限责任公司	1061214	黄浦
87	上海龙旗科技股份有限公司	1014858	徐汇
88	上海天地汇供应链科技有限公司	966499	闵行
89	上海交运（集团）公司	932587	静安
90	正泰电气股份有限公司	927465	松江
91	上海紫江企业集团股份有限公司	921096	闵行
92	欧普照明股份有限公司	835486	浦东
93	五冶集团上海有限公司	820901	宝山
94	上海亚泰财富企业集团有限公司	801155	杨浦
95	上海金发科技发展有限公司	772253	青浦
96	上海起帆电缆股份有限公司	764724	金山
97	上海家化联合股份有限公司	759695	虹口
98	中锐控股集团有限公司	738709	长宁
99	上海申华控股股份有限公司	735884	黄浦
100	上海临港经济发展（集团）有限公司	732189	浦东

注：上海市企业联合会、上海市企业家协会、上海市经济团体联合会发布。

2020 年上海制造业企业 100 强

序号	企业名称	注册地
1	上海汽车集团股份有限公司	静安
2	中国宝武钢铁集团有限公司	浦东
3	上海医药集团股份有限公司	黄浦
4	益海嘉里金龙鱼粮油食品股份有限公司	浦东
5	光明食品（集团）有限公司	徐汇
6	复星国际有限公司	黄浦
7	上海电气（集团）总公司	黄浦
8	上海烟草集团有限责任公司	杨浦
9	中国石化上海石油化工股份有限公司	金山

续表

序号	企业名称	注册地
10	上海华谊（集团）公司	金山
11	老凤祥股份有限公司	黄浦
12	环旭电子股份有限公司	浦东
13	万丰锦源控股集团有限公司	浦东
14	上海振华重工（集团）股份有限公司	浦东
15	奥盛集团有限公司	普陀
16	中芯国际集成电路制造有限公司	浦东
17	江南造船（集团）有限责任公司	崇明
18	上海仪电（集团）有限公司	徐汇
19	上海胜华电缆（集团）有限公司	浦东
20	致达控股集团有限公司	普陀
21	沪东中华造船（集团）有限公司	浦东
22	鹏欣环球资源股份有限公司	普陀
23	上海外高桥造船有限公司	浦东
24	上海韦尔半导体股份有限公司	浦东
25	上海源耀农业股份有限公司	浦东
26	上海华虹（集团）有限公司	浦东
27	上海晨光文具股份有限公司	奉贤
28	上海龙旗科技股份有限公司	徐汇
29	正泰电气股份有限公司	松江
30	上海紫江企业集团股份有限公司	闵行
31	欧普照明股份有限公司	浦东
32	上海金发科技发展有限公司	青浦
33	上海起帆电缆股份有限公司	金山
34	上海家化联合股份有限公司	虹口
35	科世达（上海）管理有限公司	嘉定
36	思源电气股份有限公司	闵行
37	斯米克集团	浦东
38	远纺工业（上海）有限公司	浦东
39	伽蓝（集团）股份有限公司	奉贤
40	上海晶澳太阳能科技有限公司	奉贤
41	上海菱重增压器有限公司	青浦
42	太安堂集团有限公司	虹口
43	亚东石化（上海）有限公司	浦东
44	上海东方雨虹防水技术有限责任公司	金山
45	阿克苏诺贝尔漆油（上海）有限公司	松江

续表

序号	企业名称	注册地
46	上海东隆羽绒制品有限公司	青浦
47	上海飞科电器股份有限公司	松江
48	上海普利特复合材料股份有限公司	青浦
49	上海凯泉泵业（集团）有限公司	嘉定
50	上海新时达电气股份有限公司	嘉定
51	金安国纪科技股份有限公司	松江
52	上海保隆汽车科技股份有限公司	松江
53	上海华峰超纤科技股份有限公司	金山
54	上工申贝（集团）股份有限公司	浦东
55	上海水星家用纺织品股份有限公司	奉贤
56	上海剑桥科技股份有限公司	闵行
57	上海双鹿上菱企业集团有限公司	松江
58	蒂森克虏伯电梯（上海）有限公司	松江
59	上海东方泵业（集团）有限公司	宝山
60	亚士创能科技（上海）股份有限公司	青浦
61	上海科华生物工程股份有限公司	徐汇
62	上海荣泰健康科技股份有限公司	青浦
63	科大智能科技股份有限公司	松江
64	上海荣威塑胶工业有限公司	嘉定
65	上海创力集团股份有限公司	青浦
66	上海东富龙科技股份有限公司	闵行
67	上海泰胜风能装备股份有限公司	金山
68	上海海得控制系统股份有限公司	闵行
69	上海鸣志电器股份有限公司	闵行
70	上海良信电器股份有限公司	浦东
71	上海界龙集团有限公司	浦东
72	上海连成（集团）有限公司	嘉定
73	上海雪榕生物科技股份有限公司	奉贤
74	上海微创医疗器械（集团）有限公司	浦东
75	上海和黄药业有限公司	黄浦
76	上海龙阳精密复合铜管有限公司	浦东
77	上海锦湖日丽塑料有限公司	闵行
78	上海康德莱企业发展集团股份有限公司	嘉定
79	上海汉钟精机股份有限公司	金山
80	南亚新材料科技股份有限公司	嘉定
81	上海顺灏新材料科技股份有限公司	普陀

续表

序号	企业名称	注册地
82	上海贝思特电气有限公司	浦东
83	上海南大集团有限公司	闵行
84	上海熊猫机械（集团）有限公司	青浦
85	上海联明投资集团有限公司	浦东
86	上海昊海生物科技股份有限公司	松江
87	上海恩梯恩精密机电有限公司	松江
88	上海汇得科技股份有限公司	金山
89	上海凯宝药业股份有限公司	奉贤
90	上海申茂电磁线有限公司	浦东
91	百岳特生物技术（上海）有限公司	金山
92	上海精星仓储设备工程有限公司	闵行
93	上海五星铜业股份有限公司	松江
94	上海森马服饰有限公司	闵行
95	上海江河幕墙系统工程有限公司	松江
96	威图电子机械技术（上海）有限公司	松江
97	上海安诺其集团股份有限公司	青浦
98	上海富驰高科技股份有限公司	宝山
99	上海康达化工新材料集团股份有限公司	奉贤
100	开能健康科技集团股份有限公司	浦东

注：上海市企业联合会、上海市企业家协会、上海市经济团体联合会发布。

2020 年上海服务业企业 100 强

序号	企业名称	序号	企业名称
1	交通银行股份有限公司	15	上海永达控股（集团）有限公司
2	绿地控股集团股份有限公司	16	中智上海经济技术合作有限公司
3	中国太平洋保险（集团）股份有限公司	17	上海圆迈贸易有限公司
4	上海浦东发展银行股份有限公司	18	百联集团有限公司
5	上海万科企业有限公司	19	上海中梁企业发展有限公司
6	东浩兰生（集团）有限公司	20	上海新增鼎资产管理有限公司
7	太平人寿保险有限公司	21	申能（集团）有限公司
8	中国东方航空集团有限公司	22	中国大地财产保险股份有限公司
9	上海钢联电子商务股份有限公司	23	上海农村商业银行股份有限公司
10	上海均和集团有限公司	24	上海国际港务（集团）股份有限公司
11	东方国际（集团）有限公司	25	携程计算机技术（上海）有限公司
12	上海银行股份有限公司	26	上海均瑶（集团）有限公司
13	美团点评	27	海通证券股份有限公司
14	国网上海市电力公司	28	上海闽路润贸易有限公司

续表

序号	企业名称	序号	企业名称
29	圆通速递股份有限公司	65	上海金开利集团有限公司
30	拼多多公司	66	上海江杰荣泰置业（集团）有限公司
31	国泰君安证券股份有限公司	67	东方财富信息股份有限公司
32	月星集团有限公司	68	上海丝绸集团股份有限公司
33	德邦物流股份有限公司	69	上海来伊份股份有限公司
34	上海苏宁易购销售有限公司	70	上海壹佰米网络科技有限公司
35	中国万向控股有限公司	71	汇付天下有限公司
36	源山投资控股有限公司	72	大众交通（集团）股份有限公司
37	申通快递有限公司	73	上海添赫实业发展有限公司
38	中通快递股份有限公司	74	上海煜驰进出口有限公司
39	广微控股有限公司	75	上海吉电电子技术有限公司
40	上海卓钢链电子商务有限公司	76	上海九州通医药有限公司
41	上海协通（集团）有限公司	77	上海怡亚通供应链有限公司
42	大华（集团）有限公司	78	上海钢宇实业集团有限公司
44	上海机场（集团）有限公司	79	中钢银通电子商务股份有限公司
43	上海春秋国际旅行社（集团）有限公司	80	上海浦原对外经贸有限公司
45	上海景域文化传播股份有限公司	81	远孚物流集团有限公司
46	上海龙宇燃油股份有限公司	82	上海金丘供应链管理有限公司
47	上海大名城企业股份有限公司	83	达疆网络科技（上海）有限公司
48	中国建材国际工程集团有限公司	84	中国铁路物资华东集团有限公司
49	上海博尔捷企业集团有限公司	85	永乐（中国）电器销售有限公司
50	东方明珠新媒体股份有限公司	86	上海二三四五网络控股集团股份有限公司
51	中兵（上海）有限责任公司	87	上海三湘（集团）有限公司
52	上海天地汇供应链科技有限公司	88	上海米哈游网络科技股份有限公司
53	上海交运（集团）公司	89	上海格派新能源技术有限公司
54	中锐控股集团有限公司	90	东奉集团有限公司
55	上海申华控股股份有限公司	91	杉德银卡通信息服务有限公司
56	上海临港经济发展（集团）有限公司	92	卫宁健康科技集团股份有限公司
57	华东建筑集团股份有限公司	94	上海雅仕投资发展股份有限公司
58	上海大发房地产集团有限公司	93	上海复医天健医疗服务产业股份有限公司
59	盛跃网络科技（上海）有限公司	95	上海淮海商业（集团）有限公司
60	网宿科技股份有限公司	96	优刻得科技股份有限公司
61	佳化化学（上海）有限公司	97	上海润欣科技股份有限公司
62	上海大众公用事业（集团）股份有限公司	98	上海厂长经理人才有限公司
63	中国海诚工程科技股份有限公司	99	上海识装信息科技有限公司
64	福然德股份有限公司	100	旗天科技集团股份有限公司

注：上海市企业联合会、上海市企业家协会、上海市经济团体联合会发布。

2020 年上海民营企业 100 强

序号	企业名称	2019 年营业收入（万元）	注册地
1	上海万科企业有限公司	22332027	闵行
2	复星国际有限公司	14298213	黄浦
3	上海钢联电子商务股份有限公司	12257175	宝山
4	上海均和集团有限公司	10604753	浦东
5	美团点评	9752853	长宁
6	上海永达控股（集团）有限公司	7638745	浦东
7	上海圆迈贸易有限公司	6928912	嘉定
8	上海中梁企业发展有限公司	5695985	普陀
9	上海新增鼎资产管理有限公司	5344029	浦东
10	携程计算机技术（上海）有限公司	3567000	长宁
11	上海均瑶（集团）有限公司	3550583	徐汇
12	万丰锦源控股集团有限公司	3137670	浦东
13	圆通速递股份有限公司	3115112	青浦
14	拼多多公司	3014189	长宁
15	月星集团有限公司	2910559	普陀
16	宝龙地产控股有限公司	2604163	闵行
17	德邦物流股份有限公司	2592210	青浦
18	上海苏宁易购销售有限公司	2569063	虹口
19	中国万向控股有限公司	2468181	浦东
20	源山投资控股有限公司	2404238	静安
21	奥盛集团有限公司	2325678	普陀
22	申通快递有限公司	2305665	青浦
23	中通快递股份有限公司	2210995	青浦
24	龙元建设集团股份有限公司	2142709	虹口
25	广微控股有限公司	2114743	长宁
26	上海卓钢链电子商务有限公司	2102526	嘉定
27	上海协通（集团）有限公司	2043054	嘉定
28	大华（集团）有限公司	2025066	宝山
29	上海胜华电缆（集团）有限公司	2006281	浦东
30	上海春秋国际旅行社（集团）有限公司	1995657	长宁
31	致达控股集团有限公司	1813795	普陀
32	上海景域文化传播股份有限公司	1745488	嘉定
33	鹏欣环球资源股份有限公司	1478731	普陀
34	上海韦尔半导体股份有限公司	1363167	浦东
35	上海源耀农业股份有限公司	1358642	浦东
36	上海龙宇燃油股份有限公司	1349796	浦东

续表

序号	企业名称	2019 年营业收入（万元）	注册地
37	上海大名城企业股份有限公司	1304317	闵行
38	上海博尔捷企业集团有限公司	1251300	静安
39	上海晨光文具股份有限公司	1114110	奉贤
40	上海龙旗科技股份有限公司	1014858	徐汇
41	上海天地汇供应链科技有限公司	966499	闵行
42	正泰电气股份有限公司	927465	松江
43	上海紫江企业集团股份有限公司	921096	闵行
44	欧普照明股份有限公司	835486	浦东
45	上海亚泰财富企业集团有限公司	801155	杨浦
46	上海金发科技发展有限公司	772253	青浦
47	上海起帆电缆股份有限公司	764724	金山
48	上海家化联合股份有限公司	759695	虹口
49	中锐控股集团有限公司	738709	长宁
50	思源电气股份有限公司	638010	闵行
51	盛跃网络科技（上海）有限公司	625303	浦东
52	网宿科技股份有限公司	600750	嘉定
53	佳化化学（上海）有限公司	566954	浦东
54	上海大众公用事业（集团）股份有限公司	559832	浦东
55	福然德股份有限公司	548096	宝山
56	上海海怡建设（集团）有限公司	531691	浦东
57	舜元建设（集团）有限公司	520971	长宁
58	伽蓝（集团）股份有限公司	465063	奉贤
59	上海金开利集团有限公司	456473	黄浦
60	上海晶澳太阳能科技有限公司	453354	奉贤
61	上海江杰荣泰置业（集团）有限公司	425846	宝山
62	东方财富信息股份有限公司	423168	嘉定
63	上海丝绸集团股份有限公司	415588	浦东
64	太安堂集团有限公司	401818	虹口
65	上海来伊份股份有限公司	400249	松江
66	上海壹佰米网络科技有限公司	387273	浦东
67	上海东方雨虹防水技术有限责任公司	378313	金山
68	上海东隆羽绒制品有限公司	376612	青浦
69	上海飞科电器股份有限公司	375937	松江
70	红阳建工集团有限公司	373516	闵行
71	汇付天下有限公司	369105	徐汇
72	大众交通（集团）股份有限公司	363652	徐汇

续表

序号	企业名称	2019 年营业收入（万元）	注册地
73	上海普利特复合材料股份有限公司	359997	青浦
74	上海凯泉泵业（集团）有限公司	357950	嘉定
75	上海新时达电气股份有限公司	353397	嘉定
76	上海添赫实业发展有限公司	351957	浦东
77	上海森信建设集团有限公司	351933	虹口
78	金安国纪科技股份有限公司	332222	松江
79	上海保隆汽车科技股份有限公司	332096	松江
80	上海煜驰进出口有限公司	331083	闵行
81	上海华峰超纤科技股份有限公司	324034	金山
82	上工申贝（集团）股份有限公司	321046	浦东
83	上海水星家用纺织品股份有限公司	300199	奉贤
84	上海吉电电子技术有限公司	299788	闵行
85	上海九州通医药有限公司	299521	普陀
86	上海怡亚通供应链有限公司	298992	浦东
87	上海剑桥科技股份有限公司	297375	闵行
88	上海钢宇实业集团有限公司	287923	宝山
89	中钢银通电子商务股份有限公司	281298	浦东
90	远孚物流集团有限公司	279967	虹口
91	上海金丘供应链管理有限公司	274520	浦东
92	上海双鹿上菱企业集团有限公司	270120	松江
93	达疆网络科技（上海）有限公司	263152	杨浦
94	上海东方泵业（集团）有限公司	262930	宝山
95	永乐（中国）电器销售有限公司	247413	普陀
96	上海二三四五网络控股集团股份有限公司	244076	徐汇
97	亚士创能科技（上海）股份有限公司	242499	青浦
98	上海科华生物工程股份有限公司	241447	徐汇
99	上海三湘（集团）有限公司	232705	杨浦
100	上海荣泰健康科技股份有限公司	231391	青浦

注：上海市企业联合会、上海市企业家协会、上海市经济团体联合会发布。

2020 年上海民营制造业企业 100 强

序号	企业名称	注册地
1	复星国际有限公司	黄浦
2	万丰锦源控股集团有限公司	浦东
3	奥盛集团有限公司	普陀
4	上海胜华电缆（集团）有限公司	浦东
5	致达控股集团有限公司	普陀

续表

序号	企业名称	注册地
6	鹏欣环球资源股份有限公司	普陀
7	上海韦尔半导体股份有限公司	浦东
8	上海源耀农业股份有限公司	浦东
9	上海晨光文具股份有限公司	奉贤
10	上海龙旗科技股份有限公司	徐汇
11	正泰电气股份有限公司	松江
12	上海紫江企业集团股份有限公司	闵行
13	欧普照明股份有限公司	浦东
14	上海金发科技发展有限公司	青浦
15	上海起帆电缆股份有限公司	金山
16	上海家化联合股份有限公司	虹口
17	思源电气股份有限公司	闵行
18	伽蓝（集团）股份有限公司	奉贤
19	上海晶澳太阳能科技有限公司	奉贤
20	太安堂集团有限公司	虹口
21	上海东方雨虹防水技术有限责任公司	金山
22	上海东隆羽绒制品有限公司	青浦
23	上海飞科电器股份有限公司	松江
24	上海普利特复合材料股份有限公司	青浦
25	上海凯泉泵业（集团）有限公司	嘉定
26	上海新时达电气股份有限公司	嘉定
27	金安国纪科技股份有限公司	松江
28	上海保隆汽车科技股份有限公司	松江
29	上海华峰超纤科技股份有限公司	金山
30	上工申贝（集团）股份有限公司	浦东
31	上海水星家用纺织品股份有限公司	奉贤
32	上海剑桥科技股份有限公司	闵行
33	上海双鹿上菱企业集团有限公司	松江
34	上海东方泵业（集团）有限公司	宝山
35	亚士创能科技（上海）股份有限公司	青浦
36	上海科华生物工程股份有限公司	徐汇
37	上海荣泰健康科技股份有限公司	青浦
38	科大智能科技股份有限公司	松江
39	上海荣威塑胶工业有限公司	嘉定
40	上海创力集团股份有限公司	青浦
41	上海东富龙科技股份有限公司	闵行

续表

序号	企业名称	注册地
42	上海泰胜风能装备股份有限公司	金山
43	上海海得控制系统股份有限公司	闵行
44	上海鸣志电器股份有限公司	闵行
45	上海良信电器股份有限公司	浦东
46	上海界龙集团有限公司	浦东
47	上海连成（集团）有限公司	嘉定
48	上海雪榕生物科技股份有限公司	奉贤
49	上海微创医疗器械（集团）有限公司	浦东
50	上海锦湖日丽塑料有限公司	闵行
51	上海康德莱企业发展集团股份有限公司	嘉定
52	南亚新材料科技股份有限公司	嘉定
53	上海顺灏新材料科技股份有限公司	普陀
54	上海贝思特电气有限公司	浦东
55	上海南大集团有限公司	闵行
56	上海熊猫机械（集团）有限公司	青浦
57	上海联明投资集团有限公司	浦东
58	上海昊海生物科技股份有限公司	松江
59	上海汇得科技股份有限公司	金山
60	上海凯宝药业股份有限公司	奉贤
61	上海申茂电磁线有限公司	浦东
62	上海精星仓储设备工程有限公司	闵行
63	上海五星铜业股份有限公司	松江
64	上海森马服饰有限公司	闵行
65	上海江河幕墙系统工程有限公司	松江
66	上海安诺其集团股份有限公司	青浦
67	上海富驰高科技股份有限公司	宝山
68	开能健康科技集团股份有限公司	浦东
69	上海纳尔实业股份有限公司	浦东
70	上海永进电缆（集团）有限公司	奉贤
71	上海杨铜电气成套有限公司	宝山
72	上海巴安水务股份有限公司	青浦
73	上海雅运纺织化工股份有限公司	徐汇
74	帅翼驰新材料集团有限公司	金山
75	上海英汇科技发展有限公司	嘉定
76	上海东大化学有限公司	金山
77	上海嘉乐股份有限公司	金山
78	上海嘉宝莉涂料有限公司	金山

续表

序号	企业名称	注册地
79	上海明凯投资（集团）有限公司	虹口
80	上海题桥纺织染纱有限公司	闵行
81	上海中淳高科桩业有限公司	金山
82	上海回天新材料有限公司	松江
83	上海派瑞特塑业有限公司	金山
84	上海广电电气（集团）股份有限公司	奉贤
85	上海新通联包装股份有限公司	宝山
86	上海瑞尔实业有限公司	嘉定
87	上海鑫益瑞杰有色合金有限公司	金山
88	上海阿妙食品有限公司	金山
89	上海艾录包装股份有限公司	金山
90	上海移为通信技术股份有限公司	闵行
91	安科瑞电气股份有限公司	嘉定
92	中路股份有限公司	浦东
93	上海东大聚氨酯有限公司	金山
94	上海熊猫线缆股份有限公司	崇明
95	华东理工大学华昌聚合物有限公司	奉贤
96	上海柘中电气有限公司	奉贤
97	上海宝临电气集团有限公司	宝山
98	双恒阀门集团有限公司	金山
99	上海精发实业股份有限公司	金山
100	上海逸思医疗科技有限公司	浦东

注：上海市企业联合会、上海市企业家协会、上海市经济团体联合会发布。

2020 年上海民营服务业企业 100 强

序号	企业名称	注册地
1	上海万科企业有限公司	闵行
2	上海钢联电子商务股份有限公司	宝山
3	上海均和集团有限公司	浦东
4	美团点评	长宁
5	上海永达控股（集团）有限公司	浦东
6	上海圆迈贸易有限公司	嘉定
7	上海中梁企业发展有限公司	普陀
8	上海新增鼎资产管理有限公司	浦东
9	携程计算机技术（上海）有限公司	长宁
10	上海均瑶（集团）有限公司	徐汇
11	圆通速递股份有限公司	青浦

续表

序号	企业名称	注册地
12	月星集团有限公司	普陀
13	德邦物流股份有限公司	青浦
14	上海苏宁易购销售有限公司	虹口
15	中国万向控股有限公司	浦东
16	源山投资控股有限公司	静安
17	申通快递有限公司	青浦
18	中通快递股份有限公司	青浦
19	广微控股有限公司	长宁
20	上海卓钢链电子商务有限公司	嘉定
21	上海协通（集团）有限公司	嘉定
22	大华（集团）有限公司	宝山
23	上海春秋国际旅行社（集团）有限公司	长宁
24	上海景域文化传播股份有限公司	嘉定
25	上海龙宇燃油股份有限公司	浦东
26	上海大名城企业股份有限公司	闵行
27	上海博尔捷企业集团有限公司	静安
28	上海天地汇供应链科技有限公司	闵行
29	中锐控股集团有限公司	长宁
30	盛跃网络科技（上海）有限公司	浦东
31	网宿科技股份有限公司	嘉定
32	佳化化学（上海）有限公司	浦东
33	上海大众公用事业（集团）股份有限公司	浦东
34	福然德股份有限公司	宝山
35	上海金开利集团有限公司	黄浦
36	上海江杰荣泰置业（集团）有限公司	宝山
37	东方财富信息股份有限公司	嘉定
38	上海丝绸集团股份有限公司	浦东
39	上海来伊份股份有限公司	松江
40	上海壹佰米网络科技有限公司	浦东
41	汇付天下有限公司	徐汇
42	大众交通（集团）股份有限公司	徐汇
43	上海添赫实业发展有限公司	浦东
44	上海煜驰进出口有限公司	闵行
45	上海吉电电子技术有限公司	闵行
46	上海九州通医药有限公司	普陀
47	上海怡亚通供应链有限公司	浦东
48	上海钢宇实业集团有限公司	宝山

续表

序号	企业名称	注册地
49	中钢银通电子商务股份有限公司	浦东
50	远孚物流集团有限公司	虹口
51	上海金丘供应链管理有限公司	浦东
52	达疆网络科技（上海）有限公司	杨浦
53	永乐（中国）电器销售有限公司	普陀
54	上海二三四五网络控股集团股份有限公司	徐汇
55	上海三湘（集团）有限公司	杨浦
56	上海米哈游网络科技股份有限公司	徐汇
57	上海格派新能源技术有限公司	徐汇
58	东奉集团有限公司	奉贤
59	杉德银卡通信息服务有限公司	徐汇
60	卫宁健康科技集团股份有限公司	浦东
61	上海雅仕投资发展股份有限公司	浦东
62	优刻得科技股份有限公司	杨浦
63	上海润欣科技股份有限公司	徐汇
64	上海厂长经理人才有限公司	长宁
65	上海识装信息科技有限公司	虹口
66	旗天科技集团股份有限公司	浦东
67	上海兰卫医学检验所股份有限公司	长宁
68	上海京东到家元信信息技术有限公司	杨浦
69	劲霸男装（上海）有限公司	普陀
70	上海益中亘泰（集团）股份有限公司	奉贤
71	上海锦和投资集团有限公司	徐汇
72	上海金桥信息股份有限公司	浦东
73	上海申丝企业发展有限公司	宝山
74	上海延华智能科技（集团）股份有限公司	普陀
75	上海游民网络科技有限公司	嘉定
76	上海富吉医疗器械有限公司	徐汇
77	五牛控股有限公司	浦东
78	上海明华物业管理有限公司	黄浦
79	上海博海餐饮集团有限公司	金山
80	上海罗曼照明科技股份有限公司	杨浦
81	上海龙韵传媒集团股份有限公司	松江
82	上海中信信息发展股份有限公司	静安
83	上海洗霸科技股份有限公司	嘉定
84	奥康国际（上海）鞋业有限公司	金山
85	上海会畅通讯股份有限公司	静安

续表

序号	企业名称	注册地
86	上海大汉三通通信股份有限公司	浦东
87	社宝信息科技（上海）有限公司	静安
88	上海中石化工物流股份有限公司	金山
89	上海宏泉集团有限公司	普陀
90	上海肯耐珂萨人力资源科技股份有限公司	青浦
91	上海久彰电子商务有限公司	徐汇
92	华平信息技术股份有限公司	杨浦
93	上海天玑科技股份有限公司	青浦
94	上海华蜂日用品有限公司	闵行
95	上海唐神广告传播有限公司	静安
96	上海朗脉洁净技术股份有限公司	闵行
97	上海路灏实业发展有限公司	金山
98	上海东方投资监理有限公司	静安
99	上海极链网络科技有限公司	崇明
100	上海财安金融服务集团股份有限公司	虹口

注：上海市企业联合会、上海市企业家协会、上海市经济团体联合会发布。

2020 年上海外商投资企业营业收入 100 强

序号	企业名称	序号	企业名称
1	上海上汽大众汽车销售有限公司	19	欧莱雅（中国）有限公司
2	上汽大众汽车有限公司	20	捷豹路虎（中国）投资有限公司
3	苹果电脑贸易（上海）有限公司	21	埃珂森（上海）企业管理有限公司
4	上汽通用汽车销售有限公司	22	惠普贸易（上海）有限公司
5	上汽通用汽车有限公司	23	迅销（中国）商贸有限公司
6	上海三星半导体有限公司	24	上海振华重工（集团）股份有限公司
7	昌硕科技（上海）有限公司	25	麦德龙商业集团有限公司
8	达功（上海）电脑有限公司	26	联合汽车电子有限公司
9	托克投资（中国）有限公司	27	滔搏企业发展（上海）有限公司
10	益海嘉里食品营销有限公司	28	科思创聚合物（中国）有限公司
11	保时捷（中国）汽车销售有限公司	29	上海三菱电梯有限公司
12	工银安盛人寿保险有限公司	30	必胜（上海）食品有限公司
13	延锋百利得（上海）汽车安全系统有限公司	31	联强国际贸易（中国）有限公司
14	康成投资（中国）有限公司	32	摩科瑞（中国）金属资源有限公司
15	上海三快智送科技有限公司	33	联想（上海）电子科技有限公司
16	宝洁（中国）营销有限公司	34	福特汽车（中国）有限公司
17	嘉能可有限公司	35	舍弗勒贸易（上海）有限公司
18	益海嘉里（上海）国际贸易有限公司	36	耐克商业（中国）有限公司

续表

序号	企业名称	序号	企业名称
37	英业达科技有限公司	69	宜家贸易（中国）有限公司
38	松下电器机电（中国）有限公司	70	华硕电脑（上海）有限公司
39	巴斯夫（中国）有限公司	71	上海海亮铜业有限公司
40	群邑（上海）广告有限公司	72	瑞表企业管理（上海）有限公司
41	达丰（上海）电脑有限公司	73	丰田通商（上海）有限公司
42	上海罗氏制药有限公司	74	埃克森美孚化工商务（上海）有限公司
43	英华达（上海）科技有限公司	75	上海大众动力总成有限公司
44	村田电子贸易（上海）有限公司	76	路易威登（中国）商业销售有限公司
45	嘉吉投资（中国）有限公司	77	欧尚（中国）投资有限公司
46	通用电气医疗系统贸易发展（上海）有限公司	78	迅达（中国）电梯有限公司
47	中美联泰大都会人寿保险有限公司	79	雅培贸易（上海）有限公司
48	雅诗兰黛（上海）商贸有限公司	80	上海电气电站设备有限公司
49	飞利浦（中国）投资有限公司	81	环旭电子股份有限公司
50	罗氏诊断产品（上海）有限公司	82	泰科电子（上海）有限公司
51	日上免税行（上海）有限公司	83	中宏人寿保险有限公司
52	强生（上海）医疗器材有限公司	84	顺汇新合国际贸易（上海）有限公司
53	沃尔沃汽车销售（上海）有限公司	85	全球国际货运代理（中国）有限公司
54	上海雀巢产品服务有限公司	86	金纸源贸易（上海）有限公司
55	邦吉（上海）管理有限公司	87	中芯国际集成电路制造（上海）有限公司
56	上海中原物业顾问有限公司	88	上海ＡＢＢ工程有限公司
57	交银康联人寿保险有限公司	89	巴斯夫催化剂（上海）有限公司
58	敦豪全球货运（中国）有限公司	90	安波福电气系统有限公司
59	淡水河谷金属（上海）有限公司	91	庄信万丰（上海）化工有限公司
60	众安在线财产保险股份有限公司	92	三林万业（上海）企业集团有限公司
61	英迈电子商贸（上海）有限公司	93	上海纳铁福传动系统有限公司
62	远东国际融资租赁有限公司	94	古驰（中国）贸易有限公司
63	滔搏投资（上海）有限公司	95	上海索广映像有限公司
64	上海盒马网络科技有限公司	96	上海建伍电子有限公司
65	汇丰银行（中国）有限公司	97	戴森贸易（上海）有限公司
66	沙伯基础（上海）商贸有限公司	98	路威酩轩香水化妆品（上海）有限公司
67	历峰商业有限公司	99	乐信（上海）贸易有限公司
68	宝钢日铁汽车板有限公司	100	矢崎（中国）投资有限公司

注：上海市外商投资协会发布。

2020 年上海外商投资企业进出口总额 100 强

序号	企业名称	序号	企业名称
1	昌硕科技（上海）有限公司	36	瑞表企业管理（上海）有限公司
2	达功（上海）电脑有限公司	37	世天威物流（上海外高桥保税物流园区）有限公司
3	英特尔贸易（上海）有限公司		
4	英运物流（上海）有限公司	38	中芯南方集成电路制造有限公司
5	晟碟半导体（上海）有限公司	39	开云投资管理集团有限公司
6	保时捷（中国）汽车销售有限公司	40	国基电子（上海）有限公司
7	安靠封装测试（上海）有限公司	41	捷普科技（上海）有限公司
8	金士顿科技（上海）有限公司	42	上海日东光学有限公司
9	近铁国际物流（中国）有限公司	43	路易威登（中国）商业销售有限公司
10	达丰（上海）电脑有限公司	44	雅培贸易（上海）有限公司
11	英华达（上海）科技有限公司	45	竞点（上海）国际贸易有限公司
12	嘉能可有限公司	46	展讯通信（上海）有限公司
13	上海近铁国际物流有限公司	47	埃克森美孚化工商务（上海）有限公司
14	环旭电子股份有限公司	48	全球物流（上海）有限公司
15	捷豹路虎（中国）投资有限公司	49	中芯国际集成电路制造（上海）有限公司
16	上海振华重工（集团）股份有限公司	50	上海诺华贸易有限公司
17	上海洋山保税港区世天威物流有限公司	51	上海海亮铜业有限公司
18	英业达科技有限公司	52	紫光宏茂微电子（上海）有限公司
19	嘉吉投资（中国）有限公司	53	益海嘉里（上海）国际贸易有限公司
20	东芝物流（上海）有限公司	54	明尼苏达矿业制造（上海）国际贸易有限公司
21	邦吉（上海）管理有限公司		
22	通用电气药业（上海）有限公司	55	日产国际贸易（上海）有限公司
23	福特汽车（中国）有限公司	56	日月光封装测试（上海）有限公司
24	上海索广映像有限公司	57	美敦力（上海）管理有限公司
25	罗氏诊断产品（上海）有限公司	58	日通国际物流（上海）有限公司
26	上海罗氏制药有限公司	59	上海理光数码设备有限公司
27	上汽通用汽车有限公司	60	达研（上海）光电有限公司
28	科思创聚合物（中国）有限公司	61	富士通将军（上海）有限公司
29	沃尔沃汽车销售（上海）有限公司	62	迅销（中国）商贸有限公司
30	戴森贸易（上海）有限公司	63	杜邦贸易（上海）有限公司
31	上海日上星国际货运代理有限公司	64	卡特彼勒（上海）贸易有限公司
32	联合汽车电子有限公司	65	格科微电子（上海）有限公司
33	上汽大众汽车有限公司	66	豪威半导体（上海）有限责任公司
34	强生（上海）医疗器材有限公司	67	宜家分拨（上海）有限公司
35	历峰商业有限公司	68	奥林巴斯贸易（上海）有限公司

续表

序号	企业名称	序号	企业名称
69	台积电（中国）有限公司	85	安波福中央电气（上海）有限公司
70	上海华虹宏力半导体制造有限公司	86	上海 ABB 工程有限公司
71	宜家贸易（中国）有限公司	87	托克投资（中国）有限公司
72	铠侠电子（中国）有限公司	88	上海夏普电器有限公司
73	惠氏（上海）贸易有限公司	89	宜家采购（上海）有限公司
74	捷开依（上海）物流有限公司	90	基恩士（中国）有限公司
75	上海晶澳太阳能科技有限公司	91	迅达（中国）电梯有限公司
76	柯惠医疗器材国际贸易（上海）有限公司	92	大陆泰密克汽车系统（上海）有限公司
77	泰科电子（上海）有限公司	93	斯凯孚分拨（上海）有限公司
78	波科国际医疗贸易（上海）有限公司	94	安捷伦科技贸易（上海）有限公司
79	英威达尼龙化工（中国）有限公司	95	上海酩悦轩尼诗国际贸易有限公司
80	庄信万丰（上海）催化剂有限公司	96	天虹（中国）投资有限公司
81	采埃孚汽车系统（上海）有限公司	97	佳沛泽普水果（上海）有限公司
82	希森美康医用电子（上海）有限公司	98	赢创特种化学（上海）有限公司
83	舍弗勒贸易（上海）有限公司	99	巴斯夫（中国）有限公司
84	百佑佳食品贸易（上海）有限公司	100	村田电子贸易（上海）有限公司

注：上海市外商投资协会发布。

2020 年上海外商投资企业纳税贡献 100 强

序号	企业名称	序号	企业名称
1	上汽大众汽车有限公司	17	瑞表企业管理（上海）有限公司
2	保时捷（中国）汽车销售有限公司	18	远东国际融资租赁有限公司
3	上汽通用汽车有限公司	19	百度（中国）有限公司
4	上海上汽大众汽车销售有限公司	20	飞利浦（中国）投资有限公司
5	上汽通用汽车销售有限公司	21	联合汽车电子有限公司
6	沃尔沃汽车销售（上海）有限公司	22	美乐家（中国）日用品有限公司
7	历峰商业有限公司	23	上汽通用汽车金融有限责任公司
8	雅诗兰黛（上海）商贸有限公司	24	可口可乐饮料（上海）有限公司
9	路易威登（中国）商业销售有限公司	25	香奈儿（中国）贸易有限公司
10	苹果电脑贸易（上海）有限公司	26	上海酩悦轩尼诗国际贸易有限公司
11	罗氏诊断产品（上海）有限公司	27	泰科电子（上海）有限公司
12	迅销（中国）商贸有限公司	28	资生堂（中国）投资有限公司
13	福特汽车（中国）有限公司	29	托克投资（中国）有限公司
14	科思创聚合物（中国）有限公司	30	上海仲骏房地产开发有限公司
15	上海罗氏制药有限公司	31	宝洁（中国）营销有限公司
16	欧莱雅（中国）有限公司	32	卡特彼勒（上海）贸易有限公司

续表

序号	企业名称	序号	企业名称
33	埃克森美孚化工商务（上海）有限公司	67	渣打银行（中国）有限公司
34	保乐力加（中国）贸易有限公司	68	舍弗勒贸易（上海）有限公司
35	纽迪希亚生命早期营养品管理（上海）有限公司	69	延锋百利得（上海）汽车安全系统有限公司
		70	安波福电气系统有限公司
36	上海中通吉网络技术有限公司	71	麦德龙商业集团有限公司
37	古驰（中国）贸易有限公司	72	中银基金管理有限公司
38	英威达尼龙化工（中国）有限公司	73	汇丰银行（中国）有限公司
39	嘉实基金管理有限公司	74	上海恒邦房地产开发有限公司
40	爱茉莉太平洋贸易有限公司	75	思爱普（中国）有限公司
41	大金空调（上海）有限公司	76	赢创特种化学（上海）有限公司
42	东风日产汽车金融有限公司	77	三菱日联银行（中国）有限公司
43	上海骏兴房地产开发有限公司	78	上海老西门新苑置业有限公司
44	辉瑞投资有限公司	79	上海三星半导体有限公司
45	博柏利（上海）贸易有限公司	80	远东宏信融资租赁有限公司
46	玛莎拉蒂（中国）汽车贸易有限公司	81	仲利国际租赁有限公司
47	中船置业有限公司	82	默克光电材料（上海）有限公司
48	上海大众动力总成有限公司	83	尤妮佳生活用品（中国）有限公司
49	上海电气电站设备有限公司	84	前锦网络信息技术（上海）有限公司
50	亿滋食品企业管理（上海）有限公司	85	通用电气医疗系统贸易发展（上海）有限公司
51	路威酩轩香水化妆品（上海）有限公司		
52	腾讯科技（上海）有限公司	86	中美上海施贵宝制药有限公司
53	上海汤臣浦东房地产开发有限公司	87	基恩士（中国）有限公司
54	上海长润江和房地产发展有限公司	88	上海莉源房地产开发有限公司
55	巴斯夫（中国）有限公司	89	罗氏（上海）医药贸易有限公司
56	碧迪医疗器械（上海）有限公司	90	西门子医疗系统有限公司
57	国际商业机器（中国）有限公司	91	璐彩特国际（中国）化工有限公司
58	三井住友银行（中国）有限公司	92	汉海信息技术（上海）有限公司
59	上海巴斯夫聚氨酯有限公司	93	惠氏（上海）贸易有限公司
60	花旗银行（中国）有限公司	94	美敦力（上海）管理有限公司
61	康成投资（中国）有限公司	95	康宁（上海）有限公司
62	上海华泓尚隆房地产开发有限公司	96	海通恒信国际融资租赁股份有限公司
63	邦吉（上海）管理有限公司	97	科勒（中国）投资有限公司
64	耐克商业（中国）有限公司	98	兴证全球基金管理有限公司
65	瑞穗银行（中国）有限公司	99	法拉利汽车国际贸易（上海）有限公司
66	百胜咨询（上海）有限公司	100	如新（中国）日用保健品有

注：上海市外商投资协会发布。

2020年上海外商投资企业创造就业100强

序号	企业名称	序号	企业名称
1	昌硕科技（上海）有限公司	37	上海金拱门食品有限公司
2	迅销（中国）商贸有限公司	38	上海美蓓亚精密机电有限公司
3	达功（上海）电脑有限公司	39	拉扎斯网络科技（上海）有限公司
4	上汽大众汽车有限公司	40	腾讯科技（上海）有限公司
5	英华达（上海）科技有限公司	41	捷普科技（上海）有限公司
6	麦德龙商业集团有限公司	42	普华永道中天会计师事务所（特殊普通合伙）
7	辉瑞投资有限公司	43	英业达科技有限公司
8	迅达（中国）电梯有限公司	44	通用电气医疗系统贸易发展（上海）有限公司
9	联合汽车电子有限公司	45	欧莱雅（中国）有限公司
10	上海国际主题乐园有限公司	46	国际商业机器（中国）有限公司
11	汇丰银行（中国）有限公司	47	泛亚汽车技术中心有限公司
12	汉海信息技术（上海）有限公司	48	无印良品（上海）商业有限公司
13	前锦网络信息技术（上海）有限公司	49	挚享科技（上海）有限公司
14	耐克商业（中国）有限公司	50	丝芙兰（上海）化妆品销售有限公司
15	上海星巴克咖啡经营有限公司	51	桦洁商贸（上海）有限公司
16	上汽通用汽车有限公司	52	快乐蜂（中国）餐饮管理有限公司
17	中芯国际集成电路制造（上海）有限公司	53	毕马威企业咨询（中国）有限公司
18	日沛电脑配件（上海）有限公司	54	敦豪全球货运（中国）有限公司
19	上海比亚迪有限公司	55	罗氏诊断产品（上海）有限公司
20	安靠封装测试（上海）有限公司	56	思爱普（中国）有限公司
21	索迪斯（中国）企业管理服务有限公司	57	上海振华重工（集团）股份有限公司
22	益海嘉里食品营销有限公司	58	泉盛餐饮（上海）有限公司
23	日铭电脑配件（上海）有限公司	59	百事食品（中国）有限公司
24	海恩斯莫里斯（上海）商业有限公司	60	花旗银行（中国）有限公司
25	上海纳铁福传动系统有限公司	61	上海达美乐比萨有限公司
26	路威酩轩香水化妆品（上海）有限公司	62	上海微创软件股份有限公司
27	达丰（上海）电脑有限公司	63	上海必胜客有限公司
28	英域成语言培训（上海）有限公司	64	福维克家电有限公司
29	百度（中国）有限公司	65	安盛天平财产保险有限公司
30	奥特斯（中国）有限公司	66	香奈儿（中国）贸易有限公司
31	百家好（上海）时装有限公司	67	安莉芳（上海）有限公司
32	上海电气电站设备有限公司	68	上海蔚来汽车有限公司
33	强生（上海）医疗器材有限公司	69	上海林内有限公司
34	上海华虹宏力半导体制造有限公司	70	亿滋食品企业管理（上海）有限公司
35	资生堂（中国）投资有限公司	71	勃林格殷格翰（中国）投资有限公司
36	上海罗氏制药有限公司	72	上海宝尊电子商务有限公司

续表

序号	企业名称	序号	企业名称
73	上海天祥质量技术服务有限公司	87	历峰商业有限公司
74	上海理光数码设备有限公司	88	3M中国有限公司
75	花旗金融信息服务（中国）有限公司	89	上海微盟企业发展有限公司
76	特斯拉（上海）有限公司	90	巴斯夫（中国）有限公司
77	德迅（中国）货运代理有限公司	91	晟碟半导体（上海）有限公司
78	上海ABB工程有限公司	92	台积电（中国）有限公司
79	埃森哲（中国）有限公司	93	古驰（中国）贸易有限公司
80	上海安费诺永亿通讯电子有限公司	94	上海哔哩哔哩科技有限公司
81	美敦力（上海）管理有限公司	95	上海中通吉网络技术有限公司
82	上海诺基亚贝尔股份有限公司	96	环旭电子股份有限公司
83	富士通将军（上海）有限公司	97	雅培贸易（上海）有限公司
84	上海绿捷实业发展有限公司	98	百胜咨询（上海）有限公司
85	上海太太乐食品有限公司	99	上海吉田拉链有限公司
86	仲量联行测量师事务所（上海）有限公司	100	采埃孚汽车系统（上海）有限公司

注：上海市外商投资协会发布。

2020年上海品牌排行榜

序号	品牌标志	品牌名称	票数
1	中華	中华	3813
2	老凤祥 SINCE1848	老凤祥	3042
3	OPPLE 欧普照明	欧普	2580
4	Greenland 绿地控股	绿地	1676
5	恒源祥	恒源祥	1395

续表

序号	品牌标志	品牌名称	票 数
6	光明 乐在新鲜	光明	1140
7	中國東方航空 CHINA EASTERN	东方航空	1126
8	LUOLAI 罗莱家纺	罗莱	1101
9	圣象地板 power dekor	圣象家居	1054
10	SAIC 上汽集团 SAIC MOTOR	上汽 SAIC （上海汽车集团股份有限公司）	945
11	南极人 NanJiren	南极人	928
12	携程旅行	携程	904
13	BAOWU	宝武钢铁	902
14	保利®管道	保利	856
15	太平洋保险 CPIC	太平洋保险	646
16	交通银行 BANK OF COMMUNICATIONS	交行	566

续表

序号	品牌标志	品牌名称	票 数
17	杏花楼	杏花楼	545
18	首旅如家	首旅如家	462
19	索邦®管	索邦	442
20	水星家纺	水星	441
21	Meters/bonwe 美特斯邦威	美特斯·邦威	430
22	M&G晨光文具	晨光	395
23	Forever 上海永久	永久	375
24	Bejirog® 北极绒	北极绒	369
25	FLYCO飞科	飞科	358
26	佰草集 HERBORIST	佰草集	334
27	支付宝 ALIPAY	支付宝	300

续表

序号	品牌标志	品牌名称	票 数
28		复旦	297
29		凤凰	296
30		红双喜	295
31		飞雕	281
32		三枪	276
33		上海交大	275
34		自然堂	266
35		银联	259
36		回力	258
37		饿了么	252
38		上海电气	245

续表

序号	品牌标志	品牌名称	票 数
39		东方卫视	238
40		冠生园	226
41		浦发	199
42		中通	193
43		申通	193
44		德邦	192
45		圆通	192
46		大众点评	190
47		大白兔	186
48		奔腾	181
49		白猫	170

续表

序号	品牌标志	品牌名称	票 数
50		英雄	165
51		红星美凯龙	154
52		古今	145
53		百雀羚	143
54		六神	139
55		梅林	137
56		吉祥航空	135
57		马利画材	135
58		相宜本草	134
59		上海医药	134
60		前程无忧	131

注：MAIGOO 发布，上海长三角商贸研究院整理。

二、中国商贸资料

（一）商贸资料

2006—2020年中国进出口贸易额情况表

年份	进出口		出口		进口		顺逆差额（亿美元）
	总额(亿美元)	比上年（±%）	金额(亿美元)	比上年（±%）	金额(亿美元)	比上年（±%）	
2006	17606.9	23.8	9690.8	27.2	7916.1	19.9	1018.8
2007	21738.0	23.5	12180.0	25.7	9558.0	20.8	2622.0
2008	25616.3	17.8	14285.5	17.2	11330.8	18.5	2954.7
2009	22072.7	-13.9	12016.7	-16.0	10056.0	-11.2	1960.7
2010	29728.0	34.7	15779.0	31.3	13948.0	38.7	1831.0
2011	36420.6	22.5	18986.0	20.3	17434.6	24.9	1551.4
2012	38668.0	6.2	20489.0	7.9	18178.0	4.3	2311.0
2013	41600.0	7.6	22096.0	7.9	19504.0	7.3	2592.0
2014	43030.0	3.4	23427.0	6.0	19603.0	0.5	3824.0
2015	39569.0	-8.0	22749.5	-2.9	16819.5	-14.2	5930.0
2016	36849.3	-6.8	20974.4	-7.7	15874.8	-5.5	5099.6
2017	41044.7	11.4	22634.9	7.9	18409.8	15.9	4225.1
2018	46230.4	12.6	24874.0	9.9	21356.4	16.0	3517.6
2019	45753.0	-1.0	24984.1	0.5	20768.9	-2.8	4215.2
2020	46462.6	1.5	25906.5	3.6	20556.1	-1.1	5350.3

2001—2020年中国利用外资情况表

年份	总计		年份	总计	
	项目数（个）	实际利用额（亿美元）		项目数（个）	实际利用额（亿美元）
2001	26139	468.46	2002	34171	527.43
2003	48081	535.05	2004	43664	606.30

续表

年份	总计		年份	总计	
	项目数（个）	实际利用额（亿美元）		项目数（个）	实际利用额（亿美元）
2005	44011	603.25	2006	41473	630.21
2007	37872	747.00	2008	27514	923.95
2009	23435	900.30	2010	27406	1057.00
2011	27712	1160.10	2012	24925	1117.00
2013	22773	1175.86	2014	23778	1195.60
2015	26575	1263.00	2016	27900	1260.00
2017	35652	1310.40	2018	60533	1350.00
2019	40888	1381.00	2020	38570	1444.00

2020 年中国对外贸易往来前 5 位国别（地区）情况表

排序	国别（地区）	贸易额（亿美元）	比上年（±%）
1	东盟	6845.99	6.7
2	欧盟	6495.29	4.9
3	美国	5867.21	8.3
4	日本	3175.38	0.8
5	中国香港	2796.42	-3.0

2020 年中国对主要国家和地区货物进出口金额、增长速度及其比重表

国家和地区	出口			进口		
	金额（亿元）	比上年（±%）	占全部出口比重（±%）	金额（亿元）	比上年（±%）	占全部进口比重（±%）
东盟	26550	7.0	14.8	20807	6.9	14.6
欧盟	27084	7.2	15.1	17874	2.6	12.6
美国	31279	8.4	17.4	9319	10.1	6.6
日本	9883	0.1	5.5	12090	2.1	8.5
韩国	7787	1.8	4.3	11957	0.0	8.4
中国香港	18830	-2.2	10.5	482	-22.9	0.3
中国台湾	4163	9.5	2.3	13873	16.2	9.8
巴西	2417	-1.5	1.3	5834	5.8	4.1
俄罗斯	3506	2.1	2.0	3960	-6.1	2.8
印度	4613	-10.5	2.6	1445	16.7	1.0
南非	1055	-7.5	0.6	1422	-20.4	1.0

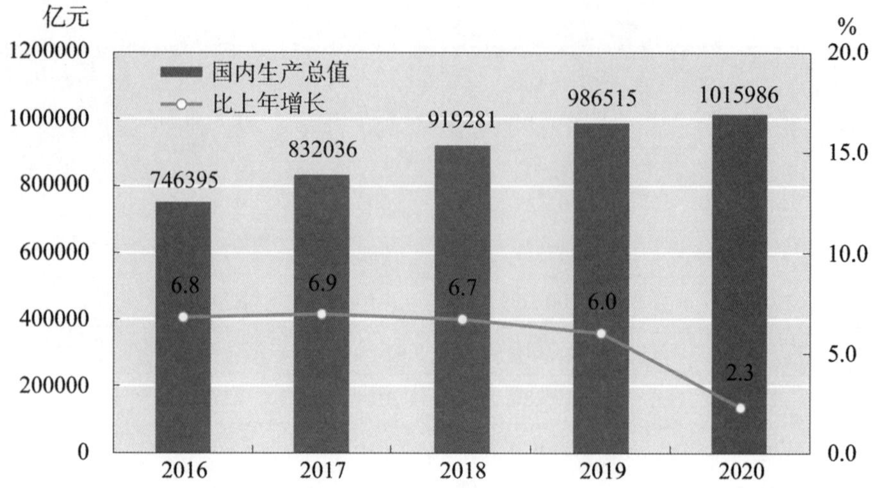

2016—2020 年国内生产总值及其增长速度图

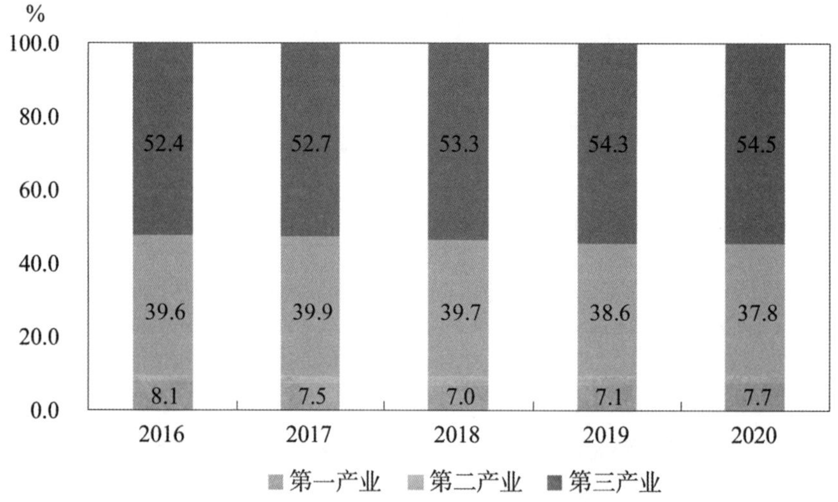

2016—2020 年三产产业增加值占国内生产总值比重图

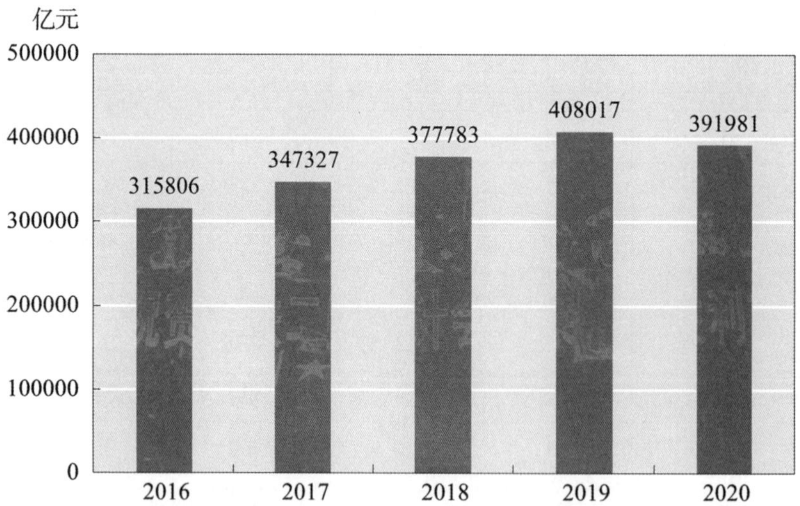

2016—2020 年全国社会消费品零售总额图

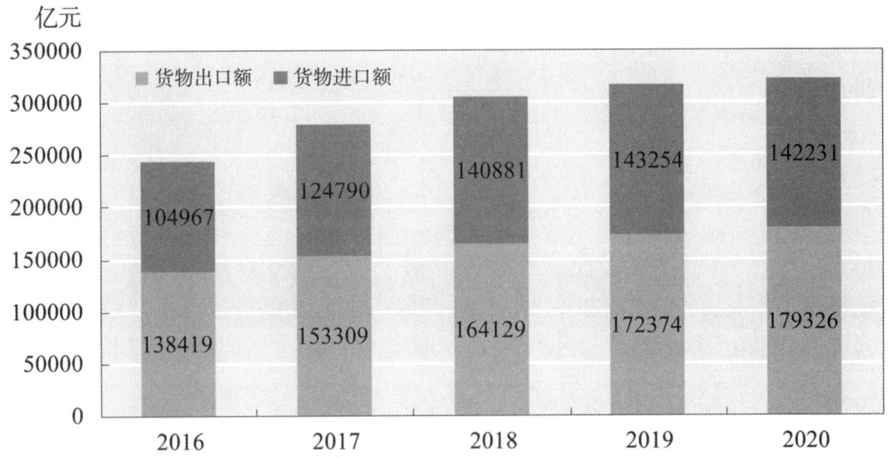

2016—2020 年全国货物进出口总额图

2020 年全国货物进出口总额及其增长速度表

指标	金额（亿元）	比上年增长（%）
货物进出口总额	321557	1.9
货物出口额	179326	4.0
其中：一般贸易	106460	6.9
加工贸易	48589	-4.2
其中：机电产品	106608	6.0
高新技术产品	53692	6.5
货物进口额	142231	-0.7
其中：一般贸易	86048	-0.7
加工贸易	27853	-3.2
其中：机电产品	65625	4.8
高新技术产品	47160	7.2
货物进出口顺差	37096	—

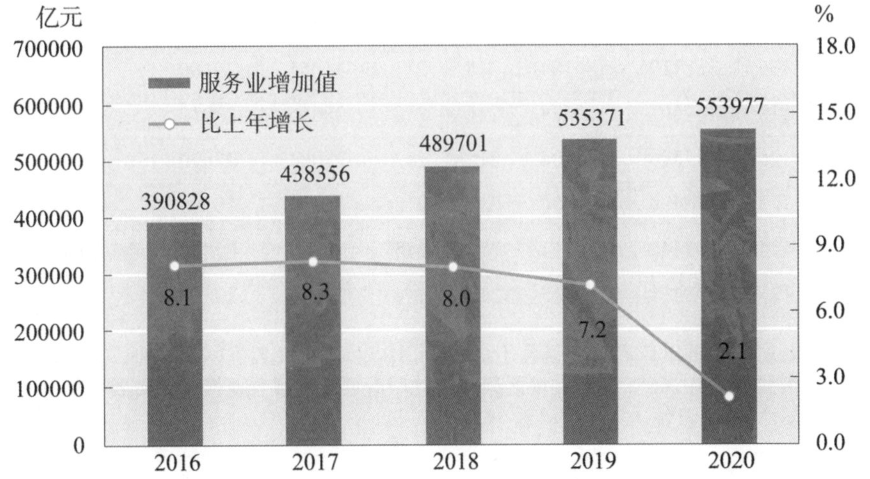

2016—2020 年国内服务业增加值及其增长速度图

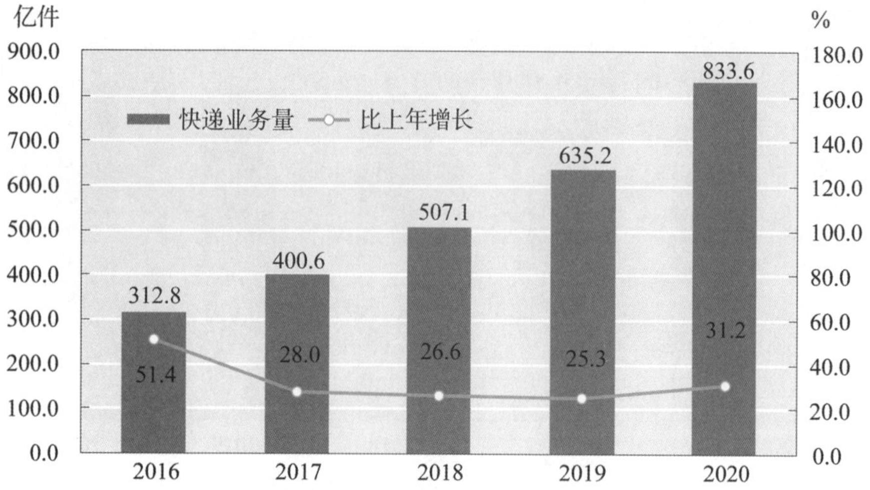

2016—2020 年国内快递业务量及其增长速度图

2004—2020 年中国出口商品交易会一览表

年份	届次		到会客商（人）		来自国别和地区（个）		成交额（百万美元）		全年成交额（百万美元）	比上年（±%）
	春季	秋季	春季	秋季	春季	秋季	春季	秋季		
2004	96	96	159717	167926	203	203	24510	27200	51710	107.59
2005	97	98	195464	177000	210	210	29230	29430	56935	10.10
2006	99	100	190011	192691	210	212	32220	34060	66280	16.41
2007	101	102	206749	189500	211	213	36390	37450	73840	11.41
2008	103	104	192013	174562	210	213	38230	31550	75680	2.49
2009	105	106	165436	188170	209	212	26230	34070	60300	-20.32
2010	107	108	203996	200612	212	208	34300	34833	69133	14.65
2011	109	110	207103	209175	209	210	36860	37900	74760	8.14
2012	111	112	210000	188145	213	211	36030	32680	68710	-8.09
2013	113	114	202766	189646	211	212	35540	31690	67230	-2.15
2014	115	116	188119	186104	214	211	31051	29160	60211	-10.44
2015	117	118	184801	177544	216	213	28056	27010	55066	-8.50
2016	119	120	185596	185704	210	213	28084	27890	55974	1.65
2017	121	122	196490	191950	213	213	30020	30160	60180	7.51
2018	123	124	203346	189812	214	215	30080	29860	59940	-0.40
2019	125	126	195454	186015	213	214	29730	29288	59018	-0.02
2020	第 128 届中国进出口商品交易会于 2020 年 10 月 15—24 日在网上举办，近 2.6 万家境内外企业参加，来自 266 个国家和地区采购商注册观展。参展企业累计上传展品超过 247 万件，比上届增加 35 万件。累计访问量 5117 万人次。									

2020 年中国企业 500 强

名次	公司名称	营业收入（万元）
1	中国石油化工集团有限公司	281179985
2	国家电网有限公司	265219573
3	中国石油天然气集团有限公司	261920198
4	中国建筑股份有限公司	141983659
5	中国工商银行股份有限公司	130243300
6	中国平安保险（集团）股份有限公司	116886700
7	中国建设银行股份有限公司	106879800
8	中国农业银行股份有限公司	101770500
9	中国银行股份有限公司	93244400
10	中国人寿保险（集团）公司	90669060
11	华为投资控股有限公司	85883300
12	中国铁路工程集团有限公司	85197793
13	上海汽车集团股份有限公司	84332437
14	中国铁道建筑集团有限公司	83110141
15	中国海洋石油集团有限公司	75085732
16	中国移动通信集团有限公司	74975548
17	太平洋建设集团有限公司	67382504
18	苏宁控股集团	66525890
19	中国交通建设集团有限公司	65696723
20	中国华润有限公司	65462930
21	中国第一汽车集团有限公司	61773377
22	中国邮政集团有限公司	61724771
23	正威国际集团有限公司	61389924
24	中国五矿集团有限公司	61041300
25	东风汽车集团有限公司	58064514
26	北京京东世纪贸易有限公司	57688848
27	中国南方电网有限责任公司	56634191
28	恒力集团有限公司	55673993
29	国家能源投资集团有限责任公司	55611631
30	中国人民保险集团股份有限公司	55551500
31	中国中化集团有限公司	55527470
32	中国宝武钢铁集团有限公司	55220616
33	中国中信集团有限公司	51893114
34	阿里巴巴集团控股有限公司	50971100
35	北京汽车集团有限公司	50123000
36	中粮集团有限公司	49843634

续表

名次	公司名称	营业收入（万元）
37	中国医药集团有限公司	48835454
38	碧桂园控股有限公司	48590800
39	恒大集团有限公司	47756100
40	中国兵器工业集团有限公司	47471017
41	中国电力建设集团有限公司	46543026
42	中国电信集团有限公司	46539040
43	交通银行股份有限公司	45988600
44	中国航空工业集团有限公司	45532992
45	中国化工集团有限公司	45434692
46	绿地控股集团股份有限公司	42782271
47	中国建材集团有限公司	39810386
48	招商银行股份有限公司	39716100
49	中国保利集团公司	39479996
50	联想控股股份有限公司	38921826
51	中国太平洋保险（集团）股份有限公司	38548878
52	腾讯控股有限公司	37728900
53	国美控股集团有限公司	37170057
54	广州汽车工业集团有限公司	37072213
55	万科企业股份有限公司	36789388
56	物产中大集团股份有限公司	35892248
57	山东能源集团有限公司	35849683
58	中国铝业集团有限公司	35681711
59	河钢集团有限公司	35471499
60	上海浦东发展银行股份有限公司	35468100
61	兴业银行股份有限公司	35195200
62	厦门建发集团有限公司	33969015
63	招商局集团有限公司	33938447
64	民生银行股份有限公司	33795100
65	浙江吉利控股集团有限公司	33081765
66	中国光大集团有限公司	32440000
67	中国远洋海运集团有限公司	30849725
68	陕西延长石油（集团）有限责任公司	30767419
69	中国华能集团有限公司	30619144
70	陕西煤业化工集团有限责任公司	30257504
71	中国机械工业集团有限公司	29790741

续表

名次	公司名称	营业收入（万元）
72	厦门国贸控股集团有限公司	29561335
73	中国联合网络通信集团有限公司	29196433
74	海尔集团公司	29001580
75	兖矿集团有限公司	28548036
76	雪松控股集团有限公司	28515808
77	厦门象屿集团有限公司	28418162
78	中南控股集团有限公司	28214000
79	中国航空油料集团有限公司	27970383
80	美的集团股份有限公司	27938050
81	山东魏桥创业集团有限公司	27928123
82	国家电力投资集团有限公司	27223992
83	潍柴控股集团有限公司	26459705
84	青山控股集团有限公司	26260199
85	中国航天科工集团有限公司	25978759
86	江西铜业集团有限公司	25547222
87	江苏沙钢集团有限公司	25207752
88	中国航天科技集团有限公司	25014549
89	中国能源建设集团有限公司	24946765
90	阳光龙净集团有限公司	24807843
91	中国中车集团有限公司	23975206
92	安徽海螺集团有限责任公司	23430999
93	金川集团股份有限公司	23367452
94	中国华电集团有限公司	23356339
95	中国电子科技集团公司	22762256
96	中国电子信息产业集团有限公司	22415918
97	中国太平保险控股有限公司	22046226
98	鞍钢集团有限公司	21739994
99	浙江恒逸集团有限公司	21516382
100	冀中能源集团有限责任公司	21185546
101	小米集团	20583868
102	浙江荣盛控股集团有限公司	20563698
103	上海建工集团股份有限公司	20549671
104	泰康保险集团股份有限公司	20381406
105	首钢集团有限公司	20223504
106	中国兵器装备集团有限公司	20078000

续表

名次	公司名称	营业收入（万元）
107	珠海格力电器股份有限公司	20050833
108	深圳市投资控股有限公司	19933980
109	新疆广汇实业投资（集团）有限责任公司	19834749
110	华夏人寿保险股份有限公司	19685057
111	盛虹控股集团有限公司	19253573
112	铜陵有色金属集团控股有限公司	19218894
113	山东钢铁集团有限公司	19174169
114	重庆市金科投资控股（集团）有限责任公司	19066570
115	大同煤矿集团有限责任公司	19037324
116	中国大唐集团有限公司	18973335
117	海亮集团有限公司	18797284
118	上海医药集团股份有限公司	18656579
119	中国通用技术（集团）控股有限责任公司	18348000
120	华晨汽车集团控股有限公司	18112951
121	山西焦煤集团有限责任公司	18085544
122	河南能源化工集团有限公司	18074255
123	山西潞安矿业（集团）有限责任公司	18015594
124	广西投资集团有限公司	18003288
125	中国核工业集团有限公司	17944624
126	中国中煤能源集团有限公司	17855880
127	阳泉煤业（集团）有限责任公司	17610166
128	山西晋城无烟煤矿业集团有限责任公司	17537532
129	东浩兰生（集团）有限公司	17492306
130	新华人寿保险股份有限公司	17456600
131	融创中国控股有限公司	16932000
132	万洲国际有限公司	16600941
133	中国平煤神马能源化工集团有限责任公司	16434124
134	新希望集团有限公司	16188706
135	光明食品（集团）有限公司	15551918
136	中国南方航空集团有限公司	15500239
137	北京建龙重工集团有限公司	15201729
138	龙湖集团控股有限公司	15102643
139	浙江省交通投资集团有限公司	15047209
140	南通三建控股有限公司	14979608
141	华夏银行股份有限公司	14861004

续表

名次	公司名称	营业收入（万元）
142	复星国际有限公司	14298213
143	北京首农食品集团有限公司	14220307
144	国家开发投资集团有限公司	14194552
145	上海电气（集团）总公司	14172695
146	中国国际航空股份有限公司	14023988
147	天能控股集团有限公司	14013209
148	南京钢铁集团有限公司	13731673
149	陕西有色金属控股集团有限责任公司	13713247
150	四川长虹电子控股集团有限公司	13663500
151	紫金矿业集团股份有限公司	13609798
152	杭州市实业投资集团有限公司	13343296
153	中国东方航空集团有限公司	13340695
154	湖南华菱钢铁集团有限责任公司	13309331
155	广州医药集团有限公司	13305081
156	云南省建设投资控股集团有限公司	13280413
157	中国有色矿业集团有限公司	13151977
158	华侨城集团有限公司	13098215
159	万向集团公司	13050755
160	冀南钢铁集团有限公司	13014264
161	中天钢铁集团有限公司	13001465
162	北京电子控股有限责任公司	12906481
163	中国供销集团有限公司	12890195
164	云南省投资控股集团有限公司	12833226
165	比亚迪股份有限公司	12773852
166	敬业集团有限公司	12740208
167	TCL 集团股份有限公司	12732811
168	海信集团有限公司	12686273
169	东岭集团股份有限公司	12602834
170	北京银行股份有限公司	12564900
171	超威电源集团有限公司	12490654
172	甘肃省公路航空旅游投资集团有限公司	12374797
173	黑龙江北大荒农垦集团总公司	12335636
174	海澜集团有限公司	12322537
175	中国国际技术智力合作集团有限公司	12294331
176	上海钢联电子商务股份有限公司	12257175

续表

名次	公司名称	营业收入（万元）
177	北京城建集团有限责任公司	12100368
178	无锡产业发展集团有限公司	11922803
179	浙江省兴合集团有限责任公司	11913833
180	北京金隅集团股份有限公司	11822190
181	陕西建工控股集团有限公司	11779239
182	河北津西钢铁集团股份有限公司	11777360
183	中国重型汽车集团有限公司	11585399
184	四川省铁路产业投资集团有限责任公司	11526894
185	广西建工集团有限责任公司	11301827
186	山东东明石化集团有限公司	11266029
187	中国华融资产管理股份有限公司	11265651
188	浪潮集团有限公司	11234474
189	云南省能源投资集团有限公司	11231307
190	顺丰控股股份有限公司	11219339
191	西安迈科金属国际集团有限公司	11218875
192	浙江省能源集团有限公司	11180545
193	雅戈尔集团股份有限公司	11161447
194	南山集团有限公司	11117000
195	中国化学工程集团有限公司	11045295
196	中国广核集团有限公司	10985062
197	中国黄金集团有限公司	10965138
198	江阴澄星实业集团有限公司	10852300
199	四川省宜宾五粮液集团有限公司	10802584
200	亨通集团有限公司	10791270
201	杭州钢铁集团有限公司	10670187
202	上海均和集团有限公司	10604753
203	中天控股集团有限公司	10603657
204	晋能集团有限公司	10580540
205	新华联集团有限公司	10559512
206	华夏幸福基业股份有限公司	10520954
207	广州市建筑集团有限公司	10509851
208	广东鼎龙实业集团有限公司	10408353
209	酒泉钢铁（集团）有限责任公司	10358036
210	东方国际（集团）有限公司	10320481
211	湖南建工集团有限公司	10248028

续表

名次	公司名称	营业收入（万元）
212	阳光保险集团股份有限公司	10161977
213	协鑫集团有限公司	10137109
214	广西柳州钢铁集团有限公司	10136167
215	北京外企服务集团有限责任公司	10080905
216	北京控股集团有限公司	10071001
217	辽宁方大集团实业有限公司	10026764
218	九州通医药集团股份有限公司	9949708
219	日照钢铁控股集团有限公司	9840773
220	上海银行股份有限公司	9809078
221	河北新华联合冶金控股集团有限公司	9760506
222	美团点评	9752853
223	卓尔控股有限公司	9683865
224	长城汽车股份有限公司	9621069
225	中国信达资产管理股份有限公司	9614700
226	弘阳集团有限公司	9586110
227	北京建工集团有限责任公司	9566794
228	万达控股集团有限公司	9532554
229	江铃汽车集团有限公司	9521848
230	前海人寿保险股份有限公司	9413791
231	新奥控股投资股份有限公司	9281437
232	传化集团有限公司	9268111
233	宁波金田投资控股有限公司	9255700
234	江苏悦达集团有限公司	9156183
235	利华益集团股份有限公司	9101527
236	中兴通讯股份有限公司	9073658
237	扬子江药业集团	9018503
238	内蒙古伊利实业集团股份有限公司	9000913
239	贵州茅台酒股份有限公司	8885434
240	正邦集团有限公司	8804695
241	徐州工程机械集团有限公司	8781398
242	包头钢铁（集团）有限责任公司	8772675
243	三一集团有限公司	8757632
244	神州数码集团股份有限公司	8680338
245	唯品会（中国）有限公司	8675323
246	晨鸣控股有限公司	8627570

续表

名次	公司名称	营业收入（万元）
247	中国国际海运集装箱（集团）股份有限公司	8581534
248	永辉超市股份有限公司	8487696
249	山东高速集团有限公司	8479337
250	荣盛控股股份有限公司	8392993
251	开滦（集团）有限责任公司	8293945
252	杭州锦江集团有限公司	8284830
253	内蒙古电力（集团）有限责任公司	8273048
254	通威集团有限公司	8122176
255	龙光交通集团有限公司	8066445
256	正泰集团股份有限公司	8054552
257	太原钢铁（集团）有限公司	7971453
258	天津荣程祥泰投资控股集团有限公司	7933072
259	珠海华发集团有限公司	7926925
260	桐昆控股集团有限公司	7918943
261	重庆市迪马实业股份有限公司	7890422
262	河北普阳钢铁有限公司	7862351
263	百度网络技术有限公司	7809300
264	重庆华宇集团有限公司	7776600
265	富德生命人寿保险股份有限公司	7758236
266	广厦控股集团有限公司	7739853
267	北京首都旅游集团有限责任公司	7735790
268	陕西投资集团有限公司	7735323
269	山东黄金集团有限公司	7681256
270	上海永达控股（集团）有限公司	7638744
271	云南锡业集团（控股）有限责任公司	7607220
272	奇瑞控股集团有限公司	7593097
273	浙江省建设投资集团有限公司	7564948
274	南通四建集团有限公司	7506970
275	华泰集团有限公司	7498149
276	陕西汽车控股集团有限公司	7401977
277	金鼎钢铁集团有限公司	7390266
278	奥克斯集团有限公司	7353051
279	温氏食品集团股份有限公司	7312041
280	三房巷集团有限公司	7300384
281	江苏南通二建集团有限公司	7215104

续表

名次	公司名称	营业收入（万元）
282	红豆集团有限公司	7205495
283	中基宁波集团股份有限公司	7148984
284	广西北部湾国际港务集团有限公司	7068778
285	盘锦北方沥青燃料有限公司	6934402
286	云天化集团有限责任公司	6929013
287	永锋集团有限公司	6918852
288	洛阳栾川钼业集团股份有限公司	6867656
289	万华化学集团股份有限公司	6805066
290	远大物产集团有限公司	6774851
291	广州工业投资控股集团有限公司	6719103
292	广东省广新控股集团有限公司	6718228
293	双胞胎（集团）股份有限公司	6666497
294	甘肃省建设投资（控股）集团总公司	6665015
295	江苏新长江实业集团有限公司	6652468
296	山东海科控股有限公司	6600025
297	山东招金集团有限公司	6570833
298	中国铁路物资集团有限公司	6517881
299	青建集团	6515076
300	新余钢铁集团有限公司	6513139
301	四川华西集团有限公司	6494563
302	淮北矿业（集团）有限责任公司	6449170
303	百联集团有限公司	6426771
304	浙江省国际贸易集团有限公司	6392986
305	昆明钢铁控股有限公司	6390323
306	贵州磷化（集团）有限责任公司	6353026
307	北京能源集团有限责任公司	6331733
308	成都兴城投资集团有限公司	6327914
309	山西建设投资集团有限公司	6319738
310	蓝润集团有限公司	6319460
311	山东如意时尚投资控股有限公司	6318159
312	武安市裕华钢铁有限公司	6262548
313	立讯精密工业股份有限公司	6251631
314	中天科技集团有限公司	6203496
315	白银有色集团股份有限公司	6170028
316	宁波均胜电子股份有限公司	6169890

续表

名次	公司名称	营业收入（万元）
317	本钢集团有限公司	6128637
318	江苏国泰国际集团股份有限公司	6122367
319	河北新武安钢铁集团文安钢铁有限公司	6086560
320	山东京博控股集团有限公司	6080974
321	深圳海王集团股份有限公司	6077614
322	四川省川威集团有限公司	6052034
323	旭阳控股有限公司	6051902
324	江苏省苏中建设集团股份有限公司	6038927
325	广东省广晟资产经营有限公司	6034546
326	国能领航城市建设投资有限公司	6034447
327	德力西集团有限公司	5985488
328	网易公司	5924100
329	宁夏天元锰业集团有限公司	5911277
330	河北省物流产业集团有限公司	5902302
331	内蒙古伊泰集团有限公司	5881302
332	广东省建筑工程集团有限公司	5880155
333	辽宁嘉晨控股集团有限公司	5862135
334	广州越秀集团股份有限公司	5860136
335	渤海银行股份有限公司	5806765
336	上海城建（集团）公司	5803079
337	福建大东海实业集团有限公司	5733625
338	上海中梁企业发展有限公司	5695985
339	山西煤炭进出口集团有限公司	5678173
340	四川省交通投资集团有限责任公司	5678085
341	福建省三钢（集团）有限责任公司	5672576
342	北京首都开发控股（集团）有限公司	5666596
343	晶科能源有限公司	5646956
344	重庆化医控股（集团）公司	5626144
345	深圳市爱施德股份有限公司	5596932
346	上海华谊（集团）公司	5509381
347	中国信息通信科技集团有限公司	5419931
348	稻花香集团	5387861
349	浙江前程投资股份有限公司	5344503
350	上海新增鼎资产管理有限公司	5344028
351	重庆建工投资控股有限责任公司	5276158

续表

名次	公司名称	营业收入（万元）
352	山东太阳控股集团有限公司	5242491
353	新疆特变电工集团有限公司	5211512
354	振烨国际产业控股集团（深圳）有限公司	5204195
355	欧菲光集团股份有限公司	5197412
356	红狮控股集团有限公司	5184828
357	融信（福建）投资集团有限公司	5164651
358	安徽建工集团控股有限公司	5142773
359	唐山港陆钢铁有限公司	5138907
360	天元建设集团有限公司	5137474
361	广州智能装备产业集团有限公司	5110062
362	重庆市能源投资集团有限公司	5109427
363	四川省能源投资集团有限责任公司	5109138
364	湖南博长控股集团有限公司	5103093
365	浙江富冶集团有限公司	5096054
366	泸州老窖集团有限责任公司	5070958
367	杉杉控股有限公司	5055360
368	恒申控股集团有限公司	5044661
369	隆鑫控股有限公司	5023542
370	福建永荣控股集团有限公司	5013949
371	河北新金钢铁有限公司	4992596
372	盛京银行股份有限公司	4987128
373	广东省能源集团有限公司	4969129
374	老凤祥股份有限公司	4962866
375	威高集团有限公司	4959070
376	广东省交通集团有限公司	4911233
377	江苏南通六建建设集团有限公司	4894195
378	中华联合保险集团股份有限公司	4887421
379	福建省能源集团有限责任公司	4881451
380	申能（集团）有限公司	4880455
381	奥园集团有限公司	4867451
382	恒信汽车集团股份有限公司	4854190
383	重庆农村商业银行股份有限公司	4852677
384	安徽江淮汽车集团控股有限公司	4823417
385	福建省福化工贸股份有限公司	4815224
386	新凤祥控股集团有限责任公司	4814084

续表

名次	公司名称	营业收入（万元）
387	武汉金融控股（集团）有限公司	4812354
388	广西交通投资集团有限公司	4803763
389	玖龙环球（中国）投资集团有限公司	4769779
390	广东海大集团股份有限公司	4761258
391	北京首都创业集团有限公司	4745880
392	安阳钢铁集团有限责任公司	4706800
393	山河控股集团有限公司	4701721
394	金澳科技（湖北）化工有限公司	4691566
395	福佳集团有限公司	4669130
396	大汉控股集团有限公司	4632228
397	天瑞集团股份有限公司	4618932
398	东华能源股份有限公司	4618762
399	广西北部湾投资集团有限公司	4616343
400	中科电力装备集团有限公司	4615060
401	江西省建工集团有限责任公司	4593668
402	华西集团有限公司	4584425
403	四川德胜集团钒钛有限公司	4571390
404	太极集团有限公司	4551692
405	人民电器集团有限公司	4538646
406	江苏扬子江船业集团	4525138
407	山东金诚石化集团有限公司	4513001
408	富通集团有限公司	4508115
409	通鼎集团有限公司	4502855
410	广州轻工工贸集团有限公司	4490918
411	天津友发钢管集团股份有限公司	4474922
412	河南豫光金铅集团有限责任公司	4466548
413	华勤橡胶工业集团有限公司	4464823
414	重庆机电控股（集团）公司	4459503
415	淮河能源控股集团有限责任公司	4447049
416	金浦投资控股集团有限公司	4392681
417	三河汇福粮油集团有限公司	4353945
418	中国大地财产保险股份有限公司	4331959
419	中联重科股份有限公司	4330739
420	山东泰山钢铁集团有限公司	4320816
421	兴华财富集团有限公司	4315838

续表

名次	公司名称	营业收入（万元）
422	浙江中成控股集团有限公司	4314472
423	山东九羊集团有限公司	4305631
424	物美科技集团有限公司	4297699
425	山东创新金属科技有限公司	4280725
426	汇通达网络股份有限公司	4278661
427	南昌市政公用投资控股有限责任公司	4267800
428	山东中矿集团有限公司	4262888
429	深圳金雅福控股集团有限公司	4262228
430	山东渤海实业股份有限公司	4261012
431	河北建工集团有限责任公司	4255986
432	重庆中昂投资集团有限公司	4254075
433	名创优品（广州）有限责任公司	4253261
434	天津泰达投资控股有限公司	4246755
435	石横特钢集团有限公司	4245040
436	山东汇丰石化集团有限公司	4244302
437	福建省电子信息（集团）有限责任公司	4218884
438	郑州宇通企业集团	4205999
439	龙信建设集团有限公司	4204687
440	山东省商业集团有限公司	4203381
441	广东省广物控股集团有限公司	4178447
442	通州建总集团有限公司	4165058
443	步步高投资集团股份有限公司	4152575
444	山东金岭集团有限公司	4152181
445	广州国资发展控股有限公司	4148991
446	四川科伦实业集团有限公司	4141754
447	河北建设集团股份有限公司	4107703
448	广州农村商业银行股份有限公司	4099293
449	沂州集团有限公司	4098971
450	广西玉柴机器集团有限公司	4098772
451	江苏中利控股集团有限公司	4081275
452	缘泰石油有限公司	4075136
453	重庆小康控股有限公司	4052024
454	贵州盘江煤电集团有限责任公司	4032736
455	宁波富邦控股集团有限公司	4013602
456	山东科达集团有限公司	4010299

续表

名次	公司名称	营业收入（万元）
457	山东恒源石油化工股份有限公司	3991005
458	法尔胜泓昇集团有限公司	3980661
459	陕西龙记泰信房地产开发有限公司	3979102
460	双良集团有限公司	3960225
461	森马集团有限公司	3951139
462	四川省商业投资集团有限公司	3942810
463	齐鲁交通发展集团有限公司	3939196
464	西部矿业集团有限公司	3921928
465	宜昌兴发集团有限责任公司	3915361
466	江苏华宏实业集团有限公司	3895140
467	江苏阳光集团有限公司	3882343
468	维维集团股份有限公司	3868037
469	卧龙控股集团有限公司	3851776
470	新疆天业（集团）有限公司	3850625
471	徐州矿务集团有限公司	3832603
472	上海农村商业银行股份有限公司	3831115
473	远东控股集团有限公司	3829169
474	北京江南投资集团有限公司	3825654
475	新疆金风科技股份有限公司	3824455
476	云南省城市建设投资集团有限公司	3803841
477	舜宇集团有限公司	3784870
478	浙江龙盛控股有限公司	3767260
479	厦门路桥工程物资有限公司	3759382
480	富海集团有限公司	3758793
481	安徽省皖北煤电集团有限责任公司	3735822
482	盛屯矿业集团股份有限公司	3731426
483	浙江宝业建设集团有限公司	3724316
484	山东清源集团有限公司	3722540
485	宏旺投资集团有限公司	3721063
486	北京金融街投资（集团）有限公司	3698782
487	重庆千信集团有限公司	3695145
488	远景能源有限公司	3693470
489	澳洋集团有限公司	3691685
490	武汉商联（集团）股份有限公司	3689073
491	重庆轻纺控股（集团）公司	3683239

续表

名次	公司名称	营业收入（万元）
492	山东齐成石油化工有限公司	3680344
493	深圳市中农网有限公司	3656789
494	万基控股集团有限公司	3649897
495	石药控股集团有限公司	3645631
496	中铁集装箱运输有限责任公司	3642514
497	建业控股有限公司	3626989
498	上海国际港务（集团）股份有限公司	3610163
499	广西盛隆冶金有限公司	3603360
500	天津银行股份有限公司	3596109

注：中国企业联合会、中国企业家协会发布。

2020年中国民营企业500强

排行	企业名称	省份	所属行业	营业收入（万元）
1	华为投资控股有限公司	广东省	计算机、通信和其他电子设备制造业	85883300
2	苏宁控股集团	江苏省	零售业	6652589
3	正威国际集团有限公司	广东省	有色金属冶炼和压延加工业	61389924
4	恒力集团有限公司	江苏省	化学原料和化学制品制造业	55673993
5	碧桂园控股有限公司	广东省	房地产业	48590800
6	恒大集团有限公司	广东省	房地产业	47756100
7	联想控股股份有限公司	北京市	计算机、通信和其他电子设备制造业	38921826
8	国美控股集团有限公司	北京市	零售业	37170058
9	万科企业股份有限公司	广东省	房地产业	36789388
10	浙江吉利控股集团有限公司	浙江省	汽车制造业	33081765
11	中南控股集团有限公司	江苏省	房地产业	28214000
12	美的集团股份有限公司	广东省	电气机械和器材制造业	27938050
13	山东魏桥创业集团有限公司	山东省	有色金属冶炼和压延加工业	27928123
14	青山控股集团有限公司	浙江省	黑色金属冶炼和压延加工业	26260199
15	江苏沙钢集团有限公司	江苏省	黑色金属冶炼和压延加工业	25208475
16	阳光龙净集团有限公司	福建省	综合	24807843
17	浙江恒逸集团有限公司	浙江省	化学纤维制造业	21516382
18	小米通讯技术有限公司	北京市	计算机、通信和其他电子设备制造业	20583868
19	浙江荣盛控股集团有限公司	浙江省	化学原料和化学制品制造业	20563698
20	秦康保险集团股份有限公司	北京市	保险业	20381406

续表

排行	企业名称	省份	所属行业	营业收入（万元）
21	新疆广汇实业投资（集团）有限责任公司	新疆维吾尔自治区	零售业	19834749
22	盛虹控股集团有限公司	江苏省	纺织业	19253573
23	重庆市金科投资控股（集团）有限责任公司	重庆市	房地产业	19066570
24	海亮集团有限公司	浙江省	有色金属冶炼和压延加工业	18797284
25	多弗国际控股集团有限公司	浙江省	综合	17533783
26	新奥集团股份有限公司	河北省	燃气生产和供应业	16450000
27	新希望集团有限公司	四川省	农业	16188706
28	大连万达集团股份有限公司	辽宁省	综合	16188267
29	北京建龙重工集团有限公司	北京市	黑色金属冶炼和压延加工业	15201729
30	龙湖集团控股有限公司	重庆市	房地产业	15102643
31	南通三建控股有限公司	江苏省	房屋建筑业	14979608
32	复星国际有限公司	上海市	综合	14298213
33	天能控股集团有限公司	浙江省	电气机械和器材制造业	14013209
34	TCL（集团）	广东省	计算机、通信和其他电子设备制造业	13733897
35	万向集团公司	浙江省	汽车制造业	13050755
36	中天钢铁集团有限公司	江苏省	黑色金属冶炼和压延加工业	13001465
37	比亚迪股份有限公司	广东省	汽车制造业	12773852
38	敬业集团有限公司	河北省	黑色金属冶炼和压延加工业	12740209
39	东岭集团股份有限公司	陕西省	批发业	12602834
40	超威集团	浙江省	电气机械和器材制造业	12490654
41	海澜集团有限公司	江苏省	纺织服装、服饰业	12322537
42	东方希望集团有限公司	上海市	有色金属冶炼和压延加工业	11932639
43	河北津西钢铁集团股份有限公司	河北省	黑色金属冶炼和压延加工业	11777360
44	山东东明石化集团有限公司	山东省	石油、煤炭及其他燃料加工业	11266029
45	顺丰控股股份有限公司	广东省	邮政业	11219340
46	西安迈科金属国际集团有限公司	陕西省	商务服务业	11218875
47	雅戈尔集团股份有限公司	浙江省	纺织服装、服饰业	11161447
48	江阴澄星实业集团有限公司	江苏省	化学原料和化学制品制造业	10853133
49	亨通集团有限公司	江苏省	计算机、通信和其他电子设备制造业	10791270
50	百度公司	北京市	互联网和相关服务	10741300
51	上海均和集团有限公司	上海市	综合	10604753
52	中天控股集团有限公司	浙江省	房屋建筑业	10603657

续表

排行	企业名称	省份	所属行业	营业收入（万元）
53	华夏幸福基业股份有限公司	河北省	房地产业	10520954
54	广东鼎龙实业集团有限公司	广东省	商务服务业	10408353
55	阳光保险集团股份有限公司	广东省	保险业	10161977
56	协鑫集团有限公司	江苏省	电气机械和器材制造业	10137109
57	中升（大连）集团有限公司	辽宁省	零售业	10091383
58	九州通医药集团股份有限公司	湖北省	批发业	9949708
59	日照钢铁控股集团有限公司	山东省	黑色金属冶炼和压延加工业	9840773
60	河北新华联合冶金控股集团有限公司	河北省	黑色金属冶炼和压延加工业	9760506
61	北京三快在线科技有限公司	北京市	互联网和相关服务	9752853
62	卓尔控股有限公司	湖北省	综合	9683865
63	长城汽车股份有限公司	河北省	汽车制造业	9621069
64	弘阳集团有限公司	江苏省	综合	9586111
65	万达控股集团有限公司	山东省	石油、煤炭及其他燃料加工业	9532554
66	传化集团有限公司	浙江省	其他服务业	9268111
67	宁波金田投资控股有限公司	浙江省	有色金属冶炼和压延加工业	9255700
68	利华益集团股份有限公司	山东省	石油、煤炭及其他燃料加工业	9101527
69	广州富力地产股份有限公司	广东省	房地产业	9081397
70	内蒙古伊利实业集团股份有限公司	内蒙古自治区	食品制造业	9022308
71	扬子江药业集团有限公司	江苏省	医药制造业	9018503
72	正邦集团有限公司	江西省	农业	8804695
73	三一集团有限公司	湖南省	专用设备制造业	8757632
74	神州数码集团股份有限公司	广东省	批发业	8680338
75	唯品会（中国）有限公司	广东省	零售业	8675323
76	融侨集团股份有限公司	福建省	房地产业	8650762
77	永辉超市股份有限公司	福建省	零售业	8487696
78	荣盛控股股份有限公司	河北省	房地产业	8392993
79	杭州锦江集团有限公司	浙江省	有色金属冶炼和压延加工业	8284830
80	通威集团有限公司	四川省	农副食品加工业	8122176
81	东方集团有限公司	黑龙江省	综合	8099648
82	龙光集团	广东省	房地产业	8066445
83	正泰集团股份有限公司	浙江省	电气机械和器材制造业	8054552
84	天津荣程祥泰投资控股集团有限公司	天津市	黑色金属冶炼和压延加工业	7933072
85	桐昆控股集团有限公司	浙江省	化学纤维制造业	7918943

续表

排行	企业名称	省份	所属行业	营业收入（万元）
86	河北普阳钢铁有限公司	河北省	黑色金属冶炼和压延加工业	7862351
87	江西方大钢铁集团有限公司	江西省	黑色金属冶炼和压延加工业	7840230
88	蓝思科技集团	湖南省	计算机、通信和其他电子设备制造业	7786080
89	重庆华宇集团有限公司	重庆市	房地产业	7776600
90	广厦控股集团有限公司	浙江省	房屋建筑业	7739853
91	上海永达控股（集团）有限公司	上海市	综合	7638745
92	隆基泰和集团有限公司	河北省	综合	7622898
93	江苏永钢集团有限公司	江苏省	黑色金属冶炼和压延加工业	7519049
94	南通四建集团有限公司	江苏省	房屋建筑业	7506970
95	华泰集团有限公司	山东省	造纸和纸制品业	7498149
96	金鼎钢铁集团有限公司	河北省	黑色金属冶炼和压延加工业	7390266
97	奥克斯集团有限公司	浙江省	电气机械和器材制造业	7354067
98	温氏食品集团股份有限公司	广东省	畜牧业	7314450
99	中国佳源控股集团有限公司	浙江省	综合	7312858
100	三房巷集团有限公司	江苏省	化学纤维制造业	7300385
101	天津市新天钢钢铁集团有限公司	天津市	黑色金属冶炼和压延加工业	7269476
102	江苏南通二建集团有限公司	江苏省	房屋建筑业	7215104
103	红豆集团有限公司	江苏省	纺织服装、服饰业	7205495
104	深圳市怡亚通供应链股份有限公司	广东省	商务服务业	7202513
105	中基宁波集团股份有限公司	浙江省	批发业	7144524
106	辽宁宝来生物能源有限公司	辽宁省	石油、煤炭及其他燃料加工业	7075916
107	盘锦北方沥青燃料有限公司	辽宁省	石油、煤炭及其他燃料加工业	6985247
108	上海圆迈贸易有限公司	上海市	零售业	6928912
109	永锋集团有限公司	山东省	黑色金属冶炼和压延加工业	6918852
110	洛阳栾川钼业集团股份有限公司	河南省	有色金属矿采选业	6867656
111	玖龙纸业（控股）有限公司	广东省	造纸和纸制品业	6789123
112	远大物产集团有限公司	浙江省	综合	6774850
113	双胞胎（集团）股份有限公司	江西省	农副食品加工业	6666496
114	江苏新长江实业集团有限公司	江苏省	黑色金属冶炼和压延加工业	6652468
115	山东海科控股有限公司	山东省	石油、煤炭及其他燃料加工业	6600025
116	青建集团股份公司	山东省	房屋建筑业	6515076
117	蓝光投资控股集团有限公司	四川省	房地产业	6403455
118	五星控股集团有限公司	江苏省	批发业	6353865
119	蓝润集团有限公司	四川省	综合	6319460
120	武安市裕华钢铁有限公司	河北省	黑色金属冶炼和压延加工业	6262548

续表

排行	企业名称	省份	所属行业	营业收入（万元）
121	立讯精密工业股份有限公司	广东省	计算机、通信和其他电子设备制造业	6251631
122	中天科技集团有限公司	江苏省	电气机械和器材制造业	6203496
123	内蒙古鄂尔多斯投资控股集团有限公司	内蒙古自治区	综合	6201193
124	修正药业集团	吉林省	医药制造业	6183853
125	宁波均胜电子股份有限公司	浙江省	汽车制造业	6169890
126	江苏国泰国际集团股份有限公司	江苏省	批发业	6122367
127	广州品东贸易有限公司	广东省	零售业	6109565
128	武安市明芳钢铁有限公司	河北省	黑色金属冶炼和压延加工业	6105250
129	河北新武安钢铁集团文安钢铁有限公司	河北省	黑色金属冶炼和压延加工业	6086564
130	山东京博控股集团有限公司	山东省	石油、煤炭及其他燃料加工业	6080974
131	深圳海王集团股份有限公司	广东省	医药制造业	6077614
132	四川省川威集团有限公司	四川省	黑色金属冶炼和压延加工业	6052034
133	江苏省苏中建设集团股份有限公司	江苏省	房屋建筑业	6038927
134	河南双汇投资发展股份有限公司	河南省	农副食品加工业	6034831
135	雅居乐地产置业有限公司	广东省	房地产业	6023910
136	德力西集团有限公司	浙江省	电气机械和器材制造业	5985488
137	恒信汽车集团股份有限公司	湖北省	零售业	5927365
138	网易（杭州）网络有限公司	浙江省	互联网和相关服务	5924115
139	宁夏天元锰业集团有限公司	宁夏回族自治区	有色金属冶炼和压延加工业	5911277
140	内蒙古伊泰集团有限公司	内蒙古自治区	煤炭开采和洗选业	5881302
141	辽宁嘉晨控股集团有限公司	辽宁省	黑色金属冶炼和压延加工业	5862135
142	福建大东海实业集团有限公司	福建省	黑色金属冶炼和压延加工业	5733625
143	上海中梁企业发展有限公司	上海市	房地产业	5693954
144	晶科能源有限公司	江西省	电气机械和器材制造业	5646956
145	深圳市爱施德股份有限公司	广东省	批发业	5596932
146	巨星控股集团有限公司	浙江省	橡胶和塑料制品业	5560171
147	稻花香集团	湖北省	酒、饮料和精制茶制造业	5387861
148	浙江前程投资股份有限公司	浙江省	批发业	5344503
149	山东太阳控股集团有限公司	山东省	造纸和纸制品业	5242492
150	新疆特变电工集团有限公司	新疆维吾尔自治区	电气机械和器材制造业	5211513
151	郑州中瑞实业集团有限公司	河南省	商务服务业	5209493

续表

排行	企业名称	省份	所属行业	营业收入（万元）
152	振烨国际产业控股集团（深圳）有限公司	广东省	批发业	5204195
153	欧菲光集团股份有限公司	广东省	计算机、通信和其他电子设备制造业	5197413
154	红狮控股集团有限公司	浙江省	非金属矿物制品业	5184828
155	融信（福建）投资集团有限公司	福建省	房地产业	5164651
156	唐山港陆钢铁有限公司	河北省	黑色金属冶炼和压延加工业	5138907
157	天元建设集团有限公司	山东省	土木工程建筑业	5137474
158	湖南博长控股集团有限公司	湖南省	黑色金属冶炼和压延加工业	5103093
159	浙江富冶集团有限公司	浙江省	有色金属冶炼和压延加工业	5096054
160	杉杉控股有限公司	上海市	电气机械和器材制造业	5055360
161	恒申控股集团有限公司	福建省	化学原料和化学制品制造业	5044661
162	天茂实业集团股份有限公司	湖北省	保险业	5019208
163	福建永荣控股集团有限公司	福建省	化学纤维制造业	5013949
164	河北新金钢铁有限公司	河北省	黑色金属冶炼和压延加工业	4992596
165	威高集团有限公司	山东省	医药制造业	4959070
166	江苏南通六建建设集团有限公司	江苏省	房屋建筑业	4894195
167	奥园集团有限公司	广东省	房地产业	4867451
168	新风祥控股集团有限责任公司	山东省	有色金属冶炼和压延加工业	4814084
169	佳兆业集团（深圳）有限公司	广东省	房地产业	4802168
170	河北天山实业集团有限公司	河北省	房地产业	4800556
171	广东海大集团股份有限公司	广东省	农副食品加工业	4761258
172	山河控股集团有限公司	湖北省	房屋建筑业	4701722
173	福佳集团有限公司	辽宁省	化学原料和化学制品制造业	4669130
174	杭州娃哈哈集团有限公司	浙江省	酒、饮料和精制茶制造业	4644095
175	大汉控股集团有限公司	湖南省	商务服务业	4632228
176	天瑞集团股份有限公司	河南省	非金属矿物制品业	4618933
177	东华能源股份有限公司	江苏省	批发业	4618762
178	河北文丰钢铁有限公司	河北省	黑色金属冶炼和压延加工业	4604523
179	贝壳控股有限公司	北京市	互联网和相关服务	4601624
180	金澳科技（湖北）化工有限公司	湖北省	石油、煤炭及其他燃料加工业	4580943
181	宁德时代新能源科技股份有限公司	福建省	电气机械和器材制造业	4578802
182	四川德胜集团钒钛有限公司	四川省	黑色金属冶炼和压延加工业	4571390
183	人民电器集团有限公司	浙江省	电气机械和器材制造业	4538646
184	江苏扬子江船业集团	江苏省	铁路、船舶、航空航天和其他运输设备制造业	4525138

续表

排行	企业名称	省份	所属行业	营业收入（万元）
185	山东金诚石化集团有限公司	山东省	石油、煤炭及其他燃料加工业	4513001
186	富通集团有限公司	浙江省	计算机、通信和其他电子设备制造业	4508115
187	通鼎集团有限公司	江苏省	计算机、通信和其他电子设备制造业	4502855
188	天津友发钢管集团股份有限公司	天津市	金属制品业	4474922
189	华勤橡胶工业集团有限公司	山东省	橡胶和塑料制品业	4464823
190	辽宁禾丰牧业股份有限公司	辽宁省	农副食品加工业	4442822
191	金浦投资控股集团有限公司	江苏省	化学原料和化学制品制造业	4392681
192	汇通达网络股份有限公司	江苏省	互联网和相关服务	4383845
193	山东泰山钢铁集团有限公司	山东省	黑色金属冶炼和压延加工业	4320816
194	兴华财富集团有限公司	河北省	黑色金属冶炼和压延加工业	4315838
195	浙江中成控股集团有限公司	浙江省	房屋建筑业	4314472
196	山东九羊集团有限公司	山东省	黑色金属冶炼和压延加工业	4305631
197	物美科技集团有限公司	北京市	零售业	4297699
198	山东创新金属科技有限公司	山东省	有色金属冶炼和压延加工业	4280726
199	祥生实业集团有限公司	浙江省	房地产业	4273031
200	深圳金雅福控股集团有限公司	广东省	商务服务业	4262228
201	山东渤海实业股份有限公司	山东省	农副食品加工业	4261012
202	广州市时代控股集团有限公司	广东省	房地产业	4255133
203	重庆中昂投资集团有限公司	重庆市	房地产业	4254075
204	石横特钢集团有限公司	山东省	黑色金属冶炼和压延加工业	4245040
205	山东汇丰石化集团有限公司	山东省	石油、煤炭及其他燃料加工业	4244303
206	郑州宇通企业集团	河南省	汽车制造业	4205999
207	龙信建设集团有限公司	江苏省	房屋建筑业	4201687
208	三盛集团有限公司	福建省	房地产业	4202313
209	广东圣丰集团有限公司	广东省	橡胶和塑料制品业	4193371
210	通州建总集团有限公司	江苏省	房屋建筑业	4160589
211	步步高集团	湖南省	零售业	4152575
212	山东金岭集团有限公司	山东省	化学原料和化学制品制造业	4152181
213	四川科伦实业集团有限公司	四川省	医药制造业	4141755
214	美的置业集团有限公司	广东省	房地产业	4113857
215	浙江明日控股集团股份有限公司	浙江省	零售业	4113323
216	荣民控股集团有限公司	陕西省	综合	4103429
217	江苏中利控股集团有限公司	江苏省	电气机械和器材制造业	4081275
218	和润集团有限公司	浙江省	农副食品加工业	4065458

续表

排行	企业名称	省份	所属行业	营业收入（万元）
219	重庆小康控股有限公司	重庆市	汽车制造业	4052024
220	宁波富邦控股集团有限公司	浙江省	综合	4013602
221	山东科达集团有限公司	山东省	土木工程建筑业	4010299
222	法尔胜泓昇集团有限公司	江苏省	金属制品业	3980661
223	陕西龙记泰信房地产开发有限公司	陕西省	房地产业	3979102
224	双良集团有限公司	江苏省	专用设备制造业	3960225
225	森马集团有限公司	浙江省	纺织服装、服饰业	3951139
226	山东新希望六和集团有限公司	山东省	畜牧业	3932423
227	合景泰富集团控股有限公司	广东省	房地产业	3895410
228	江苏阳光集团有限公司	江苏省	纺织业	3882343
229	维维集团股份有限公司	江苏省	食品制造业	3868037
230	卧龙控股集团有限公司	浙江省	电气机械和器材制造业	3851776
231	江苏德龙镍业有限公司	江苏省	黑色金属冶炼和压延加工业	3844372
232	佛山市兴海铜铝业有限公司	广东省	批发业	3840210
233	远东控股集团有限公司	江苏省	综合	3829169
234	华峰集团有限公司	浙江省	化学原料和化学制品制造业	3827489
235	舜宇集团有限公司	浙江省	计算机、通信和其他电子设备制造业	3784870
236	浙江新湖集团股份有限公司	浙江省	综合	3780971
237	盘锦浩业化工有限公司	辽宁省	石油、煤炭及其他燃料加工业	3768388
238	浙江龙盛控股有限公司	浙江省	化学原料和化学制品制造业	3767260
239	河北千喜鹤饮食股份有限公司	河北省	餐饮业	3762594
240	富海集团有限公司	山东省	石油、煤炭及其他燃料加工业	3758793
241	盛屯矿业集团股份有限公司	福建省	有色金属矿采选业	3731427
242	浙江宝业建设集团有限公司	浙江省	房屋建筑业	3724316
243	山东清源集团有限公司	山东省	石油、煤炭及其他燃料加工业	3722540
244	宏旺投资集团有限公司	广东省	黑色金属冶炼和压延加工业	3721063
245	山东齐成石油化工有限公司	山东省	石油、煤炭及其他燃料加工业	3680344
246	河南正商企业发展集团有限责任公司	河南省	房地产业	3679927
247	石药控股集团有限公司	河北省	医药制造业	3645631
248	龙元建设集团股份有限公司	浙江省	房屋建筑业	3629965
249	建业控股有限公司	河南省	房地产业	3626989
250	北京运通国投资集团有限公司	北京市	零售业	3614458
251	广西盛隆冶金有限公司	广西壮族自治区	黑色金属冶炼和压延加工业	3603360

续表

排行	企业名称	省份	所属行业	营业收入(万元)
252	重庆财信企业集团有限公司	重庆市	综合	3593598
253	澳洋集团有限公司	江苏省	纺织业	3591684
254	重庆市中科控股有限公司	重庆市	土木工程建筑业	3570828
255	成都京东世纪贸易有限公司	四川省	零售业	3566148
256	上海均瑶（集团）有限公司	上海市	综合	3550582
257	俊发集团有限公司	云南省	房地产业	3550234
258	江苏大明金属制品有限公司	江苏省	金属制品业	3549406
259	华东医药股份有限公司	浙江省	医药制造业	3544570
260	新华锦集团	山东省	批发业	3544334
261	云账户技术（天津）有限公司	天津市	商务服务业	3527621
262	百世物流科技（中国）有限公司	浙江省	政业	3517589
263	歌尔股份有限公司	山东省	计算机、通信和其他电子设备制造业	3514780
264	中通快递股份有限公司	上海市	邮政业	3508381
265	香江集团有限公司	广东省	综合	3505313
266	山东寿光鲁清石化有限公司	山东省	石油、煤炭及其他燃料加工业	3482724
267	上海韵达货运有限公司	上海市	邮政业	3440404
268	创维集团有限公司	广东省	计算机、通信和其他电子设备制造业	3425405
269	新风鸣集团股份有限公司	浙江省	化学纤维制造业	3414821
270	帝海投资控股集团有限公司	北京市	房地产业	3412901
271	安踏体育用品集团有限公司	福建省	皮革、毛皮、羽毛及其制品和制鞋业	3392785
272	山东鲁花集团有限公司	山东省	食品制造业	3390326
273	鲁丽集团有限公司	山东省	黑色金属冶炼和压延加工业	3383276
274	天津亿联控股集团有限公司	天津市	房地产业	3372013
275	利时集团股份有限公司	浙江省	橡胶和塑料制品业	3365802
276	重庆协信控（集团）有限公司	重庆市	房地产业	3358781
277	山西晋南钢铁集团有限公司	山西省	黑色金属冶炼和压延加工业	3356859
278	江苏天工集团有限公司	江苏省	黑色金属冶炼和压延加工业	3345951
279	红星美凯龙控股集团有限公司	上海市	综合	3322606
280	山西潞宝集团	山西省	石油、煤炭及其他燃料加工业	3314643
281	华南物资集团有限公司	重庆市	批发业	3307275
282	江苏金峰水泥集团有限公司	江苏省	非金属矿物制品业	3302452
283	隆基绿能科技股份有限公司	陕西省	电气机械和器材制造业	3289746
284	重庆市博赛矿业（集团）有限公司	重庆市	有色金属冶炼和压延加工业	3284639

续表

排行	企业名称	省份	所属行业	营业收入（万元）
285	福建省金纶高纤股份有限公司	福建省	化学纤维制造业	3267586
286	新疆生产建设兵团第八师天山铝业有限公司	建设兵团	有色金属冶炼和压延加工业	3258702
287	正荣地产控股股份有限公司	福建省	房地产业	3255766
288	得力集团有限公司	浙江省	文教、工美、体育和娱乐用品制造业	3211106
289	河北鑫海控股集团有限公司	河北省	石油、煤炭及其他燃料加工业	3192475
290	滨化集团	山东省	石油、煤炭及其他燃料加工业	3185043
291	亿利资源集团有限公司	内蒙古自治区	综合	3165810
292	重庆新鸥鹏企业（集团）有限公司	重庆市	房地产业	3143089
293	海外海集团有限公司	浙江省	商务服务业	3140034
294	万丰奥特控股集团有限公司	浙江省	汽车制造业	3137670
295	河北安丰钢铁有限公司	河北省	黑色金属冶炼和压延加工业	3137288
296	苏州金螳螂企业（集团）有限公司	江苏省	建筑装饰、装修和其他建筑业	3125829
297	圆通速递股份有限公司	上海市	邮政业	3115112
298	攀华集团有限公司	江苏省	金属制品业	3092601
299	福星集团控股有限公司	湖北省	综合	3075833
300	河北兴华钢铁有限公司	河北省	黑色金属冶炼和压延加工业	3065700
301	河北天柱钢铁集团有限公司	河北省	黑色金属冶炼和压延加工业	3060076
302	建华建材（中国）有限公司	江苏省	其他制造业	3059863
303	心里程控股集团有限公司	广东省	计算机、通信和其他电子设备制造业	3054911
304	花园集团有限公司	浙江省	综合	3044771
305	利群集团股份有限公司	山东省	零售业	3038679
306	文一投资控集团	安徽省	房地产业	3025147
307	伟星集团有限公司	浙江省	其他制造业	3022206
308	永鼎集团有限公司	江苏省	计算机、通信和其他电子设备制造业	3021581
309	华芳集团有限公司	江苏省	纺织业	3018887
310	河北诚信集团有限公司	河北省	化学原料和化学制品制造业	3015255
311	淄博齐翔腾达化工股份有限公司	山东省	化学原料和化学制品制造业	3005769
312	武汉当代科技产业集团股份有限公司	湖北省	医药制造业	2998676
313	波司登股份有限公司	江苏省	纺织服装、服饰业	2989473
314	迪信通科技集团有限公司	北京市	零售业	2987382

续表

排行	企业名称	省份	所属行业	营业收入（万元）
315	新八建设集团有限公司	湖北省	房屋建筑业	2956606
316	深圳市铜锣湾商业发展有限公司	广东省	房地产业	2956535
317	金发科技股份有限公司	广东省	橡胶和塑料制品业	2928592
318	腾达建设集团股份有限公司	浙江省	建筑安装业	2923022
319	浩均发展集团有限公司	四川省	黑色金属冶炼和压延加工业	2912916
320	月星集团有限公司	上海市	综合	2910559
321	浙江元立金属制品集团有限公司	浙江省	金属制品业	2902988
322	香驰控股有限公司	山东省	农副食品加工业	2901671
323	北京爱奇艺科技有限公司	北京市	软件和信息技术服务业	2899366
324	欣旺达电子股份有限公司	广东省	计算机、通信和其他电子设备制造业	2897606
325	家家悦控股集团股份有限公司	山东省	零售业	2895132
326	山东中海化工集团有限公司	山东省	石油、煤炭及其他燃料加工业	2876496
327	东莞华贝电子科技有限公司	广东省	计算机、通信和其他电子设备制造业	2873212
328	杭州东恒石油有限公司	浙江省	批发业	2837084
329	天士力控股集团有限公司	天津市	医药制造业	2836698
330	太平鸟集团有限公司	浙江省	商务服务业	2834888
331	武汉市金马凯旋家具投资有限公司	湖北省	综合	2818867
332	万通海欣控股集团股份有限公司	山东省	石油、煤炭及其他燃料加工业	2816582
333	新七建设集团有限公司	湖北省	房屋建筑业	2810811
334	北京蓝色光标数据科技股份有限公司	北京市	文化艺术业	2810571
335	江苏沃得机电集团有限公司	江苏省	通用设备制造业	2807556
336	三花控股集团有限公司	浙江省	通用设备制造业	2804796
337	西子联合控股有限公司	浙江省	专用设备制造业	2784028
338	贵州通源集团	贵州省	零售业	2783892
339	山西建邦集团有限公司	山西省	黑色金属冶炼和压延加工业	2771491
340	美欣达集团有限公司	浙江省	废弃资源综合利用业	2756952
341	华立集团份有限公司	浙江省	综合	2747210
342	同程控股集团股份有限公司	江苏省	商务服务业	2709740
343	深圳市信利康供应链管理有限公司	广东省	商务服务业	2702781
344	河北新武安钢铁集团烘熔钢铁有限公司	河北省	黑色金属冶炼和压延加工业	2702290
345	河南金利金铅集团有限公司	河南省	有色金属冶炼和压延加工业	2684524
346	振石控股集团有限公司	浙江省	商务服务业	2673262

续表

排行	企业名称	省份	所属行业	营业收入（万元）
347	江苏省镔鑫钢铁集团有限公司	江苏省	黑色金属冶炼和压延加工业	2668194
348	天津华北集团有限公司	天津市	有色金属冶炼和压延加工业	2665719
349	河北新武安钢铁集团鑫汇冶金有限公司	河北省	黑色金属冶炼和压延加工业	2665657
350	东营齐润化工有限公司	山东省	石油、煤炭及其他燃料加工业	2665043
351	奥德集团有限公司	山东省	燃气生产和供应业	2655945
352	南通化工轻工股份有限公司	江苏省	批发业	2654327
353	中如建工集团有限公司	江苏省	房屋建筑业	2654050
354	新十建设集团有限公司	湖北省	房屋建筑业	2640103
355	广东联塑科技实业有限公司	广东省	橡胶和塑料制品业	2634452
356	山东东方华龙工贸集团有限公司	山东省	石油、煤炭及其他燃料加工业	2627031
357	山东永鑫能源集团有限公司	山东省	石油、煤炭及其他燃料加工业	2624646
358	浙江大华技术股份有限公司	浙江省	软件和信息技术服务业	2614943
359	程力汽车集团股份有限公司	湖北省	汽车制造业	2613562
360	常熟市龙腾特种钢有限公司	江苏省	黑色金属冶炼和压延加工业	2613074
361	华泽集团有限公司	湖南省	酒、饮料和精制茶制造业	2608680
362	临沂新程金锣肉制品集团有限公司	山东省	农副食品加工业	2604212
363	德邦物流股份有限公司	上海市	邮政业	2592210
364	广东明发贵金属有限公司	广东省	有色金属冶炼和压延加工业	2571998
365	江西济民可信集团有限公司	江西省	医药制造业	2570348
366	广州市方圆房地产发展有限公司	广东省	房地产业	2566274
367	金鹏控股集团有限公司	安徽省	综合	2565320
368	道恩集团有限公司	山东省	综合	2564876
369	浙江东南网架集团有限公司	浙江省	金属制品业	2564277
370	日照兴业集团有限公司	山东省	综合	2562216
371	百兴集团有限公司	江苏省	批发业	2553196
372	泰地控股集团有限公司	浙江省	装卸搬运和仓储业	2551206
373	亚厦控股有限公司	浙江省	建筑装饰、装修和其他建筑业	2544686
374	山东博汇集团有限公司	山东省	造纸和纸制品业	2536363
375	深圳传音控股股份有限公司	广东省	计算机、通信和其他电子设备制造业	2534593
376	德华集团控股股份有限公司	浙江省	木材加工和木、竹、藤、棕、草制品业	2525149
377	深圳华强集团有限公司	广东省	软件和信息技术服务业	2517255
378	江苏西城三联控股集团有限公司	江苏省	黑色金属冶炼和压延加工业	2514338
379	震雄铜业集团有限公司	江苏省	有色金属冶炼和压延加工业	2512356

续表

排行	企业名称	省份	所属行业	营业收入（万元）
380	天洁集团有限公司	浙江省	专用设备制造业	2507853
381	浙江富春江通信集团有限公司	浙江省	计算机、通信和其他电子设备制造业	2505592
382	江西博能实业集团有限公司	江西省	金属制品业	2498659
383	杭州滨江房产集团股份有限公司	浙江省	房地产业	2495450
384	江苏华宏实业集团有限公司	江苏省	化学纤维制造业	2486754
385	江阴长三角钢铁集团有限公司	江苏省	批发业	2455121
386	兴惠化纤集团有限公司	浙江省	纺织业	2447283
387	江苏三木集团有限公司	江苏省	化学原料和化学制品制造业	2442192
388	闻泰通讯股份有限公司	浙江省	计算机、通信和其他电子设备制造业	2440655
389	农夫山泉股份有限公司	浙江省	酒、饮料和精制茶制造业	2439408
390	大自然钢业集团有限公司	浙江省	金属制品、机械和设备修理业	2435261
391	纳爱斯集团有限公司	浙江省	其他制造业	2426594
392	浙江方远控股集团有限公司	浙江省	房屋建筑业	2418588
393	高力控股集团有限公司	江苏省	房地产业	2417832
394	河北鑫达钢铁集团有限公司	河北省	黑色金属冶炼和压延加工业	2412414
395	广西南丹南方金属有限公司	广西壮族自治区	有色金属冶炼和压延加工业	2406273
396	源山投资控股有限公司	上海市	综合	2404238
397	新星宇建设集团有限公司	吉林省	房屋建筑业	2404054
398	中国金属资源利用有限公司	四川省	批发业	2401265
399	济源市万洋冶炼（集团）有限公司	河南省	有色金属冶炼和压延加工业	2394535
400	广东领益智造股份有限公司	广东省	计算机、通信和其他电子设备制造业	2391582
401	兴达投资集团有限公司	江苏省	化学原料和化学制品制造业	2389554
402	江苏吴中集团有限公司	江苏省	综合	2388936
403	东方润安集团有限公司	江苏省	黑色金属冶炼和压延加工业	2385175
404	河南龙成集团有限公司	河南省	黑色金属冶炼和压延加工业	2383916
405	中亿丰建设集团股份有限公司	江苏省	房屋建筑业	2382192
406	江南集团有限公司	江苏省	电气机械和器材制造业	2381500
407	江苏中超投资集团有限公司	江苏省	电气机械和器材制造业	2368860
408	河南金汇不锈钢产业集团有限公司	河南省	金属制造业	2365731
409	雅迪科技集团有限公司	江苏省	铁路、船舶、航空航天和其他运输设备	2364312
410	江苏无锡朝阳集团股份有限公司	江苏省	批发业	2361886

续表

排行	企业名称	省份	所属行业	营业收入（万元）
411	江苏江润铜业有限公司	江苏省	金属制品业	2361259
412	浙江协和集团有限公司	浙江省	金属制品业	2359267
413	美锦能源集团有限公司	天津市	石油、煤炭及其他燃料加工业	2357562
414	长江润发集团有限公司	江苏省	医药制造业	2355371
415	苏州东山精密制造股份有限公司	江苏省	计算机、通信和其他电子设备制造业	2355282
416	山东垦利石化集团有限公司	山东省	石油、煤炭及其他燃料加工业	2353969
417	江苏东渡纺织集团有限公司	江苏省	纺织服装、服饰业	2351370
418	雅鹿集团股份有限公司	江苏省	纺织服装、服饰业	2338078
419	华孚控股有限公司	广东省	纺织业	2337600
420	广饶科力达石化科技有限公司	山东省	石油、煤炭及其他燃料加工业	2336647
421	鸿翔控股集团有限公司	浙江省	房屋建筑业	2335747
422	天合光能股份有限公司	江苏省	电气机械和器材制造业	2332170
423	纳思达股份有限公司	广东省	计算机、通信和其他电子设备制造业	2329584
424	江苏恒瑞医药股份有限公司	江苏省	医药制造业	2328857
425	利泰集团有限公司	广东省	零售业	2328593
426	正黄集团有限公司	四川省	房地产业	2328442
427	名城企业管理集团有限公司	福建省	房地产业	2327108
428	奥盛集团有限公司	上海市	其他制造业	2325678
429	山鹰国际控股股份公司	安徽省	造纸和纸制品业	2324094
430	禹洲地产股份有限公司	福建省	房地产业	2324071
431	山东齐鲁制药集团有限公司	山东省	医药制造业	2323023
432	无锡华东重机科技集团有限公司	江苏省	通用设备制造业	2322880
433	江苏国强镀锌实业有限公司	江苏省	金属制品业	2319540
434	远景能源有限公司	江苏省	通用设备制造业	2318532
435	成都蛟龙港	四川省	综合	2313707
436	无锡市不锈钢电子交易中心有限公司	江苏省	批发业	2312911
437	江苏大经集团有限公司	江苏省	综合	2312175
438	法派服饰股份有限公司	浙江省	纺织服装、服饰业	2307542
439	申通快递有限公司	浙江省	邮政业	2306700
440	安钢集团信阳钢铁有限责任公司	河南省	黑色金属冶炼和压延加工业	2305571
441	胜达集团有限公司	浙江省	造纸和纸制品业	2301352
442	福建圣农控股集团有限公司	福建省	农副食品加工业	2300956
443	三宝集团股份有限公司	福建省	黑色金属冶炼和压延加工业	2300347

续表

排行	企业名称	省份	所属行业	营业收入（万元）
444	山西晋城钢铁控股集团有限公司	山西省	黑色金属冶炼和压延加工业	2289893
445	南通建工集团股份有限公司	江苏省	房屋建筑业	2287356
446	阿特斯阳光电力集团有限公司	江苏省	电气机械和器材制造业	2282496
447	江苏上上电缆集团有限公司	江苏省	电气机械和器材制造业	2272986
448	宁波申洲针织有限公司	浙江省	纺织服装、服饰业	2266527
449	名创优品（广州）有限责任公司	广东省	批发业	2259545
450	福建恒安集团有限公司	福建省	造纸和纸制品业	2249284
451	江阴市金桥化工有限公司	江苏省	批发业	2243372
452	连云港亚新钢铁有限公司	江苏省	黑色金属冶炼和压延加工业	2230065
453	宝业湖北建工集团有限公司	湖北省	房屋建筑业	2220345
454	浙江金田阳光投资有限公司	浙江省	商务服务业	2219700
455	深圳市富森供应链管理有限公司	广东省	商务服务业	2209371
456	骆驼集团股份有限公司	湖北省	电气机械和器材制造业	2209163
457	邯郸市正大制管有限公司	河北省	黑色金属冶炼和压延加工业	2205939
458	浙江国泰建设集团有限公司	浙江省	房屋建筑业	2202244
459	浙江中南建设集团有限公司	浙江省	房屋建筑业	2200556
460	浙江兴日钢控股集团有限公司	浙江省	黑色金属冶炼和压延加工业	2195780
461	万事利集团有限公司	浙江省	纺织服装、服饰业	2195609
462	牧原实业集团有限公司	河南省	农、林、牧、渔专业及辅助性活动	2192237
463	致远控股集团有限公司	浙江省	有色金属冶炼和压延加工业	2190284
464	今麦郎投资有限公司	河北省	食品制造业	2184889
465	浙江升华控股集团有限公司	浙江省	批发业	2183784
466	开元旅业集团有限公司	浙江省	综合	2177382
467	南通五建控股集团有限公司	江苏省	房屋建筑业	2171403
468	浙江建华集团有限公司	浙江省	批发业	2170980
469	河南济源钢铁（集团）有限公司	河南省	黑色金属冶炼和压延加工业	2164291
470	浙江宝利德股份有限公司	浙江省	零售业	2160898
471	武汉联杰能源有限公司	湖北省	批发业	2160096
472	奥山集团	湖北省	房地产业	2156699
473	奥康集团有限公司	浙江省	皮革、毛皮、羽毛及其制品和制鞋业	2153188
474	达利食品集团有限公司	福建省	食品制造业	2137525
475	孝义市鹏飞实业有限公司	山西省	石油、煤炭及其他燃料加工业	2130694
476	宗申产业集团有限公司	重庆市	铁路、船舶、航空航天和其他运输设备	2130616

续表

排行	企业名称	省份	所属行业	营业收入（万元）
477	合肥维天运通信息科技股份有限公司	安徽省	互联网和相关服务	2122978
478	中天金融集团股份有限公司	贵州省	房地产业	2119800
479	合众人寿保险股份有限公司	湖北省	保险业	2115879
480	晶澳太阳能科技股份有限公司	河北省	电气机械和器材制造业	2115548
481	唐山瑞丰钢铁（集团）有限公司	河北省	黑色金属冶炼和压延加工业	2114215
482	福耀玻璃工业集团股份有限公司	福建省	非金属矿物制品业	2110388
483	大运九州集团有限公司	山西省	汽车制造业	2098817
484	广州美涂士投资控股有限公司	广东省	化学原料和化学制品制造业	2097785
485	江苏金昇控股有限公司	江苏省	专用设备制造业	2086349
486	福建闽海石化有限公司	福建省	批发业	2081540
487	广东电白建设集团有限公司	广东省	房屋建筑业	2081088
488	广东格兰仕集团有限公司	广东省	电气机械和器材制造业	2074255
489	云南玉溪玉昆钢铁集团有限公司	云南省	黑色金属冶炼和压延加工业	2070279
490	中大控股集团有限公司	江西省	房屋建筑业	2063821
491	华新建工集团有限公司	江苏省	房屋建筑业	2063562
492	宁波博洋控股集团有限公司	浙江省	纺织业	2050783
493	天颂建设集团有限公司	浙江省	房屋建筑业	2050347
494	青岛世纪瑞丰集团有限公司	山东省	批发业	2040257
495	天津源泰德润钢管制造集团有限公司	天津市	黑色金属冶炼和压延加工业	2026456
496	山西安泰控股集团有限公司	山西省	黑色金属冶炼和压延加工业	2025787
497	大华（集团）有限公司	上海市	房地产业	2025066
498	新阳科技集团	江苏省	化学原料和化学制品制造业	2023090
499	河南黄河实业集团股份有限公司	河南省	非金属矿物制品业	2022662
500	广东省联集团有限公司	广东省	房屋建筑业	2020405

注：中商产业研究院发布。

2020 年中国互联网企业综合实力 100 强

排名	企业名称	主要业务与品牌	所属地
1	阿里巴巴（中国）有限公司	淘宝、天猫、阿里云、钉钉	浙江省
2	深圳市腾讯计算机系统有限公司	微信、腾讯云、腾讯视频、腾讯会议	广东省
3	美团公司	美团、大众点评、美团外卖	北京市
4	百度公司	百度	北京市
5	京东集团	京东商城、京东物流	北京市
6	网易集团	网易游戏、网易邮箱、网易有道、网易新闻	广东省

续表

排名	企业名称	主要业务与品牌	所属地
7	上海寻梦信息技术有限公司	拼多多	上海市
8	北京小桔科技有限公司	滴滴快车、青桔单车、礼橙专车、滴滴企业版	北京市
9	北京字节跳动科技有限公司	抖音、今日头条、西瓜视频	北京市
10	腾讯音乐娱乐集团	QQ 音乐、酷狗音乐、酷我音乐、全民 K 歌	北京市
11	三六零安全科技股份有限公司	360 安全卫士、360 浏览器、360 手机卫士、360 手机助手	北京市
12	新浪公司	新浪网、微博	北京市
13	北京五八信息技术有限公司	58 同城、安居客、驾校一点通、58 同镇	北京市
14	苏宁控股集团有限公司	苏宁易购、苏宁金融、PP 体育、PP 视频	江苏省
15	小米集团	小米、MIUI 米柚、米家、Redmi	北京市
16	用友网络科技股份有限公司	YonBIP 用友商业创新平台	北京市
17	北京爱奇艺科技有限公司	爱奇艺、随刻、奇巴布、叭嗒	北京市
18	搜狐公司	搜狐媒体、搜狐视频、搜狗搜索、畅游游戏	北京市
19	携程集团	携程旅行网、去哪儿、Trip.com、天巡	上海市
20	湖南快乐阳光互动娱乐传媒有限公司	芒果 TV	湖南省
21	武汉斗鱼鱼乐网络科技有限公司	斗鱼直播	湖北省
22	北京车之家信息技术有限公司	汽车之家、二手车之家	北京市
23	上海基分文化传播有限公司	趣头条	上海市
24	唯品会（中国）有限公司	唯品会	广东省
25	央视国际网络有限公司	央视网、央视影音、中国互联网电视、CCTV 手机电视	北京市
26	北京猎豹移动科技有限公司	猎豹清理大师、钢琴块 2、我爱品模型、AI 智能服务机器人	北京市
27	网宿科技股份有限公司	网宿科技	上海市
28	芜湖三七互娱网络科技集团股份有限公司	三七游戏、37 网游、37 手游	安徽省
29	同程旅游集团	同程旅行、同程航旅、同程生活	江苏省
30	广州华多网络科技有限公司	YY 直播	广东省
31	浙江世纪华通集团股份有限公司	盛趣游戏、点点互动、天游、七酷	浙江省
32	四三九九网络股份有限公司	4399 小游戏、4399 休闲娱乐平台	福建省
33	人民网股份有限公司	中国共产党新闻网、人民网评、领导留言板、人民视频	北京市
34	咪咕文化科技有限公司	咪咕音乐、咪咕视频、咪咕阅读、咪咕快游	北京市
35	行吟信息科技（上海）有限公司	小红书	上海市

续表

排名	企业名称	主要业务与品牌	所属地
36	浪潮集团有限公司	浪潮云、爱城市网、云洲工业互联网平台	山东省
37	科大讯飞股份有限公司	讯飞学习机、讯飞输入法、讯飞听见、讯飞翻译机	安徽省
38	龙采科技集团有限责任公司	龙采、龙采体育、资海云、海健身	黑龙江省
39	上海连尚网络科技有限公司	WiFi 万能钥匙	上海市
40	东方财富信息股份有限公司	东方财富、东方财富证券、天天基金、Choice 数据	上海市
41	拉卡拉支付股份有限公司	拉卡拉支付、积分购	北京市
42	新华网股份有限公司	溯源中国、新华睿思数据云图分析平台、媒体创意工场、思客	北京市
43	巨人网络集团股份有限公司	征途系列游戏、征途 2 系列游戏、球球大作战、帕斯卡契约	重庆市
44	广州多益网络股份有限公司	多益网络、神武、梦想世界、传送门骑士	
45	北京六间房科技有限公司	花椒直播、六间房直播	北京市
46	美图公司	美图秀秀、美颜相机、美拍、美图魔镜	福建省
47	贝壳找房（北京）科技有限公司	贝壳找房、被窝家装	北京市
48	鹏博士电信传媒集团股份有限公司	鹏博士云网、鹏博士数据中心、鹏云视讯、小朋管家	四川省
49	上海东方网股份有限公司	东方新闻、东方头条、翱翔、纵相	上海市
50	上海钢银电子商务股份有限公司	钢银电商、钢银云贸易	上海市
51	深圳市梦网科技发展有限公司	5G 消息、富信、梦网云会议	广东省
52	北京网聘咨询有限公司	智联招聘	北京市
53	上海米哈游网络科技股份有限公司	米哈游	上海市
54	好未来教育科技集团	学而思网校、学而思培优、励步英语、小猴 AI 课	北京市
55	汇通达网络股份有限公司	超级老板、汇通达汇享购 + 微商城、超级经理人、超级供应商	江苏省
56	深圳乐信控股有限公司	乐信、乐卡、乐花、分期乐	广东省
57	北京昆仑万维科技股份有限公司	GameArk、闲徕互娱、Opera	北京市
58	满帮集团	货车帮、运满满	贵州省
59	华云数据控股集团有限公司	国产通用型云操作系统安超 OS、安超云一体机、安超云套件 Archer Cloudsuite、安超桌面云	江苏省
60	北京趣拿信息技术有限公司	去哪儿网、去哪儿旅行	北京市
61	前锦网络信息技术（上海）有限公司	前程无忧 51Job、应届生求职网、无忧精英网、51 米多多	上海市
62	竞技世界（北京）网络技术有限公司	JJ 比赛	北京市

续表

排名	企业名称	主要业务与品牌	所属地
63	无锡市不锈钢电子交易中心有限公司	无锡不锈钢	江苏省
64	北京蜜莱坞网络科技有限公司	映客直播、积目、对缘、不就	北京市
65	上海二三四五网络控股集团股份有限公司	2345 网址导航、2345 加速浏览器、2345 安全卫士	上海市
66	波克科技股份有限公司	波克城市、捕鱼达人、猫咪公寓	上海市
67	杭州边锋网络技术有限公司	边锋游戏、Dragon War、权倾三国、侠客风云传 online	浙江省
68	福建网龙计算机网络信息技术有限公司	魔域、征服、英魂之刃、网教通	福建省
69	二六三网络通信股份有限公司	263 云通信、263 云视频、263 云直播、263 云邮箱	北京市
70	北京光环新网科技股份有限公司	光环新网、光环云	北京市
71	深圳市迅雷网络技术有限公司	迅雷 X、迅雷直播、手机迅雷、迅雷快鸟	广东省
72	北京世纪互联宽带数据中心有限公司	世纪互联、蓝云	北京市
73	厦门点触科技股份有限公司	点触科技	福建省
74	新中冠智能科技股份有限公司	新中冠、喜购宝、渠易宝	福建省
75	北京农信互联科技集团有限公司	猪联网、企联网、农信商城、农信金服	北京市
76	成都积微物联集团股份有限公司	积微物联、达海	四川省
77	联动优势科技有限公司	联动数科、联动支付、联动信息、联动营销	北京市
78	汇付天下有限公司	聚合支付、智汇管家、企账通、海外购	上海市
79	深圳市房多多网络科技有限公司	房多多	广东省
80	上海创蓝文化传播有限公司	创蓝 253、创蓝万数、闪验	上海市
81	深圳市创梦天地科技有限公司	乐逗游戏	广东省
82	探探科技（北京）有限公司	探探	北京市
83	多点生活（中国）网络科技有限公司	多点	北京市
84	广州荔支网络技术有限公司	荔枝	广东省
85	汇量科技集团	Mintegral、GameAnalytics、Nativex	广东省
86	武汉物易云通网络科技有限公司	司机宝、煤链社、筑链社、绿资源	湖北省
87	江苏零浩网络科技有限公司	智通三千	江苏省
88	东方明珠新媒体股份有限公司	东方明珠、百视通、东方购物、东方有线	上海市
89	瓜子汽车服务（天津）有限公司	瓜子二手车、毛豆新车、瓜子养车	天津市
90	北京搜房科技发展有限公司	房天下网、开发云、家居云、经纪云	北京市
91	上海识装信息科技有限公司	得物 App	上海市
92	北京五八到家信息技术集团有限公司	天鹅到家、快狗打车	北京市
93	贵州白山云科技股份有限公司	ATD、YUNDUN、数聚蜂巢	贵州省
94	广州趣丸网络科技有限公司	TT 语音、TT 电竞	广东省

续表

排名	企业名称	主要业务与品牌	所属地
95	驴妈妈旅游网	驴妈妈、驴悦亲子、先游后付、驴客严选	上海市
96	厦门吉比特网络技术股份有限公司	问道、问道手游、不思议迷宫、地下城堡 2：黑暗觉醒	福建省
97	海看网络科技（山东）股份有限公司	海看 IPTV、海看智慧广电、海看精品	山东省
98	山东世纪开元电子商务集团有限公司	世纪开元、益好、东讯、时间轴	山东省
99	浙江华坤道威数据科技有限公司	政法融媒云、数聚房、数懒	浙江省
100	易车公司	易车、汽车报价大全、易车伙伴、汽车产经网	北京市

注：中国互联网协会发布。

2020 年中国科创企业 100 强

排行	企业名称	排行	企业名称
1	柔宇科技	25	微康生物
2	优必选科技	26	金电联行
3	神策数据	27	华科创智
4	燃石医学	28	凌宇智控
5	数梦工场	29	维智科技
6	小鱼易连	30	众享比特
7	声网 Agora	31	高仙机器人
8	追一科技	32	柏睿数据
9	影谱科技	33	驯鹿医疗
10	卡奥斯	34	远基因
11	众盟科技	35	亮亮视野
12	升哲科技	36	运去哪
13	科美诊断	37	再惠
14	慧联无限	38	希迪智驾
15	中科慧远	39	千乘探索
16	冰鉴科技	40	云拿科技
17	诺辉健康	41	云扩科技
18	速腾聚创	42	智布互联
19	创米科技	43	埃洛克
20	云丁科技	44	Yeelight 易来
21	数坤科技	45	云徙科技
22	嘉和生物	46	达观数据
23	能链集团	47	视界云
24	杉岩数据	48	纳微科技

续表

排行	企业名称	排行	企业名称
49	寻汇 SUNRATE	75	深睿医疗
50	智核生物	76	博创联动
51	闪马智能	77	纵慧芯光
52	滴普科技	78	长风药业
53	麦飞	79	钛米机器人
54	晓多科技	80	和铂医药
55	量化派	81	文远知行
56	云英谷科技	82	灵动科技
57	秒秒测	83	九天微星
58	求臻医学	84	才云科技
59	扩博智能	85	华志微创
60	云圣智能	86	医准智能
61	英韧科技	87	康立明生物
62	中科微针	88	诺唯赞
63	金橡医学	89	晋飞碳纤
64	飞昂创新	90	驭势科技
65	米唐科技	91	西井科技
66	华银健康	92	齐碳科技
67	华筑科技	93	云途腾
68	涛思数据	94	中通天鸿
69	联亚药业	95	曦智科技
70	南芯半导体	96	觉非科技
71	天云数据	97	坤湛科技
72	臻和科技	98	芯驰科技
73	汉朔科技	99	凡知医学
74	和誉生物	100	清听声学

注：MAIGOO 发布

（二）共建“一带一路”

2020 年，面对复杂的国际形势特别是新冠肺炎疫情的冲击，中国同有关国家守望相助、共克时艰，推动共建“一带一路”取得了新进展、新成效，一批重大项目进展平稳，且取得一定成效。

中非光伏合作惠及更多非洲民众

2020 年，光伏发电正成为非洲新能源发展热点，也成为中非基础设施建设重要合作内容。中非合作惠及更多非洲人民，越来越多非洲人家里亮起了灯光。

在肯尼亚东北省，蜿蜒的塔纳河畔，一块巨大的“蓝板”镶嵌在金黄的热带稀树草原上。这块“蓝板”由超过 20 万块光伏板安装构成，占地 85 公顷，是肯尼亚乃至东非地区规模最大的光伏发电站项目——加里萨 50 兆瓦太阳能发电站。该电站大大降低了当地清洁能源价格。肯尼亚电力部门以每度 12 先令（约合 0.12 美元）价格购电入网，比当地之前柴油发电还要便宜 8 先令。

电站附近拉赫马村的村长盖迪见证了电站带来的巨大变化。电站建设之前，村里只有几家商店依靠柴油发电照明，人们日落而息。由于无事可干，村民们大多选择外出打工。电站建设过程中许多村民找到了工作，还学到了技术。盖迪说：“电站的建设和运营给村庄带来生机和活力，之前夜里村庄几乎不见灯光，现在家家都有了电灯，夜生活也开始丰富起来了。”商人萨加尔说，低廉的电价和夜生活的兴起，让他的钱包也鼓了起来，“稳定的电力让村民们的很多梦想成真！”

与此同时，中国还积极向非洲国家提供人才培训、创建技术转移机制，通过建立可再生能源合作发展促进中心等为非洲国家能源行业发展贡献力量。中国企业为非洲最大的阿尔及利亚 233 兆瓦光伏电站提供高效组件，为非洲 20 个足球希望中心足球场安装光伏照明设备，连续承办两届“光伏技术与应用国际培训班”，还向多个国家输出相关技术成果。

加里萨 50 兆瓦太阳能发电站全景照

加纳滨海大道项目改造工程开工

2020年“一带一路”建设标志性工程——加纳滨海大道项目升级改造工程开工仪式在加纳首都阿克拉市举行，加纳副总统巴武米亚及道路部部长阿莫阿卡出席了仪式。

加纳滨海大道项目升级改造工程由中国国家开发银行贷款，是中非合作论坛北京峰会期间中加签署的重点合作项目之一。该工程隶属加纳阿克拉智能交通项目，是西非滨海国际通道重要组成部分，被归类为M3级路线。该工程全长26公里，将贯穿阿克拉多个人口集中、交通复杂的滨海地区。升级改造后，辐射区域内400多万人口，出行条件将得到改善。同时，对实现当地区域经济一体化发展具有重要意义。巴武米亚表示，该工程在加纳道路工程领域具有里程碑式的意义。

作为中国优秀承包商代表，中铁大桥局承建了加纳滨海大道项目升级改造工程的沿滨海大道至特码港段，线路总长10.6公里，建设工期为2年，项目内容为2座跨铁路桥、1座立交桥和相关附属工程。中铁大桥局党委书记、董事长文武松介绍，“一带一路”倡议由“大写意”成为“工笔画”，夯基筑台、立柱架梁，基础设施互联互通蹄疾步稳。在宏大的框架下，越来越多有实力、有能力的中国企业能够走出国门，积极参与“一带一路”相关国家基础设施建设，为造福广大当地民众贡献了中国力量。

加纳滨海大道项目改造工程开工现场

中老铁路磨丁至万象段重点控制性工程会富莱隧道顺利贯通

2020 年 7 月由中铁二院设计、中铁八局施工的中老铁路磨丁至万象段重点控制性工程会富莱隧道顺利贯通，标志着磨万铁路建设取得重大进展。

会富莱隧道全长 6969 米，最大埋深 645 米，受琅勃拉邦缝合带的影响，地质构造发育、地层岩性复杂。隧道穿越 4 条断层和 1 个灰岩向斜构造，存在岩溶、断层破碎带、岩爆及软岩大变形、顺层偏压、有害气体等不良地质，属 I 级高风险隧道。设计采用"1 横洞 +2 斜井"的辅助坑道模式。

会富莱隧道通过灰岩向斜构造段落长度接近 900 米，该段地表岩溶发育，地形地质复杂。勘测阶段，中铁二院勘察设计人员上山、下沟穿梭在热带雨林的密林中，对会富莱隧道多次进行现场调查，逐个核实地表发育的岩溶漏斗等情况，查清隧道地质情况，制定设计方案。

会富莱隧道进口地层岩性主要为板岩、炭质板岩，受构造挤压严重，岩体破碎，岩质软弱，开挖过程中在地应力作用下发生软岩变形，初期支护最大变形侵限接近 1 米。中铁二院组织力量研究了多种方案，并邀请国内专家进行了方案论证，最终通过采用调整开挖轮廓线，加大初期支护边墙及仰拱曲率的类圆形断面以改善受力结构，以及采用长短锚杆结合加固围岩， HW175 型钢增强初支刚度，非爆破（铣挖法）开挖等方法，减少施工对围岩的扰动。同时，加强施工监控量测、地质超前预报、适时调整工程措施等方法，顺利通过了该不良地质地段。

会富莱隧道自开工以来，先后遇到了软岩变形、突水突泥、隧道围岩变化频繁、顺层偏压、断层破碎带等诸多困难。为了攻克上述隧道施工难题，中铁二院多次组织召开专家会进行方案研讨，技术人员积极深入现

会富莱隧道贯通现场

场，及时分析开挖揭示的地质条件以及超前地质预报资料，调整设计措施，解决现场施工难题。尤其是新冠肺炎疫情爆发以来，老挝采取封城封国等防控措施，中铁二院项目部按照老中铁路公司“强隔离、零感染、两不误”的要求，采取多种措施，克服多种困难，保证现场施工的顺利进行，为会富莱隧道顺利贯通奠定了基础。

中老铁路是泛亚铁路中通道的重要组成部分，承载着老挝由“陆锁国”变为“陆联国”的梦想，中老两党、两国政府对该铁路高度重视，它的修建具有非常重要的意义。中老铁路由中铁二院承担全线勘察设计，中老磨万铁路全长约422.441公里，隧道75座196.755公里，桥隧比重62.5%，设计时速160公里，项目通车后将实现中国昆明至老挝首都万象朝发夕至。

中企承建的塞尔维亚快速公路开工

2020年6月由中国山东高速集团承建的塞尔维亚伊维拉克—拉伊科瓦茨快速公路开工仪式17日在塞中部城市拉伊科瓦茨举行，塞尔维亚总统武契奇，副总理兼建设、交通和基础设施部长米哈伊洛维奇，中国驻塞尔维亚大使陈波等出席。

武契奇在致辞中对中国企业表示感谢，并强调这条快速公路的重要性。他说，修建伊维拉克—拉伊科瓦茨快速公路是沿线民众多年梦想。快速公路建成后，沿线城市将连通E763高速公路，便利民众出行，大大改善地区投资环境，为增加就业、改善生活创造重要条件。

陈波祝贺项目开工，并表示，在“一带一路”倡议引领下，基础设施建设成为中塞两国合作的重点领域，感谢塞政府对中国企业的信任和支持，相信中国企业将继续通过自己的能力、技术、经验，为塞基础设施建设作出贡献。

伊维拉克—拉伊科瓦茨快速公路全长18.3公里，双向4车道，设计时速100公里，合同金额1.58亿欧元。

伊维拉克—拉伊科瓦茨快速公路开工仪式现场

中企承建吉隆坡捷运二期南线隧道贯通

2020 年 6 月 13 日，在马来西亚吉隆坡捷运二期南洞口，盾构机刀盘“破墙而出”，缓缓抵达接收井，全长 1216 米的马来西亚吉隆坡捷运二期南线隧道大马城北站到南洞口盾构区间顺利贯通，为全线 2021 年开通运营打下坚实基础。

中铁上海工程局承担着吉隆坡捷运二期南线隧道大马城北站至交叉渡线和大马城南站至南洞口 2 个区间盾构掘进任务。其中，盾构机从第一区间到第二区间需将盾体顶升 1.69 米，空推平移到大马城南站后再将盾体下降 1.66 米，如此高距离的盾体顶升和下降，在全球尚属首次。

据项目负责人白云波说，新冠肺炎疫情给项目施工组织和人员管理提出了极大考验，能用 14 个月时间实现贯通来之不易。

据悉，马来西亚吉隆坡捷运二期工程是马来西亚政府“第十个马来西亚计划”重点项目之一，也是“一带一路”倡议下的重要项目，全长 52.2 公里，线路从双溪毛糯穿越到吉隆坡市区后向南到布城，覆盖约 300 万人口。建成通车后，将进一步完善吉隆坡城市交通体系，提高当地民众的出行效率。

中铁上海局参建员工庆祝吉隆坡捷运二期南线隧道贯通

中企投资意大利瓦多项目二期土建工程建设完成

瓦多集装箱码头是意大利第一个半自动化码头，也是意大利最先进的集装箱码头。山东港口青岛港首个海外股权投资项目——意大利瓦多项目再传喜讯，2020 年 6 月，瓦多项目二期土建工程全面建设完成。

瓦多项目地处意大利北部利古里亚大区，是欧洲中南部、意大利北部和地中海沿岸的重要物流贸易口岸，也是连接中欧、中意的“一带一路”新建码头服务平台。

瓦多集装箱码头是意大利第一个半自动

瓦多集装箱码头全景

化码头，也是意大利最先进的集装箱码头。码头岸线长 700 米，泊位吃水深度 17.25 米，整体规划配备 5 台岸桥、21 台场桥，堆场和道口采用自动化操作系统，设计年吞吐能力 90 万 TEU。为满足瓦多集装箱码头操作人员培训需求与生产运营管理，山东港口青岛港选派优秀管理与技术人员参与到项目中，充分传承发扬山东港口人的拼搏精神，全力投入到瓦多项目的建设生产中，2020 年 2 月 12 日，项目一期投入商业运营。

近一段时期以来，在境外疫情防控中，山东港口青岛港认真贯彻落实省委省政府和山东港口集团的工作要求，总部和境外项目内外联动，管理平台与项目平台沟通互动，牢记使命，科学防疫，确保瓦多项目疫情防控零感染，操作运营不停产，工程建设不停工，切实维护了集团派驻海外职工的身体健康和生命安全，维护了海外项目和国有资产安全。后续，山东港口青岛港意大利瓦多项目将与意大利西利古里亚海港务局办理相关手续，获取新建码头特许经营权，为项目正式交付做好准备。

中企承建特多库勒珀立交桥、阿利玛总医院启用

特立尼达和多巴哥库勒珀立交桥夜景

2020 年 6 月 8 日、9 日，在特立尼达和多巴哥，中国铁建国际集团承建的库勒珀立交桥、阿利玛总医院两大项目启用，特多总理基思•罗利连续两天出席启用仪式，对中国企业克服疫情影响、顺利完成项目表示赞赏和感谢。

阿利玛总医院项目于 2015 年 6 月开始施工，是中国铁建首个集设计、施工、设备采购和培训为一体的医院工程，建成后将成为该国规模最大、设备最先进的医院之一。

经过近 5 年的建设，到 2020 年 3 月，项目即将建成交付，与此同时，特多新冠肺炎疫情形势开始严峻起来，全国施行“居家令”。3 月 17 日，铁建国际接到阿利玛总医院项目业主请求，希望尽

快交付 100 张床位、2 间手术室、重症监护室、消毒中心以及包括透析设备在内的病房床位和设备。这意味着要在 10 天内将一所即将竣工交付的普通医院改建成专业的传染病医院。

阿利玛总医院外景

在特多全国歇业停工的特殊时期，铁建国际承担起了“战时任务”，他们克服人员组织和设备材料运输效率低等困难，先后投入 150 余人，累计加班上万工时，保证了应急病房及设备如期交付。总理基思•罗利在考察了医院应急防疫设施后，在社交媒体上发帖表示：“阿利玛总医院项目为特多人民提供了最高级别的防护！”

中国驻特多大使宋昱旻在出席仪式时表示，相信该项目将为特多抗击疫情作出贡献，期待中特合作不断深化，为共建“一带一路”结出累累硕果。

立交桥项目于 2017 年 10 月签约，2019 年初正式开工，位于特多首都西班牙港市东部，是中国企业在特多首个立交桥项目。项目团队先后克服设计标准差异、交叉施工作业、主体钢结构高效落实等系列困难；疫情期间，采取营地封闭管理、体温检测、全员佩戴口罩、施工队伍分区管理等防疫措施，最终顺利实现通车，成为特多建设速度最快的大型基础设施项目。

中缅原油管道累计向中国输油超过 3000 万吨

2020 年 6 月 8 日，中缅两国将迎来建交 70 周年。10 年前的 6 月 3 日，作为中缅两国建交 60 周年的重要成果和结晶，中缅油气管道工程正式开工建设。历经十年耕耘，克服重重困难，中缅油气管道已经成为“一带一路”大型能源合作的标志性项目和中缅经济走廊的招牌工程。

作为我国第四大能源进口通道，中缅油气管道的建成投运标志着中国东北、西北、西南和海上四大油气进口通道的布局已基本成型，不但为我国油气进口多元化格局提供了西南新路径，更为重要的是开辟了缅甸油气进出口新通道，有效缓解当地能源不足。中缅油气管道是中国在缅投资最大的国际化大型能源合作项目，也是缅甸境内重要的能源动脉和能源基础设施。

中缅油气管道途经海洋、滩涂、高山、峡谷、丘陵等地貌与地震带，穿越 8 条海沟，穿越跨越多条河流，所经若开山脉最大落差逾 1300 米，南塘河大峡谷最高坡度达 70°。

截至 2020 年 6 月，中缅天然气管道自 2013 年投产已安全平稳运行超过 2500 天，累计向中国输送天然气 265.58 亿立方米，为缅甸下载天然气 46.76 亿立方米；中缅原油管道自 2017 年投产已安全平稳运行超过 1300 天，马德岛港已靠泊大型油轮 123 艘，累计接卸原油 3136.2 万吨，向中国输油超过 3000 万吨。按照股东协议，中缅油气管道建成投产后，每年可在缅甸境内下载 200 万吨原油和占管输量 20% 的天然气，用于推动缅甸经济发展及改善人民生活质量。

中缅天然气管道投产刚刚 40 天时，就实现了皎漂首站向当地天然气发电厂分输供

中缅气油管道工程

气发电。由此，皎漂市民彻底告别了昔日的电荒，家家户户不再为用电发愁，过上了灯火通明的幸福生活。

10 年来，中缅油气管道项目在缅持续累计投入公益资金，实施社会经济援助项目 280 多项，涵盖了医疗卫生、教育、供水供电、道路、通信、灾害救助等多个领域。有近 2 万名缅甸青少年的就学环境得到了改善，近 120 万人获得了更加便利可靠的医疗服务，管道沿线村庄实现了 24 小时供电和安全清洁饮水。

这条横贯缅甸 4 个省邦、并行奔流 800 公里，沿线为缅甸分输供应天然气，穿越国门为西南地区提供多元化油气保障的跨国能源动脉，不但让中缅民众真切感受到了两国经贸紧密联系的实惠，也已成为“一带一路”在缅实施的先导示范和新时代中缅胞波友谊的有力见证。

中企承建厄瓜多尔美纳斯水电站土建工程移交

2020 年 6 月 2 日，哈电国际与美纳斯项目业主 CELEC SUR、监理公司 HIDROJUBONES 和项目土建移交验收委员会正式签署了厄瓜多尔美纳斯 3×90 兆瓦水电项目土建最终移交纪要，标志着美纳斯水电项目土建工程质保期工作圆满完成，实现向业主的最终移交。至此，美纳斯水电项目成为在厄瓜多尔由中资企业承建的众多大型水电项目中首个也是唯一一个实现土建最终移交的水电站。

作为由中资企业承建的厄瓜多尔第三大水电站，美纳斯水电项目被视为厄瓜多尔太平洋水系最重要的水利工程之一，将改善、优化厄瓜多尔电力能源结构，提供更多清洁能源，推动当地经济发展。项目采用 EPC 总承包管理模式建设，配置 3 台单机容量 90 兆瓦冲击水轮发电机组，最大年发电量将达 1.29 亿千瓦时。项目主要发电机设备，包括水轮发电机、励磁、调速器等系统全部由哈电集团设计、制造和供货，其他辅助系统设备均由中国厂商制造供货，所以，美纳斯水电项目是“哈电配套”到“哈电制造”的典范工程。

美纳斯水电项目地质情况极其复杂，给项目执行一度带来巨大挑战。为精心打造哈电集团在南美市场的首个水电总承包项目，

美纳斯水电站

项目采用全断面反井钻机设备对通风电缆竖井和压力竖井进行开挖，创下中资企业海外首例。2015 年 10 月 29 日，直径为 5.5 米，深度为 452 米的压力竖井全断面反扩工作顺利完成。压力竖井的最终偏斜精准度、全断面反扩直径、深度在世界水电施工领域均处于领先水平，为哈电国际水电项目建设积累了宝贵的创新性工程经验。美纳斯水电项目建有 78 米高碾压混凝土重力坝，是厄瓜多尔首个全碾压混凝土大坝。

美纳斯水电项目在执行期间得到了厄瓜多尔政府的高度关注，时任政府高层官员曾多次赴项目现场视察。2019 年 5 月 24 日，厄瓜多尔总统在政府报告中还重点提及了由哈电国际承建的美纳斯水电项目和 500 千伏输变电项目，对两个项目为厄瓜多尔人民提供就业和促进当地能源发展给予了高度评价和充分肯定。

美纳斯水电项目不仅让哈电国际在海外大型水电工程总承包领域积累了丰富的经验，更让哈电制造照亮了“一带一路”，为厄瓜多尔民众送去了高效的清洁能源。哈电国际秉承“建一座电站，树一座丰碑”的理念，将美纳斯水电项目打造成了世界一流水电精品工程，为推进共建“一带一路”高质量发展贡献了哈电力量。

中企承建全球最高酒店类项目开工

2020 年 6 月，由中铁十八局集团承建的全球最高酒店类项目——阿联酋迪拜蓝天酒店项目全面开工建设。据了解，该项目位于阿联酋迪拜玛瑞纳新区，总建筑面积 101600 平方米，建筑高度 368.6 米，是全球最高酒店类建筑。

阿联酋迪拜蓝天酒店示意图

据中铁十八局集团项目负责人介绍，中国企业将把中国建筑绿色环保理念和先进施工技术融入施工方案当中，在生态、节能、减废等多个绿色建筑指标中通过应用新材料、新工艺，积极推动中国建筑制造产业链输出，不断推动“一带一路”走向深入。蓝天酒店项目开工建设将有效促进当地就业、拉动经济增长，为阿联酋经济发展注入新的动能，成为“一带一路”倡议和“2030 愿景”的有力见证。

Excellent 优秀企业风采 Enterprises Style

（排名不分先后）

新奥能源动力科技（上海）有限公司
平安养老保险股份有限公司上海分公司
东方美谷企业集团股份有限公司
上海乐来汽车分析测试有限公司
福斯润滑油（中国）有限公司
东芝开利空调销售（上海）有限公司
上海临港普洛斯国际物流发展有限公司
上海航天壹亘智能科技有限公司
上海浦东发展银行股份有限公司上海分行
华领医药技术（上海）有限公司
上海回力鞋业有限公司
中铁二十四局集团有限公司
上海中信泰富广场有限公司
上海恒邦房地产开发有限公司
上海市金茂律师事务所

宁波银行股份有限公司上海分行
上海奉贤经济发展有限公司
硕腾（上海）企业管理有限公司
中先国际控股有限公司
上海辛宝企业管理有限公司
中核（上海）供应链管理有限公司
上海优宁维生物科技股份有限公司
统一企业（中国）投资有限公司
通安房地产有限公司（晶品购物中心）
如新（中国）日用保健品有限公司
上海睿智化学研究有限公司
香港太古地产有限公司上海代表处
和通汽车投资有限公司
上海古林国际印务有限公司

ENN 新奥
新奥动力
ENN Power

E150R发电发电机组

E150R系列机组是在新奥动力首款微燃机产品E135系列的基础上进行优化和技术升级得到，其继承了E100系列产品的成熟结构，同时核心机利用滚动轴承代替E135的滑动轴承，大大减少了机械损失，并利用同轴启发一体高速电机代替原有的常规发电机加齿轮箱的配置，减少了传动损失，整机的润滑和冷却需求显著下降，机组尺寸和重量相比E135降低约一半，性能明显提高，是新奥动力100千瓦等级微燃机的主推产品。

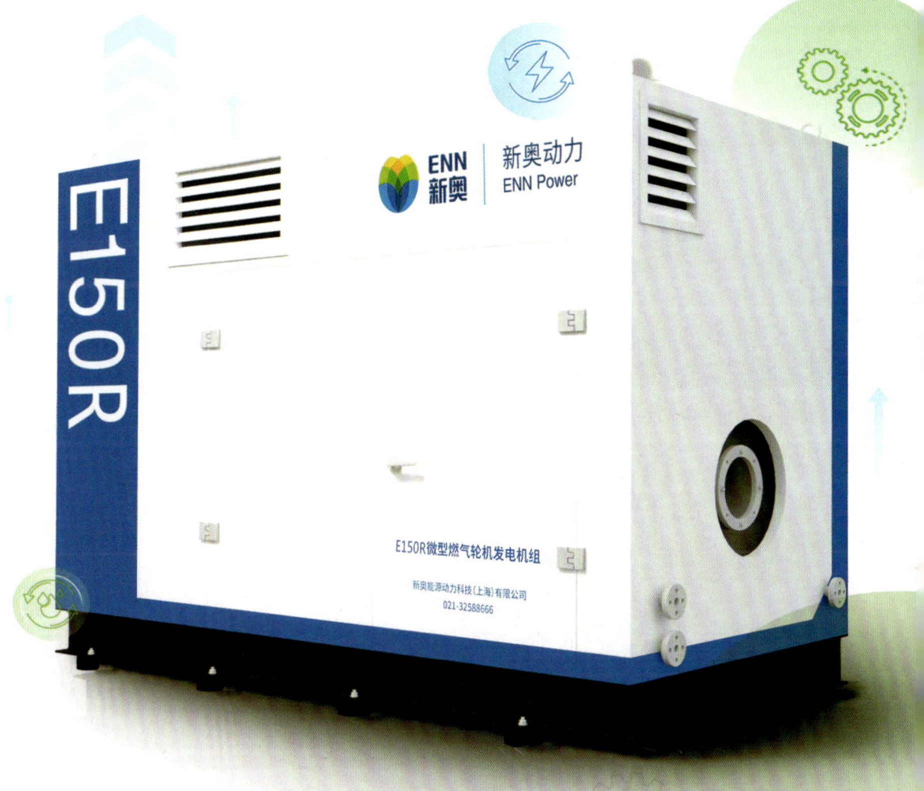

➤ E150R发电发电机组参数介绍

热力性能数据			
回热循环机组		简单循环机组	
额定电功率	123 kW	额定电功率	150kW
额定发电效率	29%	额定发电效率	17%
排气温度	270 ℃	排气温度	650 ℃
排气流量	1.06 kg / s	排气流量	1.06 kg / s

环境性能数据			
NOx *	< 25 ppm	噪声	< 70 dB（A）
设备尺寸参数			
回热循环机组		简单循环机组	
外形尺寸	5000 x 1500 x 2140 mm	外形尺寸	3000 x 1500 x 2140 mm
重量	4.5 t	重量	3.5 t

冷热电三联供数据			
回热循环机组		简单循环机组	
制冷/制热功率	171/129 kW	制冷/制热功率	811/554 kW
供冷/供热面积	1900 ~ 4300 m²	供冷/供热面积	9000 ~ 20300 m²
简单循环机组热电联产蒸汽量 0.8 t / h			

平安养老保险股份有限公司上海分公司

平安养老保险股份有限公司上海分公司（以下简称平安养老险上海分公司或分公司）2007年3月在上海成立，主要经营以年金为主的养老资产管理，以企业员工福利保障和城乡居民大病保障为主的保险业务，具备企业年金、职业年金、基本养老金、第三方资管等资质。公司拥有优秀的专业团队，截至2021年末，公司员工总数600余人。

自2007年成立以来，分公司紧紧抓住了平安养老险成立快速发展、做大做强的历史机遇，公司业务规模不断扩大，经营绩效持续提升。截至2021年末，保费规模27.05亿，市场份额39.2%。

作为市场上首批同时拥有受托、投资、帐管三项资格的专业养老险公司，平安养老险上海分公司凭借平安养老险强大的专业能力和集团强大的后台 IT 系统，为上海地区广大客户提供“三位一体”的年金服务。在2021年上海市机关事业单位职业年金计划受托人评选中，平安养老险脱颖而出，成功中标。

同时，作为企业保险福利的供应商，平安养老险上海分公司全面关注员工健康，协助企业完善员工福利体系，十几年间为众多行业知名企业提供优质保险服务，受到广大客户的普遍认可。

放眼未来，平安养老险上海分公司将以“专业的养老资产管理机构”和“专业的民生福利保障供应商”为目标，继续肩负服务民生保障的重任，坚持创新、协调、绿色、开放、共享的发展理念，将更加聚焦民生服务事业并支持养老健康产业发展，解决好老百姓“老有所养、病有所医、贫有所助”的民生问题，为全面建成小康社会做出更大的贡献。

普洛斯临港科创棱镜产业园

区域优势

位于上海临港产业区核心区域，东至南芦公路，南至芦五公路西邻天骄路，北邻飞舟路。具有集航空海运、铁路、高速公路、内河运输轨道交通等多种交通功能于一体的区位优势。

5KM 至S2沪芦高速

2.5KM 至铁路货运编组站

33KM 至洋山深水港

32KM 至浦东机场

54KM 至中心城区

60KM 至虹桥枢纽

普洛斯临港科创棱镜产业园

普洛斯临港科创棱镜产业园是临港产业区发展智能制造及高新技术产业的重要承载基地，是产业生态升级的重要举措。根据临港产业区的发展导向及自身特点，重点打造集成电路、生物医药新能源汽车零部件、先进装备、新材料等领域的制造中心、研发中心技术中心以及配套服务为一体的智能制造产业基地，为入驻园区客户提供落户注册、供应链金融、各项政策扶持等一揽子服务。

区域规划图

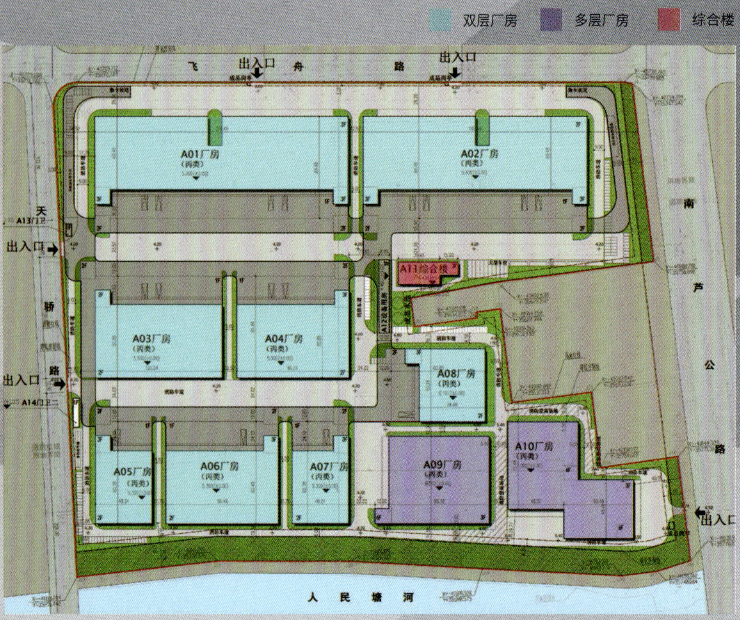

技术经济指标

物业参数		
总占地面积	185,542㎡	
总建筑面积	194,258㎡	
地面荷载	1F：3ton/㎡；2/3F：2ton/㎡	
净高	双层厂房	1F：9m；2F：9m
	多层厂房	1F：9m；2/3F：6.5m
	综合楼	1F：4.5m；2/3F：3.6m
消防等级	丙二类	
绿化面积	34,430㎡	
绿地率	18.56%	
小汽车/集卡停车位	200/15	
非机动车停车位	240	
项目规划可租赁面积		
建筑类型	栋数	建筑面积㎡
双层厂房	8	142,815
多层厂房	2	43,493
综合楼	1	2,450

普洛斯（上海）临港物流园

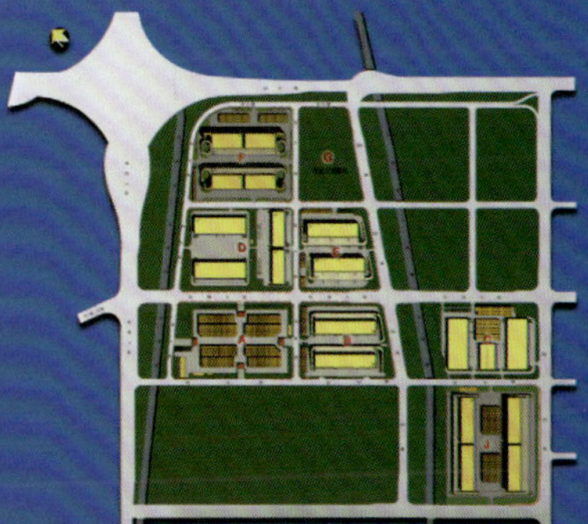

临港普洛斯国际物流园各地块区位展示图

定位与优势

· 由普洛斯和上海临港集团共同投资与开发
· 上海临港产业区内唯一的公共物流设施平台；
依托洋山自由贸易区，紧邻浦东国际空港，辐射长三角
· 保税与非保税相配套；　国内配送和国际配送相结合

大体量现代化通用物流设施

· 总物业面积超过110万平方米，另有新的高标仓库物业正在开发中
· 2,000㎡~5,000㎡的单元面积方便客户自由组合
· 7.5m~9m仓库净高，便于安装各类货架
· 既有方便货物进出的双面开门仓库，也有适合汽配、服装物流的单边开门仓库
· 3%的屋顶自然采光，高效节能
· 园区CCTV监控，协助客户安全管理
· 下沉式地下助动车停车库，有效管理园区交通
· 9m宽自动升降卷帘门，6m宽月台，9m宽雨棚，高效配合客户24/7全时作业

客户业务类型

· 海运集拼进出口
· 服装进出口加工
· 电子商务国内配送
· 汽车零部件
· 生产物料管理
· 大宗货物贸易
· 产业物流

优越的地理位置

· 位于上海自贸区临港新片区内
· 距洋山深水港32公里
· 距浦东国际机场37公里
· 距上海市中心75公里
· 距虹桥机场80公里
· 毗邻铁路中心站、沪芦高速、两港大道等发达的交通网络

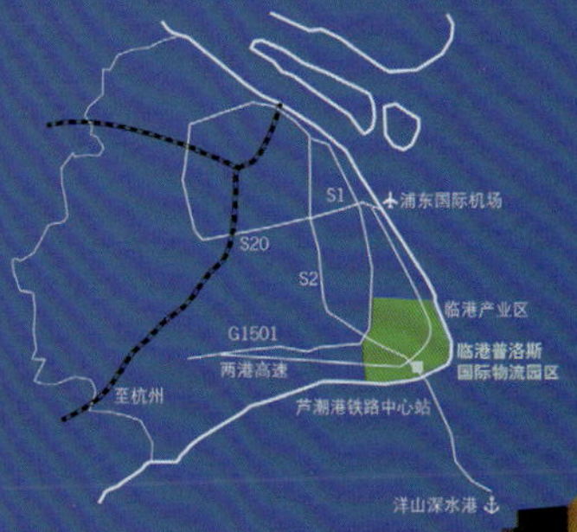

东方美谷企业集团股份有限公司

东方美谷是2016年奉贤区委、区政府提出打造建设的，是由原上海奉贤经济开发区生物科技园区转型升级而来。已先后被国家发改委、科技部、上海市政府授于上海国家生物产业基地、国家科技兴贸创新基地、国家级消费品标准化试点、上海生产性服务业功能区、上海市“四新”经济创新基地、上海市知名品牌创建示范区、上海市知识产权示范园区、上海市企业服务优秀园区、上海市转型升级试点园区、上海市服务业综合改革试点以及生物医药产业院士专家工作站等。

按照产城融合发展理念，东方美谷以美丽健康特色布局，增强高端生物制品、创新中药等方面的综合实力，提升生命健康产业的吸引力和竞争力，全力推动以“化妆品生产和生物科技产业”为核心的美丽健康产业，支持莱士血液、上生所、伽蓝集团等重点企业，推动巴斯德研究院、药明生物、中生集团抗体产业平台项目，打造生命健康全产业链创新生态。

在生产性服务业方面坚持以龙头项目为引领，重点发展企业总部、研发设计中心、运营销售中心、管理服务中心等“一部三中心”的相关业态。全力推进科创版孵化基地、OTC股权托管服务中心、漕河泾南桥园区、上海石油化工交易中心等重点项目。

在科技产业配套方面坚持以“四大功能”和“八大中心”，重点引进和培育具有高成长性、发展潜力大、自主创新能力强、企业核心竞争力强、有品牌效应的企业，不断整合优质资源，积极推进检验检测、展览展示、销售体验、商品追溯、药妆技术等功能平台建设，打造有利于推动产业发展和集聚的配套体系。

在公共配套服务方面坚持以落户企业的发展需求为导向，重点建设交通、商务、商业、居住、娱乐等公共配套服务功能，打造集交流交友、便利购物、餐饮休闲、图书观影于一体的生活驿站，打好“产城融合”发展的坚实基础。

下一阶段，园集团将继续把美丽健康产业作为大健康产业发展的重要支柱，加快促进美丽健康产业集聚壮大，努力把东方美谷建设成为全市都市产业的生力军，打造国内体现上海实力水平的“名片”式特色产业集群，奋力谱写东方美谷发展的新篇章。

上海乐来汽车分析测试有限公司

RA SHANGHAI IN CHINA

Applus+ RA RELIABLE ANALYSIS

我们竭诚期待为您提供国际领先、国内一流的测试服务。

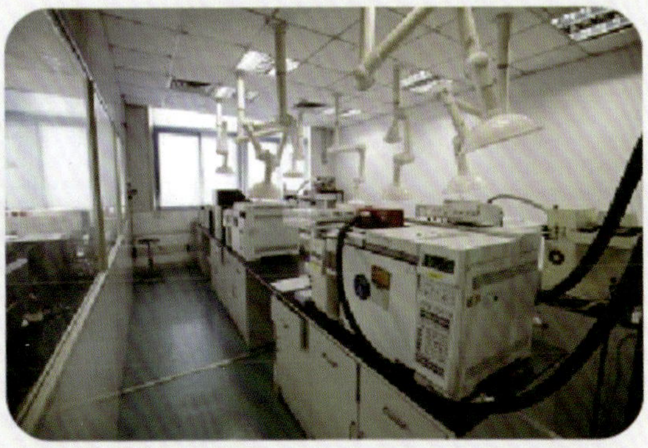

上海乐来汽车分析测试有限公司隶属于西班牙Applus+集团，专业从事汽车综合工程和测式服务的公司。我们提供汽车内外饰件，电子电气产品及各种材料的测试服务，涵盖国际、国内、行业及各大 OEM 标准，如新能源汽车零部件EMC测试能力，包括冷却系统、控制系统，高压可编程电源、高压屏蔽电缆测试，辐射发射，瞬态传导发射，手持发射机抗扰度、静电放电、冲击抗扰度试验、磁场抗扰度，高低压耦合测试，电快速瞬电脉冲群抗干扰度试验等等；环境可靠性测试包括能力覆盖气候、机械、电性能、化学性能、线束连接器、功能性测试等，材料测试包括物理及机械性能测试，环境模拟及加速气候老化测式，化学及散发性能测试，热分析测试等。已设立上海乐来汽车分析测式有限公司、柳州乐来汽车分析测试有限公司以及驻北京，重庆、江苏、宁波办事处，其他城市也将陆续成立服务机构。1990 年美国乐来成立，2005 年上海乐来成立，2006 年获得 A2LA 实验室认可，2011年EMC电磁兼容实验室落成，2015年柳州乐来成立，同年获得CNAS实验能力认可，2016年环境可靠性实验室落成，同年获得CMA资质认定， 2017 年MOTOREMC实验室落成，2019年EMC电磁兼容实验室落成，2020年正式并入西班牙Applus+集团。在公司的发展历程中，我乐来汽车分析测试有限公司已经获得多个 OEM 资质证书以及 CMA.CNAS, A2LA等实验室认证和认可。

上海回力鞋业有限公司

◆ 企业简介

上海回力鞋业有限公司是上海华谊集团股份有限公司全资的子公司，专业从事回力、飞跃、回力 1927 等品牌鞋类及其衍生产品的开发、制造及销售，产品涵盖时尚休闲鞋、运动鞋等多个品类，畅销全国，并出口东南亚、中东、欧洲等几十个国家和地区。

回力品牌始创于 1927 年，历史悠久，深受喜爱，先后被评为上海市著名商标和中华老字号，“回力”鞋类产品历获国家质量银质奖、化工部及上海市优质产品奖，连续数年获上海市名牌产品称号和上海市出口免验证书，中华老字号传承创新先进单位，并荣获第 21 届西班牙国际质量奖。企业通过了 ISO 9001:2015 质量管理体系的认证和诚信企业评审等，代表着上海制造的品质，也承载了几代国人对青春时代的美好回忆。

近年来，公司深入贯彻落实国家和上海民族品牌振兴的各项工作要求，推进品牌战略规划发展。回力品牌坚持“永远的陪伴，永恒的记忆”为品牌定义，明确“大众化、高品质、全系列、更时尚”的品牌定位，注重质量及健康环保，选材严格，做工精良。公司不断加强创新研发，提升产品品质，获得了市场的认可和青睐。

展望未来，回力人将“不忘初心，顺势而为”，继续贯彻落实品牌强国战略，努力讲好新时代的回力故事，培育新一代的国潮品牌！

上海恒隆广场

上海恒隆广场以HOME TO LUXURY为定位，引领高端时尚潮流，是新一代高净值人群娱乐消闲的必到之所。项目位于上海市静安区知名的商业购物区——南京西路1266号，自开业以来，一直是屹立上海市的瞩目地标，更曾被评为国内成功的商业综合项目之一。

上海恒隆广场是上海人所熟知的奢侈品高地，五层高的购物商场云集了世界100多个知名奢侈品牌，租户名单仿如一本“品牌名人录”，如 Louis Vuitton、Hermes、Chanel、Dior、Cartier、Bulgari、Gucci等。而其他品牌如Lanvin、Pomellato、Montblanc、Moynat及一系列潮流高端餐饮食肆的不断入驻更是为恒隆广场注入了新的活力。恒隆广场也一直致力于引领高端生活方式，已连续四年在推广活动方面荣获亚洲—太平洋史蒂夫奖，是名副其实汇聚时尚潮流和品味生活的 HOME TO LUXURY。

上海恒隆广场拥有行内领先的会员计划“恒隆会”，并设有专属贵宾室The Lounge 为绿宝会员带来尊享体验。“恒隆会”的宗旨是为会员提供与别不同的体验，其贵宾体验专员将专责照顾指定会员，提供独家限定、包括为个人度身订制及有高度体验价值的服务。指定会员将有机会获邀参与国际时装周、品牌新品发布会、与知名设计师或星级名厨聚会、优先预订品牌限量版货品、携同亲友使用The Lounge的设施、形象指导等。

此外，上海恒隆广场更活跃于社交平台，以短视频（Vlog）形式作为进驻小红书的内容策略的一部分，针对热衷奢侈品消费的年轻受众，以精心策划的选题、高品质的内容推出了线上时尚Vlog频道——Channel 66，让消费者安坐家中也可以获得直观及亲切的购物体验。

本着“以客为尊”的理念，恒隆广场未来将通过一系列市场推广策略和尊尚服务，在其龙头地位之上再创新的历程。

请扫码关注
上海恒隆广场
官方微信

微博：@上海恒隆广场
网址：www.plaza66.cor
电话：2225 1800

宁波银行 BANK OF NINGBO 票据好管家 汇三江水 理万家

宁波银行“票据好管家”以票据生命周期为主线，围绕开票、收票、贴现、融资、托收五个环节，向企业提供一揽子票据解决方案。

奉贤 经济发展

SHANGHAI

地址：上海市奉贤区南桥镇宏伟路24号
电话：67190580　67190706

2016年12月，上海奉贤经济发展有限公司（以下简称公司）由上海市奉贤区供销合作总社、上海奉贤工业总公司、奉贤区粮油总公司三家企业合并组建而成，并负责这三家公司（社）经营管理业务的拓展。公司秉承“服务城市发展、服务百姓生活”的理念，现有全资企业20家，控、参股企业17家，注册资本3亿元，总资产24.27亿元，净资产11.71亿元，资产面积40万平方米，土地面积72万平方米。

以资产经营为基础，提升发展能级。结合存量资产招商，注重“租金”“税金”联动发展。结合上海城市更新和奉贤特色小镇建设，以规划为引领，以市镇、社区、街道为单位进行资产改造，扩大优质资产覆盖面，积极参与“生活驿站”建设，探索打造社区中小商业综合体。运用信息化手段，提升资产出租经营水平。运营管理9.6万平方米上海市工业综合开发区乐活青年社区轻资产项目，深化合作，寻求共赢，实施无边界经营。2018年，公司资产经营收入近亿元。

以招商引资为关键，做大发展总量。围绕奉贤东方美谷建设，积极发展医疗器械、文化创意、食品流通专业园区。公司驻上海招商服务中心正式运行。打造的公司医疗器械产业园现有10幢厂房，税收近亿元。“奉工源”文创园成为第一批区级文创园，现已开工建设。食品流通产业园已完成样板房装修工作。以东方美谷园中园建设为机遇，改造建设供销经济园区东方美谷园中园，组建专业团队，开展专业园区招商。公司赴北京、深圳、石家庄召开招商推介会，积极引入龙头企业和“金凤凰”。2018年，公司商贸型税收8.34亿元，同比增长32.38%；新增有效纳税户1749户，同比增长19.52%。

以为民服务为宗旨，推进乡村振兴。以粮油购销公司为龙头，2018年秋粮收购达7.6万吨，创20年来历史新高。8万吨奉城新粮库建设项目去年底开工建设。保障军粮供应，做好“双拥”工作。“全国诚信市场”南桥集贸市场加强标准化、智慧菜场建设，彰显公办菜场的公益性、引领性和示范性。完善农资经营管理体制。参与“两网融合”实施工作，全面参与垃圾分类新时尚产业，率先在南桥镇建立回收点36家。做好农业专业合作社蜜梨、黄桃等优质农产品的销售。深化推进贵州、青海对口帮扶工作，加快筹建帮扶地区农产品在沪销售平台工作，销售贵州遵义地区农产品近500万元。

以多元发展为突破，增强发展后劲。鼓励产权经纪融入上海产权联交所服务体系，典当、拍卖等走出奉贤，到更大、更广阔的市场搏击。加大对投资参股企业的监管力度，不断提高经营效益。积极探索对商业资产收购及股权的投入，确保国有资产的保值增值。重视“鼎丰”等老字号品牌保护和企业发展。2018年，公司系统共申请专利20多项，2家公司获得中国轻工业百强企业称号，2家公司分别获得上海市优秀发明金奖提名和银奖。

以国企党建为引领，强化发展保障。公司党委发挥领导核心和政治核心作用，切实做到把方向、管大局、保落实。坚持改革创新，开展作风建设和大调研工作，走访调研基层企业。强化工匠精神，重视企业文化建设，沉淀公司的特色文化。

站在新的起点，上海奉贤经济发展有限公司将传承光荣传统，抓住时代契机，积极开拓进取，重铸企业辉煌，为区域经济社会发展作出新贡献。

上海五角场合生汇

Hopson One Shanghai Wujiaochang

北上海 新品质生活城市中心

合生汇地处上海四大城市副中心之一的五角场商圈，由美国知名资深大型建筑事务所凯里森（Callison）担纲设计。作为上海三个最大的商业综合体之一，合生汇总建筑面积达36万平方米，其由17万平方米的大型中高端购物中心、33层180米的超高5A甲级写字楼以及区域内唯一一个跨国集团运营管理的五星级酒店-凯悦Hyatt Regency组成。

作为地铁10号线直达的轨交上盖项目，五角场合生汇有着得天独厚的地理优势。周围不仅紧邻同济、复旦、财大等9所一线高校，北上海的CBD-NIKE总部和bilibili总部也坐落于此。因此，五角场合生汇被认作为整个五角场商圈最闪耀的年轻新地标。

合生汇融国际先进之理念，博多种业态之精华，集国内外品牌之时尚，是现代化、高品质的大型商业综合体。它汇聚着众多深受当代消费者喜爱的品质生活“首店”-北上海首家Apple Store零售店、北上海首家拥有独立Bar Mixato的星巴克臻选、北上海首家Lady M、首次进入上海的北欧风格设计师品牌“O.C.E.”等。也集合着多家品质生活方式潮流品牌-SEPHORA、lululemon、FOSS、EVISU、LONGINES、Massimo Dutti、i.t.、URBAN REVIVO等。而深受大家追捧的美食餐饮更是络绎不绝地缤纷亮相 - 传承老广州茶饮文化的点都德、首家以“制茶乐园”为概念的乐乐茶旗舰店、网红火锅店-熊猫老灶、主打健康主义的Wagas、新晋美食-火烧云傣家菜、八库渔场烧肉放题、半步颠小酒馆等。

五角场合生汇作为一个从商业地产项目转变为汇聚文化、创意、美学于日常生活的优质实体平台，提倡将人网“Human Network” 重新编织 - 提供人们消费以外的生活之旅，旨在让人们在享受生活的同时，亦能探索世界、增广见闻，感受文创潮流与品位生活地完美汇聚！

商场地址:上海市杨浦区翔殷路1099号（地铁10号线五角场站直达）

上海七宝万科广场

一站式消费体验

上海七宝万科广场是印力集团旗下城市级全维度体验购物公园，于2016年11月19日正式开业，毗邻七宝古镇，地铁9号线上盖。项目以“为家而建”为服务理念，超24万方建筑体量，简洁流畅的内部动线，开阔舒适的公共空间，点缀以“跨层树屋”、“彩虹楼梯”、“多彩宝盒”、“鸟巢天桥”等别致空间设计体验。拥有亲子母婴室、家庭卫生间、关爱车位、会员电子支付无感积分无感停车等人性化科技化的服务，并获得 LEED金级绿色建筑认证购物中心。

潮流品质 年轻活力 家庭娱乐

项目超300家品牌入驻，聚集了各类品质潮流的国际时尚品牌：lululemon、Furla、POLO RALPH LAUREN等；不断引入“网红”品牌：LadyM、肥汁米蘭、好利来等；丰富餐饮品牌：点都德、汉来轩、酒香、蓝蛙等；强化美妆品牌如CHANEL、DIOR、SEPHORA、NARS、fresh等。娱乐体验品牌CGV星聚汇影城、大鲁阁家庭娱乐中心、Meland儿童乐园等，提供全品类一站式消费体验；

多元体验

集潮流品质、年轻活力、家庭娱乐的多元体验为一体，七宝万科广场正不断进行多维度创新提升，始终引领商业消费娱乐风尚。

为家而建

多维度创新提升

中核供应链：致力于推动建立中核集团自主、可控、安全、高效的核产业供应链保障体系

为深入贯彻习近平总书记在十九大报告中“深化供给侧结构性改革”、“现代供应链领域培育新增长点”的战略部署，积极落实国资委在中央企业开展集中采购管理对标的要求，切实提高集团公司集中采购规模和规范化、信息化管理水平，深化集团公司供应链管理体系建设，2017 年 4 月，中国核工业集团有限公司党组决定，由上海中核浦原公司牵头打造中核集团统一的招投标与集中采购平台。2018 年 2 月，中核（上海）供应链管理有限公司（以下简称“中核供应链”）注册成立，4 月公司实体化运作。

中核供应链致力于中核集团标准化、通用、大宗物资的集中采购与智慧供应链体系和信息平台建设。2019 年 7 月 1 日，由中核供应链负责开发建设的中核集团电子采购平台优化升级项目及电子商城正式发布上线，初步实现了线下采购到线上采购的转变，大宗通用标准物项集中采购稳步推进。

阳光 高效 合作 共赢　中核集团电子商城 交易额 突破11亿

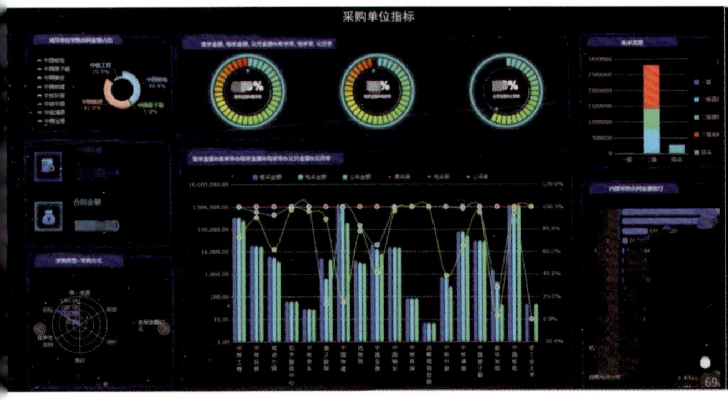

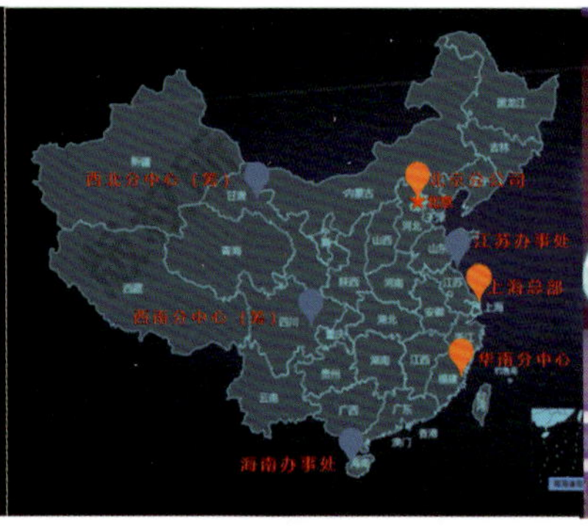

主营业务一：中核集团电子采购平台的建设运维。

电子采购平台是集团公司采购活动的唯一平台，是采购领域管理提升的重要抓手，是成员单位实现采购活动的重要工具，是推进基层减负和降本增效的重要手段。电子采购平台共有计划管理、寻源管理、合同管理、供应商管理、在线监督管理，以及全电子招标、内部产品中心、废旧物资处置、驾驶舱等十一大模块，逐步与集团公司成员单位 ERP 系统全面对接，最终实现采购全流程覆盖、全过程透明。

主营业务二：中核集团集中采购实施与电子商城运营

作为集团公司一级集中采购的专业机构，中核供应链遵循“大宗、通用、标准化”集中采购的原则，以中核集团电子商城作为实施载体，保证一级集中采购落地，助推二级集中采购实施。电子商城设有集中采购、办公用品、工业品、扶贫产品、员工福利等专区，并提供子超市和场景式采购服务。在整合专项供应商和优质电商平台的基础上，突出“核”特色，围绕客户需求，提升用户体验，做好市场开发，为集团内外客户提供优质服务。

主营业务三：招标代理业务

作为集团公司统一的招标平台，中核供应链现有一支专业的招标队伍、规范化的业务流程和标准化的服务流程，公司本部和分公司有 13 个在线评标室，同时在福建、江苏、成都等地逐步设立异地评标点，现场招评标与全电子招评标结合，满足客户多元化需求。中核供应链将以健全的制度体系、规范的招标流程、专业的招标队伍、完备的软硬件设施为客户提供优质的招标代理服务，为招标人遴选优质供应商保驾护航。

主营业务四：采购咨询及采购服务

公司现有一支技术背景深厚的专业采购队伍和完善的采购管理制度体系，可为集团内外客户量身定制“个性化”项目采购服务方案，提供全生命周期的采购管理服务，实现项目采购资源的最优配置。同时，建立了采购咨询服务目录，可为集团内外相关单位提供采购管理体系建设、采购管理流程优化、采购寻源等咨询服务，提升服务单位采购管理水平。

上海优宁维生物科技股份有限公司

上海优宁维生物科技股份有限公司（简称：优宁维，官方网站www.univ-bio.com，4008-168-068） 是国内专业、全面的抗体供应商和抗体专家，专注于为生命科学、生物医药、医疗诊断、分析检测等领域科研工作者提供线下线上一站式抗体、抗体相关产品及实验技术外包服务。

2004年底公司成立于复旦科技园，总部位于上海，自有1600㎡总部办公大楼和2500㎡科研大楼。目前在全国有36个办事处，北至内蒙，南至海南，东至黑龙江，西到新疆，覆盖30多个城市。目前有300多名员工，80%拥有本科及以上学历，其中硕士博士占10%。2017年公司全新的抗体电商网站正式上线，为客户提供全方位的线上线下一站式抗体电商服务。2015~2017年，公司荣获上海市“专精特新”中小企业、上海名牌（服务类）和2017年度上海杨浦区双创小巨人等称号。

公司2010年创立爱必信自主品牌，2013年成立流式事业部，2014年成立科学仪器事业部，2015年创立LabEx实验室服务自主品牌，2015年成立免疫组化事业部和电商事业部。

目前我们提供60万种抗体、60万种生化试剂、100多万种试剂产品、科学仪器和抗体相关实验外包等服务。可从电脑端或移动端在网站平台和微信公众平台（优宁维抗体专家）快捷下单，享受更多网上会员服务。

LabEx科研大楼

物流中心

冷链仓库

ChemPartner

Dedicated to LifeScience

上海睿智化学研究有限公司

成立于 2002 年，位于张江科学城核心区的上海睿智化学研究有限公司是中国成立较早的 CRO 公司之一。上海睿智已成为一家世界领先的科研外包服务机构（CRO+CDMO 业务），业务涵盖生物药早期研发、化药早期研发、药理药效、药代药动及早期毒理、生物药工艺开发与生产、化药工艺开发与生产、临床样品生产等新药研发各环节，为客户提供整合一体化的新药研发和生产外包服务。

上海睿智拥有一支高水平的研发团队，由 2100 多名员工组成，其中近 200 名博士，44% 的 CRO/CDMO 研发人员具备硕士及以上学历。公司配备大规模最先进的科研、办公设施、cGMP 级别的公斤级实验室、医药中间体生产设施，以及实验动物中心，研发和生产基地坐落于张江、奉贤、启东、成都和南旧金山五个地区。成立于 2015 年的南旧金山研发中心，起着与国际顶尖学术机构达成战略合作的重要桥梁作用。目前，我们已和 UCSF, Scripps Research Institute, Mount Sinai, Stanford Research Institute 等机构建立了学术合作关系以支持创新研究。

我们始终坚持“科学为本、技术为先、全球运营、卓越品质”，成功帮助数以千计的国内外制药公司完成化药和生物药的研发项目，包括全球前 20 位的生物医药技术企业，如辉瑞 Pfizer、葛兰素史克 GSK、礼来 Lilly、阿斯利康 AstraZaneca 等国际知名跨国医药企业。公司根据客户研发项目的需求，向客户提供其所需要的产品，每年上海睿智开发或者提供的产品种类繁多，数量从毫克级到百公斤级不等。

公司参与过的 200 多个靶点新药的研发项目中，已有多个进入不同里程碑阶段。其中，Agios 的 IDH1/IDH2 靶向新药研发已获 FDA 上市批准，用以治疗突发或难治的急性白血病。岸迈生物的双特异性抗体 EMB-01 已进入临床开发阶段，用以治疗非小细胞肺癌、以及头颈癌、肝癌、胃癌等实体瘤。上海璎黎药业的 PI3K delta 选择性抑制剂已获得 NMPA 的临床阶段，用以治疗复发难治的淋巴瘤。Blueprint 的 Talazoparib 项目获得了 FDA 上市批准，用以治疗携带 BRCA 突变和 HER2 阴性的乳腺癌患者。

公司曾获得包括上海市首批服务外包重点企业、上海市技术先进型服务企业、上海市“科技小巨人”企业、高新技术企业、上海市认定企业技术中心、上海浦东新区生物医药科研设备共享网络平台服务提供单位、上海市专利工作试点企业、张江高科技园区“最具成长潜力”企业等资质和荣誉认可。

十八年来，上海睿智已经凭借强大的科研实力取得了可喜可贺的成绩，未来我们将继续秉承坚持“降低新药研发门槛，促进人类生命健康水平”为目标，不断拓展新的技术能力和平台，为新药研发和人类健康事业作出贡献。

上海睿智化学研究有限公司

地址：上海市浦东新区金科路 2829 号

金科中心

总机：021- 51320088

邮编：201203

E-mail：contact@chempartner.com

Http：www.chempartner.com

关于太古地产

太古地产是中国香港和内地领先的综合项目发展商、业主和营运商。公司尤其专注发展商业项目，在透过活化市区环境以创造长远价值方面，拥有卓越的成绩。太古地产于1972年在中国香港成立，现已在香港联合交易所上市，包括旗下附属公司在内聘任员工总数超过5,000人。

我们的业务涵盖三大主要范畴：（i）物业投资，即发展、租赁及管理商业、零售及少数住宅物业，（ii）物业买卖，即发展及兴建物业项目，当中大部分为供出售的优质住宅项目，及（iii）投资及营运酒店。

我们的主要竞争优势在于能从构思、设计、发展以至管理具规模及影响力的商业项目，并活化社区环境，累积超过40年实力和经验。(www.swireproperties.com)

甲. 投资物业组合

太古地产的投资物业组合主要包括办公楼、零售物业、服务式住宅、酒店及优质住宅项目。我们在中国香港应占投资物业组合总楼面面积逾120万平方米（約1,320万平方呎），主要物业包括太古坊、太古城及太古广场，三者皆能尽显太古地产建设社区的优势。

乙. 物业买卖组合

多年来，太古地产在香港港岛及九龙区多个地段致力发展及出售优质住宅物业，包括甘道三号、5 Star Street、殷然、肆然、瀚然、蔚然、DUNBAR PLACE、MOUNT PARKER RESIDENCES、海峰园、港运城、港涛轩、鲤景湾、逸涛湾、傲璇、维景湾畔、柏蕙苑、雍景台、蕙逸居、太古城、雅宾利、逸意居、逸桦园、东堤湾畔及海堤湾畔、星域轩、WHITESANDS及又一村花园（以项目英文名称排序）。

丙. 香港以外业务

除了中国香港，太古地产业务遍及中国内地、新加坡、雅加达及美国。

丁. 酒店投资组合

太古酒店的业务始於2008年，专责建设及管理旗下於中国香港、内地及美国的酒店。House Collective品牌酒店包括奕居、瑜舍及博舍，为顾客提供高度个人化服务。每间酒店意象独特，由才华横溢的建築师和设计师设计建造。

戊. 可持续发展

太古地产可持续发展2030策略

可持续发展是太古地产经营理念和企业文化的核心。为进一步巩固公司对可持续发展的承诺，太古地产制定了全新的2030可持续发展愿景，目标是在2030年之前成为以可持续发展表现领先全球同业的发展商。为达成这个愿景，公司围绕五大支柱制定了2030可持续发展策略。公司的策略社区营造为核心，透过创新衍变的过程，打造充满活力的高质量可持续社区。这需要采取以人为本的方针，持续投放资源培育人才，同时加强伙伴协作，建立互惠互利的长远伙伴关系。与此同时，公司致力提升环境效益，积极贡献社区，并凭借良好的企业管治和高尚的职业操守，创造可持续经济效益。

如新（中国）日用保健品有限公司

Nu Skin 如新集团于1984年创立于美国犹他州普罗沃市，并于1996年在纽约证券交易所挂牌上市，业务遍及亚洲、美洲、欧洲、非洲及太平洋地区等全球近50个市场，是一家深耕于个人保养品和营养补充品领域的跨国企业。2020年，Nu Skin 全球营收在25.8亿美元。Nu Skin 整合了先进科技和阵容强大的科研团队，打造业界领先的抗衰老科研中心，持续为市场研发出优质、创新的抗衰老产品。

Nu Skin的主要生产线有：①个人保养品系列：荟萃善秀、周期保养、净肤、180° 焕采、丝昂基础护理、活颜抗老、滢透三效保养、艾蒲、晒特丽防晒 、凝韵 、身体护理等系列；② ageLOC美容仪系列：ageLOC Boost、ageLOC LumiSpa、ageLOC Me、ageLOC Spa等；③ PHARMANEX如新华茂营养补充品系列，以“天然萃炼，科学验证”的严谨理念，从科研到制造始终坚持更高的标准，致力于提供以先进科学为基础的营养产品。

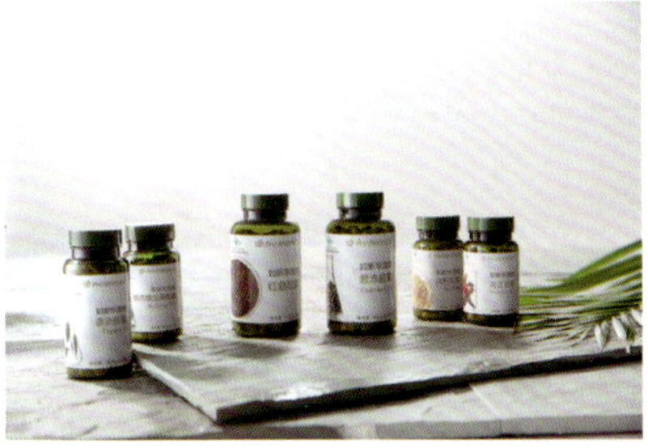

如新（中国）日用保健品有限公司是 Nu Skin 在中国大陆设立的子公司。在上海投资近5亿元人民币打造的GCIP，是 Nu Skin 发展史上最大的海外投资案。该园区整合了抗衰老科研中心、使命中心与长长服务中心，地块面积超过38,000平方米，建筑面积达34,000平方米，约相当于6个足球场，可支持未来销售业绩的成长。除了GCIP，Nu Skin 在华投资还包括如新个人保养品生产基地（上海）、华茂植物提取原料生产基地（浙江）、华茂保健品生产基地（浙江）和如新华茂生物光子扫描仪生产基地（上海）。

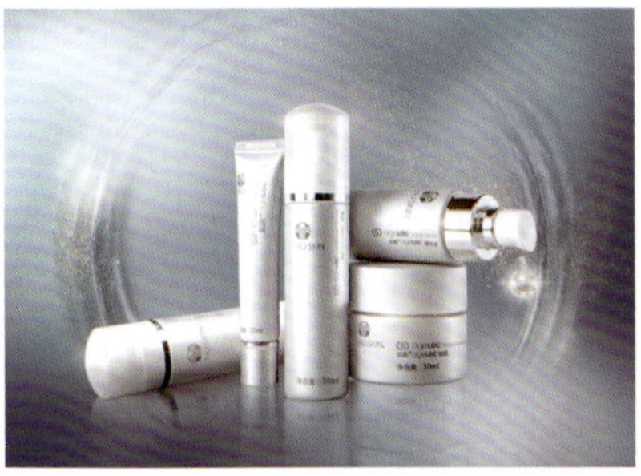

Nu Skin 积极履行社会责任，持续行善。上海如新公益基金会已募集超过1亿4000万人民币善款，共救治12,200位先心病童。基金会还设立了如新小学项目和如新春蕾计划项目，共资助了28所如新小学，累计帮助过的学生超44,737人，如新春蕾计划落地四川与贵州，累计资助230个孩子。2002年，Nu Skin 发起「受饥儿滋养计划」，透过持续性的蜜儿餐捐助，以滋养全球饥饿及营养不良的儿童，并拯救他们的生命，如新慈善机构合作伙伴已向世界上50多个国家发放了蜜儿餐，每天为12万位儿童提供营养餐食。2014年，「乐善汇」成立，在中国大陆地区已累计超过27,444人次志愿者参与，贡献出84,792.5小时，帮助及陪伴共100,143位受助人。

Nu Skin 在人才、产品、企业文化等表现上屡获肯定，多次荣获国际企业大奖。2020年3月，Nu Skin ageLOC LumiSpa荣获NewBeauty杂志「2020年度洁面美容仪器大奖」。2020年4月，Nu Skin 获美国《直销新闻》杂志（Direct Selling News, DSN）连续第五年授予「最佳雇主」称号，同时跻身DSN全球百大直销企业排行十强，位列第七。2020年7月，Nu Skin的荟萃善秀生物适应性肌肤护理系列荣获四项2020 “全球可持续美妆大奖”（Global Green Beauty Awards）。2021年5月，Nu Skin荣膺2017-2020年全球零售额第一的居家美容仪器系列品牌。

和通汽车投资有限公司

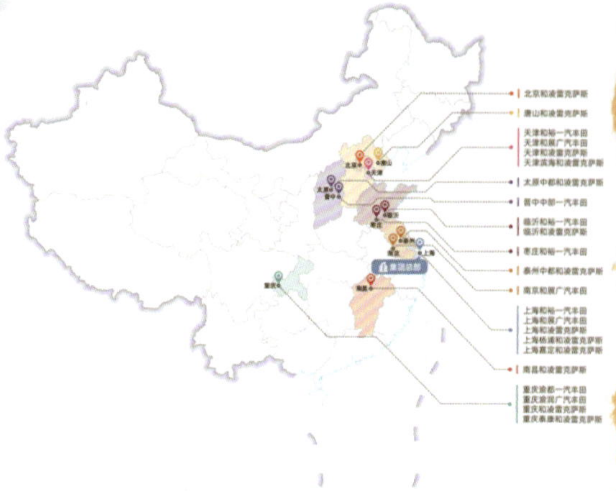

和通汽车投资有限公司于2010年7月成立，注册资本为12,804.5万美金，集团总部设立于上海。和通汽车集团秉持“诚信纪律”、“顾客满意”、“超越”的经营理念，专注经营雷克萨斯、一汽丰田、广汽丰田三大汽车品牌。

至2021年，集团旗下“和凌雷克萨斯”、“和裕一汽丰田”、“和展广汽丰田”4S店，全国已开业23家。同时，集团不断深化发展汽车服务产业链，开展高端商务车专营、二手车、金融保险、美容配件、共享出行、汽车培训等汽车相关业务。

上海区门店名称及联系方式如下：		
1、上海和凌（雷克萨斯）	电话：22259999	地址：普陀区祁连山南路456号
2、上海杨浦和凌（雷克萨斯）	电话：65779888	地址：杨浦区市光路401号
3、上海嘉定和凌（雷克萨斯）	电话：67090688	地址：嘉定区永盛路2018号
4、上海和裕（一汽丰田）	电话：64202769	地址：闵行区沪青平公路999号
5、上海和展（广汽丰田）	电话：34305128	地址：闵行区莲花南路2058号
6、上海和乾（丰田叉车）	电话：57686660	地址：松江区新桥镇曹农路515号
7、天津和亿上海闵行分公司（平行进口车）	电话：64202769	地址：闵行区沪青平公路999号5幢
8、天津和亿上海嘉定分公司（二手车车）	电话：67090688	地址：嘉定区永盛路2018号2幢

上海古林国际印务有限公司

率先在2001年荣获上海市外商投资先进技术型企业，并且于2003年荣获上海市文明单位。

上海古林国际印务有限公司创建于一九九四年二月，是由日本古林纸工株式会社和上海包装造纸<集团>有限公司合资组建的综合性大型包装企业，注册资金1000万美元，其中日方占股份60%，中方占股份40%。位列上海市包装印刷企业50强前列，并以印刷跨国制药公司和化妆品公司的包装纸盒的最先进水平在国内外享有盛誉。本公司是有目前世界一流的高科技彩印设备、工艺技术和现代包装设计、先进电脑控制的制版和高水准精加工的生产能力。本公司充分发挥日本印刷包装界最高先进技术及经营管理方式，在日本古林纸工株式会社八十余年来制造纸容器的丰厚经验和独特技术的基础上，将款式设计、生产技术、质量管理、售前售后服务融合一体，形成了可迅速满足客户的产销体制，赢得了众多著名制药公司和化妆品公司的信赖，并成为他们最重要的合作伙伴。

本公司于2021年10月搬迁至：上海市宝山区威航路18弄9号，搬迁项目总投资3900万元，厂房建筑面积3200平方米。公司现有员工240人，其中大专以上科技人员42人，占员工总数的17%，公司主要经营项目及业务：承揽纸产品的设计、制造、销售等业务；承揽有关纸张、金属箔等包装材料的加工、销售等业务，承揽各种印刷及印刷品的加工和销售业务。

本公司主要产品有药品、化妆品的系列包装用印刷纸容器。由于本公司不断采用创新工艺技术、为保障人民生命安全和健康，采用BACD、折光、荧光、线条等多中综合一体的高科技防伪印刷手段的产品，已达到世界包装行业最先进水平行列，由于本公司纸盒产品科技含量很高，所以市场上的不法商贩很难假冒，大大地减少药品、化妆品包装纸盒假冒伪劣商品。从而广泛地得到国内外著名公司的赞扬，已成立为阿斯利康、西安杨森、施贵宝、强生制药、先灵葆雅、天津史克、葛兰素史克、强生医疗、勃林格、赛诺菲、安斯泰来三共制药和花王、铃兰、卓多姿、家化等公司重要的供应商。

本公司坚持奉行以包装奉献社会的经营理念和“让客户更满意”的方针，1991年和2004年率先在全行业中荣获ISO9001质量管理体系和ISO14001环境管理体系认证，由于公司坚持为客户和消费者提供优质和安全（不能假冒）的产品，取得优异的社会效益，并取得了优秀的企业效益。